TENDÊNCIAS DO PROCESSO DO TRABALHO

LUIZ RONAN NEVES KOURY
NADIA SORAGGI FERNANDES
RICARDO WAGNER RODRIGUES DE CARVALHO
coordenadores

TENDÊNCIAS DO PROCESSO DO TRABALHO

Editora LTr
SÃO PAULO

Dados Internacionais de Catalogação na Publicação (CIP)
(Câmara Brasileira do Livro, SP, Brasil)

Tendências do processo do trabalho / Luiz Ronan Neves Koury, Nadia Soraggi Fernandes, Ricardo Wagner Rodrigues de Carvalho, coordenadores. — São Paulo : LTr, 2010.

Vários autores.
Bibliografia
ISBN 978-85-361-1618-1

1. Direito processual do trabalho 2. Direito processual do trabalho — Brasil I. Koury, Luiz Ronan Neves. II. Fernandes, Nadia Soraggi. III. Carvalho, Ricardo Wagner Rodrigues de.

10-10155

CDU-347.9:331(81)

Índice para catálogo sistemático:

1. Brasil : Direito processual do trabalho
347.9:331(81)

Produção Gráfica e Editoração Eletrônica: **RLUX**

Design de capa: **FÁBIO GIGLIO**

Impressão: **PIMENTA GRÁFICA**

© Todos os direitos reservados

EDITORA LTDA.

Rua Jaguaribe, 571 — CEP 01224-001 — Fone (11) 2167-1101
São Paulo, SP — Brasil — www.ltr.com.br

SUMÁRIO

Apresentação 7

O segundo processo 9
Márcio Túlio Viana

A possibilidade de aplicação da proporcionalidade na colisão entre os princípios da proteção da relação de emprego e da livre-iniciativa do empregador: análise crítica do caso Embraer 19
Juliana Augusta Medeiros de Barros

O controle da duração razoável do processo 44
Elaine Nassif

Dissídio coletivo: uma forma efetiva de acesso à justiça 57
Cláudio Jannotti da Rocha

O *jus postulandi* na justiça do trabalho — estudo crítico 71
Augusto Grieco Sant'Anna Meirinho

O que realmente mudou na competência da Justiça do Trabalho após a EC n. 45/2004 ... 92
Nadia Soraggi Fernandes

Conciliação judicial: novos enfoques e perspectivas 119
Anna Carolina Marques Gontijo

O instituto da prescrição e a arguição *ex officio*: aplicação no processo do trabalho 127
Ricardo Wagner Rodrigues de Carvalho

Os poderes instrutórios do juiz no processo do trabalho 137
Luiz Ronan Neves Koury

A teoria dinâmica do ônus da prova e sua repercussão no direito processual do trabalho 149
Priscilla de Souza Carvalho

A importância da tutela antecipada no processo do trabalho atual: instrumento de efetivação dos direitos materiais trabalhistas 161
Lívia Mendes Moreira Miraglia

Tutela metaindividual trabalhista e efetividade da jurisdição 178
José Roberto Freire Pimenta

A importância da tutela coletiva inibitória na defesa e efetivação dos direitos do do trabalhador 214
Andréa Aparecida Lopes Cançado

Do procedimento na execução fiscal trabalhista 237
Cleber Lúcio de Almeida

A nova execução de títulos extrajudiciais e seu impacto no processo do trabalho 242
Marina Nogueira de Araújo Siqueira

APRESENTAÇÃO

Carlos Augusto Junqueira Henrique [*]

Criado em 2007, o **Instituto de Ciências Jurídicas e Sociais** apresenta sua segunda obra coletiva[1], agora discutindo tópicos da área do Direito Processual do Trabalho.

Processo é movimento. A palavra processo traz consigo não apenas a ideia de movimento — de *pro cadere* — mas, de forma especial, seu objetivo. Escrevia Lopes da Costa, analisando o termo: "Seu primitivo sentido parece ter sido a locomoção humana: *procedere* — caminhar, típico exemplo, então, do nome a corresponder a uma nota característica da coisa (*pro* — para diante, e *cadere* — cair)"[2]. Caminhar para frente buscando atingir o seu término. Antes, sustentava-se a sentença como objetivo final. Hoje, mais do que nunca, busca-se a satisfação do comando estatal, mesmo que mantendo-se a sentença como um ponto de referência de grande importância. Envolvidos nesse propósito estão os litigantes, seus advogados, juízes, servidores e profissionais auxiliares do juízo, o Ministério Público e algumas outras entidades às quais foi conferida a legitimidade de atuação.

Como assimilar a atuação de todas essas pessoas e vetorializá-la para a mais eficaz atuação do direito: esse é o objetivo do estudo dos institutos do direito processual. Quando se trata do Direito Processual do Trabalho, o aprofundamento do estudo e a busca do resultado útil desse instrumento torna-se mais premente. Enquanto regra geral, as pretensões deduzidas nas demandas trabalhistas trazem forte carga alimentar. Metamorfoses significativas ocorreram nas relações sociais ao longo do curto período de vigência das leis trabalhistas — pouco mais de meio século. O aparelho estatal dedicado a solucionar os conflitos de interesse também sofreu alteração, além de receber uma série de instrumentos capazes de repor os fatos na linha traçada pela estrutura jurídica.

(*) Presidente do Instituto de Ciências Jurídicas e Sociais.
(1) A primeira obra coletiva foi publicada pela Del Rey Editora, de Belo Horizonte, em 2008: Trabalho e Movimentos Sociais.
(2) COSTA, A. A. Lopes da. *Direito processual civil brasileiro*, I. 2. ed. Rio de Janeiro: Forense, 1959. p. 190.

Estes os estudos trazidos nessa segunda obra coletiva. Uma visão do processo do trabalho a partir de tópicos relacionados com alguns de seus institutos.

São objetivos do **Instituto de Ciências Jurídicas e Sociais**, como consta de seu estatuto, "promover o estudo e a pesquisa do direito e das ciências correlatas no campo do desenvolvimento da cidadania" e "promover e difundir os institutos jurídicos destinados a aprimorar a democracia e a justiça social" (art. 2º). O exercício do direito de ação é exercício da cidadania. Se assim se faz tendo como instrumento o *processo*, são os institutos desse ramo do direito indispensáveis para que se possa reconhecer o respeito à própria cidadania. A revisitação de institutos antigos objetivando atualizá-los, a releitura dos mesmos com os olhos da atualidade, ao lado da compreensão da dinâmica e integração dos novos institutos no ordenamento como um todo, são condições imprescindíveis para um agir responsável e consciente de todos os que estão envolvidos na incansável tarefa de buscar a paz social.

Aos coordenadores da obra, Luiz Ronan Neves Koury, desembargador do TRT/3ª Região e professor universitário com mestrado; Ricardo Wagner Rodrigues de Carvalho, servidor do TRT/3ª Região e professor universitário; e Nadia Soraggi Fernandes, advogada e mestre em Direito do Trabalho, bem como a todos que trouxeram a colaboração para a conclusão de mais esse trabalho, a direção do **Instituto de Ciências Jurídicas e Sociais** deixa registrado o seu agradecimento pela contribuição dada na realização de seu objetivo social.

Belo Horizonte, 2010.

O SEGUNDO PROCESSO

Márcio Túlio Viana [*]

INTRODUÇÃO

As questões tratadas neste texto se ligam apenas de forma muito indireta ao tema central do livro. Na verdade, são problemas que têm despertado pouco interesse dos estudiosos, sobretudo os da área trabalhista. Apesar disso — ou por isso mesmo — talvez mereçam a atenção do Leitor.

Como tentarei demonstrar, o processo oficial tem sido sempre acompanhado de um *segundo processo,* informal e invisível, que pode afetar qualquer inovação legislativa. Isso significa dizer que as coisas não são tão simples como parecem; mais precisamente, que não basta melhorar a lei, se a sua prática, em vários aspectos, continua rebelde, indomada e — paradoxalmente — sem lei.

Desse modo, para além do estudo das tendências e mudanças *formais* do processo, seria interessante se os atores jurídicos observassem o que acontece informalmente à sua volta, a fim de que não reproduzam — ou reproduzam menos — as mesmas desigualdades que tentam combater.

1. O PROCESSO VISÍVEL

Nas escolas de Direito, o processo nos é mostrado como um produto da razão; uma invenção lógica, metódica, inteira. Aqui ou ali, pode até receber algumas críticas. Mas mesmo as críticas mais fortes — como as ligadas ao tempo — são antes de forma que de fundo. Alguns recursos a menos, alguma efetividade a mais, e tudo estaria resolvido.

Exatamente por parecer racional, o processo nos é mostrado também como expressão de democracia. Afinal, quem é *parte* — ensinava o grande Cunha Campos — é quem *participa* da construção da sentença, por meio das técnicas do contraditório.

---

[*] Professor de direito do trabalho da PUC e da UFMG. Desembargador do Trabalho aposentado.

O processo nos parece tão firme, sólido e concreto, que é a ele que nos referimos quando temos os autos nas mãos. "Quero levar este processo", ou "vim dar baixa neste processo" — dizemos ao servidor da Vara, mostrando aquela pilha de folhas. Tal como os outros objetos, o processo tem peso, cor, idade e até cheiro — de novo ou (conforme o caso) de mofo.

Nesse processo racional, democrático, igualitário, concreto e até perceptível pelos sentidos só entra o que a lei filtra, seleciona e ficha. O que ela quer não é a verdade pura e simples, mas a verdade revelada *segundo certos critérios.* Esta é a razão pela qual o que não está nos autos não estaria no mundo. O que importa, no final das contas, é apenas o pedaço de mundo que os autos contêm.

Protegido das outras dimensões da vida, o processo se mostra neutro, autossuficiente, alheio a influências. E essa qualidade acentua a sua imagem justa e técnica, como se fosse uma verdadeira máquina de fazer sentenças — à semelhança de tantas outras máquinas que acompanharam a sua própria evolução, desde o fim do século XVIII.

Aliás, até a estrutura da sentença seria a prova dessa racionalidade: no relatório, o juiz mostra que estudou os autos, contando a *história relevante*[1] do processo; nos fundamentos, prepara as premissas de seu silogismo, dialogando consigo mesmo e com as partes, interpretando a prova e o direito, e encontrando o que lhe parece ser a verdade; na conclusão, decide de forma quase necessária num certo sentido, que é também o único correto — despejando então o seu produto, como um pão saído do forno, pronto para ser consumido.

Até onde, porém — eu pergunto — este processo ideal corresponde à vida real do processo? Até que ponto não esconde elementos de seu contrário? São questões como essas que tentarei apenas *começar* a responder, de forma breve e simples, e no limite de minhas fracas possibilidades.

2. O PROCESSO INVISÍVEL

Se, em teoria, o processo é tudo aquilo que acabamos de ver, não é bem essa — pelo menos por inteiro — a *prática* do processo. Como já observei em outro singelo artigo, "há uma gama quase infinita de variáveis que escapa à regulação. O modo de falar, o jeito de olhar, a forma de vestir, um pequeno silêncio, o soldado na porta, a fila do elevador, um gesto de impaciência, um lapso de memória, uma observação irônica — tudo isso e muita coisa mais podem afetar o raciocínio, o argumento, a convicção, a segurança, as simpatias e antipatias das partes, das testemunhas e do juiz[2]".

---

(1) A expressão não é nossa; escapa-nos o nome do autor.
(2) VIANA, Marcio Túlio. Aspectos curiosos da prova testemunhal: sobre verdades, mentiras e enganos. In: *Revista do TRT da 3ª Região*, Belo Horizonte, n. 78, 2009.

Até os objetos falam. Uma cadeira mais alta, por exemplo, em geral transmite poder: desde tempos imemoriais valorizamos os tamanhos, como se percebe pelo uso de pronomes como "Vossa Alteza" e expressões como "alta qualidade" ou (em sentido contrário) "baixo calão". Até uma simples xícara de café, na mesa do juiz, pode fazê-lo parecer mais humano e mais próximo das pessoas. Do mesmo modo, a nossa aparência exterior é também uma forma de conversa; ela pode indicar, por exemplo, se somos advogados de sucesso ou fracassados; se somos desleixados ou rigorosos...

Como também já notei certa vez, todos esses infinitos e pequenos detalhes "formam, em seu conjunto, uma espécie de processo paralelo, selvagem, incontrolado, que se infiltra pelos poros do processo formal, *passando a fazer parte dele*. Esse segundo processo influi em graus variáveis na produção da prova, e por extensão na sentença, seja reforçando, seja — ao contrário — relativizando e até invertendo o princípio do contraditório e o ideal de democracia".[3]

Vejamos alguma coisa da linguagem escrita.

2.1. *As invisibilidades no texto escrito*

Quando eu era juiz — ainda no tempo das máquinas de escrever — havia um advogado de sucesso, elegante e respeitável, que gostava de grafar com letras coloridas cada linha de suas petições. Se não me falha a memória, esses arrazoados multicores se estendiam por longas páginas, ao passo que os espaços entre as linhas eram estreitos.

O que ele queria, provavelmente, era despertar a nossa atenção, para, em seguida, nos convencer de seus motivos. Mas o resultado era uma certa preguiça, um certo cansaço. É claro que tanto eu como os colegas tentávamos entender aquelas letras coloridas. Mas até que ponto — eu pergunto — o sucesso daquele advogado não teria sido maior se tivesse aumentado os espaços e descolorido as palavras? Ou não será possível, ao contrário, que por qualquer razão misteriosa, aqueles modos de escrever — apesar do cansaço — nos seduzisse?

Sabemos que toda ciência tem as suas palavras e expressões técnicas. Para nós, leigos em Medicina, é tão difícil saber o que significa "hipospadia glândica" quanto, para os médicos, será entender que "operou-se a preclusão" ou que "a contumácia foi elidida". No entanto, para além do tecnicismo, nós, bacharéis em Direito, sempre nos encantamos com os enfeites, com os jeitos *chiques* de falar. Quanto menos coloquial o palavreado, melhor será. Ao invés de "surge", "exsurge"; de "distinto", "conspícuo" ; de "reunir", "adunar"; de

---

(3) *Idem.*

"apoio", "espeque"; de "pedido inicial", "peça exordial" ou até "proemial". A última moda, segundo me contaram, é "juízo primevo"...[4]

Esse costume, naturalmente, torna ainda mais hermética a linguagem jurídica — impedindo o acesso aos não iniciados, e reforçando a imagem do advogado-sacerdote, que detém o conhecimento das palavras sagradas, e a do juiz-deus, que as acolhe ou rejeita. O palavreado barroco passa a compor informalmente o próprio rito, permitindo que os atores se reconheçam, se identifiquem e às vezes até se admirem mutuamente.

O hermetismo linguístico é também uma tentativa de valorizar a Justiça, dando-lhe um *status* superior, como se ela própria — apesar de sua figura feminina — usasse terno e gravata... Nesse sentido, reforça a sua imagem de entidade neutra e imparcial, pairando nas nuvens, acima dos homens, e por isso mesmo — e ainda uma vez — divina.

Mas a linguagem empolada pode ser também um modo de proteger a Justiça contra os ataques dos mortais; pois como compreender (para em seguida criticar) as suas razões de decidir, se é tão difícil decifrar, às vezes, até *o que foi decidido?* Naturalmente, o efeito pode ser inverso: do ponto de vista do perdedor (e de seus parentes e amigos), é sempre mais difícil aceitar o ininteligível. Nesse caso, a explicação corriqueira é a de que o juiz é venal, a menos que seja imbecil.

Assim, desde os tempos de faculdade, o jovem bacharel se esforça para aprender essa espécie de dialeto, tão ao contrário do linguajar próprio de sua idade e de seus outros ambientes — posto que rígido, padronizado e envelhecido. Esse aprendizado passa pelos livros de doutrina e até pelas salas de aula, onde ganha o reforço do terno e gravata dos professores. Felizmente, de uns tempos para cá, alguns colegas têm tentado ser mais simples; alguns chegam a sentenciar até em versos, embora ainda metrificados...

Mas uma coisa é ser compreendido apenas pelos iniciados, e outra, bem diferente, é não ser entendido sequer por estes. Pode acontecer, de fato, que o advogado simplesmente não saiba escrever de forma clara; não consiga expor o seu raciocínio. Nesse caso, ainda que o juiz acabe entendendo o que ele diz, não será possível que esse *trabalho extra* o predisponha negativamente?

De igual modo, se o advogado é repetitivo; ou se apresenta razões intermináveis, cheias de coisas banais. Falhas no Português — erros de concordância, em especial — podem passar a ideia de despreparo jurídico, de descaso com a

---

(4) Além de expressões latinas, o *juridiquês* contém outras tantas pérolas, especialmente na Justiça Comum, como "nédio", "paracleta", "perleúdos desembargadores", "declarações coalescidas" etc. O juiz de cuja sentença se recorre pode ser também "primacial"; o homem condenado à prisão vai para o "ergástulo"... Disponível em: <http://www.soleis.adv.br/juridiques.htm>.

Justiça, e também causar uma certa irritação no juiz. Nesses momentos, ele pode se lembrar de seu próprio esforço com os estudos, e repreender silenciosamente o advogado que não se preocupou tanto com isso. Até que ponto — eu pergunto — pequenos detalhes como esses também não influirão na sentença?

Modos agressivos de falar, seja na inicial ou na defesa, podem tanto ajudar a convencer, como — talvez mais usualmente — provocar antipatias. E o risco aumenta quando se trata de razões de recurso, e o advogado se esquece da sentença para atacar o juiz; ou então se serve dela como pretexto para ofendê-lo. Nesses casos, podem entrar em cena a solidariedade de classe, o corporativismo, ou quando nada o especial apreço que as pessoas das classes mais abastadas costumam dar às artes cavalheirescas, à elegância de modos.

É claro que um exercício de autocrítica constante pode minimizar essas influências — embora até a autocrítica possa ser enganosa ou extemporânea. Meu pai me contava a história de um velho professor, que aceitou presidir um concurso do qual participava um amigo íntimo — iam juntos à igreja, diariamente, para comungar. Sentia-se tranquilo porque, de um lado, só votaria em caso de empate; e, de outro, estava certo de sua imparcialidade. Mas o destino quis que os candidatos empatassem; e ele acabou decidindo contra o amigo, que se tornou então seu inimigo. Tempos depois, confessava a meu pai: "talvez eu tenha tentado ser tão justo, mas tão justo, que acabei fazendo injustiça; pois vejo agora que a melhor tese era a dele." Eu mesmo, certa vez, creio ter agido mais ou menos assim.

De qualquer modo, o fato é que as petições e os arrazoados contêm elementos informais, como se fossem palavras ocultas ou frases não ditas, que podem afetar — muito ou pouco — o convencimento do juiz. Ao peticionar, o advogado não fala apenas do cliente ou da causa, mas de si mesmo. E o que ele diz pode ser bem ou mal interpretado, bem ou mal aceito. No inconsciente do juiz, simpatias ou antipatias se deslocam, às vezes, dos advogados para as partes, ou vice e versa.

2.2. As invisibilidades na linguagem oral

Pode parecer estranho, mas — segundo uma pesquisa — a palavra pura e simples é responsável por apenas 7% da construção de significados. Outros 38% vêm dos modos da voz e 55% dos gestos e expressões corporais.[5]

Uma ligeira modulação, o acento maior ou menor numa sílaba ou palavra, a rapidez ou lentidão na fala — tudo isso, e muito mais, pode sinalizar ao reclamante,

---

(5) NEUBURGER, Luisella de Cataldo. I fattori comunicazionali all'interno del processo. In: FORZA, Antonio (org.). *Il processo invisibile:* le dinamiche psicologiche nel processo penale. Veneza: Marsílio, 1997.

por exemplo, que o juiz é complacente ou está impaciente, ou que a causa está quase ganha, ou que tudo está perdido, ou até mesmo, quem sabe, que corre o risco de ser preso...

Naturalmente, o modo de perceber essas infinitas variações da fala depende das circunstâncias do próprio receptor. Se se trata, por exemplo, de pessoa simples, pouco afeita àqueles ambientes, um modo de dizer mais forte pode valer como ameaça; se, ao contrário, o depoente se aproxima — em termos culturais, sociais ou econômicos — do próprio juiz, saberá por certo se defender melhor dos medos, ainda que o faça em silêncio, intimamente, dizendo a si próprio que não há riscos, que está tudo caminhando bem.

Às vezes, mesmo sem notar, o juiz sugestiona a testemunha; outras vezes, assume uma postura tão temível, que a testemunha tenta responder *o que acha que ele quer ouvir*. Algumas vezes, ainda, o juiz emite conceitos jurídicos na pergunta, induzindo o depoente a erro. É o que acontece, por exemplo, quando indaga se o reclamante *era empregado*, condição muitas vezes confundida com a de *trabalhador com carteira assinada*.

Por outro lado, pode o juiz, na sentença, valorizar esta ou aquela frase, esta ou aquela palavra, para fundamentar a decisão que intimamente já tomou. Aliás, é o que também faz em relação aos métodos supostamente científicos de interpretação da lei: como, muitas vezes, a gramática aponta para um lado, e o sistema ou a teleologia para o outro, é preciso que ele se defina — e ao fazê-lo privilegia um método em detrimento do outro.

Naturalmente, as variáveis estão longe de terminar aqui. Mas analisemos um pouco a linguagem corporal.

2.3. A linguagem invisível do corpo

Como vimos, a linguagem não verbal produz até mais significados do que a verbal. Por isso, quando uma contrasta com a outra, privilegiamos intuitivamente a primeira. A proporção, segundo Argyle, chega a ser de 5 por 1:

> Quando nos encontramos de frente a uma pessoa, tendemos a avaliar se é sincera ou falsa, se fala sério ou se brinca, e (...) valorizamos o tipo de afirmação (...) não só daquilo que diz, mas também como o diz.[6]

Tal como a voz e a escrita, todo o corpo transmite significados. Alguns deles são fáceis de identificar. A face descontraída de alguém, ao encontrar um amigo, indica a sua alegria; virar a cabeça para um lado e para o outro, em resposta a uma pergunta, significa um *não*.

---

[6] FORZA, Antonio. Introduzione. In: FORZA, Antonio (org.). *Il processo invisibile:* le dinamiche psicologiche nel processo penale. Veneza: Marsílio, 1997. p. 94.

Outros gestos são menos óbvios, como uma perna cruzada, cotovelos na mesa ou mãos que se fecham. Uns são fruto de uma determinada cultura, como a forma japonesa de saudar, curvando o corpo; outros — como a testa franzida — parecem universais e inatos. Alguns, como o sorriso, estão presentes até em nossos irmãos chimpanzés, e com significados análogos.[7]

Por outro lado, a linguagem do corpo, com frequência, foge ao controle da razão. Enquanto, no texto escrito, podemos guiar grande parte das nossas palavras, o *texto corporal* parece o veículo preferido do inconsciente. Tal como acontece com os famosos "atos falhos", que Freud detectou na linguagem verbal, o corpo está sempre ávido por revelar os nossos mais ocultos segredos.

Assim, por exemplo, as crianças costumam tapar a boca com as mãos quando contam mentirinhas — como se quisessem evitar que as palavras saíssem. Segundo os autores de um curioso *best-seller*[8], até nós, adultos, repetimos esse gesto, disfarçado sob a forma de dedos tocando o nariz ou roçando de leve os lábios...

Observam eles, ainda, que a linguagem corporal — do mesmo modo que a escrita — tem pontos, vírgulas, palavras e frases; para apreender os seus significados, tal como fazemos ao ler um texto, devemos analisar as frases, e não apenas as palavras, e sem nos esquecermos do tema, ou seja, do contexto.

Essa linguagem corporal influi sobretudo na coleta da prova, e em vários sentidos. De um lado, pode reforçar a linguagem verbal, ajudando a convencer o juiz; de outro, pode destoar dela, causando efeito oposto. Pode passar despercebida ou não; ser bem ou mal interpretada; ser espontânea ou provocada; ou até ser encoberta, intencionalmente, por outro gesto, como na hipótese em que uma testemunha, para disfarçar seu nervosismo, finge um acesso de tosse.

Para se ter uma ideia de até aonde vão essas influências, basta dizer que, segundo pesquisas nos EUA, os advogados que sorriem ao fazer as suas defesas têm mais sucesso que os carrancudos[9] — do mesmo modo que os promotores que fazem perguntas mais detalhadas convencem melhor os jurados.[10]

Um dado interessante é que a relação causa-efeito pode se inverter. Outra pesquisa, também nos EUA, reuniu dois grupos para ouvir a mesma palestra. Pediu-se aos participantes de um deles que ficassem de braços cruzados; e os do outro, em posição normal. Resultado: além de reter 38% a menos de informação, o

---

(7) Segundo PEASE, Allan; PEASE, Barbara. *Desvendando os segredos da linguagem corporal*. Rio de Janeiro: Sextante, 2005, *passim*.
(8) PEASE, Allan; PEASE, Barbara. *Op. cit.*, *passim*.
(9) *Ibidem*, p. 57.
(10) NEUBURGER, Luisella de Cataldo. I fattori comunicazionali all'interno del processo. In: FORZA, Antonio (org.). *Op. cit.*, p. 110.

primeiro grupo mostrou uma opinião sempre mais crítica sobre o palestrante. A explicação seria a de que braços cruzados, protegendo as partes vitais do corpo, expressaria simbolicamente uma tendência à recusa, uma postura de resistência. E mais ainda: esse gesto *reforçaria* uma predisposição interior, tornando-se causa, sem deixar de ser efeito. Por isso mesmo, *experts* em RH, como o casal Pease, aconselham as empresas a só usar cadeiras *com braços* em seus centros de treinamento...[11].

Naturalmente, quanto melhor o juiz perceber esses elementos informais, mais próximo estará da verdade — se é que se pode falar em verdade no processo.

2.4. A linguagem invisível dos objetos e ambientes

Conta um sociólogo[12] que, em torno dos anos 1940, nos subúrbios paulistas, as famílias operárias começaram a incorporar pequenos jardins em suas casas, imitando as mansões dos bairros *chiques*. Era um modo que aquelas famílias tinham não só de dizer o que queriam ser, mas o que — em pequena escala — já eram, exibindo um *status* que crescia. Além disso, para a mulher, aqueles pequenos jardins anunciavam, simbolicamente, um começo de libertação das quatro paredes do lar; e sutilmente sugeriam para a vizinhança todos os cuidados e caprichos que certamente estariam presentes também nos interiores.

De modo análogo, o macacão cheio de graxa do operário mostrava e mostra uma vida de trabalho, e, por isso, honrada; mas também pode indicar, segundo outros olhares, um trabalho apenas manual e monótono, subordinado e mal pago, desgastante e sujo, e, por isso, sem tanto valor. Nesse último sentido, a organização do jardim, como a limpeza da casa, seriam também um modo de negar ou pelo menos compensar — contrastando — a própria condição operária.

Esses pequenos exemplos nos mostram, mais uma vez, que os objetos e ambientes também falam. Aliás, não é essa uma das razões que nos levam a consumir? Quando compramos um automóvel, uma roupa ou até uma simples caneta podemos estar revelando quem somos, o que queremos e o que somos capazes de fazer; podemos atrair amizades ou repelir estranhos; construir uma bela imagem ou suprir nossas carências, inclusive de identidade[13].

A influência dos objetos talvez seja ainda mais pesada onde as relações de poder são menos iguais, como acontece na sala de audiências. Ali, uma conjunção

---

(11) PEASE, Allan; PEASE, Barbara. *Op. cit.*, p. 71.
(12) MARTINS, José de Souza. *A aparição do demônio na fábrica:* origens sociais do Eu dividido no subúrbio operário. São Paulo: Editora 34, 2008. p. 75.
(13) A propósito, cf. TORRES IPRAT, Joan. *Consumo, luego existo:* poder, mercado y publicidad. Barcelona: Icaria, 2005.

de elementos como bandeira, toga, ternos, estrado, livros e autos sobre a mesa pode potencializar as diferenças não só entre as partes, como entre as suas testemunhas e até entre os seus advogados — os do reclamante, por exemplo, costumam ser mais jovens e menos experientes.

CONCLUSÃO

É claro que muitas outras variáveis informais penetram nos poros do processo formal. Uma delas é a própria interpretação do Direito, que varia ao sabor não só da cultura jurídica, mas do próprio cotidiano do juiz, de sua interação com os ambientes, de sua história pessoal, de sua formação política, de seu modo de ver a vida.

Nós, juízes, disfarçamos muito bem essa realidade, acreditando ou fingindo acreditar que há sempre uma interpretação lógica — e, por isso, fatal — tanto da lei como da prova. Mas na verdade, eu quero crer, o que há é antes invenção do que descoberta; muito mais escolha que imposição. Até os princípios jurídicos, de certo modo, tocam as fronteiras desse mundo informal, na medida em que a todo momento oferecem escapes à letra formal das regras, acenando com possibilidades sempre novas de criação.

Mas não me atrevo a falar de Hermenêutica, nem o espaço comportaria outros exemplos. Basta frisar, ainda uma vez, que se há um processo visível, regulado, sobre o qual há muitos anos se constroem teorias, aquele *segundo processo* tem-lhe servido sempre de companhia. É claro que não se trata de um *verdadeiro* processo, em sentido técnico; mas como ele segue a sorte do primeiro, mesclando-se com ele, acaba por se adequar até mesmo ao seu rito. Seria mais ou menos como uma canoa sem canoeiro, solta nas águas, e que vai batendo nos barrancos, rodopiando nas corredeiras, mas percorrendo, afinal, os mesmos caminhos do rio.

Domar esse *segundo processo,* selvagem, irreverente e desinquieto, é completamente impossível. Seria preciso disciplinar os tons de voz, o franzir das testas, os bocejos, os suspiros e os sorrisos; seria preciso ainda proibir que as mesas, cadeiras, bandeiras e xícaras de café silenciassem os seus significados, e que o juiz se transformasse num autômato com botões — ou talvez nos próprios botões. Por fim, seria preciso até que vivêssemos em outro sistema, pois é próprio do capitalismo ser desigual, opressivo, como também é de sua essência penetrar em todos os lugares, contaminando todos os ambientes.

Ainda assim, alguma coisa é possível.

De um lado, podem e devem os atores jurídicos — especialmente o juiz — aprofundar-se nesse ramo de conhecimentos, a fim de instruir melhor a causa. Nesse sentido, aliás, é importante notar como a revisão da prova, pelo tribunal, é apenas parcial e precária — já que ele não tem acesso a essa verdadeira *paralinguagem* das partes e testemunhas, que pode ter reforçado mas também atenuado ou desmentido as palavras escritas na ata. E o juiz deve também tentar se conhecer melhor, o que demanda, em princípio, um apoio psicanalítico.

De outra parte — mesmo abstraindo-se de uma melhor capacitação do juiz — é possível controlar ao menos uma pequena parte daqueles significantes e significados, no que eles podem ter de negativo — prejudicando os esforços reformistas do legislador. Em palavras mais claras, seria preciso que a Justiça — especialmente a do Trabalho — tentasse corrigir um pouco as desigualdades que ela própria ajuda a reproduzir[14].

Isso significaria uma Justiça menos pomposa, despojada ao máximo de seus símbolos de autoridade, falando uma língua mais próxima do povo. Uma Justiça tão simples que o reclamante não se sentiria — como em geral se sente — de novo um empregado diante do patrão, mesmo estando num tribunal e não numa oficina; e igualitária a ponto de impedir, entre outras coisas, que as testemunhas do autor se sintam menos à vontade ou mais temerosas que as do réu, como em regra também acontece.

Cappelletti e Garth nos ensinam que, na Austrália, em causas de menor valor, o juiz às vezes se assenta com as partes, à mesa de café, e em meio às conversas pega o telefone e chama, ele mesmo, a testemunha referida por uma delas[15]. No mesmo sentido, há alguns anos, o caro colega e mestre Antônio Álvares da Silva me falava de uma Justiça ambientada nas periferias, arranjando-se como pudesse em garagens ou galpões.

Uma Justiça assim — ou, quando nada, *um pouco* assim — não seria menos digna ou respeitável. Ao contrário. Poderia ser melhor entendida, menos temida e bem mais amada. Em outras palavras — e como me dizia o também colega Gustavo Fontoura Vieira, de Santa Maria/RS — é perfeitamente possível (e necessário) trocar a legitimação antiga, produzida pela distância, por uma nova legitimação, construída pela proximidade.

---

(14) Não custa notar que, apesar de tudo, a Justiça do Trabalho é bem mais simples e menos formal do que a Justiça Comum, seja estadual ou federal.
(15) CAPPELLETTI, M.; GARTH, Bryant. *Acesso à Justiça*. Porto Alegre: Fabris, 1995.

A POSSIBILIDADE DE APLICAÇÃO DA PROPORCIONALIDADE NA COLISÃO ENTRE OS PRINCÍPIOS DA PROTEÇÃO DA RELAÇÃO DE EMPREGO E DA LIVRE-INICIATIVA DO EMPREGADOR: ANÁLISE CRÍTICA DO CASO EMBRAER

Juliana Augusta Medeiros de Barros [*]

INTRODUÇÃO

A crise econômica, originada primordialmente nos Estados Unidos da América, e seus efeitos reflexos na economia mundial foram exaustivamente noticiados nos meios de comunicação nacional e internacional a partir de meados de 2008, com intensidade decrescente até o presente momento.

Como não poderia deixar de ser, a dita crise interferiu no cenário industrial brasileiro, levando a uma série de medidas adotadas pelas empresas para tentar superar os entraves ao crescimento econômico que até então experimentavam, e entre essas medidas a temida e conturbada dispensa de empregados, nas suas modalidades individual e coletiva.

O caso Embraer é um exemplo típico da repercussão jurídica oriunda da dispensa coletiva de uma grande massa de trabalhadores (cerca de quatro mil e duzentas pessoas), sem negociação coletiva prévia, sob o argumento da necessidade de adaptação da empresa aos efeitos das alterações econômicas bruscas causadas pela crise mundial.

O julgamento, pelo Tribunal do Trabalho da 15ª Região, do dissídio coletivo, interposto por sindicatos de trabalhadores da Embraer em face da empresa, teve

---

[*] Doutoranda em Direito do Trabalho e Seguridade Social pela Universidade de São Paulo. Mestre em Direito do Trabalho pela Pontifícia Universidade Católica de Minas Gerais. Especialista em Direito e Processo do Trabalho pela Universidade Cândido Mendes do Rio de Janeiro. Graduada em Direito pela Universidade Federal de Minas Gerais. Professora de Direito do Trabalho da Famig. Advogada.

como parâmetros balizadores a existência de lacuna no ordenamento jurídico brasileiro no tocante aos procedimentos e aos efeitos da dispensa coletiva, com a consequente necessidade da integração da omissão legislativa nacional a partir de normas de direito comparado, bem como a análise da força normativa dos princípios constitucionais e dos princípios explicitados na Convenção n. 158 da OIT de proteção ao trabalhador.

A decisão histórica, não obstante tenha sido modificada em vários de seus aspectos mais progressistas em relação à matéria pelo Tribunal Superior do Trabalho, merece um estudo mais detido no que tange às questões da aplicação de princípios constitucionais com força normativa e da possibilidade de utilização da técnica da ponderação de interesses para a harmonização dos princípios constitucionais que sobejam claramente no caso em apreço, quais sejam, o princípio da livre-iniciativa e o princípio da proteção à relação de emprego. Após esse estudo, será possível apresentar uma análise crítica das decisões do Tribunal Regional do Trabalho da 15ª Região e do Tribunal Superior do Trabalho, a partir do histórico pormenorizado do caso Embraer.

1. O PRINCÍPIO DA PROPORCIONALIDADE E A PONDERAÇÃO DE INTERESSES APLICADOS AO CASO EMBRAER

1.1. Os princípios constitucionais: o papel dos princípios no positivismo e no pós--positivismo

Fazendo-se uma rápida retrospectiva, observa-se que, no final do século XIX, o positivismo filosófico ganha força no cenário do Direito. Esse movimento teve como elementos propulsores o surgimento do Estado Liberal, a consolidação dos ideais constitucionais em textos escritos e o êxito do movimento de codificação, fatores responsáveis por suplantar o jusnaturalismo, considerado metafísico e anticientífico.

O positivismo pregava a separação completa entre o campo jurídico e o da moral e a concepção de que o processo de aplicação das normas deveria se valer apenas da racionalidade formal, cingindo-se à subsunção do fato ao dispositivo normativo. A atividade do aplicador do Direito era reduzida à declaração do que já estava pronto, não sobrando espaço para a interpretação das leis.[1]

A crise do positivismo jurídico ao fim da Segunda Guerra, associada à derrota do fascismo na Itália e do nazismo na Alemanha — movimentos que ascenderam

---

(1) BARROSO, Luís Roberto; BARCELLOS, Ana Paula. O começo da história. A nova interpretação constitucional e o papel dos princípios do Direito Brasileiro. *Revista Interesse Público*, Sapucaia do Sul, v. 5, n. 19, p. 55, maio/jun. 2003.

ao poder e dentro do quadro da legalidade vigente promoveram a barbárie em nome da lei — abriu caminho para um conjunto amplo e inacabado de reflexões acerca do Direito, sua função e sua interpretação. Esse movimento é denominado de pós-positivismo e designa um ideário difuso, "no qual se incluem a definição das relações entre valores, princípios e regras, aspectos da nova hermenêutica constitucional, e a teoria dos direitos fundamentais, edificada sobre o fundamento da dignidade humana".[2]

De acordo com Daniel Sarmento, o movimento acredita na razão e no Direito como instrumentos de promoção de mudanças sociais e busca, recorrendo aos princípios constitucionais e à racionalidade prática, catalizar as potencialidades emancipatórias da ordem jurídica.[3]

Dessa forma, tem sido grande o esforço dos estudiosos em criar um arcabouço teórico que transforme o avanço filosófico em instrumental técnico jurídico aplicável aos problemas concretos. Nessa esteira, surgiram as reflexões sobre a força normativa da Constituições, a consequente concepção dos princípios como espécie do gênero norma, a estruturação dos direitos fundamentais como normas principiológicas e as técnicas de solução de colisões entre princípios.

No que tange aos princípios, na fase positivista, a eles era atribuída uma função meramente subsidiária e supletiva na ordem jurídica, ou seja, eles apenas seriam aplicados quando houvesse lacuna legal, como meio de integração do Direito. No campo do Direito Constitucional, eles eram classificados como normas não autoaplicáveis, ou seja, não se lhes reconhecia nenhuma eficácia jurídica. Com a crise do positivismo, os princípios passam a ser reconhecidos como normas jurídicas e, consequentemente, nasce a possibilidade de que eles possuam alguma eficácia jurídica.

De acordo com Luís Roberto Barroso e Ana Paula de Barcellos:

> Os princípios tiveram de conquistar um *status* de norma jurídica, superando a crença de que teriam uma dimensão puramente axiológica, ética, sem eficácia jurídica ou aplicabilidade direta e imediata. A dogmática moderna avaliza o entendimento de que as normas em geral, e as normas constitucionais em particular, enquadram-se em duas grandes categorias diversas: os princípios e as regras.[4]

Nos últimos anos, a distinção qualitativa ou estrutural entre regra e princípio tornou-se um dos pilares da moderna dogmática constitucional, indispensável para a superação do positivismo legalista. Segundo Barroso e Barcelos, a Constituição

---
(2) *Ibidem*, p. 56.
(3) SARMENTO, Daniel. *Direitos fundamentais e relações privadas*. 2. ed. Rio de Janeiro: Lumen Juris, 2006. p. 57.
(4) BARROSO, Luís Roberto; BARCELLOS, Ana Paula. *Op. cit.*, p. 56.

passa a ser encarada "como um sistema aberto de princípios[5] e regras, permeável a valores jurídicos suprapositivos, no qual as ideias de justiça e de realização dos direitos fundamentais desempenham um papel fundamental"[6]. A mudança de paradigma nessa matéria deve especial tributo às concepções de Ronald Dworkin e aos desenvolvimentos a ela dados por Robert Alexy no que tange à diferenciação entre princípios e regras.

As regras são normas dotadas de uma estrutura fechada, nas quais uma conduta determinada é qualificada como obrigatória, proibida ou permitida, e veiculam mandados de definição de natureza biunívoca, isto é, só admitem duas espécies de situação: ou são válidas e se aplicam ou não se aplicam por serem inválidas. A exceção da regra ou é outra regra, que invalida a primeira, ou é a sua violação.[7] Ocorrendo a hipótese prevista no seu relativo, a regra deve incidir pelo mecanismo tradicional da subsunção: enquadram-se os fatos na previsão abstrata e produz-se uma conclusão.

Para Alexy, os princípios são normas dotadas de uma estrutura aberta, ou seja, são mandados de otimização, que "ordenam que se realize algo na maior medida possível, dentro das possibilidades jurídicas e reais existentes", limitadas por princípios opostos que procuram maximizar-se, impondo a necessidade de ponderação, e regras opostas que os excepcionam em algum ponto. Por isso, os princípios "podem ser cumpridos em diferentes graus" e, assim, quando em colisão, exigem a ponderação dos pesos relativos, segundo as circunstâncias do caso concreto.[8]

Os princípios contêm relatos com maior grau de abstração, não especificam a conduta a ser seguida e se aplicam a um conjunto amplo, por vezes indeterminado, de situações. Como, em uma sociedade democrática, os princípios frequentemente representam valores em tensão, sua aplicação deverá se dar mediante ponderação, ou seja, o intérprete irá aferir o peso que cada princípio deverá desempenhar na hipótese, mediante concessões recíprocas, e preservando o máximo de cada um, na medida do possível.[9]

---

(5) Os princípios, pela plasticidade que lhes é inerente, têm como acomodar mais facilmente alterações em seu sentido, o que permite a atualização dos ditames constitucionais em virtude das mudanças que ocorrem na sociedade com o passar dos tempos.
(6) BARROSO, Luís Roberto; BARCELLOS, Ana Paula. *Op. cit.*, p. 57. De acordo com os autores, o sistema jurídico ideal se consubstancia em uma distribuição equilibrada entre princípios e regras, nos quais as regras desempenham o papel referente à segurança jurídica — previsibilidade e objetividade das condutas — e os princípios, com sua flexibilidade, dão margem à realização da justiça do caso concreto.
(7) ALEXY, Robert. *Teoría de los derechos fundamentales*. Madri: Centro de Estudios Constitucionales, 1993. p. 82-85.
(8) *Ibidem*, p. 86.
(9) BARROSO, Luís Roberto; BARCELLOS, Ana Paula. *Op. cit.*, p. 57.

1.2. O princípio da proporcionalidade e a ponderação de interesses aplicada ao caso concreto

A palavra "proporcionalidade" traz consigo a ideia de relação entre coisas ou valores, o sentido de equilíbrio ou harmonia entre duas ou mais grandezas. Essa concepção existe desde a antiguidade, quando Aristóteles relacionou a ideia de justiça material à noção de "meio-termo", entendendo que o "justo nesta acepção é portanto o proporcional, e o injusto é o que viola a proporcionalidade".[10]

O princípio da proporcionalidade desenvolveu-se, inicialmente, na seara do Direito Penal, na relação entre os crimes e suas penalidades. A ideia de proporcionalidade não se restringiu ao âmbito penal, difundindo-se para outras áreas do Direito, marcadamente o Direito Administrativo, como forma de controle das atividades estatais restritivas da liberdade individual[11] e da propriedade privada. No século XIX, começam a surgir as primeiras decisões judiciais reconhecendo o princípio da proporcionalidade como um limite ao arbítrio do administrador.

A aplicação do princípio da proporcionalidade no Direito Constitucional começou a tomar vulto, efetivamente, somente após a Segunda Guerra Mundial, com a afirmação dos princípios como normas jurídicas, paralelamente ao fortalecimento dos direitos e garantias fundamentais. O princípio passou, então, a ser utilizado no controle das atividades legislativas, mormente no controle de constitucionalidade das leis restritivas de direitos fundamentais.

Foi por meio da doutrina e da jurisprudência alemãs, sobretudo após a Segunda Grande Guerra, que o princípio da proporcionalidade se firmou na sua concepção atual, como proibição do excesso em relação à atuação do poder estatal e como técnica de harmonização de princípios constitucionais colidentes em um caso concreto, abarcando esse princípio, em seu sentido lato, os subprincípios da adequação, da necessidade e da proporcionalidade em sentido estrito.

No ordenamento jurídico pátrio, o princípio da proporcionalidade não se encontra expressamente consagrado no texto constitucional. Não obstante, é considerado um princípio constitucional implícito positivado[12], cuja sede material encontra divergência na doutrina, sendo ora considerado oriundo da própria noção

---

(10) ARISTÓTELES. The nicomachean ethics. Oxford University Press, 1980. Livro V apud PONTES, Helenilson Cunha Pontes. *O princípio da proporcionalidade e o direito tributário*. São Paulo: Dialética, 2000. p. 43.
(11) SARMENTO, Daniel. Op. cit., p. 79.
(12) Cf. BARROS, Suzana Toledo de. *O princípio da proporcionalidade e o controle de constitucionalidade das leis restritivas de direitos fundamentais*. 3. ed. Brasília: Brasília Jurídica, 2003. p. 97 e BONAVIDES, Paulo. *Curso de direito constitucional*. 13. ed. São Paulo: Malheiros, 2003. p. 434-43.

de Estado de Direito[13], ora derivado do princípio do devido processo legal ou da estrutura das normas de direitos fundamentais.[14] Todavia, essa discussão tem relevância apenas teórica, pois há um consenso no sentido de que ele se encontra positivado nos países que adotam o regime democrático de governo.

Segundo Daniel Sarmento, a Constituição Brasileira de 1988 está alicerçada em princípios e regras jurídicas e foi desenvolvida sobre bases pluralistas, contendo princípios e diretrizes normativas não convergentes. Dessa forma, a melhor maneira para solucionar os conflitos entre os princípios seria pela ponderação de interesses pois, em certas situações, o intérprete será levado à conclusão de que dois princípios são igualmente adequados para incidir sobre determinado caso e terá de buscar uma solução que, à luz das circunstâncias concretas, sacrifique o mínimo possível de cada um dos interesses salvaguardados pelos princípios em confronto.[15]

Com fulcro no arsenal teórico delineado, vislumbramos, no caso da Embraer, a emergência de dois grupos de princípios constitucionais em colisão: os princípios que embasam o poder diretivo do empregador e os princípios que dão sentido à proteção da relação de emprego.

No tocante ao poder diretivo, tem-se os princípios da livre-iniciativa e o da liberdade contratual. O primeiro está disposto na Constituição de 1988 em dois momentos: no art. 1º, IV, quando traz como um dos fundamentos da República Federativa do Brasil os valores sociais do trabalho e da livre-iniciativa, e no art. 170, *caput*, segundo o qual a ordem econômica se funda na valorização do trabalho e na livre-iniciativa, de forma a assegurar a todos existência digna, conforme os ditames da justiça social.

Na realidade, a empresa é a principal expoente da livre-iniciativa. Esta deve ser compreendida como a atividade econômica organizada dos fatores de produção, para a circulação de bens e serviços para o mercado. Demonstrando o estreito vínculo entre o princípio da livre-iniciativa ou do valor social da livre--iniciativa e a organização do empreendimento, do trabalho e do modo de produção, Fabíola Santos Albuquerque explica que "a garantia legal da livre--iniciativa destina-se ao homem [...] empresário [...], que vai organizar livremente a sua atividade produtiva e portanto definir o que, como, quando e onde produzir".[16]

---

(13) De acordo com Renata Camilo Oliveira, essa é a posição adotada pelo Tribunal Constitucional Alemão (BVerfG). Cf. OLIVEIRA, Renata Camilo. *O princípio da proporcionalidade:* crítica à ponderação de bens no direito constitucional brasileiro e no alemão, tendo em vista o papel do Judiciário no Estado Democrático de Direito. 2006. 180f. Dissertação (Mestrado em Direito) — Universidade Federal de Minas Gerais. Faculdade de Direito. Belo Horizonte, p. 11.
(14) BARROS, Suzana Toledo de. *Op. cit.*, p. 96.
(15) SARMENTO, Daniel. *Op. cit.*, p. 65.
(16) ALBUQUERQUE, Fabíola Santos. Liberdade de contratar e livre-iniciativa. *Revista Trimestral de Direito Civil*, Rio de Janeiro, v. 15, n. 4, p. 83, jul./set. 2003.

Por seu turno, o princípio da liberdade contratual, que tem como corolário a autonomia privada, está implicitamente presente na Constituição e se refere à parcela de liberdade para as partes no que tange à escolha do outro contratante e na estipulação do conteúdo do contrato, seja na seara civil ou trabalhista[17]. Obviamente, esse princípio sofre limitações em virtude do fenômeno do dirigismo contratual, ou seja, na intervenção do Estado na autonomia das partes no sentido de evitar abuso. Na seara trabalhista, esse fenômeno se concretiza pela incidência de normas cogentes, cujo conteúdo são direitos mínimos em favor dos trabalhadores a serem observados pelos empregadores, além da vinculação das partes contratantes a esse conteúdo mínimo, independentemente de sua manifestação de vontade.

O princípio da liberdade contratual tem como condicionantes outros dois princípios estabelecidos no Código Civil de 2002, quais sejam, a função social do contrato e a boa-fé, plenamente aplicáveis aos contratos de trabalho, sobretudo no que tange aos direitos e obrigações oriundos do poder diretivo do empregador. O princípio da função social do contrato é princípio geral de ordem pública e estabelece que o contrato deve necessariamente ser interpretado de acordo com o contexto da sociedade. O princípio da boa-fé objetiva está vinculado à conduta desempenhada pelos contratantes em todas as fases contratuais, instituindo uma série de deveres anexos a serem observados, quais sejam: o dever de cuidado em relação à outra parte, o dever de cooperação ou colaboração, o dever de respeito à confiança, o dever de informar a outra parte quanto ao conteúdo do negócio, o dever de lealdade e o dever de agir, conforme a equidade, a razoabilidade e a razão.

Relativamente ao princípio da proteção da relação de emprego, o seu fundamento constitucional está presente em basicamente três dispositivos: o princípio dos valores sociais do trabalho, presente no inciso III do art. 1º; o princípio esculpido no direito fundamental social ao trabalho, estabelecido no art. 6º; e a norma principiológica que estabelece a proteção contra a dispensa arbitrária ou sem justa causa no art. 7º, inciso I.

O sentido interpretativo dessa última norma já foi estabelecido anteriormente nessa explanação, cabendo aqui ressaltar que o princípio dos valores sociais do trabalho, além de ser fundamento da República Federativa do Brasil e da ordem econômica, serve como um limite à livre-iniciativa do empregador, de forma a assegurar a dignidade do trabalhador. O direito ao trabalho, estabelecido como direito fundamental no art. 6º e, portanto, possuindo estrutura principiológica, tem como destinatários tanto o poder público, relativamente à elaboração de

---

(17) Do contrato, nasce para o empregador o poder empresarial e, para os empregados, a subordinação jurídica que os leva a observar as normas firmadas pelo empregador, logicamente dentro de certos limites.

políticas públicas que gerem a criação e a manutenção dos empregos e de outras formas de exercício do trabalho, quanto o poder privado, que deve velar, o quanto possível, pela estabilidade da relação de emprego, não podendo rompê-la abusivamente nem de forma temerária, tendo em vista a importância social e econômica do emprego para a dignidade da pessoa humana do trabalhador.

Os dois grupos de princípios constitucionais ora apresentados estão em desarmonia no caso concreto da dispensa coletiva da Embraer, não só no que se refere à forma como foi realizada a dispensa, como nos seus efeitos para os trabalhadores. Assim, cabe analisar a possibilidade de aplicação do princípio da proporcionalidade, com suas três máximas (adequação, necessidade e proporcionalidade em sentido estrito ou ponderação) para a solução desse caso concreto.

A adequação, também denominada de conformidade, exige que o meio fomente a meta, ou seja, que de algum modo o meio promova o fim. É adequado, então, um meio ou medida, quando a restrição ao princípio aumenta a probabilidade de se alcançar a meta almejada, incluindo nessa meta inclusive a realização de outro princípio.

Os princípios da liberdade de iniciativa e da liberdade contratual são adequados para restringir a realização dos princípios que embasam a proteção da relação de emprego, tanto que a dispensa coletiva restringiu bruscamente o direito ao emprego dos quatro mil e duzentos trabalhadores dispensados. A recíproca também é verdadeira, caso se aplicasse a proteção à relação de emprego para vedar de forma total as dispensas, o que poderia trazer consequências para a empresa Embraer, inclusive graves dificuldades financeiras e efeitos delas decorrentes.

A necessidade, que alguns chamam de exigibilidade, requer o emprego da intervenção adequada que seja mais amena, ou seja, do meio que tenha a mesma chance de êxito para atingir o fim almejado, como a realização de um princípio, mas que restrinja o menos possível a realização do outro princípio em colisão.

No caso concreto estudado, esse elemento exige que o Poder Judiciário apure se a decisão tomada pela Embraer de dispensar a grande massa de trabalhadores, dentre as aptas à consecução do fim pretendido de estabilizar a situação financeira da empresa, é a que produz menor prejuízo aos cidadãos envolvidos ou à coletividade. Nesse ponto, o TRT da 15ª região e o relator do caso no TST — embora não se tenham valido explicitamente do princípio da proporcionalidade e de suas máximas — observaram que a forma como foi estabelecida a decisão empresarial da dispensa (ou seja, o momento pré-dispensa) não foi a que menos restringiu a proteção à relação de emprego dos trabalhadores, mas, ao contrário, foi a que mais restringiu, na medida em que foram dispensados sem comunicação e sem uma negociação coletiva em que pudessem ser discutidas alternativas mais amenas a curto e médio prazos à dispensa, tais como as férias coletivas, a suspensão do contrato, com ou sem remuneração, a redução da jornada e dos salários, etc. Tanto que o Regional e o Ministro relator entenderam ser a dispensa abusiva, posto que não pautada nos princípios condicionadores da liberdade contratual da empresa, quais sejam, a boa-fé objetiva e a função social do contrato. A decisão do TST, entretanto, não observou a máxima.

Não obstante tais constatações, existe a possibilidade dessa máxima ser observada e mesmo assim ocorrer a dispensa coletiva. Isso se daria na hipótese da Embraer, mesmo depois de tomadas, unilateralmente ou por via de negociação coletiva, medidas alternativas à dispensa dos trabalhadores, ainda tivesse a necessidade de dispensar uma parte dos quatro mil e duzentos trabalhadores ou todos eles. Ou então, na hipótese da dispensa coletiva da forma como ocorreu na realidade, ainda que sem negociação coletiva, mas observando certas precauções no momento da dispensa, como o estabelecimento de pagamento de indenização majorada (e não somente a multa de 40% do FGTS) e, mesmo após a rescisão contratual, como a manutenção de planos de saúde, a preferência de recontratação de trabalhadores da própria empresa, e outros benefícios. Nessas hipóteses, a necessidade teria sido observada, mas os princípios da liberdade contratual e da livre-iniciativa e o da proteção à relação de emprego continuariam em colisão, no sentido de sopesar em que medida os princípios que embasam o poder diretivo do empregador deveriam prevalecer ou não na fixação dos efeitos na dispensa e no momento pós-dispensa. Seria, portanto, imprescindível partir para a análise da ponderação de interesses ou proporcionalidade em sentido estrito.

A ponderação, conforme concebida por Alexy, refere-se a "qual dos interesses [...] abstratamente no mesmo nível [...] tem maior peso no caso concreto".[18] Para resolver a questão da medida de referência em que os pesos e valores devem ser aferidos para se poder afirmar que uma relação é proporcional, Robert Alexy formulou a chamada "Lei da Ponderação", segundo a qual "quanto maior o grau de não satisfação ou de afetação de um princípio, tanto maior deve ser a importância de satisfação do outro"[19].

O doutrinador alemão, com o objetivo de apresentar argumentos racionais específicos para justificar a proposição de precedência condicionada, ou seja, de qual princípio deverá preceder e qual cederá, estabeleceu a "Lei da Colisão"[20], segundo a qual "as condições sob as quais um princípio tem precedência em face do outro constituem o suporte fático de uma regra que expressa a consequência jurídica do princípio que tem prevalência".[21] Ou seja, em uma ponderação de

---
(18) ALEXY, Robert. Op. cit., p. 95.
(19) ALEXY, Robert. Teoria dos direitos fundamentais. São Paulo: Malheiros, 2008. p. 167.
(20) Ibidem, p. 174.
(21) ALEXY, Robert. Teoria de los derechos fundamentales. Madri: Centro de Estudios Constitucionales, 1993. p. 99.

princípios, é necessário estabelecer uma relação de preferência que corresponde, de acordo com a lei da colisão, ao estabelecimento de uma regra.[22]

De forma a apresentar uma estrutura argumentativa racional para as discussões sobre a preponderância de um princípio sobre outro, Alexy elaborou a "Fórmula da Colisão". Deve-se ressaltar que todas as variáveis da fórmula devem ser submetidas à argumentação racional, ou seja, as proposições devem ser racionalmente fundamentadas para estabelecer uma preferência condicionada entre os princípios concorrentes.[23]

Marcelo Lima Guerra, se valendo das lições de Alexy, sintetiza quais são as variáveis que deverão ser necessariamente levadas em consideração na discussão sobre a preponderância de um princípio ou valor em conflito com outro:

> a) o "peso abstrato" dos valores em conflito [...]; b) a interferência que a realização de um causa no outro e vice-versa (*sic*) a realização do segundo [...] causa no primeiro dos valores em conflito; c) quais as evidências disponíveis para fundamentar, racionalmente, as considerações relativas a b), uma vez que as afirmações produzidas quanto a este aspecto do problema — o grau de interferência — são afirmações descritivas, portanto [...] verificáveis, a exigir, em nome da racionalidade, o suporte de evidências empíricas.[24]

A "Fórmula da Colisão" pode ser assim representada: $Wij = Wi \cdot Ii \cdot Ri/Wj \cdot Ij \cdot Rj$, em que Wi é o peso abstrato de Pi; Wj é o peso abstrato de Pj; Ii é o grau de interferência que a conduta C causa em Pi; Ij é o grau de interferência que a omissão da conduta C causa em Pj; Ri são as evidências sobre a interferência em Pi; Rj são as evidências sobre a interferência em Pj; e Wij é o peso relativo de Pi e de Pj, resultado a ser atingido com o uso da fórmula.

Dessa forma, avaliando o caso da Embraer, e estabelecendo valores para o peso, a interferência e as evidências para a fórmula da colisão sempre com base no parâmetro forte (4), médio (2) e fraco (1), pode-se dizer que o peso abstrato dos princípios da proteção à relação de emprego (Pi) e o da livre-iniciativa (Pj) são fortes ($Wi = 4$ e $Wj = 4$), em virtude da análise já feita sobre a matriz constitucional e significados deles; o grau de interferência que a dispensa coletiva sem estabelecimento de parâmetros, no momento da rescisão e pós-rescisão, que reduzam os efeitos maléficos aos trabalhadores, causa na realização do princípio da proteção da relação de emprego é forte ($Ii = 4$), ao passo que o grau de interferência que a dispensa com o estabelecimento daqueles parâmetros gera

---

(22) *Idem.*
(23) ALEXY, Robert. *Teoria dos direitos fundamentais.* São Paulo: Malheiros, 2008. p. 173.
(24) GUERRA, Marcelo Lima. A proporcionalidade em sentido estrito e a "fórmula do peso" de Robert Alexy: significância e algumas implicações. *Revista de Processo*, São Paulo, v. 31, n. 141, p. 61, nov. 2006.

no princípio da livre-iniciativa do empregador é médio (Ij = 2), já que gera mais gastos e exige negociação coletiva a restringi-lo, mas não tão forte a podar-lhe a sua realização mínima, sobretudo a sua participação efetiva com vistas a só pactuar com os trabalhadores medidas que estejam dentro de suas possibilidades financeiras, obviamente; e, finalmente, admitindo-se que as evidências, ou seja, as provas, as presunções sobre a interferência em Pi e Pj sejam fortes (Ri = 4 e Rj = 4), em virtude das peculiaridades do caso concreto, tem-se que: Wij : 4 x 4 x 4/4 x 2 x 4 = 2.

Como o resultado da Fórmula da Colisão foi um número maior que 1, significa que o peso relativo (peso obtido pela ponderação entre princípios em um caso concreto) do princípio da proteção à relação de emprego (Pi), no caso da Embraer, é maior que o peso do princípio da livre-iniciativa. Esse mesmo resultado provavelmente seria obtido na ponderação entre o princípio de proteção à relação de emprego e o princípio da liberdade contratual, que também embasa o poder diretivo, pois os fatos do caso concreto são os mesmos e, como já dito, esse princípio também deve obedecer aos limites trazidos por outros princípios constitucionais. Assim, percebe-se que a posição adotada pelo desembargador relator da 15ª Região e pelo Ministro Relator Mauricio Godinho Delgado — ao estabelecerem medidas tais como a manutenção dos planos de saúde por 12 meses após a dispensa, a preferência de recontratação dos trabalhadores dispensados pelo prazo de 2 anos, o direito de cada empregado demitido a uma compensação financeira maior que a multa de 40% sobre os depósitos do FGTS, com base no aviso prévio, até uma limitação arbitrada judicialmente — observaram a máxima da ponderação, embora não a tenham mencionado em seus votos, utilizando-se de argumentos racionais para fundamentar a prevalência, para os efeitos rescisórios e pós-rescisórios, do princípio da proteção à relação de emprego.

2. HISTÓRICO DETALHADO DO CASO EMBRAER E ANÁLISE CRÍTICA

O Sindicato dos Metalúrgicos de São José dos Campos e Região, o Sindicato dos Metalúrgicos de Botucatu e a Federação de Metalúrgicos de São Paulo ajuizaram dissídio coletivo[25] em face da Empresa Brasileira de Aeronáutica (Embraer) e Eleb Embraer Ltda., em razão da dispensa coletiva pelas reclamadas de quatro mil e duzentos trabalhadores sem que fosse realizada previamente negociação coletiva entre as partes a fim de buscar alternativas às dispensas ou amenizar os efeitos delas.

Entre as principais alegações das reclamantes estão a violação, pela Embraer, dos direitos à informação e à boa-fé e do princípio da transparência nas negociações

---

(25) Campinas. Tribunal Regional do Trabalho da 15ª Região. Processo n. 00309-2009-000-15-00-4 DC, SDC, Rel. Desembargador José Antônio Pancotti. Publicação da Decisão no DJSP em 30 mar. 2009.

entre as partes, previstos na Convenção n. 98 e nas Recomendações ns. 94 e 163 da OIT, e a agressão aos princípios constitucionais da dignidade da pessoa humana e dos valores sociais do trabalho e da livre-iniciativa (CF, art. 1º, III e IV), do acesso à informação (CF, art. 5º, XIV), do reconhecimento das convenções e acordos coletivos de trabalho (CF, art. 7º, XXVI), da representação sindical e da participação obrigatória dos sindicatos nas negociações (CF, art. 8º, III e VI). Todas essas violações de normas jurídicas seriam oriundas da não comunicação pelas reclamadas, de forma clara e transparente, da decisão de demitir, que permitiria a tentativa de negociação coletiva.

O juiz presidente do Tribunal Regional da 15ª Região, com o intuito de chamar as partes à tentativa de conciliação e de evitar o risco de ineficácia de eventual decisão final procedente, concedeu liminar para determinar a suspensão, a partir de 19.2.2009, das rescisões contratuais com ou sem justa causa até a data da audiência de conciliação.

Em defesa, as reclamadas argumentaram a necessidade das dispensas em face da redução de pelo menos 30% das encomendas de aviões em virtude da crise, já que a clientela da Embraer está basicamente em outros países, dependendo a situação da empresa, portanto, da dinâmica do mercado internacional. Outra alegação seria a de que a Justiça do Trabalho não teria competência para criar normas reguladoras da dispensa coletiva, visto que o tema deve ser objeto de lei, até mesmo porque a Convenção n. 158 da OIT foi denunciada no Brasil e a lei complementar que deve regulamentar o art. 7º, I, da Constituição Federal ainda não foi elaborada. Ademais, as dispensas dos trabalhadores foram feitas criteriosamente, dentro dos limites do poder diretivo empregatício, e a lei no Brasil não condiciona a dispensa coletiva à prévia negociação coletiva.

Houve duas audiências de conciliação que restaram infrutíferas, mesmo diante da proposta apresentada pelo Presidente do Tribunal, sendo que na primeira ocasião a liminar foi concedida e, na segunda, em 13.3.2009, foi decidido que seria mantida até o julgamento do dissídio.

O voto proferido pelo relator, Desembargador José Antônio Pancotti, teve a lucidez de ressaltar, inicialmente, que a Justiça do Trabalho não pode se furtar a analisar os fatos políticos, econômicos e sociais derivados da globalização que geram consequências nas relações de trabalho e que lhe são trazidos pelos cidadãos. Nesse sentido, o magistrado explica que o dissídio coletivo de natureza jurídica, como o caso em tela, é uma criação doutrinária e jurisprudencial, que além de não ter sido prevista na redação original do art. 114 da Constituição Federal, também não foi afetada pelas novas disposições constitucionais da Emenda n. 45/2004, que preservou, na nova redação do art. 114, o poder normativo da Justiça do Trabalho.

Especificamente no mérito, o relator argumenta que em face do ineditismo da matéria submetida a julgamento — a demissão coletiva em massa, sem a existência de aviso prévio, nem disposição para negociar uma demissão coletiva de menor impacto para a comunidade —, é necessário que se faça um estudo da proteção do empregado em caso de demissão coletiva no direito comparado, e do ordenamento jurídico nacional com as suas lacunas sobre o tema, para que seja possível propor uma solução cabível para a questão concreta.

O julgador traz à baila a diferenciação entre dispensa individual e coletiva, ressaltando que a segunda se caracteriza pela rescisão simultânea de uma pluralidade de contratos de trabalho e que, de acordo com as disposições da Convenção n. 158 da OIT, nessa modalidade de dispensa, deve haver negociações entre o empregador e a representação de trabalhadores no sentido tanto de avisar acerca da dispensa quanto também de buscar um programa que seja realizado em etapas sucessivas, visando minorar os efeitos maléficos da rescisão coletiva em massa.

No Brasil, a Convenção mencionada foi ratificada pelo Decreto Legislativo n. 68, de 17.11.1992, cuja publicação se deu em 11.4.1996, sendo denunciada, entretanto, em 20.11.1996, sob argumentos como o de que trazia uma proteção exagerada ao empregado em demissões individuais e coletivas incompatível com um país de economia frágil, além de criar barreiras ao desenvolvimento econômico, com elevação do custo de produção. Atualmente, o ato de denúncia é objeto de uma Ação Direta de Inconstitucionalidade perante o Supremo Tribunal Federal, que enquanto não for julgada enseja a permanência da denúncia.

O relator, astutamente, lembra que a Convenção n. 158 foi ratificada por vários países, entre eles Suécia, Iugoslávia, Venezuela, Zaire, Gabão, Iêmen, Uganda, Etiópia, França, Marrocos, Turquia, entre outros, sendo que a maioria deles possui economia muito menos desenvolvida que a do Brasil. A conclusão do magistrado é bastante lógica, visto que a denúncia ocorrida parece ser fruto muito mais de uma proteção ou *lobby* do empresariado nacional e internacional que atua no país.

Em seguida, o desembargador analisa diversas normatizações no direito comparado acerca da dispensa coletiva, entre elas a da União Europeia e da Espanha, a de Portugal, a do México e a da Argentina que, em apertada síntese, apresentam como principais balizas a notificação da empresa acerca da dispensa dos trabalhadores aos sindicatos e/ou órgãos governamentais competentes e a negociação com esses entes de formas alternativas para a dispensa ou que gerem efeitos menos graves aos trabalhadores.

No que tange ao Brasil, o relator argumenta que só há previsão acerca da dispensa individual no art. 7º, I, da CF/1988, cujo efeito — atual, diga-se de passagem, enquanto não vier a lei complementar de proteção contra dispensa arbitrária ou sem justa causa — resume-se à multa sobre o saldo do FGTS de 40%, consoante estipulação do art. 10, I, alínea *a*, do ADCT da Constituição. Por outro lado, não há regramento algum acerca da despedida em massa coletiva, fato que tem sido contornado por meio de acordos e convenções coletivas de trabalho que estabelecem variados critérios de demissão coletiva, como os PDV's (planos ou programas de demissão voluntária), a suspensão de contratos, com ou sem o pagamento de salários e inclusive para cursos, férias coletivas, redução da jornada e de salários, etc.

Como no caso da Embraer não existem critérios para a dispensa coletiva em instrumentos coletivos das categorias envolvidas, o relator chegou ao ponto mais importante de seu voto: há, no ordenamento jurídico brasileiro, uma lacuna em relação à matéria. Dessa forma, como não é permitido aos juízes e tribunais se furtar de julgar os conflitos que lhes são trazidos, alegando a inexistência de disposição legal sobre a questão a ser decidida, o relator, acertadamente, utiliza-se do instrumento da integração para o preenchimento das lacunas legais, por meio das alternativas fixadas no art. 8º da CLT. Nesse caso, o magistrado se serviu dos princípios do direito do trabalho nacional e comparado para tentar resolver o impasse jurídico.

Adentrando na matriz doutrinária que embasou a sua decisão, José Antônio Pancotti se vale de Robert Alexy e Ronald Dworkin, bem como das lições de Luís Roberto Barroso e Paulo Bonavides para explicitar que tanto as regras como os princípios são normas jurídicas, de modo que os princípios apresentam força normativa a reger determinadas situações, não sendo apenas valores que servem para a compreensão e a interpretação de um ordenamento jurídico. Os princípios gerais de Direito se transformaram em princípios constitucionais ao serem inseridos na Constituição, formando a base do sistema jurídico e ensejando diversos estudos acerca de seu novo papel na hermenêutica constitucional.

O relator conclui que, pelo fato das normas constitucionais não terem mais apenas eficácia meramente programática, o juiz deve se valer das normas-princípio para solucionar os casos que lhe são trazidos, tanto no que tange à aplicação direta dos princípios, quanto nos casos de integração de lacunas legais. Dessa forma, afirma que é possível reconhecer que o espectro constitucional de proteção ao trabalhador em caso de dispensa coletiva é mais amplo, mesmo no ordenamento jurídico nacional, tendo em vista os princípios constitucionais da dignidade da pessoa humana, dos valores sociais do trabalho e da livre-iniciativa, da construção de uma sociedade livre justa e solidária, da garantia do desenvolvimento econômico, da erradicação da pobreza e da marginalização, da prevalência de direitos humanos e, também, da instituição de diretrizes da ordem econômica e social que visam garantir a livre-iniciativa e livre concorrência, conter os abusos do poder econômico e instituir mecanismos de desenvolvimento social, inclusive mediante ações que garantam ao cidadão o acesso ao trabalho, à previdência social, à saúde, entre outros direitos. Essa proteção aos trabalhadores em face de rescisão coletiva de contratos se diferenciaria daqueles que o Direito do Trabalho expressamente concede para as demissões individuais, insuficientes diante da gravidade das dispensas em massa.

Não se pode deixar de louvar essa parte do voto do relator, visto que o Direito Constitucional e a Teoria Geral do Direito, na maior parte das vezes, são olvidados ou deixados em último plano pelos julgadores, como se não fossem a base do ordenamento jurídico de onde se devem extrair os fundamentos primários de qualquer decisão, antes mesmo de se buscar soluções nas leis infraconstitucionais como é de praxe.

Nesse caso específico, a CLT e demais leis nada dizem sobre os efeitos e a forma da dispensa coletiva, mas, ainda que dissessem, o texto constitucional deveria servir de parâmetro para a interpretação dos dispositivos infraconstitucionais ou mesmo prevalecer, se esses fossem contrários aos princípios da Lei Fundamental.

Outro ponto relevante do voto é a importância dada aos princípios constitucionais atinentes ao Direito do Trabalho que são elencados na decisão. A jurisprudência, em geral, infelizmente ainda leva mais em consideração a função meramente informativa desses princípios do que efetivamente a sua força normativa.

À continuação, o desembargador acrescenta que a Declaração da OIT sobre princípios e direitos fundamentais do trabalho declara que, independentemente da ratificação das convenções pelos membros da Organização, devem eles assumir o compromisso derivado do simples fato de pertencerem à OIT de respeitar, promover e tornar realidade de boa-fé, e de conformidade com a Constituição, os princípios relativos aos direitos fundamentais que são objeto dessas convenções.

Deve-se ressaltar que o próprio Supremo Tribunal Federal reconheceu o conteúdo programático da Convenção n. 158, o que não impede que seus comandos sejam interpretados como princípios gerais de direito do trabalho, com força normativa, por dois motivos que ora se esclarece. Nem mesmo as normas programáticas, embora instituam programas a serem estabelecidos pelo administrador com fulcro em leis infraconstitucionais regulamentadoras, deixam de ter o mínimo de força normativa, visto que repelem leis e atos normativos que com elas se choquem ou são contrárias ao "espírito" que o legislador constituinte quis lhes imprimir. Outrossim, existe uma vertente que, parece ser, em certa medida, a qual o relator se filia e, ao meu entender, correta, de que, na falta de normas infraconstitucionais que possam reger uma determinada situação no ordenamento jurídico, os princípios podem ser utilizados para preencher essas lacunas.[26]

---

(26) Nesse sentido está Marcus Orione, que entende, por exemplo, que o conceito de adicional de penosidade pode ser estabelecido a partir de uma noção que exclua as definições de direito a adicional de periculosidade e de insalubridade já estabelecidos

A importância dessa percepção brilhante do magistrado vai ao encontro dos seguintes enunciados[27] aprovados na 1ª Jornada de Direito Material e Processual do Trabalho, realizado pela ANAMATRA, em 2007, que transparecem a função integrativa e interpretativa que os princípios presentes nas Convenções da OIT devem ter, ainda que não ratificadas pelos países-membros:

FONTES DO DIREITO — NORMAS INTERNACIONAIS.

I — FONTES DO DIREITO DO TRABALHO. DIREITO COMPARADO. CONVENÇÕES DA OIT NÃO RATIFICADAS PELO BRASIL. O direito comparado, segundo o art. 8º da Consolidação das Leis do Trabalho, é fonte subsidiária do Direito do Trabalho. Assim, as Convenções da Organização Internacional do Trabalho não ratificadas pelo Brasil podem ser aplicadas como fontes do direito do trabalho, caso não haja norma de direito interno pátrio regulando matéria.

II — FONTES DO DIREITO DO TRABALHO. DIREITO COMPARADO. CONVENÇÕES E RECOMENDAÇÕES DA OIT. O uso das normas internacionais, emanadas da Organização Internacional do Trabalho, constitui-se em importante ferramenta de efetivação do Direito Social e não se restringe à aplicação direta das Convenções ratificadas pelo país. As demais normas da OIT, como as Convenções não ratificadas e as Recomendações, assim como os relatórios dos seus peritos, devem servir como fonte de interpretação da lei nacional e como referência a reforçar decisões judiciais baseadas na legislação doméstica.

O relator, em seguida, expressa uma posição bastante coerente, já que admite que o número de postos ofertados pelas empresas está atrelado ao seu potencial produtivo, que dependem da estabilidade da economia do país e, em várias atividades empresariais, da estabilidade do mundo globalizado e, dessa forma, crises podem ser fatores inevitáveis de desemprego. Não obstante, para o magistrado, a forma como a demissão coletiva foi conduzida e efetivada, sem que se tenha dado anúncio prévio, nem se buscado a negociação para a amenização dos seus efeitos foi bastante condenável. O poder empregatício para as dispensas

---

em lei, buscando componentes, para a sua construção, do direito previdenciário, onde existe a noção de trabalho penoso, para fins de aproveitamento de tempo especial. Assim, ainda que não tenha sido estabelecida a lei que regulamenta o adicional de penosidade, é possível implementá-lo visto ser um direito constitucional social que, por falta de lei, não pode ser desprovido de força normativa. Cf. CORREIA, Marcus Orione Gonçalves. O postulado da razoabilidade e o Direito do Trabalho. In: CORREIA, Marcus Orione Gonçalves (Org.). *Curso de direito do trabalho* — Teoria geral do direito do trabalho. São Paulo: LTr, 2007. v. 1. p. 136.

(27) ENUNCIADOS da 1ª Jornada de Direito Material e Processual na Justiça do Trabalho, realizada em 23 de novembro de 2007 pela ANAMATRA (Associação Nacional de Magistrados da Justiça do Trabalho). Disponível em: <http://www.amatra.org.br/jornada/enunciados/enunciados_aprovados.cfm> Acesso em: 25 out. 2009. Em relação a esses enunciados, é importante ressaltar, entretanto, que assim como outros que foram aprovados na 1ª Jornada, eles não têm força vinculante, não se equiparando nem às Súmulas e Orientações Jurisprudenciais. Servem como balizas, entendimentos norteadores para o auxílio à compreensão e interpretação das normas do Direito do Trabalho e sua aplicação em casos concretos.

não pode ser exercido de forma abusiva, com ausência de negociação coletiva prévia e espontânea ao ato demissional, sob pena de violar os princípios da dignidade da pessoa humana e dos valores sociais do trabalho e da livre-iniciativa.

Nesse ponto, adentra-se na necessidade de aplicação do princípio da proporcionalidade entre o poder empregatício, que tem como fundamentos constitucionais os princípios da livre-iniciativa e da liberdade contratual do empregador, e o princípio da proteção à relação de emprego, embasado no valor social do trabalho e no direito ao trabalho, que não foi objeto de fundamentação desse acórdão, mas que pela sua crucial importância será esmiuçado nesse artigo.

Diante dos argumentos apresentados, o relator votou pela abusividade da dispensa coletiva, por falta de boa-fé objetiva, nos termos do art. 422 do Código Civil, "por ausência de negociação coletiva prévia, espontânea e direta entre as partes, que revela falta de lealdade da conduta, na medida em que houve tentativa de conciliação tão somente com mediação judicial e, assim mesmo, por força de uma liminar de suspensão dos efeitos das demissões".

Ademais, deu provimento para declarar:

> b) a inexistência de garantia de emprego ou de estabilidade que justifique a reintegração, ressalvados os casos de estabilidade provisória previstos em lei ou em normas coletivas, que poderão ser objeto dissídios individuais;
>
> c) o direito de cada empregado demitido a uma compensação financeira de dois valores correspondentes a um mês de aviso prévio, até o limite de sete mil reais;
>
> d) a eficácia da liminar concedida até o dia 13.3.2009, para manter vigente até esta data os contratos de trabalho em todos os seus efeitos;
>
> e) a manutenção dos planos de assistência médica aos trabalhadores demitidos e seus familiares por doze meses a contar de 13.3.2009;
>
> f) nos casos de reativação dos postos de trabalho, de acordo com as necessidades da empresa, preferência na seleção dos empregados despedidos que se apresentem e preencham as qualificações exigidas pelos cargos disponíveis, mantida durante dois anos.

A coerência e profundidade de argumentação do voto do Relator José Antônio Pancotti revela o cuidado e a perspicácia jurídica do magistrado em resolver uma espécie de caso ainda não julgado pela Justiça do Trabalho, sobretudo pelo viés que foi imprimido ao voto, com a importância alusiva aos princípios constitucionais e ao direito comparado do Trabalho, essenciais para a solução da lide apresentada.

Como era de se esperar, a Empresa Brasileira de Aeronáutica S.A. — Embraer e outra, o Sindicato dos Metalúrgicos de São José dos Campos e Região e outros e o Sindicato dos Trabalhadores nas Indústrias de Construção de Aeronaves do Estado de São Paulo (Sindiaeroespacial), inconformados com a decisão do TRT da 15ª Região, interpuseram Recurso Ordinário[28] que foi conhecido e julgado pela Seção de Dissídios Coletivos do Tribunal Superior do Trabalho, cujo relator foi o Ministro Mauricio Godinho Delgado. A presidência do Tribunal concedeu efeito suspensivo ao Recurso Ordinário até julgamento final. O relator, por sua vez, apresentou proposta de conciliação, majorando para quatro vezes a quantia do aviso prévio indenizatório até o limite de R$ 14.000,00, o que não foi aceito pela Embraer.

A Embraer e outra alegam que a decisão do TRT da 15ª Região utilizou princípios de forma supletiva, o que seria inadmissível ante a existência de regra própria, e que as empresas observaram a boa-fé objetiva nas dispensas.

Como um dos pontos iniciais, o ilustre Ministro relator destacou, em seu voto, coerentemente em relação ao voto do desembargador do TRT da 15ª Região, que a matéria tratada nesse dissídio é eminentemente jurídica, tendo em vista a interpretação no tocante à regência normativa das dispensas coletivas na ordem jurídica brasileira, não obstante apresente também dimensões econômicas. Tratando-se de conflito de extrema relevância, não pode o julgador se furtar da obrigação de julgar a ação, mesmo na ausência de normas específicas, devendo encontrar a melhor solução para o caso em apreço.

O relator argumenta que na atual sociedade de massas, em que os conflitos e danos também se massificaram, urge que o Direito possa se adequar enfrentando os problemas não sob um enfoque tradicional individualista, mas sob uma perspectiva coletiva. Dessa forma, após reafirmar argumentos do relator José Antônio Pancotti, acrescenta que a diferença entre os efeitos dos fatos individuais e coletivos pode ser observada em várias searas da vida social e do Direito e, especificamente no que se relaciona à dispensa, a ordem jurídica regula minuciosamente os efeitos da dispensa individual na CLT e na legislação trabalhista em geral, enquanto a dispensa coletiva possui estrutura, dimensão, efeitos e impactos diversos. Corresponde a rescisão coletiva a fato que se caracteriza pela acentuada lesão provocada e pelo alargamento dos efeitos que podem atingir além das pessoas diretamente envolvidas, toda a comunidade empresarial, trabalhista e da região do acontecimento, abalando, inclusive, o mercado econômico interno.

A seguir, o Ministro relator cita as diversas Convenções da OIT, ratificadas pelo Brasil (Convenções ns. 11, 87, 98, 135, 141 e 151), que não permitem a dispensa coletiva puramente potestativa por parte do empregador, exigindo a participação do respectivo sindicato obreiro, como princípio constitucional do direito coletivo

---

(28) BRASIL. Tribunal Superior do Trabalho. RODC n. 309/2009-000-15-00.4. Seção de Dissídios Coletivos. Rel. Ministro Mauricio Godinho Delgado. Publicação da decisão no DEJT em: 4 set. 2009.

trabalhista (art. 8º, III e VI da CF/1988), por ser matéria afeta a essa seara. Aqui, embora não tenha sido salientado pelo Ministro, vale o entendimento de que as normas principiológicas emanadas pela OIT, ainda que presentes em Convenções não ratificadas, devem ser observadas pelos países-membros, como o Brasil. Em relação às normas de Convenções ratificadas, com mais razão ainda, o país não tem nem sequer a possibilidade de não as cumprir, sob pena de sofrer as sanções devidas da OIT.

À continuação, o relator argumenta que o art. 7º, I, CF/1988 enseja regulamentação mediante lei complementar apenas no que tange às sanções das dispensas arbitrárias, estando já prevista a proteção contra dispensa sem justa causa, que seria norma de eficácia contida, em relação às dispensas coletivas, ensejando indenização.

Esse entendimento do relator, no que tange ao dispositivo supramencionado, merece uma análise mais detida. Em relação à interpretação do art. 7º, I, da CF/1988 e, consequentemente, do art. 10 do ADCT, há uma verdadeira celeuma doutrinária e jurisprudencial. Pode-se dizer, entretanto, que a posição adotada pelo voto em apreço não se coaduna com a visão defendida nesse artigo, principalmente por três motivos: em primeiro lugar, a interpretação gramatical do inciso I do art. 7º deve ser no sentido de aplicar a proteção contra a dispensa, tanto no caso de ser essa arbitrária como sem justa causa, pois o texto não excetuou a dispensa sem justa causa da proteção; em segundo lugar, em ambas as situações o dispositivo prevê que essa proteção será disciplinada por lei complementar, o que torna a norma, em análise, de eficácia limitada e não contida; e, finalmente, a indenização já prevista no inciso I não seria o único objeto de regulação da lei infraconstitucional, como uma mera substituição ou complementação da indenização de 40% sobre os depósitos do FGTS do empregado, mas, sim, deve ser observada a proteção contra dispensa arbitrária ou sem justa causa em sua totalidade, envolvendo aspectos relativos não somente à indenização, como também formas de se evitar as dispensas, critérios e requisitos para a sua efetivação, sob pena de uma monetarização simplista do direito social assegurado, o que foge dos princípios constitucionais de proteção à relação de emprego e ao direito ao trabalho.

Pelos argumentos expostos, defende-se que o art. 7º, inciso I, da CF/1988, protege a relação de emprego em seu sentido genérico, tanto no que tange à dispensa individual como no tocante à dispensa coletiva. Não obstante, como a legislação infraconstitucional atualmente estipula os direitos garantidos às dispensas individuais (pelo menos até a promulgação da lei complementar regulamentadora), e em relação à dispensa coletiva nada diz, compreendendo-se esta como uma modalidade de dispensa em massa que produz efeitos de amplitude diversa da dispensa individual, deve o julgador se socorrer dos princípios constitucionais do direito nacional e do direito comparado para integrar a lacuna jurídica presente no ordenamento jurídico pátrio. Deve-se frisar, contudo, que mesmo na dispensa coletiva, devem ser garantidos os direitos rescisórios individuais a que tem direito cada trabalhador, inclusive a indenização do art. 10, I, do ADCT.

Voltando ao voto analisado, o Ministro relator, de forma lógica, declarou a invalidade da dispensa coletiva enquanto não negociada com o sindicato de trabalhadores, seja espontaneamente, seja no plano judicial coletivo. O relator entendeu, tendo ficado vencido nesse aspecto, que até o surgimento de negociação trabalhista, o ato potestativo e unilateral empresarial seria inábil a produzir efeitos jurídicos. Entretanto, para a maioria dos Ministros que julgaram o caso essa premissa será válida sim, mas apenas para os casos futuros, por não ser ainda acolhida na Jurisprudência até então dominante, não se aplicando, portanto, no presente caso.

Nesse ponto, a crítica ao Colendo TST, salvo melhor juízo, deve-se sobretudo à aplicação, no caso concreto, de uma faculdade típica do Supremo Tribunal Federal no julgamento de mérito de Ação Direta de Inconstitucionalidade, de Ação Declaratória de Constitucionalidade e de Arguição de Descumprimento de Preceito Fundamental, qual seja, a aplicação da eficácia da decisão somente a partir do trânsito em julgado ou de outro momento que venha a ser fixado. Ocorre que a apreciação desse dissídio coletivo é de natureza concreta e não abstrata, o que torna a restrição de efeitos da decisão totalmente sem sentido para os cerca de quatro mil e duzentos trabalhadores dispensados da Embraer e não se coaduna com o papel do RO em dissídio coletivo, que está apreciando matéria fática e jurídica ao mesmo tempo, e não apenas tratando de interpretação constitucional em abstrato. Em adição, a Lei n. 9.868/1999, em seu art. 27, prevê essa possibilidade pela apreciação de um quórum qualificado de Ministros e não em toda e qualquer ação julgada pela totalidade de Ministros.

Para o relator, Mauricio Godinho Delgado, a ausência de informação e de tentativa de negociação prévia com as entidades sindicais interessadas ou até mesmo com os próprios trabalhadores, que foram surpreendidos pela decisão da empresa, configura ofensa à boa-fé objetiva, ao princípio da confiança e ao dever de informação, além de constituir abuso de direito, já que a empresa excedeu aos limites impostos pelo seu fim social e econômico. O ilustre Ministro relator e a Ministra Kátia Arruda, infelizmente, ficaram vencidos também nesse ponto, sendo dado provimento ao recurso da empresa.

Os votos vencidos tiveram o mérito de apreciar o contrato de trabalho segundo a ótica dos princípios de viés constitucional que hoje se aplicam, por expressa determinação do Código Civil, para os contratos entre particulares em geral e, do Código de Defesa do Consumidor, para os contratos entre consumidores e fornecedores de bens e serviços. Ora, não há o menor sentido em se restringir a aplicação da boa-fé e da função social do contrato aos contratos de trabalhos que constituem, em realidade, relações privadas limitadas por normas de ordem pública. Muito pelo contrário, nesses contratos há ainda mais razão de aplicação desses princípios, em face do desequilíbrio que, em regra, existe entre as partes da relação jurídica empregatícia.

Em relação à prorrogação dos contratos de trabalho até 13.3.2009, a SDC, por maioria, deu provimento ao recurso para excluir tal extensão, visto que não caberia invalidar o ato empresarial de ruptura, nem estender os contratos para dias ou semanas adicionais, ficando vencidos o relator e os Ministros Carlos Alberto Reis de Paula, Walmir Oliveira da Costa e Kátia Arruda. A posição aqui adotada pela maioria dos Ministros vai ao encontro da restrição de efeitos da decisão "para o futuro", sendo consequência dela. Valem, portanto, as mesmas críticas efetuadas anteriormente.

Na visão do Ministro relator, na falta de negociação, a dispensa massiva ensejaria inclusive indenização compensatória superior às simples verbas rescisórias individuais, além de outros efeitos, em conformidade com a situação concreta invocada. Nesse aspecto, também ficaram vencidos os Ministros Relator e Kátia Arruda, que haviam dado provimento parcial ao recurso dos Sindicatos obreiros, mantendo as demais vantagens, mas alterando:

> a compensação financeira aos empregados dispensados na seguinte proporção: o valor correspondente a dois meses de aviso prévio para os empregados com até dois anos de prestação de serviços para as empresas; o valor correspondente a três meses de aviso prévio para os empregados que possuam de dois a quatro anos de prestação de serviços para as empresas; o valor correspondente a quatro meses de aviso prévio para os empregados que possuam de quatro a oito anos de prestação de serviços para as empresas; o valor correspondente a cinco meses de aviso prévio para os empregados que possuam mais de oito anos de prestação de serviços para as empresas.

Para a maioria dos Ministros julgadores o valor fixado pela Corte Regional foi razoável, não havendo base jurídica na Constituição e na CLT para o alargamento da decisão recorrida. Mais uma vez, ouso discordar dos ilustres Ministros, acatando a posição adotada por Mauricio Godinho Delgado e Kátia Arruda, por duas razões.

A primeira porque o art. 7º, I, da CF/1988 protege a relação de emprego contra dispensa arbitrária ou sem justa causa, tanto relativamente à dispensa coletiva quanto no que se refere à dispensa individual. Como a lei complementar ainda não foi feita para regular essa proteção, e não havendo nenhum efeito da dispensa coletiva previsto em lei existente, ao contrário do que ocorre com a dispensa individual, deve o julgador se socorrer dos princípios constitucionais do direito do trabalho pátrio e princípios do direito comparado para regular a hipótese.

A segunda razão, que se relaciona com a primeira, está no fato incontestável de que a dispensa coletiva traz consequências muito mais pesadas e maléficas para a massa de trabalhadores, a comunidade em que eles estão inseridos e a economia da região onde vivem, devendo o julgador, justamente em virtude dos princípios elencados pelos ilustres relatores em seus votos e tomando por base que a indenização de 40% do FGTS se refere apenas a um efeito das dispensas individuais, previsto no ADCT enquanto não vier a lei complementar, aplicar aos trabalhadores uma majoração dos valores devidos em indenização e aplicar outras regras, como a manutenção de benefícios por certo tempo, a recontratação preferencial de trabalhadores dispensados, de forma a minorar os efeitos negativos da dispensa coletiva.

Finalmente, ao pedido de reintegração pleiteado pelos sindicatos obreiros não foi dado provimento pelo relator, que entendeu que o art. 7º, I, da CF/1988, previu indenização compensatória, entre outros direitos, mas não conferiu o direito à reintegração aos trabalhadores, não podendo o Poder Judiciário extrapolar a disposição constitucional. Agiu com razão o Ministro, embora por outros fundamentos. Como ainda não foi editada a lei complementar do art. 7º, inciso I, não há como se dizer que existe atualmente, para os empregados, direito à reintegração. A lei complementar poderá prever esse direito e outros mais, além da indenização já prevista, porém também não regulada. Como o caso está sendo analisado pela ótica dos princípios, entende-se que a reintegração seria a hipótese de maior proteção à relação de emprego, pois visa a estabilidade máxima do trabalhador, só excetuada por justa causa devidamente comprovada. O julgador agiria de forma arbitrária, não razoável, se deferisse a reintegração, justamente porque deve sopesar, no caso concreto, os princípios que se colidem: princípio da livre-iniciativa (que garante a dispensa do trabalhador sem justa causa, no atual cenário do ordenamento brasileiro, sobretudo em caso da empresa estar sofrendo os efeitos de forte crise econômica mundial, não podendo entretanto o empregador agir com abuso de direito e má-fé) e princípio da proteção à relação de emprego (que engloba entre as várias proteções ao trabalhador, o direito ao trabalho e à proteção contra dispensa, que não pode ser absoluta por não haver previsão de estabilidade absoluta e reintegração ao emprego do trabalhador).

Após a análise efetuada, pode-se dizer que, ao nosso ver, a posição adotada pelo Colendo Tribunal Superior do Trabalho mostra-se conservadora e incongruente posto que, além de nada contribuir para o caso da dispensa em massa da Embraer, regrediu em relação à decisão do Tribunal Regional, em que pese os avançados posicionamentos em contrário de alguns Ministros, sobretudo do ilustre relator e da Ministra Kátia Arruda.

Entender a negociação coletiva como condição prévia para a dispensa coletiva de trabalhadores não pode deixar de ser reconhecido como um avanço para os casos futuros, sem dúvida alguma. Porém, não há sentido em deixar de aplicar essa condição ao caso concreto da Embraer, posto que de nada servirá aos quatro mil e duzentos trabalhadores dispensados, que somente receberam ou receberão as verbas rescisórias de praxe e terão direito à manutenção do plano de saúde por doze meses, como já decidido pelo TRT da 15ª Região. Os efeitos maléficos da dispensa não foram nem um pouco obstados, dando vazão à afirmação e manutenção das atitudes abusivas tomadas pela empresa em tela.

Relatados e explicitados os principais pontos debatidos nos acórdãos proferidos pelo Tribunal Regional da 15ª Região no julgamento do dissídio coletivo e pelo Tribunal Superior do Trabalho no julgamento dos recursos ordinários interpostos em face da decisão do regional, a partir de agora será feito um breve estudo acerca dos princípios constitucionais e da importância da compreensão do princípio da proporcionalidade e da técnica de ponderação de interesses como ferramentas que poderiam ter sido utilizadas para auxiliar o julgador a estabelecer os efeitos da dispensa coletiva.

CONCLUSÕES

O caso Embraer, sem nenhuma dúvida, é de grande importância para a análise da dispensa coletiva, fenômeno típico da sociedade contemporânea e que tende a se tornar mais frequente em virtude dos efeitos decorrentes de crises regionais ou mundiais que afetam o setor empresarial nacional cada vez mais integrado ao mercado globalizado. A constatação, pelo Tribunal Regional do Trabalho da 15ª Região e pelo Tribunal Superior do Trabalho, da falta de dispositivos infraconstitucionais no ordenamento pátrio que regulem a dispensa em massa foi um grande avanço para que a jurisprudência e a doutrina brasileiras se debruçassem no estudo das possíveis soluções para os problemas surgidos em torno da omissão jurídica existente.

O relator do TRT da 15ª Região deu um grande passo nesse sentido, ao reconhecer a força normativa de princípios jurídicos existentes no direito comparado e nas Convenções da OIT, ainda que não ratificadas pelo Brasil, e de outros já presentes na Constituição Federal, bem como ao aplicar esses princípios na integração da lacuna jurídica do ordenamento nacional. Assim, entendeu incabível a dispensa coletiva sem a prévia negociação com o sindicato profissional no sentido de tentar estipular medidas alternativas à rescisão em massa. No mesmo sentido, o relator do acórdão do Recurso Ordinário no TST foi progressista ao manter a decisão do Regional e ainda majorou o valor da indenização a cada trabalhador fixada adicionalmente às simples verbas rescisórias.

Ao realizar a fundamentação de seus acórdãos, ambos os relatores solucionaram, ainda que não expressamente, a colisão entre os princípios da livre-iniciativa e da liberdade contratual do empregador e o princípio da proteção à relação de emprego. Os magistrados poderiam, contudo, ter ido além, mencionando e demonstrando o exercício de aplicação do princípio da proporcionalidade e de suas três máximas (adequação, necessidade e ponderação) para harmonizar os princípios em conflito, de forma a apresentar uma estrutura argumentativa racional e complementar a fundamentação das suas decisões com base na utilização das normas principiológicas fundamentais, evitando-se, assim, possíveis contra-argumentos de arbitrariedade subjetivista dos julgadores.

Essa observação faz sentido a partir do momento em que se percebe que na ponderação, a motivação das decisões assume uma relevância especial, pois estas se voltam a uma operação muito mais complexa que a simples subsunção. A motivação deve retratar, com a maior fidelidade possível, as razões que efetivamente condicionaram a tomada da decisão, permitindo, com isso, o efetivo controle pela sociedade.

O Colendo TST, não obstante, ao dar provimento a vários pedidos do Recurso Ordinário interposto pela Embraer, regrediu e anulou em quase toda a sua totalidade o avanço jurisprudencial vislumbrado na decisão do TRT da 15ª Região e no voto do ilustre Ministro Relator do Tribunal Superior do Trabalho, fato que gera preocupação em se tratando do órgão de cúpula da Justiça Laboral e que, por isso mesmo, mais deveria velar pela força normativa dos princípios fundamentais aplicáveis ao Direito do Trabalho e, consequentemente, das implicações argumentativas da utilização desses princípios.

REFERÊNCIAS BIBLIOGRÁFICAS

ALBUQUERQUE, Fabíola Santos. Liberdade de contratar e livre-iniciativa. *Revista Trimestral de Direito Civil*, Rio de Janeiro, v. 15, n. 4, p. 73-88, jul./set. 2003.

ALEXY, Robert. *Teoría de los derechos fundamentales.* Tradução de Ernesto Garzón Valdés. Madri: Centro de Estudios Constitucionales, 1993.

ALEXY, Robert. *Teoria dos direitos fundamentais*. Tradução de Virgílio Afonso da Silva. São Paulo: Malheiros, 2008.

BARROS, Suzana Toledo de. *O princípio da proporcionalidade e o controle de constitucionalidade das leis restritivas de direitos fundamentais*. 3. ed. Brasília: Brasília Jurídica, 2003.

BARROSO, Luís Roberto; BARCELLOS, Ana Paula. O começo da história. A nova interpretação constitucional e o papel dos princípios do Direito Brasileiro. *Revista Interesse Público*, Sapucaia do Sul, v. 5, n. 19, p. 51-80, maio/jun. 2003.

BONAVIDES, Paulo. *Curso de direito constitucional*. 13. ed. São Paulo: Malheiros, 2003.

BRASIL. Tribunal Superior do Trabalho. RODC n. 309/2009-000-15-00.4. Seção de Dissídios Coletivos. Rel. Ministro Mauricio Godinho Delgado. Publicação da decisão no DEJT em: 04 set. 2009.

CAMPINAS. Tribunal Regional do Trabalho da 15ª Região. Processo n. 00309-2009-000-15--00-4 DC, SDC, Rel. Desembargador José Antônio Pancotti. Publicação da Decisão no DJSP em 30 mar. 2009.

CORREIA, Marcus Orione Gonçalves (org.). *Curso de direito do trabalho* — Teoria geral do direito do trabalho. v. 1. São Paulo: LTr, 2007.

ENUNCIADOS da 1ª Jornada de Direito Material e Processual na Justiça do Trabalho, realizada em 23 de novembro de 2007 pela ANAMATRA (Associação Nacional de Magistrados da Justiça do Trabalho). Disponível em: <http://www.amatra.org.br/jornada/enunciados/enunciados_aprovados.cfm> Acesso em: 25 out. 2009.

GUERRA, Marcelo Lima. A proporcionalidade em sentido estrito e a "fórmula do peso" de Robert Alexy: significância e algumas implicações. *Revista de Processo*, São Paulo, v. 31, n. 141, p. 53-71, nov. 2006.

OLIVEIRA, Renata Camilo. *O princípio da proporcionalidade: crítica à ponderação de bens no direito constitucional brasileiro e no alemão, tendo em vista o papel do Judiciário no Estado Democrático de Direito.* 2006. 180 p. Dissertação (Mestrado em Direito) — Universidade Federal de Minas Gerais. Faculdade de Direito. Belo Horizonte.

PONTES, Helenilson Cunha. *O princípio da proporcionalidade e o direito tributário.* São Paulo: Dialética, 2000.

SARMENTO, Daniel. *Direitos fundamentais nas relações privadas*. 2. ed. Rio de Janeiro: Lumen Juris, 2006. p. 57.

O CONTROLE DA DURAÇÃO RAZOÁVEL DO PROCESSO

Elaine Nassif (*)

O tempo é cruel. O tempo é inexorável. O tempo não para. O tempo voa. Papéis amarelecidos pelo tempo. Perdido no tempo. Precioso tempo. Ser só uma questão de tempo. Só o tempo dirá. Dar tempo ao tempo. Corrida contra o tempo. Tempo de incertezas. As inclemências do tempo. Tempo é dinheiro. Tempo hábil. Tempos que não voltam mais...

A justiça tarda mas não falha. Clamar por justiça. Fazer justiça com as próprias mãos. Justiça seja feita...[1]

INTRODUÇÃO

É possível controlar a duração do processo? Como distinguir a duração razoável da não razoável? De que serviria medir a duração do processo?

Para os brasileiros, assim como para muitos outros povos da terra, esse tema é de total inutilidade, não passando de mera curiosidade.

No entanto, para os europeus, signatários da **Convenção europeia para a salvaguarda dos direitos do homem e das liberdades fundamentais**, esse controle tem-se afirmado como direito inviolável da pessoa, que gera um dever indenizatório para o Estado. Para esses povos, é inconcebível se falar em "justo" ou "devido" processo legal sem levar em consideração uma sua temporalidade adequada.

1. FUNDAMENTOS JURÍDICOS DA TEMPORALIDADE ADEQUADA

Em 4 de novembro de **1950**, em Roma, firmou-se a "Convenção Europeia para a salvaguarda dos direitos do homem e das liberdades fundamentais",

---

(*) Procuradora-chefe do Ministério Público do Trabalho em Minas Gerais. Especialista em Administração Pública. Mestre e doutora em Direito Processual.
(1) WERNECK, Humberto. *O pai dos burros* — Dicionário de lugares comuns e frases feitas. Porto Alegre: Arquipélago Editorial, 2009.

conhecida também como Convenção Europeia dos Direitos do Homem (CEDH).[2] Esta convenção sofreu alterações protocolares até 1970, tendo sido aprovada pelo **Conselho da União Europeia em 1.12.2000** e ratificada pelos países integrantes da União europeia em **22 de julho de 2007**. Foi adotada também pelo Pacto internacional sobre direitos civis e políticos (art. 14, "c").

Voltemos, entretanto, à Convenção Europeia dos Direitos do Homem, em especial ao seu art. 6º, que sobreviveu aos diversos protocolos que a alteraram até 1970 e que é o objeto do nosso estudo.

Diz esse artigo que:

Art. 6 — Direito a um processo justo

1. Toda pessoa em direito a um julgamento dentro de um tempo razoável, perante um tribunal independente e imparcial constituído por lei, para fins de determinar seus direitos e deveres de caráter civil ou sobre o fundamento de qualquer acusação penal que lhe seja imputada. A sentença deve ser lida publicamente, mas o acesso à sala de audiência pode ser vetado à imprensa e ao público durante todo o processo ou parte dele, no interesse da moral, da ordem pública, ou da segurança nacional de uma sociedade democrática, quando o exigirem os interesses dos menores ou a tutela da vida privada das partes, em que a publicidade possa prejudicar os interesses da justiça.

Este artigo é, portanto, o alicerce para a relevância do tempo do processo se considerando um direito inviolável da pessoa.

Além de encontrar fundamento no plano supranacional, onde, como vimos, significativos textos reservam proeminência ao direito à razoável duração do processo, tal direito tem elevado significado também no plano do ordenamento interno, de diversos países, tanto em matéria constitucional quanto infraconstitucional. Vamos nos ater aqui ao direito italiano, onde essa questão tem interessantes contribuições.

2. O JUSTO PROCESSO NA ITÁLIA E SUA RAZOÁVEL DURAÇÃO — LEI MICHELE PINTO

Foi publicada na Itália a Lei n. 89, de 24 de março de 2001, de autoria do deputado Michele Pinto, e por isso conhecida como "Lei Pinto", cujo art. 1º prevê

---

(2) Foi essa Convenção que instituiu a Corte europeia dos direitos do homem, que funciona em Estrasburgo/França. Estrasburgo é conhecida como uma das capitais da Europa por abrigar inúmeras instituições europeias como o Parlamento Europeu, a corte Europeia dos Direitos Humanos e o Conselho da Europa. Ela é candidata ao título de Capital Europeia da cultura em 2013. Esse título é outorgado com o objetivo de promover uma cidade da Europa, por um período de um ano, para que ela mostre sua vida e desenvolvimento cultural, ampliando o conhecimento entre as cidades da União Europeia. A Corte Europeia dos direitos do homem influencia muito nos julgamentos e na legislação dos países signatários e já dispõe de uma farta jurisprudência sobre a duração razoável do processo.

o direito de se obter uma reparação por **dano patrimonial ou não patrimonial** que tenha sido decorrente de violação do art. 6º da CEDH.

Desde que entrou em vigor, esta lei já gerou **40 mil** processos sobre duração do razoável de processos.

O curioso disso é que esses 40 mil processos vão se multiplicando.

Destes 40 mil, alguns já são a segunda geração. Ou seja, se os processos destinados a apurar a lentidão de um outro processo tramitam, estes também, de forma excessivamente lenta, acabam gerando um novo processo, e assim por diante, em efeito cascata...

De fato, a Itália, apesar de ter brilhantes processualistas, tem péssimos administradores. A máquina judiciária é emperrada. Quem quiser conferir o *ranking* de 181 países nesse quesito pode consultar o relatório *Doing Business* do Banco Mundial.[3]

Desde a Lei Pinto, em **2001, até 2006**, o Estado Italiano pagou 41,5 milhões de euros em ressarcimento. De 2006 a 2008, esse valor dobrou para 81,3 milhões, que somados a pelo menos outros 36,6 milhões já devidos e ainda não pagos equivalem a um total aproximado de **118 milhões de euros**.

Ao gerar essas condenações, a Lei Pinto pressiona o Estado a tomar medidas que promovam uma duração razoável do processo, pois as indenizações vão ficando mais caras do que um sério investimento na organização dos tribunais, que é o ponto fraco daquele país.

Não é por outro motivo que entrou em vigor, em 4 de julho de 2009, o decreto legislativo previsto pela Lei n. 69, também do mesmo ano, introduzindo reformas no processo italiano, destinadas a controlar o tempo de tramitação do processo, conforme veremos adiante.

3. A NOÇÃO DE "DURAÇÃO RAZOÁVEL" DO PROCESSO

O legislador não definiu a duração razoável do processo, e nem poderia fazê-lo, ante a variabilidade dos tempos processuais cuja extensão está ligada à influência de múltiplos fatores fáticos e jurídicos. Ele, no entanto, forneceu ao

---

(3) O último relatório "Doing Business 2009", do Banco Mundial, compara a eficiência dos sistemas judiciários de 181 países em dar à parte lesada o recebimento de um crédito por descumprimento de contrato. Os Estados Unidos estão em 6º lugar, a Alemanha, em 9º, a França, em 10º, o Japão, em 21º, o Brasil, em 100º, a Itália, em 156º. O mesmo relatório apresenta também um quadro comparativo medindo a regulamentação trabalhista, especificamente a maneira pela qual ela afeta a contratação e a demissão de funcionários, a rigidez dos horários de trabalho e os custos não salariais que dela resultam. Disponível em: <http://portugues.doingbusiness.org/economyrankings>.

intérprete alguns critérios operativos para avaliar-lhe a consistência, e o fez a partir da copiosa jurisprudência da Corte europeia que é chamada a pronunciar-se, repetidamente, sobre o tema da duração razoável (*delai raissonable*), ou seja, a complexidade do caso, o comportamento das partes e o comportamento das autoridades competentes.

A transposição dos critérios hermenêuticos elaborados pelo juízo de Estrasburgo no contexto da Lei Pinto assume maior significado à luz de uma leitura sistemática das disposições que revelam, sob o plano normativo, a estreita ligação entrelaçada da Convenção com a legislação em comento.

Como já observado, de fato, a Lei Pinto identifica expressamente a fonte do direito à justa reparação em face da violação da Convenção de Roma, sob o argumento da violação do seu art. 6º. Portanto, a norma não se refere a uma abstrata noção de "termo razoável", mas àquele anunciado pelo art. 6º da Convenção, que está entre as prerrogativas fundamentais das partes de um processo.

O critério de razoabilidade, entendido como parâmetro para avaliar a extensão temporal dos acontecimentos processuais, no contexto do processo que deva ser "justo", e como tal, irrenunciável, se resolve na exigência de uma justiça tempestivamente administrada e, portanto, eficiente. O critério deve ser balanceado com uma fundamental exigência de que o processo se desenvolva lealmente no pleno respeito às garantias processuais, a fim de que a tempestividade não se traduza em sumariedade do juízo.

Estão, pois, postos na balança dois princípios: o da garantia dos direitos à ampla defesa e o contraditório e o da eficiência, relacionada à duração razoável do processo.

3.1. Calculando o tempo adequado do processo

Para fins de declaração de violação da Convenção europeia, no que diz respeito à duração razoável do processo, ou seja, do justo processo, a Lei Pinto requer ao juiz a quem for dirigido o pedido de indenização escrutinar os acontecimentos do percurso processual, tendo em vista três critérios, quais sejam: "a complexidade do caso e, em relação a esta, o comportamento das partes e do juiz, bem como daquelas outras pessoas chamadas a concorrer ou a contribuir para sua definição".

Assim, o juiz, uma vez considerado o inteiro arco temporal do processo, deverá operar uma analítica seleção entre os seguimentos temporais atribuídos às partes e aqueles atribuíveis ao papel do juiz, subtraindo desses dois primeiros o tempo total da duração do processo; o tempo residual resultante desta subtração constituirá a duração líquida do processo sobre a qual pousará o juízo da razoabilidade do tempo gasto no processo.

Sabe-se que tais critérios reproduzem a cartilha elaborada pela Corte europeia com vistas a medir, no caso concreto, a razoabilidade dos tempos processuais e que a transposição, mesmo que desnecessária, de seus termos constitui para os juízes internos um claro convite a atingir os resultados hermenêuticos daquela jurisprudência, a fim de dar aos mesmos critérios concreto significado e porte operativo.

Em relação ao primeiro critério, o da complexidade factual e jurídica da causa objeto da demanda, quanto maior essa complexidade, maior será a tolerância, ou a relativização da rigidez do tempo estabelecido como mínimo para que o juiz e seus auxiliares se desincumbissem de seus encargos. Em sentido oposto vai a tolerância, quando a causa é de pequena dificuldade, devendo chegar à rigidez máxima, ou à tolerância zero, para fixação da razoabilidade.

3.1.1. O critério da complexidade da causa

Conforme vimos, o critério da complexidade do caso permite avaliar os tempos de um juízo de modo relativo, e de duvidar, portanto, da concreta utilidade de sua fixação ou mesmo da tentativa de alcançar uma tempologia dos juízos para efeito de uma indenização. Com efeito, a Corte europeia sentiu a necessidade de identificar de modo suficientemente preciso os tempos processuais, cuja superação leva ao reconhecimento da violação da duração razoável do processo, fixando seus extremos sobre uma linha temporal, com o escopo de oferecer aos operadores do direito algumas coordenadas gerais nessa matéria.

Assim, apesar das coordenadas gerais e dos tempos precisos para realização de cada ato, pelas partes e pelo juiz, o critério da complexidade da causa sugere uma avaliação "caso a caso", de acordo com as nuanças que a causa, de quando em vez, assume em relação à heterogênea consistência das pretensões. Neste sentido, a jurisprudência italiana se exprime de modo substancialmente homogêneo, pois não existe no ordenamento qualquer regra que permita estabelecer, com precisão numérica e de modo generalizado, a razoável duração do processo.

Entre as primeiras decisões que especificaram concretamente o critério da complexidade da causa se assinala a Apelação n. 48, de 25.6.2001, que sustentou que entre os elementos fáticos relevantes para o retardamento do *iter* processual estão, exemplificadamente:

— a pluralidade de questões e pedidos;

— o elevado número de partes e testemunhas;

— a complexidade das investigações necessárias para o esclarecimento da causa; a necessidade de consultas técnicas;

— a quantidade de documentos a examinar.

Quanto aos elementos de direito imputáveis como responsáveis por um maior retardamento natural da causa e, portanto, integrativos do critério da complexidade da causa, estão: a controvérsia da questão debatida na doutrina e na jurisprudência, a resolução de dificuldades jurídicas peculiares, inclusive processuais, a relevância para o juízo de eventuais questões de legitimidade constitucional.

3.1.2. O critério dos valores postos em jogo

Deve-se ressaltar que opondo-se de certa forma ao critério da complexidade da causa está o critério dos valores postos em jogo, ou seja, aqueles valores que dizem respeito à expectativa da parte em obter uma resposta breve, dada a qualidade do valor ali colocado. A Corte de Estrasburgo adota como critério decisivo para declarar a violação da convenção europeia o valor, o interesse em jogo, tendo em vista que, dependendo da matéria da causa cujo tempo se examina, ela incide diretamente sobre os direitos da personalidade.

Desde 1999, a Corte já afirmava que, enquanto o critério da complexidade da matéria enseja uma proporcional condescendência com a demora do processo, ao mesmo tempo e em sentido contrário, o critério dos valores postos em jogo anula essa complexidade, quanto maior for a relevância, para a vida do jurisdicionado, da definição jurídica aguardada.

Com efeito, uma coisa é permanecer por longo tempo angustiado pelo peso de uma infamante acusação penal, ou aguardar em suspense a obtenção do reconhecimento de um filho natural, ou ainda esperar por anos o ressarcimento de danos patrimoniais e não patrimoniais decorrentes da perda de um parente a cujo encargo se vivia; outra coisa muito diferente é esperar, ainda que por longo tempo, o ressarcimento de uma leve batida no para-choque do automóvel de sua propriedade, ou o reconhecimento de modestas diferenças retributivas em matéria de tratamento previdenciário, porquanto, embora pretensões legitimamente acionadas, não são idôneas a incidir significativamente na vida da parte.

3.1.3. O critério do comportamento das partes

O critério do comportamento das partes considera irrelevante, para fins de computar na duração do juízo, os atrasos imputáveis à conduta processual da parte que age para obter a reparação e que, portanto, não seja consequência da intrínseca lentidão da máquina judiciária.

Assim se pronunciou uma das primeiras experiências aplicativas da Lei Pinto, cuja explícita referência normativa ao comportamento das partes permite considerar "implicitamente, mas univocamente irrelevante cada protração temporal reconduzível à parte que pede a reparação do dano". E isto quando também esse prolongamento não decorra de uma conduta censurável da parte, mas de uma permitida estratégia processual: é evidente que a escolha da parte por um percurso mais longo entre aqueles possíveis pelo ordenamento não possa pesar no encargo do Estado obrigado à reparação do dano.

É relevante observar que há uma grande diferença em avaliar a parte num processo penal, civil ou administrativo. Sem sombra de dúvidas, diversamente do processo penal, o juízo civil e administrativo permite às partes orientar o tipo processual dentro de um amplo espaço de manobra, fruível pelo princípio dispositivo. Este princípio, todavia, como bem assentado pela Corte europeia, não pode assumir relevância tal a ponto de confiar inteiramente a sorte do julgamento à iniciativa das partes, eximindo do critério de razoabilidade a conduta das autoridades que influíram naquela duração.

Certo é que não se pode imputar à parte culpa pelo exercício de uma faculdade que a lei a ele reconheça no âmbito de uma estratégia defensiva.

O que se requer à parte, ao invés, é uma diligência a fim de evitar iniciativas especulativas e dilatórias que retardem a duração completa do procedimento e que, exorbitando os limites do legítimo exercício do direito de defesa, vai acabar no abuso de direito.

A jurisprudência firmada desde 2001 tem considerado que o comportamento das partes limita ou exclui a responsabilidade do Estado em diversos casos, tais como: abuso de poder; atos tendentes a fins dilatórios; ausência nas audiências; solicitação de renovação de atos nulos; dispensa de mandato por parte do advogado e sua substituição por um novo defensor; ou pela vontade expressa de adiar a conclusão do feito, dentre outros.

A jurisprudência também especifica que o critério pertinente ao comportamento das partes exclui a responsabilidade do Estado pelos atrasos imputáveis não a disfunções do aparato judiciário ou à lentidão de seus órgãos, mas a táticas dilatórias dos litigantes com a aquiescência do interessado, como nas ocasiões em que ele não acompanhe com a devida atenção o *iter* processual, ou peça ele mesmo o contínuo adiamento ou suspensão da causa, ou ainda não solicite uma mais rápida tramitação pelo fato de não opor-se a atos dilatórios, ou, pior ainda, aderindo a estes.

A nossa doutrina tem desenvolvido a teoria do abuso do direito processual, bem como alhures; o direito ao processo sem dilações indevidas tem sido objeto de estudo e inspiração de jurisprudência, de modo incidental, mas não direto, em que existem ações destinadas somente a controlar se a duração do processo foi ou não exagerada.

Nossos tribunais também não têm exitado em condenar por litigância de má-fé a parte que demonstradamente utilizou-se de manobras para adiar o julgamento, como o caso do Processo n. 1102-2006-024-03-00-0, movido contra a TIM, em que se solicitou a oitiva de testemunhas em diversos Estados da Federação, a fim de utilizar-se do instituto da carta precatória, consabidamente mais demorada que a simples oitiva numa mesma localidade. Foram indicados os Estados de São Paulo, do Rio e da Bahia. No decorrer do processo, restou evidente que nenhuma das testemunhas ouvidas sabia do que se tratava a ação, nada tendo a contribuir para elucidação da matéria, em nada acrescentando à instrução, sendo que, inclusive uma delas, a que seria ouvida na Bahia, morava, em realidade, em Belo Horizonte, local onde havia sido proposta a ação.

A litigância de má-fé por abuso processual foi reconhecida e a parte condenada em primeira instância a 2 milhões e em segunda a 4 milhões, por esse motivo. Todavia, a manobra só pode ser percebida depois de o fato consumado, no caso das testemunhas ouvidas no Rio e em São Paulo, o que permitiu à parte obter o adiamento desejado.

3.1.4. O critério do comportamento do juiz

Antes de tudo, cumpre recordar que, no sistema normativo introduzido pela Lei Pinto, não há qualquer referência ao elemento subjetivo próprio da matriz aquiliana e que ao juiz da indenizatória por duração excessiva do processo não cabe verificar o elemento subjetivo a cargo do possível autor do evento do dano, já que o reconhecimento do direito *descente ex se*, da declaração de violação da Convenção, independentemente da comprovada negligência, ou culpa, do magistrado ou de qualquer outro sujeito, razão pela qual a fonte do direito à justa reparação é vista somente pelo fato de ter o destinatário da decisão envolvido em uma ação judicial que tenha violado o parâmetro da duração razoável.

Com efeito, os primeiros resultados de aplicação da referida Lei n. 89/2001 foram desanimadores, ficando a jurisprudência dividida entre a adesão à estrutura do ilícito aquiliano e à responsabilidade estatal ressarcitória.

Esta última satisfez, com maior coerência, a exigência hermenêutica lógico--sistemática e logo encontrou acolhida nos julgados da Suprema Corte.

A favor da teoria ressarcitória militam os seguintes argumentos: i) a própria Lei Pinto, no § 2º do seu art. 2º, determina que o julgador deve levar em conta o comportamento dos sujeitos em juízo, inclusive do juiz ou de outras autoridades chamadas a contribuir na formulação do ato final — a decisão; ii) se é relevante o comportamento dos sujeitos, logo entra em cena o conceito de culpa, elemento subjetivo cuja indefectível subsistência, unida aos outros elementos a cuja declaração a desarrazoada duração está subordinada, integra os elementos necessários para a caracterização do ressarcimento pelo ilícito aquiliano; iii) a relevância do elemento subjetivo na análise das responsabilidades enseja a verificação do concurso do próprio credor na causa do evento danoso.

Quanto aos outros elementos do ilícito civil, quanto ao requisito da injustiça, o dano consiste na própria duração exagerada ou desarrazoada do processo, mas, para que a justa reparação postulada seja acolhida, a Lei exige expressamente a existência de um dano patrimonial ou não, que seja consequência imediata e direta da retardada definição do processo, e que ele seja provado pelo requerente.

Portanto, resta configurado que a responsabilidade do Estado por violação do princípio do termo razoável de duração do processo será consequência do desincumbir-se do ônus probatório posto a cargo do prejudicado pelo sistema de responsabilidade civil, devendo ele mesmo fornecer a prova de um comportamento pelo menos culposo dos sujeitos do processo a qualquer título nele implicados; bem como da ocorrência precisa de um evento de dano injusto e do nexo de causalidade entre o primeiro e o segundo requisitos.

A tese Aquiliana não vingou porque nela não há como se exigir que o autor demonstre o evento danoso e seu nexo, muito embora possa o juízo declarar ter havido a violação da Convenção Europeia, no que tange à duração razoável do processo.

Conforme orientação da Suprema Corte, de 14 de julho de 2003, a ação para a obtenção da indenização justa não está fundada na declaração da responsabilidade e, portanto, da culpa do juiz, do promotor, do perito, ou qualquer outra autoridade, na causa do injustificado retardo, através de comportamentos de relevância civil, penal, contábil ou disciplinar; ao contrário, a disciplina em exame desencadeia o direito à justa reparação em razão da mera declaração da falta de respeito aos termos razoáveis de que fala o art. 6, § 1º, da Convenção pela salvaguarda dos direitos do homem.

Ela objetiva a proteção da vítima do dano causado pela duração não razoável do processo, e não por encontrar os culpados dessa duração.

A avaliação do comportamento do juiz (junto com aquele das partes), portanto, tem a mera função de selecionar quais atividades processuais são atribuídas ao impulso oficial e quais ao impulso das partes, a fim de permitir uma estimativa dos tempos que são, no seu conjunto, atribuíveis ao juiz, entendido como aparato da justiça (ou seja, o conjunto organizado de homens, meios e procedimentos necessários à entrega da prestação jurisdicional). Nesta perspectiva, deve-se excluir que o espírito da lei seja o de atribuir ao juiz da justa reparação uma investigação e a valoração sobre a legitimidade do comportamento do juiz da causa pressuposta, cujo tempo é o objeto de investigação.

Dito isso, no comportamento do juiz, ou de outra qualquer autoridade ou auxiliar do juízo estão incluídas todas as hipóteses de desserviço da justiça, relativas tanto à responsabilidade individual do magistrado como, realmente, à responsabilidade do sistema no qual este está inserido, ou seja, desde o atraso na substituição de magistrados impedidos ou transferidos, falta de local e estrutura, etc.

4. AS REFORMAS DA LEI N. 69/2009 PELA CELERIDADE E CONTROLE DA DURAÇÃO RAZOÁVEL DO PROCESSO NA ITÁLIA

Depois de um ano de tramitação no parlamento italiano, entrou em vigor no dia 4 de julho de 2009 o decreto previsto pela Lei n. 69, de 2009, que trouxe inovações em matéria de processo civil, notadamente medidas destinadas a controlar o seu tempo de tramitação.

O estado de penúria em que se encontra a organização judiciária na Itália é bem conhecido e tem levado a consequentes intervenções da Corte europeia de Estrasburgo, a introdução da Lei Pinto no plano da justa indenização, cuja aplicação custa ao Estado muito dinheiro, e, ainda por cima, certifica a impotência do sistema em assegurar o respeito do direito.

As causas que determinaram esse estado de coisas são muitas e diversas, e a nova lei procura intervir sobre algumas delas por ordem de importância, introduz um "filtro" de admissibilidade dos recursos para a cassação, prevendo uma nova disciplina dos instrumentos de conciliação extrajudiciais, que possa ser decisiva para reduzir a carga de trabalho dos juízes (trata-se nesse caso de uma delegação ao governo, para entrar em vigor dentro de seis meses), além das comentadas a seguir.

4.1. A *calendarização*

Para nós, brasileiros, o mais curioso dessa lei é a introdução da obrigação para os juízes de fixar um calendário programático para as audiências. Esse calendário deverá ser feito para as ações intentadas após a entrada em vigor do referido decreto. Advogados e magistrados devem agora se ajustar às novidades, gerindo uma fase transitória não muito simples: enquanto os procedimentos em curso seguirão com o velho rito, os que foram instaurados após a lei estão sujeitos às novas regras, inclusive à calendarização.

A calendarização consiste no ponto crucial para um dos elementos de verificação sobre se a duração do processo foi razoável ou não, para efeito de eventual responsabilização do Estado, na hipótese de o jurisdicionado vir a sofrer dano, patrimonial ou não, em decorrência estritamente da duração desmesurada do processo.

Como medir o que é o tempo justo do processo? A calendarização vai proporcionar uma medida dessa justa duração. Essa organização prévia do processo, de como ele irá se desenvolver, exige, por outro lado, um maior investimento sobre a organização dos tribunais.

Ela consiste basicamente na necessidade de o juiz, quando admitir os pedidos de instrução do processo, fixar o tempo deles, indicando o calendário das audiências, as quais não poderão ser postergadas, exceto por gravíssimos motivos. É por isso que uma organização dos juízos em primeira e em segunda instâncias deve estar preparada para uma agenda coordenada, de forma que as novas agendas se encaixem com as já fixadas.

Um trabalho de coordenação do calendário das audiências é também o que pretende a Corte de contas depois da reforma do contencioso previdenciário e pensionístico, introduzida pela Lei n. 69/2009. Esse trabalho de coordenação é tão mais intenso quanto maior a circunscrição. A região do Lazio, por exemplo, tem 16 juízes dessa área que administram um acúmulo de 5 mil causas atrasadas. A reforma, com efeito, confiou ao juiz o encargo de fixar o calendário de audiências, incumbência que até o momento era do chefe de secretaria. A coordenação é importante para evitar que as audiências sejam fixadas nos mesmos dias, já que há um problema de disponibilidade de salas de audiência e também de secretários de audiência.

4.2. As sanções a quem retarda o processo, ingressa com lides temerárias ou infundadas

Tempos duros para quem espera lucrar vantagens com as brechas que os códigos, mais ou menos inconscientemente, deixam à disposição das partes. A recente reforma sanciona, propõe lides temerárias ou apresenta recursos interlocutórios com objetivo somente de ganhar tempo.

No fundamento dessas medidas, uma invocação notória é mais do que necessária ao dever para com a verdade e lealdade perante as instituições judiciárias. O comportamento desleal nem sempre é imputável à esperteza do causídico; ele é proporcionado pelas contínuas e repetidas modificações dos códigos.

4.3. A recusa à conciliação

A reforma italiana prevê graves consequências para quem recusa a proposta conciliatória, que, diferentemente da maneira brasileira, é feita pelo juiz somente após encerrada a instrução. A parte que não aceitar a conciliação pode até vencer a causa, mas corre o risco de pagar custas assim mesmo. Por exemplo: se a parte que rejeita a demanda é a parte autora e o juiz acolhe a demanda em medida inferior àquela em que se obteria a conciliação, a parte, não obstante tenha vencido, é condenada a pagar as despesas processuais acumuladas a partir da formulação da proposta conciliatória. A inversão do ônus tem por objetivo potencializar a conciliação como método para evitar a multiplicação do contencioso. Não por acaso esta reforma tem fundamento na delegação legislativa para o governo redesenhar inteiramente a arquitetura das ADR (*alternative dispute resolution*), a partir da mediação e da conciliação.

No mesmo sentido, outra norma é posta em vigor com a reforma: o juiz pode condenar a parte sucumbente, além das despesas, também ao pagamento de uma soma de dinheiro a título de indenização para a parte incauta citada em juízo. Isso implica um freio à chamada lide temerária à disposição do juiz, ao qual é atribuída uma ampla discricionariedade, até mesmo para determinar o valor da mencionada indenização.

Ainda parecida com essas é a norma inserida no processo executivo, que permite ao juiz, ao pronunciar uma sentença de condenação em forma específica, isto é, que contém uma obrigação de fazer ou de não fazer, iniciar a soma de dinheiro que o sucumbente terá que versar à outra parte cada vez que inadimplir na obrigação ou atrasar o seu cumprimento.

Ao lado das novas sanções processuais, o parlamento atualizou também algumas importantes medidas já contidas no código. Pode ser punida com pena pecuniária de até 250 euros a parte que apresentar uma exceção de suspeição contra o juiz que depois resulte de fatos inadmissíveis ou seja rejeitada. O limite "máximo" da velha pena era de 5 euros.

Mais salgada ainda ficou a sanção para o terceiro chamado em causa, que obsta as inspeções. Oscila entre 250 e 1.500 euros (antes era de 5 euros) a pena para quem recusar perícia indispensável para a resolução da causa, sobre a própria pessoa ou sobre os próprios bens.

4.4. *Algumas outras medidas*

Ainda a nova lei intervém prevendo novas regras e novos instrumentos em matéria de condenação do sucumbente às despesas do juízo, para desencorajar o recorrente "temerário" à justiça e os comportamentos processuais dilatórios; delineando um novo procedimento sumário de cognição e reordenando e simplificando os ritos; reduzindo prazos, formalismos e obstáculos à celeridade do processo derivados de conflitos sobre competência e jurisdição.

Trata-se de inovações que, no conjunto, parecem orientadas na direção justa.

Intervir sobre procedimento é útil e necessário, mas não é suficiente, pois as contínuas mudanças processuais podem produzir mais danos do que vantagens.

É de se apreciar que o parlamento italiano tenha suprimido, com esta lei, o chamado rito societário, introduzido por uma outra reforma de 2003 e que não apresentou bons resultados. Outras causas mais difíceis de enfrentar, mas não menos determinantes, dizem respeito ao número excessivo de advogados que exercem atividade forense no país, com possíveis efeitos no crescimento do contencioso.

Mas o terreno mais decisivo para a Itália hoje é o da organização dos cartórios judiciários e do trabalho dos servidores públicos lotados ali. Por isso, a reforma contemplou o aumento das competências dos juízes de paz, visando aliviar os cartórios dos tribunais. No entanto, produzirá, com efeito, um agravamento da situação atual dos juízes de paz, para quem a reforma não previu correspondentes medidas de incremento de recursos (cita-se somente como exemplo a introdução da competência penal do juiz de paz relativamente à imigração irregular).

Se é certo, por um lado, a existência de problemas de recursos e, portanto, de receitas, por outro, é inegável a existência de um problema cultural gravíssimo. Está provado que os cartórios judiciários cujos dirigentes se empenham no plano da organização obtêm resultados melhores, com os mesmos recursos. É importante — conforme declarou o presidente da Corte de Cassação num encontro do Conselho Superior da Magistratura — *que cada magistrado e cada um dos servidores do seu cartório se sintam parte de um conjunto responsável pelos resultados alcançados, sendo insuficiente que ele se limite a estudar diligentemente as causas e a escrever sentenças, mas deve ajudar a assegurar a entrega do "produto", do "resultado", ao jurisdicionado*.

Neste campo, os deveres e as responsabilidades estão dispersos em muitos aspectos: os escrivãos e dirigentes administrativos (organização das secretarias), o Conselho Superior (os concursos públicos, os recursos para os cartórios, a escolha dos dirigentes, a formação dos magistrados, o controle disciplinar sobre eles) e o Governo (o pessoal administrativo, os recursos materiais e receitas orçamentárias, a ativação da informatização dos processos).

Somente um esforço conjunto e convicto de todos esses atores poderá alcançar uma justiça em condições de satisfazer o direito fundamental de cada pessoa a ter efetivamente, e não só no papel, um juízo competente, independente e imparcial para a resolução das controvérsias que lhe dizem respeito.

DISSÍDIO COLETIVO: UMA FORMA EFETIVA DE ACESSO À JUSTIÇA

Cláudio Jannotti da Rocha [*]

Mais uma vez, gostaria de deixar meu registro de consideração ao Instituto de Ciências Jurídicas e Sociais que, a cada dia que passa, contribui para a defesa dos direitos sociais brasileiros.

INTRODUÇÃO

Fazendo um estudo etimológico da palavra justiça, percebemos que tem seu nascedouro na expressão *iustitia*, que por seu turno provém de *iustus,* que significa justo, que por sua vez nasce de *ius*, que significa direito.

Sendo assim, podemos concluir que o que liga a justiça e o direito é o justo! Ou seja, entre a justiça e o direito, encontra-se o justo.

Dentro dessa linha de pensamento, corolário natural, para que possa ser feita justiça pelo direito é necessário que a decisão seja justa.

Ensinou Aristóteles que "não é a justiça que faz os justos, são os justos que fazem a justiça"[1].

Lecionou ainda que "o justo é o que é conforme a lei e o que respeita a igualdade, e o injusto o que é contrário à lei e o que falta com a igualdade[2]".

Sendo assim, o justo tem dois pressupostos cumulativos: o respeito à lei e à igualdade.

(*) Mestrando em Direito do Trabalho pela PUC-Minas. Especialista em Direito do Trabalho pela Faculdade Pitágoras. Graduado em Direito pela UVV-ES. Membro do Instituto de Ciências Jurídicas e Sociais. Advogado.
(1) ARISTÓTELES. *Éthique à Nicomaque*. Tradução de Tricot, v. 2 e v. 9, p. 212. *Apud* COMTE — SPONVILLE, André. *Pequeno tratado das grandes virtudes*. Tradução de Eduardo Brandão. São Paulo: Martins Fontes, 1995. p. 75.
(2) *Ibidem*, p. 72.

A justiça que aprendemos com Platão é o que "reserva a cada um sua parte, seu lugar, sua função, preservando assim a harmonia hierarquizada do conjunto[3]".

Discutia, na antiga Grécia, o ilustre filósofo:

> ... seria justo dar a todos as mesmas coisas, quando eles não têm as mesmas necessidades nem os mesmos méritos? Exigir de todos as mesmas coisas, quando eles não têm as mesmas capacidades nem os mesmos encargos? Mas como manter então a igualdade, entre homens desiguais? Ou a liberdade entre os iguais?[4].

Platão foi o primeiro dentre os filósofos gregos a estudar a equidade, colocando-a num patamar superior ao da justiça normativa.

Definia a equidade como a adaptação do direito ao caso. Não pretendia dissolver o direito escrito, mas apenas torná-lo mais democrático.

Sem sombra de dúvida, a discussão iniciada por Platão continua sendo objeto de questionamento até a presente data.

Oportuno então mencionar Jorge Luiz Souto Maior, que ensina que a função contemporânea da justiça "seria a de resgatar a autoridade do ordenamento jurídico nacional, fazendo o justo, dando a cada um o que é seu"[5].

Nos séculos XVIII e XIX, como ensinou Mauro Cappelletti, "o acesso era formal, mas não efetivo à justiça, correspondia à igualdade, apenas formal, mas não efetiva"[6].

O direito ao acesso à justiça, de forma material, veio durante o *welfare state*, prevendo uma atuação positiva do Estado, por meio da justiça para a efetivação dos direitos sociais básicos, como trabalho, educação, saúde e outros.

Para o doutrinador italiano supramencionado, o acesso à justiça seria o direito fundamental mais importante pertencente ao homem[7].

Ensinou ainda ao longo de seu levantamento que o maior problema contemporâneo da justiça, seja nos países que adotam o sistema da *civil law,* como naqueles que fazem uso da sistemática germânico-jurídica, seria o acesso efetivo à justiça por parte daqueles que realmente necessitam da tutela jurisdicional e para

---

(3) PLATÃO. *Republique*, IV, *apud* COMTE-SPONVILLE, André. *Pequeno tratado das grandes virtudes*. Tradução de Eduardo Brandão. São Paulo: Martins Fontes, 1995. p. 73.
(4) *Idem*.
(5) MAIOR, Jorge Luiz Souto. Ensinamentos passados durante as aula do curso de extensão da FDSM em 23.10.2009.
(6) CAPPELLETTI, Mauro. *Acesso à justiça*. Tradução de Ellen Gracie Northfleet. Porto Alegre: Fabris, 1988. p. 9.
(7) *Ibidem*, p. 12.

quem a justiça foi criada, que seriam justamente aqueles que se encontram em situação de desigualdade perante os mais fortes.

Essa situação, demonstrada por Cappelletti, estaria causando então um afastamento daqueles para quem a justiça foi realmente elaborada.

Sob a ótica coletiva, social e democrática, Carlos Henrique Bezerra Leite leciona que "o acesso à justiça na atual conjuntura seria dividido em quatro grandes eixos: indeclinabilidade da jurisdição (art. 5º, XXXV, da CR/1988), devido processo legal (art. 5º, LIV e LV, da CR/1988), ampla defesa e contraditório e duração razoável do processo (art. 5º, LXXVIII).[8]

Nesse caminhar, o direito fundamental ao acesso à justiça, que era enfocado tão somente na filosofia essencialmente individualista dos direitos, passou a ser visto sob o prisma coletivo e social.

No Brasil, a luta por esses direitos, embora incipiente, teve início em 1903 com o reconhecimento dos sindicatos rurais e com os urbanos, em 1907. Posteriormente, em 1932, foram criadas as Comissões Mistas de Conciliação para dirimir os conflitos coletivos trabalhistas e estavam vinculadas ao Ministério do Trabalho[9].

A denominação *Justiça do Trabalho* surgiu na Constituição de 1934, estando vinculada ao Poder Executivo.

A Constituição da República de 1937 manteve a previsão relativa à Justiça do Trabalho, sendo órgão administrativo a ser regulamentado por lei.

Nessa mesma Constituição, por meio do art. 138, veio a institucionalização do direito de organização sindical, sendo permitido então que o sindicato, atuando em nome próprio, defendesse interesses alheios, vale dizer, os direitos de seus representados.

É o que se passa com a substituição processual.

O contrato coletivo pactuado pelo sindicato abrangia somente os contratos de trabalho dos seus associados, não abrangendo toda a categoria, como é na atual sistemática.

A partir desse momento, o trabalhador, que era visto até então como um ser isolado tanto de direitos como de representatividade, passava a ter a possibilidade de se unir a trabalhadores da mesma categoria, podendo agora ser visto não mais sozinho, e sim coletivamente, acompanhado de seus companheiros de classe.

---

(8) LEITE, Carlos Henrique Bezerra. Conhecimentos passados durante as aulas ministradas no curso de extensão da Faculdade de Direito Sul de Minas em 13 e 14.11.2009.
(9) PEREIRA, José Luciano de Castilho. *O dissídio coletivo e a experiência brasileira*. In: FREDIANI, Yone; ZAINAGHI, Domingos Sávio (orgs.) *Relações de direito coletivo Brasil-Itália*. São Paulo: LTr, 2004. p. 260.

A representatividade dos trabalhadores pelo respectivo sindicato passou a ser permitida tanto para exercer a efetivação dos direitos de seus representados como a luta pela conquista de novos direitos.

Passou a ser permitido o litígio entre duas pessoas jurídicas: de um lado a empresa ou o sindicado econômico e, do outro, o sindicado dos trabalhadores.

Dentre as atuais características dos sindicatos, destaca-se a não intervenção e a não interferência estatal, a participação obrigatória nas convenções e acordos coletivos e a defesa dos direitos e interesses coletivos ou individuais da categoria tanto em questões administrativas como nas jurídicas, conforme incisos I, III e VI do art. 8º da CR/1988.

Muito embora os trabalhadores pudessem estar representados por intermédio de um ente jurídico, ainda existe a desigualdade de encargos, de obrigações, de direitos, de liberdade que alcança o poder de negociação dos sindicatos.

Para que essas diferenças pudessem ser reduzidas, foi utilizada então a equidade como método de solução dos conflitos.

A possibilidade de a equidade ser um método a ser usado para a solução do conflito judicial vigora desde 1939, via do art. 94 do Decreto-lei n. 1.237, *in verbis*:

> Na falta de disposição expressa de lei ou de contrato, as decisões da Justiça do Trabalho deverão fundar-se nos princípios gerais do direito, especialmente do direito social, e na equidade, harmonizando os interesses dos litigantes com os da coletividade, de modo que nenhum interesse de classe ou particular prevaleça sobre o interesse público.

Sobre o tema, asseverou Eduardo Couture: "para corrigir os efeitos da desigualdade socioeconômica é preciso criar desigualdades jurídicas"[10].

A equidade é conhecida atualmente como: tratar os desiguais de forma desigual, para que seja alcançada assim a igualdade entre as partes. Por meio da desigualdade a igualdade é lograda.

Na esfera justrabalhista, a equidade é prevista no art. 8º da CLT como método para a solução dos conflitos — sejam individuais ou coletivos.

Tendo em vista que é permitido ao Poder Judiciário fazer uso da equidade para a solução de um dissídio coletivo, deve lançar mão de tal diretriz para que a sentença normativa prolatada possa refletir a adaptação do direito ao caso concreto — observando os critérios de justiça e igualdade —, tornando-o mais democrático.

Seria a maneira do Poder Judiciário Trabalhista poder adaptar a norma jurídica (formada pelos princípios e regras) a um caso específico, a fim de deixá-la mais justa.

---

(10) COUTURE, Eduardo *apud* SÜSSEKIND, Arnaldo Lopes. Um pouco de história do direito brasileiro do trabalho. *Revista LTr*, São Paulo, v. 73, n. 6, p. 649, jun. 2009.

Como lecionado por Milton Paulo Carvalho Filho: "a equidade não corrige o que é justo na lei, mas completa o que a justiça não alcança"[11].

O poder normativo da Justiça do Trabalho surgiu somente na Constituição de 1946, através da previsão do art. 123, § 2º: "A lei especificará os casos em que as decisões nos dissídios coletivos poderão estabelecer normas e condições de trabalho".

Foi também a Constituição de 1946 que levou a Justiça do Trabalho a fazer parte do Poder Judiciário Brasileiro.

Como se pode concluir, a competência normativa, embora fosse expressa, era condicionada à previsão de legislação ordinária.

A Emenda Constitucional n. 1, de 1969, já durante a vigência da Constituição de 1967, manteve integralmente o texto da Carta de 1946, substituindo apenas o vocábulo "casos" pela palavra "hipóteses", mantendo a competência da Justiça do Trabalho para fixar novas condições de trabalho, quando autorizada pela lei ordinária.

Com a promulgação da Constituição Federal de 1988, a Justiça do Trabalho não precisou mais de lei ordinária para prolatar uma sentença normativa.

O dissídio coletivo trabalhista é uma forma heterônoma de solução dos conflitos trabalhistas. Ajuizada a demanda perante o Poder Judiciário Trabalhista, este irá prolatar a sentença normativa. Pode ser dividido em duas espécies: o dissídio coletivo jurídico e o dissídio coletivo econômico.

O dissídio coletivo de natureza jurídica pode ser classificado como aquele em que a pretensão deduzida busca a interpretação a ser dada pelo Poder Judiciário a uma norma convencional ou legal.

É o que ocorre por exemplo quando há uma redação confusa de determinada cláusula de uma sentença normativa, de um acordo ou de convenção coletiva ou basta que sejam interpretadas de forma divergente.

O dissídio coletivo de natureza econômica ocorre quando as partes recorrem ao Poder Judiciário para que solucione o impasse havido na negociação coletiva, criando normas para reger as partes ali representadas, fazendo uso do poder normativo.

A sentença normativa prolatada no dissídio coletivo de natureza econômica expressa a criação de regras jurídicas gerais, abstratas, impessoais, obrigatórias. Por essa razão, a sentença normativa, do ponto de vista material, equipara-se à lei em sentido material[12].

---

(11) CARVALHO FILHO, Milton Paulo. *Indenização por equidade no novo Código Civil*. 2. ed. São Paulo: Atlas, 2003.
(12) DELGADO, Mauricio Godinho. *Direito coletivo do trabalho*. 3. ed. São Paulo: LTr, 2008. p. 35.

O dissídio coletivo ocorre quando frustradas as negociações coletivas. O Poder Judiciário Trabalhista é acionado para dirimir um litígio que envolve toda uma categoria profissional com o setor empresarial respectivo, seja interpretando as normas já existentes ou criando normas e condições de trabalho não previstas em lei, mediante seu poder normativo.

Como os empregados no dissídio coletivo são considerados abstratamente como componentes da categoria, a sentença normativa abrange todos os empregados pertencentes à categoria durante a época da vigência da sentença normativa.

O prazo da sentença normativa, conforme art. 868 da CLT, não poderá ser superior a quatro anos.

O dissídio coletivo é uma modulação dos novos limites obrigacionais, sendo regulado pelos arts. 856/875 da CLT, 219/223 do Regimento Interno do Tribunal Superior do Trabalho e 114, § 1º, § 2º e § 3º, da CR/1988.

Certo é que, com o advento da Emenda Constitucional n. 45, de 2004, o dissídio coletivo de natureza econômica sofreu alterações que merecem ser estudadas, sendo este o objetivo do presente artigo: o estudo acerca do dissídio coletivo após a EC n. 45, buscando comprovar que deve ser um instrumento de acesso efetivo ao Poder Judiciário Trabalhista.

O AJUIZAMENTO DO DISSÍDIO COLETIVO

Preceituam os parágrafos do art. 114 da CR/1988:

§ 1º Frustrada a negociação coletiva, as partes poderão eleger árbitros.

§ 2º Recusando-se qualquer das partes à negociação coletiva ou à arbitragem, é facultado às mesmas, de comum acordo, ajuizar dissídio coletivo de natureza econômica, podendo a Justiça do Trabalho decidir o conflito, respeitadas as disposições mínimas legais de proteção ao trabalho, bem como as convencionadas anteriormente.

§ 3º Em caso de greve em atividade essencial, com possibilidade de lesão do interesse público, o Ministério Público do Trabalho poderá ajuizar dissídio coletivo, competindo à Justiça do Trabalho decidir o conflito.

Diante dos parágrafos supracolacionados, podemos concluir que, configurado o conflito de interesses entre a categoria trabalhadora e a econômica, o primeiro passo a ser dado é a negociação coletiva entre a entidade representante dos trabalhadores e a empresa — no caso de acordo coletivo — ou diante do sindicato dos empregadores — convenção coletiva.

Fazendo uma interpretação literal dos parágrafos do art. 114, da CR/1988, pode-se concluir que, não sendo alcançada a negociação coletiva, poderão as partes eleger árbitros ou então, de comum acordo, ajuizar dissídio coletivo econômico.

Cabe destacar que a eleição de um árbitro é facultada às partes, como se extrai do § 1º, do art. 114, da CR/1988.

Não alcançado o comum acordo, somente restará uma alternativa: a greve!

Tratando-se de atividades essenciais, deflagrada a greve pode o Ministério Público do Trabalho ajuizar o dissídio coletivo.

Seria essa a correta interpretação dos parágrafos acima apresentados?

Primeiramente, cabe destacar que em nada foi alterado o ajuizamento do dissídio coletivo de natureza jurídica, não sendo necessário o comum acordo para o seu ajuizamento, porquanto o § 2º do art. 114, menciona apenas o dissídio coletivo econômico.

Quanto aos dissídios coletivos que envolvam o exercício do direito de greve nas atividades essenciais, a EC n. 45/2004 em nada alterou a competência da Justiça do Trabalho para processá-los e julgá-los, conferindo legitimidade ao Ministério Público do Trabalho para ajuizá-los.

Quanto ao ajuizamento do dissídio coletivo de natureza econômica, alguns ministros do TST, dentre eles Ives Gandra Martins Filho, Dora Maria da Costa, Márcio Eurico Vitral Amaro, Carlos Alberto Reis de Paula e Antônio José de Barros Levenhagem defendem ser o obrigatório o comum acordo, previsto no § 2º, do art. 114, da CR/1988.

Argumenta o ministro Ives Gandra Martins Filho, que o Tribunal Regional do Trabalho deve funcionar tão somente como árbitro:

> Nos debates de que participei na SDC-TST algum tempo depois da promulgação da referida Emenda, sustentei a natureza arbitral semelhante a juízo arbitral.[13]

Defende ainda que para a classe trabalhadora conseguir o comum acordo, caso não lhe seja concedido por livre vontade do sindicato pratronal, deve deflagrar a greve. Nesse caminhar, decidiu como relator nos autos do Dissídio Coletivo n. 237.2005.000.04.00-1:

EMENTA: AGRAVO — DISSÍDIO COLETIVO COMUM — ACORDO ENTRE AS PARTES — JURISPRUDÊNCIA DO TST — PRESSUPOSTO PROCESSUAL — AUSÊNCIA NA MESA DE NEGOCIAÇÕES — CONCORDÂNCIA TÁCITA NÃO CONFIGURADA — NÃO DEMONSTRAÇÃO DO DESACERTO DO DESPACHO AGRAVADO.

1. A partir da EC n. 45, ressalvada a hipótese de greve em atividade essencial, com possibilidade de lesão do interesse público, o exercício do poder normativo ganhou contornos de juízo arbitral, uma vez que o ajuizamento de dissídio coletivo é faculdade das partes, condicionada à existência de comum acordo dos envolvidos na disputa. 2. Adotando interpretação flexível do art. 114, § 2º, da CF, a jurisprudência do TST tem admitido a

---

(13) MARTINS FILHO, Ives Gandra. *Processo coletivo do trabalho*. 4. ed. São Paulo: LTr, 2009. p. 117.

hipótese de concordância tácita, de forma que apenas a recusa expressa da entidade suscitada configura óbice à resolução do conflito pela via do dissídio coletivo. 3. Assim, não merece reforma o despacho agravado que extinguiu o processo em relação ao Sindicato Suscitado Recorrente, por entender que sua discordância com a instauração de instância, manifesta desde a contestação, inviabilizava o exercício do poder normativo, por ausência de pressuposto de constituição válida do processo. 4. Ressalte-se que a alegada ausência deliberada do Sindicato Patronal nas reuniões não configura a anuência tácita com a instauração de instância. Nessa hipótese, a fim de verem atendidas suas reivindicações, caberia aos trabalhadores lançar mão do direito constitucionalmente assegurado da greve. (TST-A-RODC n. 237.2005.000.04.00.1, Rel. Min. Ives Granda Martins Filho, *in* DJ de 25.5.2007)[14].

Nesse sentido, vem sendo formada uma corrente jurisprudencial no TST entendendo que o comum acordo seria um pressuposto processual para o ajuizamento do dissídio coletivo, decidindo:

EMENTA: RECURSO ORDINÁRIO EM DISSÍDIO COLETIVO — EXIGIBILIDADE DE ANUÊNCIA PRÉVIA.
A manifestação expressa da Suscitada em contrário ao ajuizamento do Dissídio Coletivo torna inequívoca a ausência do comum acordo, pressuposto da ação prevista no art. 114, § 2º, da Constituição da República. Recurso ordinário a que se nega provimento. (TST-RODC n. 16.007.2005.909.00-8, Rel. Min. Carlos Alberto, DJ de 16.2.2007)[15].

Outra decisão proferida, seguindo esse pensamento, tendo como relator o Ministro Barros Levenhagen:

EMENTA: EXIGÊNCIA DE COMUM ACORDO PARA INSTAURAÇÃO DE DISSÍDIO COLETIVO DE NATUREZA ECONÔMICA. CONSTITUCIONALIDADE DA INOVAÇÃO INTRODUZIDA PELA EMENDA CONSTITUCIONAL N. 45/2004. OPOSIÇÃO DA PARTE ADVERSA. EXTINÇÃO DO PROCESSO POR FALTA DE PRESSUPOSTO PROCESSUAL. I — A Emenda Constitucional n. 45/2004 não aboliu o poder normativo da Justiça do Trabalho, nem lhe subtraiu sua função jurisdicional, desautorizando assim a tese sustentada aqui e acolá de que teria passado à condição de mero juízo arbitral, extraída da exigência de comum acordo para instauração do dissídio coletivo. II — A atividade jurisdicional inerente ao poder normativo da Justiça do Trabalho qualifica-se como atividade jurisdicional atípica, na medida em que, diferentemente da atividade judicante exercida no processo comum, não tem por objeto a aplicação de direito preexistente, mas a criação de direito novo, detalhe a partir do qual se pode divisar situação *sui generis* de ela, na sua atividade precípua como órgão integrante do Judiciário, desfrutar ainda que comedidamente da atividade legiferante inerente ao Poder Legislativo. III — Tendo por norte essa singularidade da atividade jurisdicional cometida à Justiça do Trabalho, no âmbito do dissídio coletivo, mais a constatação de o § 2º, do art. 114, da Constituição ter erigido a negociação coletiva como método privilegiado de composição dos conflitos coletivos de trabalho, não se divisa nenhuma inconstitucionalidade na exigência de comum acordo, para a instauração do dissídio de natureza econômica, no cotejo com o princípio constitucional da inderrogabilidade da jurisdição. IV — Não sendo necessário que a instauração do dissídio de natureza econômica seja precedida de petição conjunta dos contendores, como a princípio o poderia sugerir a locução comum acordo, daí não ser apropriado nomear tal exigência como cláusula compromissória, interpretando-a teleologicamente pode-se chegar à conclusão de ela ter sido identificada como

---

(14) *Ibidem*, p. 117.
(15) *Ibidem*, p. 112.

pressuposto de válido e regular desenvolvimento do processo de que trata o art. 267, inciso IV, do CPC. V — Descartada a exigência de que os contendores, para provocação da atuação do poder normativo da Justiça do Trabalho, assim o tenham ajustado previamente, cabe apenas verificar se o suscitado a ela se opõe expressamente ou a ela consinta explícita ou tacitamente, no caso de não se insurgir contra a instauração do dissídio de natureza econômica, circunstância que dilucida a não aplicação, no processo coletivo do trabalho, da ortodoxia do processo comum de se tratar de matéria cognoscível de ofício pelo juiz, a teor do § 3º, do art. 267, do CPC, pelo que o seu acolhimento dependerá necessariamente da iniciativa da parte adversa. VI — Como o suscitado expressamente manifestou-se contrário ao ajuizamento do dissídio coletivo, depara-se com a ausência do pressuposto de válido e regular desenvolvimento do processo de que trata o art. 267, inciso IV, do CPC, indutora da sua extinção sem resolução do mérito, a teor do *caput* daquele artigo. Recurso provido para julgar extinto o processo sem resolução do mérito. (TST-RODC n. 3.626.2005.00004.00-9, Rel. Min. Barros Levenhagen, DJ de 16.2.2007)[16].

Afirma então o ministro Ives Gandra Martins Filho:

> Assim postas as coisas, pacificada a jurisprudência, é o comum acordo pressuposto processual negativo do dissídio coletivo, no sentido de que, se o suscitado opuser-se à instauração da instância, o dissídio coletivo deverá ser extinto[17].

Uma corrente diversa, liderada por Arnaldo Süssekind e Wilma Nogueira de Araújo Vaz da Silva, entende que o dissídio coletivo pode ser ajuizado unilateralmente por qualquer das partes.

Seguem essa corrente os ministros Mauricio Godinho Delgado e Walmir Oliveira da Costa[18].

Na mesma linha de pensamento, Jorge Luiz Souto Maior explica que "não se pode entender, por isso, que a via processual, para ser eleita, dependa de aceitação da parte contrária".[19]

Defendem estes que a expressão comum acordo não pode ser vista como pressuposto processual para o ajuizamento de um dissídio coletivo de natureza econômica, haja vista que o acesso ao Poder Judiciário não pode ser violado a teor da cláusula pétrea prevista no art. 5º, XXXV, da CR/1988, que prevê que a lei não excluirá da apreciação do Poder Judiciário lesão ou ameaça a direito.

Importante destacar que todos os direitos e garantias fundamentais previstos no Capítulo I, do Título II, da CR/1988, são aplicáveis tanto na esfera individual quanto na coletiva. Afinal ali consta expressamente: dos direitos e deveres individuais e coletivos.

Cabe então ao Poder Judiciário ser o guardião dos direitos e garantias fundamentais individuais e coletivas.

---

(16) *Ibidem*, p. 123.
(17) *Ibidem*, p. 124.
(18) *Ibidem*, p. 118.
(19) MAIOR, Jorge Luiz Souto; CORREIA, Marcus Orione Gonçalves (orgs.). *Curso de direito do trabalho*. Vol. 3: direito coletivo do trabalho. São Paulo: LTr, 2008. p. 99.

Desse modo, está sendo formada, nos Tribunais Regionais do Trabalho, uma corrente jurisprudencial no sentido da não necessidade do comum acordo para o ajuizamento do dissídio coletivo.

Ao contrário da outra corrente, que faz uma interpretação literal do § 2º, do art. 114, da CR/1988, essa corrente faz uma interpretação de acordo com a vigente Constituição da República, que prevê, no art. 5º, XXXV, o princípio do livre acesso ao Poder Judiciário e a indeclinabilidade da jurisdição, que é inclusive uma cláusula pétrea.

Sendo assim, o § 2º, do art. 114, da CR/1988, estaria violando um direito fundamental assegurado a todos os jurisdicionados. Nesse sentido, já existem duas ações diretas de inconstitucionalidade em trâmite perante o Supremo Tribunal Federal que, até o presente momento, não foram julgadas[20].

Foi justamente nessa linha de pensamento que seguiu a Sessão de Dissídio Coletivo do Tribunal Regional do Trabalho da 2ª Região, no julgamento dos autos do Dissídio Coletivo n. 20222-2005-000-02-00-0, que teve como relatora a juíza Wilma Nogueira de Araújo Vaz da Silva:

> **EMENTA: 1) DISSÍDIO COLETIVO ECONÔMICO. COMUM ACORDO. FACULDADE.** A faculdade de ajuizamento conjunto (de comum acordo) não exclui o ajuizamento unilateral, cujo amparo decorre de cláusula pétrea constitucional, até porque estabelecer a exigência do prévio comum acordo como *"conditio sine qua non"* para a instauração do dissídio coletivo implica forjar uma antinomia entre o art. 114 e a cláusula pétrea da indeclinabilidade da jurisdição, contemplada no inciso XXXV do art. 5º da Carta Magna, resumida no princípio segundo o qual a lei não excluirá da apreciação do Poder Judiciário lesão ou ameaça a direito. (DC SDC 20222-2005-000-02-00-0, Relatora Wilma Nogueira de Araújo Vaz da Silva, *in* DJSP de 24.1.2006)[21].

No mesmo sentido, vem decidindo o Tribunal Regional da 3ª Região, como se vê nos autos do Dissídio Coletivo n. 00318-2005-000-03-00-7, tendo com o relator o desembargador Paulo Roberto Sifuentes Costa:

> **EMENTA: DISSÍDIO COLETIVO — "EMENDA CONSTITUCIONAL N. 45/2004 — "DESNECESSIDADE DA ANUÊNCIA DA PARTE CONTRÁRIA PARA O AJUIZAMENTO"** — A Carta Magna de 1988 é um conjunto de princípios e regras que deve ser analisado de forma harmônica para que se cumpra o seu projeto de Constituição Cidadã, no processo de sedimentação do Estado Democrático de Direito previsto em seu art. 1º, cujo inciso IV erige, como um dos seus fundamentos, "os valores sociais do trabalho e da livre-iniciativa". Neste contexto, afirmar-se que a nova regra constitucional (pela inclusão da expressão "comum acordo" no art. 114, § 2º) retirou da Justiça do Trabalho o poder de julgar o dissídio coletivo importaria em elastecer ainda mais o abismo existente entre o projeto constitucional e a realidade atual dos fatos. Isto porque tal instituto jurídico tem o papel justamente de, sob os auspícios de um julgamento equitativo, estabilizar

---

(20) ADIn n. 3.423 ajuizada pela Confederação Nacional dos Trabalhadores em Turismo e Hospitalidade e ADIn n. 3.520 postulada pela Confederação Nacional dos Estabelecimentos de Ensino.
(21) SILVA, Wilma Nogueira de Araújo Vaz da. DJSP 24.1.2006.

os conflitos entre o capital e o trabalho, contribuindo para que os dois fundamentos da República "valores sociais do trabalho e da livre-iniciativa " tornem-se compatíveis, ao menos em termos pragmáticos, no conflito que se apresenta. Também não há como se entender, racionalmente, qual seria o objetivo de transformar a Justiça do Trabalho em mais um árbitro, eis que a norma permite o ajuizamento do dissídio se as partes previamente se recusarem à arbitragem, instituto que, historicamente, constitui forma extrajudicial de decisão de conflitos. De todo modo, a própria expressão "dissídio" não se compactua com o "comum acordo" onde há conflito de interesses não existe acordo. Por fim, se o legislador constituinte derivado pretendesse, efetivamente, extirpar o poder normativo, deveria tê-lo feito de forma expressa, indene de dúvidas, pois tal mudança representaria a revisão brusca do referido contexto constitucional regente das relações entre trabalho e capital, culminando, em última análise, na real possibilidade de supressão de todos os direitos conquistados pelas categorias profissionais ao longo de anos de luta, ao mero talante dos sindicatos patronais ao não concordarem com o ajuizamento do dissídio (DC SDC 00318-2005-000-03-00-7, Relator Des. Paulo Roberto Sifuentes Costa, *in* DJMG 10.6.2005, p. 2)[22].

Como muito bem salientado por Wilma Nogueira de Araújo Vaz da Silva, a expressão comum acordo também deve ser interpretada de forma lógica, comprovando sua inaplicabilidade:

> Admitir o comum acordo conduziria ao contrassenso de se condicionar o ajuizamento e uma ação, pela vítima, à prévia anuência do réu, situação que na prática equivaleria a uma absolvição sumária do infrator, aprioristicamente ditada por ele próprio[23].

Não pode prevalecer a interpretação no sentido de que seja o comum acordo *conditio sine qua non* para o ajuizamento do dissídio coletivo, pois ter-se-ia de pensar de forma teratológica que nossa Carta Magna estaria incentivando a deflagração de greve para que, no âmbito de atividades essenciais, seja ajuizado o dissídio coletivo pelo Ministério Público do Trabalho, ou nas demais atividades, para conseguir o comum acordo.

Ensina o ministro aposentado do TST, Arnaldo Süssekind, que restará à categoria profissional tão somente o apelo à greve:

> a) nos serviços ou atividades essenciais, para que o Ministério Público do Trabalho possa ajuizar o dissídio coletivo[24];
>
> b) nos demais serviços ou atividades, para forçar a entidade patronal ou, se for o caso, a correspondente empresa, a concordar com o ajuizamento do dissídio coletivo[25].

Desnecessário qualquer esforço psicológico para se concluir que tal pensamento não pode prosperar.

---

(22) COSTA, Paulo Roberto Sifuentes. DJMG 10.6.2005, p. 2.
(23) SILVA, Wilma Nogueira de Araújo Vaz da. Sobre a exigência de comum acordo como condição da ação de dissídios coletivos. *Revista LTr*, São Paulo, V. 69, p. 1033, set. 2005.
(24) SÜSSEKIND, Arnaldo Lopes. Do ajuizamento dos dissídios coletivos. *Revista LTr*, São Paulo, V. 69, p. 1031, set. 2005.
(25) *Idem*.

Como ensina Carlos Maximiliano, "o Direito deve ser interpretado de forma inteligente, não podendo a exegese conduzir a um absurdo, nem chegar a conclusão impossível"[26].

CONCLUSÃO

Diante do todo o estudo e demonstrado, o melhor entendimento é aquele esposado pela corrente doutrinária liderada por Arnaldo Süssekind e Wilma Nogueira de Araújo Vaz da Silva, no sentido de não considerar a expressão comum acordo como pressuposto processual e muito menos como condição da ação para ajuizamento do dissídio coletivo de natureza econômica.

O comum acordo previsto no § 2º, do art. 114, da CR/1988, deve ser interpretado de acordo com as demais normas da Constituição da República de 1988, não podendo servir de obstáculo ao acesso ao Poder Judiciário previsto no art. 5º, XXXV, da CR/1988, sendo inclusive uma cláusula pétrea.

O respeito e cumprimento da cláusula pétrea supramencionada efetiva um outro direito que também é uma garantia fundamental prevista no art. 8º, III, da CR/1988, que garante ao sindicato o direito de defender a categoria que representa perante o Judiciário.

É o que sustenta Arnaldo Süssekind:

> Em face do exposto, cabe concluir que o art. 5º XXXV, da Constituição, como cláusula pétrea, assegura o direito da entidade sindical, uma vez que malograda a negociação coletiva, de ajuizar o dissídio coletivo, ainda que sem a concordância da entidade patronal — garantia que se harmoniza com o prescrito no art. 8º, III, do ordenamento constitucional[27].

Importante destacar que, na hipótese de interpretação contrária, chegar-se-ia ao absurdo de pensar que, malogradas as negociações coletivas, a categoria profissional deveria entrar em greve para conseguir um dissídio coletivo com ajuizamento pelo Ministério Público do Trabalho — no caso de atividades essenciais — ou então para ter a anuência da categoria econômica.

Nesse sentido, leciona Wilma Nogueira de Araújo Vaz da Silva:

> Dessa forma, sem embargo da disposição em contrário estipulada no inciso XXXV, do art. 5º, da Constituição Federal, a novação instigaria à solução dos conflitos trabalhistas mediante a greve, como instrumento de pressão cuja deflagração a lei não sujeita à anuência do poder econômico[28].

---

(26) MAXIMILIANO, Carlos. *Hermenêutica e aplicação do dissídio*. 3. ed. Rio de Janeiro: Freitas Bastos, 1941. p. 437.
(27) SÜSSEKIND, Arnaldo Lopes. *Op. cit.*, p. 1.032.
(28) SILVA, Wilma Nogueira de Araújo Vaz da. *Op. cit.*, p. 1.037.

Conclui-se, então, que a expressão comum acordo deve ser interpretada como o acordo tácito ou implícito no sentido de que a negociação coletiva não vai para a frente, ou seja, ficou estanque.

Cabe ainda destacar os ensinamentos passados pelo ministro do TST José Luciano de Castilho Pereira:

> O que afirmo, na linha de tudo que disse até agora, é que a solução judicial do conflito coletivo de trabalho está na linha de toda nossa herança cultural, que não reservou espaço à solução extrajudicial de qualquer litígio[29].

Em suma, já faz parte da cultura brasileira optar pela solução judicial de qualquer conflito, seja ele trabalhista ou não.

Por fim, cabe destacar o papel importante dos dissídios coletivos na conquista de alguns direitos trabalhistas, que, antes de previstos pelo ordenamento jurídico brasileiro, foram concedidos aos trabalhadores por via da sentença normativa.

Foi o que ocorreu com a estabilidade provisória da gestante, elevação do adicional de horas extras e a estabilidade do acidentado[30].

Comprovado está que o dissídio coletivo, além de servir como um instrumento democrático de acesso efetivo à justiça, serve também para a evolução do Direito do Trabalho, criando direitos trabalhistas que passam a ser incorporados pelo ordenamento jurídico brasileiro, protegendo os direitos já conquistados por meio de muitas lutas.

REFERÊNCIAS BIBLIOGRÁFICAS

ARISTOTÉLES. *Éthique à Nicomaque*. Tradução de Tricot, v. 2 e v. 9. *apud* COMTE-SPONVILLE, André. *Pequeno tratado das grandes virtudes*. Tradução de Eduardo Brandão. São Paulo: Martins Fontes, 1995.

CAPPELLETTI, Mauro. *Acesso à justiça*. Tradução de Ellen Gracie Northfleet. Porto Alegre: Fabris, 1988.

COUTURE, Eduardo, *apud* SÜSSEKIND, Arnaldo. Um pouco de história do direito brasileiro do trabalho. *Revista LTr*, São Paulo, v. 73, n. 6, jun. 2009.

DELGADO, Mauricio Godinho. *Direito coletivo do trabalho*. 3. ed. São Paulo: LTr, 2008.

FILHO, Ives Gandra Martins. *Processo coletivo do trabalho*. 4. ed. São Paulo: LTr, 2009.

---

(29) PEREIRA, José Luciano de Castilho. O dissídio coletivo e a experiência brasileira. In: FREDIANI, Yone; ZAINAGHI, Domingos Sávio (orgs.). *Relações de direito coletivo Brasil-Itália*. p. 263.
(30) *Ibidem,* p. 265.

MAIOR, Jorge Luiz Souto; CORREIA, Marcus Orione Gonçalves (orgs.). *Curso de direito do trabalho.* Volume 3: direito coletivo do trabalho. São Paulo: LTr, 2008.

MAIOR, Jorge Luiz Souto. Ensinamentos passados durante as aulas do curso de extensão da Faculdade de Direito Sul de Minas em 23.10.2009.

MAXIMILIANO, Carlos. *Hermenêutica e aplicação do dissídio.* 3. ed. Rio de Janeiro: Freitas Bastos, 1941.

PLATÃO. *Republique,* IV, *apud* COMTE-SPONVILLE, André. *Pequeno tratado das grandes virtudes.* Tradução de Eduardo Brandão. São Paulo: Martins Fontes, 1995.

PEREIRA, José Luciano de Castilho. O dissídio coletivo e a experiência brasileira. In: FREDIANI, Yone; ZAINAGHI, Domingos Sávio (orgs.). *Relações de direito coletivo Brasil-Itália.* São Paulo: LTr, 2004.

SILVA, Wilma Nogueira de Araújo Vaz da. Sobre a exigência de comum acordo como condição da ação de dissídios coletivos. *Revista LTr,* São Paulo, v. 69, n. 9 set. 2005.

SÜSSEKIND, Arnaldo Lopes. Do ajuizamento dos dissídios coletivos. *Revista LTr,* São Paulo, v. 69, n. 9, set. 2005.

O *JUS POSTULANDI* NA JUSTIÇA DO TRABALHO — ESTUDO CRÍTICO

Augusto Grieco Sant´Anna Meirinho [*]

INTRODUÇÃO

A Constituição da República Federativa do Brasil de 1988 elege o indivíduo como centro da titularidade de direitos. O vetor axiológico previsto pela Lei Maior para o nosso Estado Democrático de Direito é a dignidade da pessoa humana, a qual deve ser assegurada em todas as manifestações da sociedade. A garantia da dignidade da pessoa humana impõe uma interpretação adequada das normas jurídicas, em sua totalidade e de forma harmônica e ponderada. No âmbito da teoria do acesso à justiça, a interpretação que se deve conferir às normas processuais é a de se assegurar o acesso a uma ordem jurídica justa, e não apenas o direito de ingresso com uma demanda perante o Poder Judiciário.

O tema central do estudo será a análise do *jus postulandi* das partes conferido pela Consolidação das Leis do Trabalho confrontando-o com as normas constitucionais e legais que revelam a indispensabilidade do advogado para o acesso à atividade jurisdicional do Estado.

O enfoque conferido ao tema revela-se essencial no hodierno estágio de desenvolvimento dos Direitos Processual e Material do Trabalho em nosso País. A complexidade com que as relações de trabalho ocorrem na atual conjuntura econômica e na dinâmica da sociedade, cuja interdependência gerada pela globalização impõe novas formas de organização do trabalho, aliada a um sistema processual tendenciosamente formalista[1], implica uma análise crítica da capacidade postulatória das partes, sob pena de a mesma gerar uma aparente sensação de acesso à justiça quando, na verdade, pode afastar as partes do acesso à ordem jurídica justa.

(*) Mestre em Direito das Relações Sociais pela PUC/São Paulo. Pós-graduando em Direito do Trabalho pela Universidade de São Paulo, nível de especialização. Professor de Pós-graduação na Escola Paulista de Direito. Ex-Procurador Federal da Advocacia-Geral da União. Procurador do Trabalho.
(1) Mesmo considerando que o processo trabalhista prime pela informalidade, inclusive como princípio regente.

Ademais, a ampliação da competência da Justiça do Trabalho promovida pela Emenda Constitucional n. 45/2004 e os seus reflexos no processo trabalhista requerem do intérprete uma apreciação crítica acerca da capacidade postulatória deferida diretamente às partes pelo art. 791 da CLT.

Reputamos que o tema do presente estudo é relevante no que concerne à efetividade dos direitos fundamentais trabalhistas assegurados pela Constituição da República sob a visão da garantia a um processo justo. O debate centrar-se-á na confrontação da capacidade postulatória direta das partes estabelecida na CLT com a disposição da Constituição Federal de 1988 que explicita ser o advogado indispensável à administração da justiça sob o dúplice enfoque da jurisprudência e da doutrina.

A conclusão do trabalho é posta em termos de reconhecimento da importância do fortalecimento de mecanismos de suprimento da acessibilidade das partes à ordem jurídica justa por intermédio do aparelhamento do Estado no que tange à garantia da assistência jurídica integral, mormente pela Defensoria Pública.

A ESSENCIALIDADE DO ADVOGADO PARA A ADMINISTRAÇÃO DA JUSTIÇA

O direito de o cidadão buscar a tutela jurisdicional do Estado para a defesa de seus direitos e interesses tem a natureza de direito fundamental. Trata-se de cláusula pétrea, integrante do núcleo intangível de nossa Constituição Federal.

O simples acesso ao Poder Judiciário não satisfaz essa garantia constitucional. A dimensão que se deve conferir à expressão "acesso à justiça" é de acesso a uma ordem jurídica justa, por intermédio de um processo garantista, célere e adequado à proteção do bem jurídico tutelado pelo direito material considerado. No âmbito das relações do trabalho, essa necessidade se torna premente sobretudo diante da natureza das prestações que são discutidas na Justiça do Trabalho, às quais se confere a caracterização de verbas alimentares, via de regra. E isso é verdade já que, na maioria das vezes, a remuneração advinda do trabalho é a única fonte de manutenção do trabalhador e de sua família.

A Justiça do Trabalho deve estar aparelhada de mecanismos propícios a garantir o acesso do indivíduo a uma ordem jurídica justa. Pergunta-se: permitir que o cidadão trabalhador, sozinho, defenda os seus direitos trabalhistas por sua conta e risco, no bojo de uma relação processual, é garantir o pleno acesso à justiça? Vista essa questão de outra forma, o *jus postulandi* como estabelecido na Consolidação das Leis do Trabalho é instituto que assegura ao trabalhador o acesso à ordem jurídica justa?

Como se sabe, o art. 791 da CLT atribui às próprias partes a capacidade postulatória, desde que se trate de relação de emprego. Nos termos desse dispositivo, empregado ou empregador poderiam demandar em nome próprio perante todos os órgãos da Justiça do Trabalho sem a necessidade de se fazerem representar por advogado.

É importante destacar que a capacidade postulatória não se confunde com a capacidade processual. A capacidade processual advém da própria capacidade civil, ou seja, a de realizar os atos na vida civil por si só, sem a necessidade de representação ou de assistência. É a capacidade de ser parte em uma determinada relação jurídica processual. Nas palavras de Humberto Theodoro Júnior, a capacidade processual "consiste na aptidão de participar da relação processual, em nome próprio ou alheio"[2]. Já a capacidade postulatória é a aptidão de realizar os atos do processo regularmente, conforme se depreende do disposto no art. 36 do Código de Processo Civil no sentido de que a parte será representada em juízo por advogado legalmente habilitado. Nesses termos, a postulação aos órgãos do Poder Judiciário configura-se como uma atividade privativa da advocacia (conforme o art. 1º, inciso I, da Lei n. 8.906/1994)[3].

Com a promulgação da Constituição da República de 1988, houve vozes que afirmaram estar o art. 791 da CLT revogado, já que o art. 133 do Texto Constitucional estabelece ser a figura do advogado indispensável à administração da justiça. Esse entendimento ganhou força com a edição da Lei n. 8.906, de 4 de julho de 1994, que dispõe sobre o Estatuto da Advocacia e a Ordem dos Advogados do Brasil, sobretudo o disposto nos arts. 1º a 3º, *in verbis*:

Art. 1º São atividades privativas de advocacia:

I — a postulação a qualquer órgão do Poder Judiciário e aos juizados especiais;

(...)

Art. 2º O advogado é indispensável à administração da justiça.

§ 1º No seu ministério privado, o advogado presta serviço público e exerce função social.

§ 2º No processo judicial, o advogado contribui, na postulação de decisão favorável ao seu constituinte, ao convencimento do julgador, e seus atos constituem múnus público.

(...).

---

(2) THEODORO JÚNIOR, Humberto. *Curso de direito processual civil*. v. I. 24. ed. rev. e atual. Rio de Janeiro: Forense, 1998. p. 78.
(3) Cabe uma pequena observação acerca da capacidade postulatória. Nos termos do atual Estatuto da OAB, não basta que o Bacharel em Direito esteja inscrito nos quadros da Ordem dos Advogados do Brasil para poder atuar regularmente em juízo. A inscrição é um requisito de ordem positiva; porém, o profissional não pode estar impedido, suspenso, licenciado ou exercer atividade incompatível com a advocacia (art. 4º, da Lei n. 8.906/1994), configurando-se como um requisito de natureza negativa. Caso o advogado postule em juízo quando presente alguma dessas hipóteses do art. 4º do Estatuto da Ordem, os seus atos serão considerados nulos.

Art. 3º O exercício da atividade de advocacia no território brasileiro e a denominação de advogado são privativos dos inscritos na Ordem dos Advogados do Brasil (OAB).

Como se verifica dos dispositivos transcritos do Estatuto da Advocacia, apenas os advogados podem praticar os atos de postulação aos órgãos do Poder Judiciário. Deve-se entender por advogado o Bacharel em Direito regularmente inscrito nos quadros de advogados da OAB. Não basta que a pessoa tenha concluído o curso universitário de Direito, devendo estar inscrita na OAB para poder exercer legalmente a atividade como advogado.

Interessante observar que o art. 1º, inciso I, do Estatuto da Advocacia expressamente dispõe que é atividade privativa da advocacia a postulação a qualquer órgão do Poder Judiciário e aos juizados especiais. Aí não fez qualquer ressalva acerca da capacidade postulatória da parte, quer na Justiça do Trabalho, quer perante os juizados especiais. A norma inserida nesse dispositivo legal encontra-se, em tese, em perfeita harmonia com o art. 133 da Constituição da República vigente que ressalta que a atividade do advogado é indispensável à atividade jurisdicional do Estado, o que foi repetido no art. 2º do Estatuto da OAB.

Pois bem, importante delimitar o significado da palavra indispensável. Para tanto, socorremo-nos dos lexicólogos. Segundo o *Novo dicionário eletrônico Aurélio*[4], "indispensável" é um adjetivo de dois gêneros significando aquilo que não se pode dispensar, imprescindível. Pelo vernáculo, parece que o Constituinte Originário quis conferir caráter de imprescindibilidade à atividade do advogado, sendo a sua presença essencial ao exercício da atividade jurisdicional do Estado. Indispensável é algo que não pode ser dispensado. Se o advogado é indispensável para a administração da justiça, a sua presença torna-se obrigatória. Tanto isso é verdade que se utilizou o pronome *qualquer* para designar a essencialidade do advogado perante todos os órgãos do Poder Judiciário. Portanto, sem exceção. Esse entendimento é bem explicado por Paulo Luiz Netto Lobo:

> Não há e não pode haver qualquer exceção, dado o amplo alcance do art. 133 da Constituição. A norma do art. 1º do Estatuto explicita e regulamenta o art. 133, nesta sede, pondo cobro aos entendimentos restritivos, que admitiam a postulação direta das partes a certos órgãos judiciários[5].

Ainda seguindo os ensinamentos desse jurista, é possível afirmar que o princípio da indispensabilidade do advogado não foi inserido na Constituição Federal por intermédio de manobras corporativistas visando, talvez, uma reserva de mercado profissional. Ao contrário, "sua *ratio* é de evidente ordem pública e de relevante interesse social, como instrumento de garantia de efetivação da cidadania"[6],

---

(4) FERREIRA, Aurélio Buarque de Holanda. *Novo dicionário eletrônico Aurélio*: versão 5.0, 2004.
(5) LÔBO, Paulo Luiz Netto. *Comentários ao estatuto da advocacia e da OAB*. 3. ed. rev. e atual. São Paulo: Saraiva, 2002. p. 21.
(6) *Ibidem*, p. 29.

sendo muito mais uma garantia da parte do que do profissional. Abraçando essa mesma orientação interpretativa temos Haroldo Cardella e José Antônio Cremasco que explicam que a lei e a Constituição da República atribuíram "única e exclusivamente ao advogado capacidade de representar terceiros em juízo, exercendo o *jus postulandi*."[7]

Esse também parece ser o entendimento de Eduardo C. B. Bittar, ao explicar que o advogado exerce um *munus* público de conferir à sociedade acesso aos seus direitos. Diz o autor:

> (...) se a defesa técnica é imprescindível para a participação no processo, o *ius postulandi*, como pressuposto processual subjetivo relativo à parte, toca muito próximo o problema do próprio acesso à justiça. Nesse entendimento, a atividade do advogado se constitui num bastião para o aperfeiçoamento da própria cidadania nacional, da forma como se inscreve no plano constitucional. Na mesma linha do art. 133, a função do advogado é definida como "indispensável à administração da justiça" pelo Estatuto da Ordem dos Advogados (...)[8].

José Afonso da Silva ensina que o princípio da indispensabilidade do advogado na atual Constituição é rígido, "parecendo (...) não mais se admitir postulação judicial por leigos, mesmo em causa própria, salvo falta de advogado que o faça"[9].

Embora essa interpretação pareça a mais adequada do ponto de vista do ordenamento jurídico positivado, pelo menos diante dos dispositivos legais analisados, prevaleceu na jurisprudência entendimento diverso, no sentido de que poderiam existir esferas judiciais nas quais a presença do advogado não seria imprescindível. Entre elas, certamente, se encontram os órgãos da Justiça do Trabalho, diante do disposto no art. 791 da CLT que prescreve que os empregados e os empregadores poderão reclamar pessoalmente perante essa Justiça especializada e acompanhar as suas reclamações até o final.

Confrontando o art. 791 da CLT com a norma constitucional prescrita no art. 133, percebe-se a existência de uma aparente colidência. Aplicando as técnicas de hermenêutica mais comezinhas, a solução seria dar prevalência ao texto constitucional afastando a incidência normativa do dispositivo da CLT, o qual não teria sido recepcionado pela nova ordem jurídica inaugurada em 1988. Não recepcionado pelo art. 133 da Constituição significa que teria sido revogado e, portanto, não mais haveria o *jus postulandi* dos empregados e empregadores.

---

(7) CARDELLA, Haroldo; CREMASCO, José Antônio. *Manual de ética profissional do advogado*. Campinas: Millennium, 2005. p. 7.
(8) BITTAR, Eduardo C. B. *Curso de ética jurídica*: ética geral e profissional. 3. ed. rev. São Paulo: Saraiva, 2005. p. 464.
(9) SILVA, José Afonso da. *Curso de direito constitucional positivo*. 19. ed. rev. e atual. São Paulo: Malheiros, 2001. p. 584.

Em sentido contrário à interpretação quanto à indispensabilidade do advogado, Guilherme Bollorini Pereira, em estudo especificamente voltado aos Juizados Especiais Federais, sustenta que impedir que a parte proponha uma ação sem advogado "não resguarda adequadamente a norma do art. 133 da Constituição da República que, embora afirmando que o advogado é 'essencial à administração da Justiça', deve ser interpretado, em termos de juizados especiais, juntamente com o dispositivo do art. 98 da Carta Magna"[10].

Desta feita, caso a construção argumentativa do autor seja válida, do ponto de vista de sua interpretação sistemática, reconhecendo-se a possibilidade de a própria parte demandar sem advogado no âmbito dos juizados especiais (estaduais ou federais), por via de consequência, seria plenamente possível sustentar a permanência do *jus postulandi* na Justiça do Trabalho.

Pois bem, para isso se faz necessário verificar o que dispõe o art. 98 da Constituição Federal, o qual é transcrito na íntegra (com as alterações procedidas pela EC n. 45/2004):

> Art. 98. A União, no Distrito Federal e nos Territórios, e os Estados criarão:
>
> I — juizados especiais, providos por juízes togados, ou togados e leigos, competentes para a conciliação, o julgamento e a execução de causas cíveis de menor complexidade e infrações penais de menor potencial ofensivo, mediante os procedimentos oral e sumariíssimo, permitidos, nas hipóteses previstas em lei, a transação e o julgamento de recursos por turmas de juízes de primeiro grau;
>
> II — (...)[11].
>
> § 1º Lei federal disporá sobre a criação de juizados especiais no âmbito da Justiça Federal.
>
> § 2º As custas e emolumentos serão destinados exclusivamente ao custeio dos serviços afetos às atividades específicas da Justiça.

Note-se que não há qualquer referência à dispensabilidade do advogado no âmbito dos Juizados Especiais Federais ou Estaduais. Com a devida licença, se o autor citado, ao fazer alusão ao art. 98 da CRFB/1988, pensava na hipótese de disposição infraconstitucional acerca da capacidade postulatória direta das partes, voltamos ao argumento pretérito no sentido de que a lei não pode colidir com a norma constitucional sob pena de ser taxada do vício de inconstitucionalidade. Destarte, há que prevalecer a norma cogente do art. 133 do Texto Maior.

No âmbito da jurisdição trabalhista, há que se trazer à discussão os argumentos utilizados por Ives Gandra da Silva Martins Filho. Diz o Ministro do TST que a CRFB/1988, ao dispor em seu art. 133 que o advogado é indispensável à

---

(10) PEREIRA, Guilherme Bollorini. *Juizados especiais federais cíveis*: questões de processo e de procedimento no contexto do acesso à justiça. Rio de Janeiro: Lumen Juris, 2004. p. 75.
(11) O inciso II, do art. 98 da CRFB/1988 trata da Justiça de Paz.

Administração da Justiça, não revogou o art. 791 da CLT, o qual permite ao empregado postular em juízo pessoalmente, revelando os seguintes argumentos para o seu entendimento:

> — o dispositivo da Constituição é genérico; logo, não revoga o da CLT, que é específico (LICC, art. 2º, § 2º);
>
> — pode-se interpretar a restrição final do dispositivo constitucional ("nos limites da lei") como admitindo a dispensabilidade do advogado no processo trabalhista, já que a lei assim dispõe;
>
> — o antigo Estatuto do Advogado (Lei n. 4.215/63) já previa, em seu art. 68, a indispensabilidade do advogado nos processos judiciais, limitando-se o art. 133 da Constituição a repetir norma já existente e que não se contrapunha às exceções legais (o novo Estatuto, a Lei n. 8.906/94, também não revogou expressamente o dispositivo consolidado);
>
> — constitui benefício para o empregado poder iniciar o processo sem necessidade de recorrer a advogado (por meio de reclamatória verbal), conforme reconhecido no Direito Comparado, não se admitindo regresso nesse campo;
>
> — também no *habeas corpus* e no juizado de pequenas causas haveria a obrigação[12] de representação por advogado, perdendo eficácia tais meios se o advogado fosse indispensável.[13]

Com a devida vênia do Exmo. Ministro, cremos que há uma inversão dos elementos de análise. A Constituição da República deve ser o parâmetro irradiador da máxima força vinculante interpretativa, mesmo que suas disposições aparentemente sejam de natureza genérica em relação às normas legais. A força normativa da Constituição deve condicionar a interpretação das normas infraconstitucionais, razão pela qual a simples inclusão da palavra "indispensável" no art. 133 faz cair o argumento da existência pretérita da indispensabilidade do advogado no antigo Estatuto da Advocacia. Melhor explicando: de fato, na ordem constitucional anterior, quando não havia disposição constitucional estabelecendo a indispensabilidade do advogado na administração da justiça, o Estatuto da Advocacia não apresentava força normativa suficiente para derrogar a CLT que previa a possibilidade de empregados e empregadores demandarem diretamente na Justiça do Trabalho sem a presença de advogado. Contudo, o quadro normativo muda quando a indispensabilidade passa a ter assento constitucional, revelando a opção clara do Constituinte originário em dar maior relevância à presença do advogado na administração da justiça.

Com relação ao argumento de que a norma constitucional, em sua parte final, traria uma possibilidade da lei infraconstitucional regular hipóteses em que

---

(12) Entendemos que faltou a palavra "não" para que o texto revelasse com precisão a exposição do entendimento do autor.
(13) MARTINS FILHO, Ives Gandra da Silva. *Manual esquemático de direito e processo do trabalho.* 11. ed. rev., atual. e ampl. São Paulo: Saraiva, 2004. p. 160-161.

o advogado não seria necessário para a postulação perante certos órgãos jurisdicionais, esse ficou prejudicado quando o STF negou seguimento ao Mandado de Injunção n. 295-9/DF, impetrado pela Federação Nacional dos Advogados, para discutir justamente esse ponto do art. 133 da CRFB/1988, sendo que o Supremo ressaltou que "a referência contida no art. 133 aos limites da lei diz respeito à inviolabilidade no exercício profissional e não à regra peremptória segundo a qual o advogado é indispensável à administração da Justiça".[14]

Por derradeiro, o argumento mais difícil de rebater parece ser o que se refere ao *habeas corpus*. De fato, para a impetração desse remédio constitucional não há necessidade de o interessado estar representado por advogado. Contudo, a excepcionalidade da desnecessidade de advogado repousa muito mais na natureza do direito fundamental protegido pelo instituto do que por outras razões de ordem técnica, já que trata de risco à liberdade individual. Diz Eugênio Pacelli de Oliveira que, "por se tratar de questão das mais relevantes no âmbito do processo penal, porque em risco a liberdade individual, o procedimento de *habeas corpus* deve ser necessariamente célere e simplificado"[15], tornando-se incompatível, ante a urgência, a constituição regular de advogado para a sua impetração.

Apesar da clareza dos dispositivos constitucional e legais citados pelos autores referidos acima e que defendem a tese da indispensabilidade do advogado nas demandas judiciais, o Supremo Tribunal Federal, por intermédio de liminar concedida na ADIn n. 1.127-8, ajuizada pela Associação dos Magistrados Brasileiros (AMB), interpretou restritivamente o art. 1º, inciso I, e o art. 2º, ambos da Lei n. 8.906/1994, declarando a inconstitucionalidade parcial do dispositivo, com redução de texto, excluindo a palavra "qualquer" do inciso I do art. 1º do Estatuto da OAB. Com relação à referência aos juizados especiais, a Corte Suprema declarou prejudicado o pedido deduzido na ADIn diante da edição da Lei n. 9.099/1995[16] que dispensou a presença de advogados nas causas até vinte salários mínimos, reconhecendo a revogação parcial do art. 1º, inciso I, do Estatuto da OAB.

Com esse posicionamento do Pretório Excelso, ficou reconhecido o direito de a parte postular diretamente, sem a presença de advogado constituído, no âmbito dos juizados especiais e da Justiça do Trabalho.

Há quem sustente que a decisão proferida pelo STF, em sede de apreciação liminar, se deu muito mais por caráter político do que por interpretação estritamente técnica. Possivelmente imbuído pelo movimento de acesso à justiça

---

(14) NASCIMENTO, Amauri Mascaro. *Iniciação ao processo do trabalho*. 3. ed. rev. e atual. São Paulo: Saraiva, 2008. p. 208.
(15) OLIVEIRA, Eugênio Pacelli de. *Curso de processo penal*. 8. ed. Rio de Janeiro: Lumen Juris, 2007. p. 749.
(16) A Lei n. 9.099/1995 trata dos Juizados Especiais Cíveis e Criminais no âmbito da Justiça Estadual.

propalado na década de 90 do século passado, sob a perspectiva de que os Juizados Especiais fossem a saída para o "destravamento" da atividade jurisdicional brasileira, assoberbada de demandas. Contudo, a prática demonstrou que os juizados especiais não conseguiram o desiderato de desafogar o Poder Judiciário, estando esses próprios órgãos assoberbados de demandas, seja no âmbito estadual ou federal.

Do ponto de vista da jurisprudência, o posicionamento é firme no sentido de se reconhecer o *jus postulandi* aos empregados e empregadores na Justiça do Trabalho. Essa questão está fechada nos tribunais, pelo menos por enquanto, já que a nossa jurisprudência é relativamente volátil.

O Tribunal Superior do Trabalho firmou entendimento de que o *jus postulandi* das partes (empregados e empregadores) permanece mesmo após a promulgação da Constituição da República de 1988. Para a maior Corte Trabalhista, o art. 133 da Constituição Federal encerra, apenas, princípio acerca da natureza do trabalho do advogado, destacando em diversos pronunciamentos que a Lei n. 8.906, de 1994, que trata do Estatuto da Advocacia, não fez incidir o instituto da sucumbência no âmbito trabalhista. Baseia essa posição pacificada no entendimento preliminar do STF colhido na ADIn n. 1.127/DF, ao proclamar que a expressão Juizados Especiais, inscrita no art. 1º, I, da lei em exegese, não abrange a Justiça do Trabalho, remanescendo, nessa esfera, o *jus postulandi*. Ainda lastreia tal entendimento no fato de que o processo do trabalho prima pela simplicidade em seus procedimentos, o que em grande parte se apresenta evidenciado em sua oralidade e no próprio *jus postulandi*.

Embora o TST não possua nenhuma súmula tratando especificamente da capacidade postulatória da parte, há dois verbetes que tratam dos honorários advocatícios, ligados de forma inexorável ao *jus postulandi*. São as Súmulas ns. 329 e 219, as quais são transcritas a seguir:

Súmula n. 329 do TST

HONORÁRIOS ADVOCATÍCIOS. ART. 133 DA CF/1988 (mantida) — Res. 121/2003, DJ 19, 20 e 21.11.2003

Mesmo após a promulgação da CF/1988, permanece válido o entendimento consubstanciado na Súmula n. 219 do Tribunal Superior do Trabalho.

Súmula n. 219 do TST

HONORÁRIOS ADVOCATÍCIOS. HIPÓTESE DE CABIMENTO (incorporada a Orientação Jurisprudencial n. 27 da SBDI-2) — Res. 137/2005, DJ 22, 23 e 24.8.2005

I — Na Justiça do Trabalho, a condenação ao pagamento de honorários advocatícios, nunca superiores a 15% (quinze por cento), não decorre pura e simplesmente da sucumbência, devendo a parte estar assistida por sindicato da categoria profissional e comprovar a percepção de salário inferior ao dobro do salário mínimo ou encontrar-se em situação econômica que não lhe permita demandar sem prejuízo do próprio sustento ou da respectiva família. (ex-Súmula n. 219 — Res. 14/1985, DJ 26.9.1985)

II — É incabível a condenação ao pagamento de honorários advocatícios em ação rescisória no processo trabalhista, salvo se preenchidos os requisitos da Lei n. 5.584/ 1970. (ex-OJ n. 27 da SBDI-2 — inserida em 20.9.2000)

Da redação dessas súmulas, pode-se concluir que as partes permanecem com a faculdade de se fazerem representar por advogados, conservando, portanto, o *jus postulandi*.

Seguindo a jurisprudência remansosa das cortes trabalhistas, os Juízes do Trabalho reunidos em Brasília para a 1ª Jornada de Direito Material e Processual do Trabalho, realizada em novembro de 2007, escreveram um enunciado (de n. 67) que deu uma amplitude maior ao *jus postulandi* das partes de forma a abarcar também as relações de trabalho e não somente as relações de emprego, *in verbis*:

> *JUS POSTULANDI*. ART. 791 DA CLT. RELAÇÃO DE TRABALHO. POSSIBILIDADE. A faculdade de as partes reclamarem, pessoalmente, seus direitos perante a Justiça do Trabalho e de acompanharem suas reclamações até o final, contida no art. 791 da CLT, deve ser aplicada às lides decorrentes da relação de trabalho.

Cabe destacar, ainda, que a capacidade postulatória das partes, mesmo na Justiça do Trabalho, não pode ser considerada plena e irrestrita, já que há entendimento jurisprudencial no sentido de que a mesma somente pode ser exercida nas vias ordinárias. Desta forma, caso a parte pretenda interpor um recurso de revista, considerado um recurso de natureza extraordinária[17], deverá fazê-lo por intermédio de advogado constituído, sobretudo pelos requisitos de admissibilidade impostos pelo TST mediante a Instrução Normativa n. 23 (aprovada pela Resolução n. 118/2003).

Como bem destaca Mauro Schiavi, trata-se de um recurso técnico, "com pressupostos rígidos de conhecimento e, portanto, não se destina a apreciar fatos e provas e tampouco (a) avaliar a justiça da decisão, pois tem por objeto resguardar a aplicação e vigência da legislação de competência da Justiça do Trabalhista"[18]. A análise dos dispositivos relacionados ao recurso de revista, mormente a IN n. 23 do TST, revela que a parte desacompanhada de advogado não logrará êxito em ter seu recurso admitido na Corte Superior, demonstrando, desta forma, que o *jus postulandi* na Justiça do Trabalho não é absoluto.

A contradição entre o direito posto e a interpretação jurisprudencial é bem captada por Tostes Malta: "Prevaleceu no STF (ADIn 1.127-8-DF) e no TST o enten-

---

(17) "Podemos conceituar o Recurso de Revista, como sendo um recurso de natureza extraordinária, cabível em face de acórdãos proferidos pelos Tribunais Regionais do Trabalho em dissídios individuais, tendo por objetivo uniformizar a interpretação das legislações estadual, federal e constitucional (tanto de direito material como processual) no âmbito da competência da Justiça do Trabalho, bem como resguardar a aplicabilidade de tais instrumentos normativos." (SCHIAVI, Mauro. *Manual de direito processual do trabalho*. São Paulo: LTr, 2008. p. 637).
(18) *Ibidem*, p. 638.

dimento de que as partes conservam o *jus postulandi* no processo trabalhista, muito embora determinem o contrário a CF, art. 133, e a Lei n. 8.906/94 (Estatuto da Advocacia e Regulamento da OAB, art. 1º, I)."[19]

Em sessão ocorrida em 13 de outubro de 2009, o Tribunal Superior do Trabalho, em sua composição plenária, enfrentou a questão da possibilidade de aceitar a atuação direta das partes em processo em tramitação no TST sem a necessidade da presença de advogado. A decisão se deu por maioria de votos, mais precisamente 17 a 7, tendo o Pleno do TST negado a prática do *jus postulandi* em matérias que se encontram tramitando na Corte Superior Trabalhista[20].

Amauri Mascaro Nascimento revela a existência de uma cisão doutrinária acerca da permanência do *jus postulandi* na Justiça do Trabalho após a promulgação da Constituição de 1988:

> A CLT (art. 791) permitiu aos empregados e empregadores reclamar pessoalmente e acompanhar as suas reclamações até o final. A Constituição Federal de 1988 (art. 133) declarou que é obrigatória a presença do advogado nos processos judiciais, o que trouxe a discussão sobre o *jus postulandi*. Foi revogado o art. 791 da CLT pelo art. 133 da Constituição? Para alguns juristas a resposta é afirmativa, sendo o art. 133 da Lei Magna autoaplicável (...). Para outros, a participação obrigatória do advogado nos processos trabalhistas não é regra absoluta, porque o art. 133 da Constituição o condiciona aos limites da lei; esta, no caso, é exatamente a Consolidação das Leis do Trabalho.[21]

Para Eduardo Gabriel Saad, o *jus postulandi* pelas partes perante os órgãos da Justiça do Trabalho foi abolido com a Constituição de 1988. Seus argumentos são portentosos e valem a pena ser visitados. Em primeiro lugar, o autor sustenta que a força normativa da Constituição, ao reconhecer constitucionalmente ser o advogado imprescindível à administração da justiça, faz com que nenhuma lei ordinária possa estabelecer que ele seja dispensável, incluindo a CLT. Seu segundo argumento, embora um tanto velado, repousa na imparcialidade do Juiz que, ante a falta de advogado para defender os interesses da parte mais fragilizada economicamente, teria que "resistir à tendência de defender o economicamente mais fraco, para continuar fiel ao compromisso de dar a proteção jurisdicional com imparcialidade."[22] Outrossim, entendeu o autor que, com a edição da Lei

---

(19) MALTA, Christovão Piragibe Tostes. *Prática do processo trabalhista*. 35. ed. São Paulo: LTr, 2008. p. 199.
(20) O TST deixou consignado que o *jus postulandi* se restringe às instâncias anteriores, ou seja, Varas do Trabalho e Tribunais Regionais do Trabalho, ao fundamento de que no processo perante o TST não mais se discutem aspectos relacionados com os fatos e provas da ação, mas sim questões técnicas e jurídicas do processo, justificando a presença necessária do advogado.
(21) NASCIMENTO, Amauri Mascaro. *Op. cit.*, p. 207-208.
(22) SAAD, Eduardo Gabriel. *Direito processual do trabalho*. São Paulo: LTr, 1998. p. 172.

n. 8.906/1994, tendo essa afirmado, de forma imperativa, ser a atividade privativa da advocacia a postulação a qualquer órgão do Poder Judiciário e aos juizados especiais e, sendo a Justiça do Trabalho parte do Poder Judiciário, teria sido alcançada pelo Estatuto da OAB[23].

> De nenhuma valia o argumento de que o Estatuto da OAB é uma lei geral enquanto que a CLT é uma lei especial. É pretender dar à Lei de Introdução ao Código Civil um significado que ela, em verdade, não tem. A lei antiga, geral ou especial, é preservada quando as suas disposições não colidem com as da lei nova no caso vertente tanto o art. 791 da CLT como o art. 4º da Lei n. 5.584 não se colidem com o novo Estatuto da OAB.[24]

Reconhecendo o *jus postulandi* na Justiça do Trabalho, Renato Saraiva atribui a esse instituto a natureza de princípio do direito processual do trabalho: "o princípio do *jus postulandi* da parte está consubstanciado no art. 791 da CLT, o qual estabelece que os empregados e os empregadores poderão reclamar pessoalmente perante a Justiça do Trabalho e acompanhar as suas reclamações até o final."[25]

Wagner Giglio e Claudia Giglio Veltri Corrêa reconhecem a celeuma sobre a questão, optando por entenderem que o *jus postulandi* das partes ainda persiste. Entretanto, vão mais além, entendendo que, após a edição da Emenda Constitucional n. 45/2004, que ampliou sobremaneira a competência da Justiça do Trabalho, o *jus postulandi* teria sido estendido ao trabalhador não subordinado, portanto, não empregado, ampliando o alcance do disposto no art. 791 da CLT que se refere ao empregado. Assim se manifestaram os autores:

> Parece-nos que esse direito sobrevive para os não subordinados, por várias razões: concedê-lo apenas aos empregados seria dar excessivo valor à interpretação literal da norma, pois não há dúvida que o propósito do preceito foi de favorecer ao trabalhador o acesso à Justiça, e seria esdrúxulo que somente o empregador mantivesse o *jus postulandi*, como decorreria daquela interpretação literal do art. 791. Acresce que em muitas ações discute-se exatamente a existência da relação de emprego, e não seria viável prejulgá-las exigindo a intermediação de advogado.[26]

Carlos Henrique Bezerra Leite também aborda a questão do *jus postulandi*, referindo-se ao posicionamento prevalente na Justiça do Trabalho e à discussão

---

(23) *Ibidem*, p. 172-173.
(24) *Ibidem*, p. 173.
(25) SARAIVA, Renato. *Curso de direito processual do trabalho*. 4. ed. rev. e atual. São Paulo: Método, 2007. p. 39.
(26) GIGLIO, Wagner D.; CORRÊA, Claudia Giglio Veltri. *Direito processual do trabalho*. 16. ed. rev., ampl. e adap. São Paulo: Saraiva, 2007. p. 123.

gerada pela promulgação da Constituição de 1988 e da Lei n. 8.906/1994. Conceitua o *jus postulandi*, no processo do trabalho, como sendo a "capacidade conferida por lei às partes, como sujeitos da relação de emprego, para postular diretamente em juízo, sem necessidade de serem representadas por advogado"[27]. O autor ainda faz menção à promulgação da EC n. 45/2004 que imporá nova interpretação a ser feita do art. 791 da CLT, já que a Justiça do Trabalho passou a ser competente para processar e julgar outras ações oriundas da relação de trabalho além da relação de emprego.

> Vale dizer, se os sujeitos da lide não forem empregado ou empregador não poderão, em linha de princípio, exercer o *jus postulandi*. Logo, para as ações trabalhistas não oriundas da relação de emprego a representação das partes por advogado passará a ser obrigatória.[28]

Já a pena de Francisco Antonio de Oliveira é mais incisiva em seu entendimento sobre o *jus postulandi* das partes no processo trabalhista. Para esse autor, a capacidade da parte seria uma reminiscência da fase administrativa da Justiça do Trabalho em dissonância com o moderno processo.

> A capacidade postulatória das partes na Justiça do Trabalho é ranço pernicioso originário da fase administrativa e que ainda hoje persiste em total discrepância com a realidade atual. O Direito do Trabalho constitui hoje, seguramente, um dos mais, senão o mais dinâmico ramo do direito e a presença do advogado especializado já se faz necessária. Exigir-se de leigos que penetrem nos meandros do processo, que peticionem, que narrem fatos sem transformar a lide em desabafo pessoal, que cumpram prazos, que recorram corretamente, são exigências que não mais se afinam com a complexidade processual, onde o próprio especialista, por vezes, tem dúvidas quanto à medida cabível em determinados momentos.[29]

Os argumentos desse autor são corroborados pela prática forense em que a maior parte das demandas trabalhistas é patrocinada por advogados regularmente constituídos. Hodiernamente, o exercício do *jus postulandi* é exceção na Justiça do Trabalho, revelando ser um instituto em dissonância com a realidade. A sua permanência reconhecida pela jurisprudência e pela doutrina talvez se lastreie no argumento da acessibilidade do hipossuficiente à justiça, como se fosse uma válvula de escape à ineficiente assistência jurídica integral ofertada pelo Estado.

Por fim, vale visitar o entendimento de Mauro Schiavi sobre o assunto. Para esse Magistrado, não se justificaria mais a existência do *jus postulandi* na Justiça

---

(27) LEITE, Carlos Henrique Bezerra. *Curso de direito processual do trabalho*. 6. ed. São Paulo: LTr, 2008. p. 374.
(28) *Ibidem*, p. 376.
(29) OLIVEIRA, Francisco Antonio de. *Comentários à Consolidação das Leis do Trabalho*. 3. ed. São Paulo: Revista dos Tribunais, 2005. p. 667.

do Trabalho quer diante da EC n. 45/2004 que ampliou a sua competência albergando causas relacionadas a outras relações de trabalho diversas da relação de emprego quer pela própria complexidade com que se apresenta a relação de emprego nos dias de hoje.

> (...) pensamos que o empregado assistido por advogado tem maiores possibilidades de êxito no processo, assegurando o cumprimento do princípio constitucional do acesso real à Justiça do Trabalho, e também a uma ordem jurídica justa. (...) De outro lado, diante da complexidade das matérias que envolvem os cotidianos do Direito do Trabalho e da Justiça do Trabalho, a não assistência por advogado ao invés de facilitar acaba dificultando o acesso, tanto do trabalhador como do tomador de serviços, à Justiça.[30]

Amauri Mascaro Nascimento também entende que a presença do advogado facilita a comunicação da parte com o juiz, "uma vez que sua capacidade técnica de traduzir o litígio em padrões técnicos promove a adequada composição da lide e, consequentemente, a melhor solução segundo o ordenamento jurídico"[31].

2. O *JUS POSTULANDI* NA JUSTIÇA DO TRABALHO E A QUESTÃO DO ACESSO À JUSTIÇA

Deixando de lado a questão da interpretação do direito positivo e da recepção do art. 791 da CLT pela nova ordem constitucional, centra-se a análise no balanceamento de dois argumentos centrais na controvérsia acerca da capacidade postulatória. Aqueles juristas que defendem o *jus postulandi* das partes no processo trabalhista fundamentam a sua existência como uma forma de viabilizar o acesso à justiça pelo cidadão, sobretudo por aquele que não possui condições de se fazer representar por advogado particular. Em sentido contrário, os que criticam a sua preservação argumentam que, pela complexidade atual do Direito do Trabalho, não é possível a parte postular sem advogado, havendo uma falsa impressão de acesso à justiça deferir-lhe a capacidade postulatória. De certa forma, as duas posições são defensáveis pois os argumentos são coerentes.

Sem dúvida, a falta de condições financeiras do jurisdicionado é uma barreira ao acesso ao Poder Judiciário. Quem não tem condições de se manter com dignidade não exerce seus direitos na plenitude e, muito menos, ingressa com demandas no Poder Judiciário se não o faz diretamente, sem custos, ou por intermédio das opções de assistência jurídica ofertada pelo Estado ou por outras entidades. Pensamos, entretanto, que o remédio para essa realidade deve ser buscado no próprio Estado, já que a Constituição vigente garantiu a assistência

---
(30) SCHIAVI, Mauro. *Op. cit.*, p. 235.
(31) NASCIMENTO, Amauri Mascaro. *Op. cit.*, p. 209.

jurídica integral aos hipossuficientes prestada pelo Poder Público. Esse caminho deve ser o principal meio de suprimento da falta da capacidade postulatória do jurisdicionado.

Ademais, acesso à ordem jurídica justa não tem o mesmo significado de acesso ao Poder Judiciário. Não se pode confundir o direito de pleitear em juízo (direito de ação) com a possibilidade de integrar uma relação jurídica processual em condições de equivalência potencial. De fato, a igualdade processual material não é plenamente possível, seja porque os sujeitos ocupam posições processuais diversas, têm ônus processuais distribuídos de forma diferente, possuem advogados com experiências distintas, são favorecidos ou não por determinadas prerrogativas processuais, entre outros fatores diferenciadores. Mesmo estando ambas as partes, autor e réu, patrocinados por advogados, há que se reconhecer que não existe igualdade plena, por diversos fatores. Imagine se um dos sujeitos processuais não estiver assistido por profissional habilitado! De certo haverá um desequilíbrio processual que o magistrado estará tentado a recompor, trazendo um risco grave à própria prestação jurisdicional, já que pode ameaçar a sua imparcialidade, sobretudo se a parte sem advogado for o trabalhador hipossuficiente.

A complexidade do direito material do trabalho e do próprio processo trabalhista impõe a presença de profissional habilitado para garantir o efetivo acesso à ordem jurídica justa. O *jus postulandi* pode permitir que se ingresse com uma demanda no Poder Judiciário, porém, não é suficiente para assegurar a plena satisfação do direito discutido na relação processual. Cabe destacar que a complexidade das relações de trabalho nos dias atuais, até em razão da evolução da sociedade e do fenômeno denominado de globalização, é bem diversa daquela observada na década em que foi editada a CLT. Nesse sentido, são as palavras sempre abalizadas de Amauri Mascaro Nascimento:

> Há questões jurídicas complexas cuja solução depende de formação jurídica, uma vez que envolvem conceitos técnicos que não são conhecidos pelo leigo, inclusive interpretação de matéria constitucional, bem como de problemas, quase sempre delicados, de natureza processual. O advogado é indispensável à administração da justiça, princípio cuja amplitude pode levar à exigibilidade de sua participação em todos os processos judiciais, independentemente da natureza e expressão econômica das causas.[32]

Após a exposição dos argumentos a favor e contra a permanência da capacidade postulatória das partes (empregado e empregador) na Justiça do Trabalho, cabe enfrentar uma última questão: ao defender a revogação do art. 791 da CLT pela nova ordem constitucional, afirmando a indispensabilidade do

---

(32) *Idem.*

advogado em toda e qualquer demanda, qual seria a solução para a parte que não tenha condições financeiras de contratar o profissional habilitado?

Trata-se da questão de suprimento da incapacidade postulatória. Em nosso ordenamento jurídico, há meios legalmente previstos para o suprimento dessa incapacidade de estar em juízo diretamente. E não poderia ser diferente, já que a Constituição da República de 1988 garante o pleno acesso aos órgãos do Poder Judiciário por parte de toda e qualquer pessoa, tenha ou não condições financeiras para arcar com os custos do processo. O Texto Maior não dá margem para outra interpretação, senão vejamos:

> Art. 5º Todos são iguais perante a lei, sem distinção de qualquer natureza, garantindo-se aos brasileiros e aos estrangeiros residentes no País a inviolabilidade do direito à vida, à liberdade, à igualdade, à segurança e à propriedade, nos termos seguintes:
>
> (...)
>
> LXXIV — o Estado prestará assistência jurídica integral e gratuita aos que comprovarem insuficiência de recursos;

Embora algumas Faculdades de Direito tenham organizado "escritórios-modelo" acessíveis à população mais carente, patrocinando suas causas por meio de advogados que ali prestam serviços, junto com os acadêmicos de direito, os quais aproveitam a experiência adquirindo prática jurídica, e da OAB por meio da assistência jurídica gratuita que suas seccionais ofertam à população, é o Estado que tem o dever legal de garantir o pleno acesso à justiça. Um dever que, acima de tudo, é primário e imposto por norma constitucional albergada pelo manto da intangibilidade, por ser cláusula pétrea, no nosso entendimento. Filiamo-os ao entendimento do professor aposentado da Faculdade de Direito da USP ao entender que cabe ao Estado o dever de se aparelhar para prestar uma tutela jurisdicional adequada à atual realidade da sociedade.

A instituição própria para esse desiderato é a Defensoria Pública. No âmbito da Justiça do Trabalho, entendemos que cabe à Defensoria Pública da União (DPU) a missão de patrocinar as causas dos hipossuficientes nas demandas relacionadas às relações de trabalho, em sentido amplo. A incumbência seria da DPU, tendo em vista que a Justiça do Trabalho é uma Justiça especializada organizada e mantida pela União Federal. A Lei Complementar n. 80, de 12 de janeiro de 1994, é cristalina ao prescrever à Defensoria Pública da União a atribuição de atuar perante os órgãos da Justiça do Trabalho, em todas as suas instâncias, como se verifica de seus artigos 20 a 22 (com redação dada pela Lei Complementar n. 132, de 7 de outubro de 2009):

> Art. 20. Os Defensores Públicos Federais de 2ª Categoria atuarão junto aos Juízos Federais, **aos Juízos do Trabalho**, às Juntas e aos Juízes Eleitorais, aos Juízes Militares, às Auditorias Militares, ao Tribunal Marítimo e às instâncias administrativas.
>
> Art. 21. Os Defensores Públicos Federais de 1ª Categoria atuarão nos Tribunais Regionais Federais, nas Turmas dos Juizados Especiais Federais, **nos Tribunais Regionais do Trabalho** e nos Tribunais Regionais Eleitorais.

> Art. 22. Os Defensores Públicos Federais de Categoria Especial atuarão no Superior Tribunal de Justiça, **no Tribunal Superior do Trabalho**, no Tribunal Superior Eleitoral, no Superior Tribunal Militar e na Turma Nacional de Uniformização dos Juizados Especiais Federais. (sem grifos no original)

A Emenda Constitucional n. 45/2004, realçando o papel da Defensoria Pública como instituição essencial à função jurisdicional do Estado, previu a sua autonomia funcional e administrativa, bem como a iniciativa de proposta orçamentária, conforme se depreende do art. 134, § 2º, da Constituição Federal:

> Art. 134. A Defensoria Pública é instituição essencial à função jurisdicional do Estado, incumbindo-lhe a orientação jurídica e a defesa, em todos os graus, dos necessitados, na forma do art. 5º, LXXIV.
>
> (...)
>
> § 2º Às Defensorias Públicas Estaduais são asseguradas autonomia funcional e administrativa e a iniciativa de sua proposta orçamentária dentro dos limites estabelecidos na lei de diretrizes orçamentárias e subordinação ao disposto no art. 99, § 2º. (Incluído pela Emenda Constitucional n. 45, de 2004)

Entretanto, a estrutura atual da DPU parece, ainda, ser insuficiente para se desincumbir de suas hercúleas atribuições sendo inviável, no entendimento de alguns, deferir mais essa missão a seus integrantes. Não concordamos com esse entendimento. Não há argumento jurídico ou fático que seja hábil a afastar a clareza do texto legal. O Estado não pode se furtar da incumbência que lhe foi imposta pela Constituição da República. Destarte, impõe-se ao administrador público prover os órgãos de lotação da Defensoria Pública da União nos Estados com um número adequado de Defensores Públicos Federais para fazer frente à demanda cada vez mais crescente pela tutela jurisdicional.

> O ideal está na valorização da defensoria pública, de modo a torná-la em condições de prestar assistência judiciária àqueles que dela venham a necessitar, atuando diretamente perante a Justiça do Trabalho, com equipes de plantão para desempenhar as funções atualmente cumpridas pelos funcionários da Justiça do Trabalho encarregados de dar atendimento às reclamações apresentadas diretamente pelos trabalhadores e encaminhá-las segundo o devido processo legal.[33]

Observando o caminho pelo que vem trilhando a DPU recentemente, com maior perplexidade observa-se a ausência da atuação de seus órgãos perante a Justiça do Trabalho. Justamente no seguimento do Poder Judiciário vocacionado para a defesa dos direitos sociais fundamentais com evidente fragilidade da classe trabalhadora, ausente tão importante órgão para a defesa dos direitos individuais puros dos trabalhadores. Assim, antes mesmo de querer abarcar atribuição para a defesa de direitos metaindividuais que potencialmente possam favorecer seus

---

(33) *Idem.*

eventuais assistidos[34], a Defensoria Pública deve se aparelhar para atuar em todas as instâncias jurídicas que a sua Lei Orgânica previu e lhe impôs desde o ano de 1994, sobretudo em processos individuais, onde a necessidade do cidadão se revela mais premente. Temos, inclusive, defendido que o cidadão necessitado pode e deve procurar a assistência jurídica da Defensoria Pública, não podendo a Instituição opor qualquer resistência ou escusa para a atuação institucional.

Por derradeiro, há que se lembrar que os sindicatos também podem desempenhar um papel mais relevante no patrocínio de reclamações de trabalhadores das categorias profissionais que representam com o aperfeiçoamento de departamentos jurídicos de assistência judiciária. Conforme prescrito pelo art. 8º, inciso III, da CRFB/1988, ao sindicato cabe a defesa dos direitos e interesses coletivos ou individuais da categoria, inclusive em questões judiciais ou administrativas. Portanto, espera-se das entidades sindicais uma postura proativa, de efetividade na defesa dos interesses dos trabalhadores.

Concluindo, na prática forense atual, o exercício do *jus postulandi* é exceção na Justiça do Trabalho revelando ser um instituto em dissonância com a realidade. A sua permanência reconhecida pela jurisprudência e pela doutrina talvez se lastreie no argumento da acessibilidade do hipossuficiente à justiça, como se fosse uma válvula de escape à ineficiente assistência jurídica integral ofertada pelo Estado.

CONCLUSÃO

Com este estudo, pretendeu-se abordar, de forma concisa, a questão da capacidade postulatória das partes na Justiça do Trabalho diante do permissivo legal contido na Consolidação das Leis do Trabalho que garante o acesso à justiça diretamente aos empregados e empregadores sem que necessitem da representação de advogado.

Entendemos que o acesso à justiça apresenta-se como direito fundamental prescrito na Constituição da República, identificando-o como uma cláusula pétrea. Diante de sua natureza de direito fundamental, deve-lhe ser dada uma abrangência expansionista de forma a abarcar todos os cidadãos, independente de sua condição social e econômica, por intermédio de instrumentos hábeis a viabilizar a apreciação de suas demandas perante o Poder Judiciário, diminuindo a distância dos cidadãos

---

(34) Entendemos, inclusive, que não há suporte constitucional para o deferimento de atribuição à Defensoria Pública para a defesa de todas as espécies de interesses metaindividuais da sociedade, atribuição essa que foi acometida ao Ministério Público conforme se verifica no art. 127, *caput*, do Texto Maior. Embora prevista a legitimidade da Defensoria Pública para ajuizar ação civil pública, conforme o art. 5º, II, LACP, há que se ponderar que somente deve ser admitida tal legitimidade quando envolver direitos metaindividuais de pessoas que se enquadrem no conceito de hipossuficientes, sob pena de afronta à Constituição.

menos favorecidos economicamente em relação à administração da justiça. Em outras palavras, as barreiras existentes ao pleno acesso à justiça devem ser vencidas por uma postura ativa do Estado, sobretudo pela dinâmica social tendenciosamente excludente da parcela da sociedade considerada como hipossuficiente.

Diante dessas constatações, parece essencial repensar o instituto do *jus postulandi* das partes na Justiça do Trabalho. Como visto no decorrer do estudo, o ponto controvertido centra-se na discussão, doutrinária e jurisprudencial, acerca da possível derrogação do art. 791 da CLT pela Constituição Federal de 1988, já que o Texto Maior dispôs de forma expressa, em seu art. 133, que o advogado é indispensável à administração da justiça.

Foi reconhecido que a jurisprudência majoritária posicionou-se no sentido de que a capacidade postulatória direta da parte ainda persiste na Justiça do Trabalho, posição essa reforçada pelo entendimento do Supremo Tribunal Federal, que se manifestou claramente pela manutenção do direito da parte, empregada ou empregadora, em demandar diretamente na Justiça do Trabalho sem a presença de profissional habilitado, ou seja, sem a figura do advogado.

Foi visto, também, em manifestação recente, que o Tribunal Superior do Trabalho restringiu o alcance da capacidade postulatória das partes às vias ordinárias, afastando a possibilidade de interposição de recurso de revista sem a constituição de advogado legalmente habilitado.

Diante da cizânia doutrinária e, ao que parece, do novel posicionamento do TST, reputamos viável o debate acadêmico.

Reconhecemos que a maioria dos estudiosos da matéria filia-se à manutenção do *jus postulandi* da parte, mesmo após a promulgação da Constituição Federal de 1988. Desta forma, defendem que os empregadores e empregados têm o direito de demandar na Justiça do Trabalho sem a assistência de advogado. Tal entendimento se robusteceu diante do posicionamento jurisprudencial que, mesmo antes da decisão do STF, já havia se posicionado no sentido da conservação da capacidade postulatória pelas partes no processo trabalhista.

Contudo, como foi debatido ao longo do texto, há espaço para entendimento diverso. Como visto, o direito positivo induz o reconhecimento da revogação do art. 791 da CLT pela Constituição da República vigente, o que foi reforçado pela promulgação do novel Estatuto da Advocacia. Descartou-se viés corporativista na interpretação do direito posto para centrar a análise no ponto essencial do tema, qual seja, o *jus postulandi* como instrumento hábil a assegurar o acesso à justiça trabalhista com substrato garantista. Ou seja, não apenas garantir acesso ao Poder Judiciário, mas a um processo justo em que o direito postulado não será ameaçado pela deficiência técnica do sujeito processual que dele lança mão.

Considerando a atual complexidade da sociedade, principalmente nas relações de trabalho, onde as mudanças são contínuas para adaptar as formas de prestação de serviço às necessidades de um mundo cada vez mais globalizado e interdependente, tem-se como consequência lógica um Direito do Trabalho também complexo. Desta forma, a capacidade postulatória direta das partes deve ser analisada com os olhos do jurista de hoje, e não com os do jurista da época em que a CLT foi criada, onde o mundo do trabalho era bem mais simplificado.

Não apenas o direito material revela-se complexo hodiernamente, mas também o Direito Processual do Trabalho tem-se mostrado dinâmico e, de certa forma, emaranhado nas nuanças de seus procedimentos, sobretudo pela multiplicidade de demandas e uma tendência mais formalista dos julgadores, mesmo diante dos princípios informadores do processo do trabalho.

Destarte, encarou-se o *jus postulandi* da parte sob esse duplo enfoque atual: processo de certa forma mais formalista e direito material complexo.

A conclusão a que chegamos, pela experiência adquirida na militância por vários anos nos Juizados Especiais Federais[35], onde os autores têm capacidade postulatória própria, é no sentido de considerar o *jus postulandi* como uma quimera tentadora para as partes. Tentadora porque podem demandar sem a necessidade dos custos gerados pelo patrocínio de um advogado. Entretanto, arriscada pela complexidade do direito que dificulta a postulação correta dos pedidos e a demonstração, para o magistrado, do direito ali discutido.

Por derradeiro, reputamos que o caminho a ser seguido é o de se interpretar a norma garantidora do *jus postulandi* inserida na CLT como transitoriamente caminhando para a sua exclusão do ordenamento jurídico[36] diante das disposições constitucionais relacionadas à advocacia e o dever do Estado em garantir a assistência jurídica integral. Como defendemos que, com a promulgação da

---

(35) Nos Juizados Especiais Federais, as principais demandas em face da Fazenda Pública envolvem relações de direito previdenciário que, inegavelmente, é um ramo do direito extremamente complexo e mutável no tempo, o que dificulta a postulação direta dos autores. Também reputamos que a opção legislativa de se permitir o *jus postulandi* em matéria de direito previdenciário não foi a melhor. Diante de relações jurídicas complexas, estando a Autarquia Previdenciária representada em juízo por Procuradores Federais habilitados em concurso público de dificuldade reconhecida, portanto, de alta capacidade técnica, a tendência é haver uma compensação da fragilidade processual por parte do órgão julgador, o que se revela como indesejável pela possibilidade de quebra da equidistância. Aqui também entendemos que o caminho é o reforço da Defensoria Pública da União para assistir as partes hipossuficientes.

(36) Por intermédio de uma interpretação analógica ao que o Supremo Tribunal Federal vem entendendo como inconstitucionalidade progressiva, ou seja, da técnica de declaração de constitucionalidade de norma em trânsito para a inconstitucionalidade. Assim, até que a Defensoria Pública da União seja aparelhada para conceder a devida assistência jurídica perante a Justiça do Trabalho, o *jus postulandi* das partes perduraria. A interpretação deve ser analógica pois norma anterior à promulgação da Constituição não pode ser objeto de ação direta de inconstitucionalidade. Desta forma, haveria uma recepção progressiva para a sua não recepção.

Constituição da República de 1988, a figura do advogado é essencial para a administração da justiça, o Estado deve prover a assistência jurídica integral também no âmbito da Justiça do Trabalho. A instituição própria para cumprir esse dever do Estado e assegurar esse direito fundamental da sociedade é a Defensoria Pública, não devendo (a mesma) se desviar de sua missão constitucional para abarcar atribuições que já são afetas a outras instituições.

REFERÊNCIAS BIBLIOGRÁFICAS

BITTAR, Eduardo C. B. *Curso de ética jurídica*: ética geral e profissional. 3. ed. rev. São Paulo: Saraiva, 2005.

CARDELLA, Haroldo; CREMASCO, José Antônio. *Manual de ética profissional do advogado*. Campinas: Millennium, 2005.

GIGLIO, Wagner D.; CORRÊA, Claudia Giglio Veltri. *Direito processual do trabalho*. 16. ed. rev., ampl. e adap. São Paulo: Saraiva, 2007.

LEITE, Carlos Henrique Bezerra. *Curso de direito processual do trabalho.* 6. ed. São Paulo: LTr, 2008.

LÔBO, Paulo Luiz Netto. *Comentários aos estatutos da advocacia e da OAB*. 3. ed. rev. e atual. São Paulo: Saraiva, 2002.

MALTA, Christovão Piragibe Tostes. *Prática do processo trabalhista.* 35. ed. São Paulo: LTr, 2008.

MARTINS FILHO, Ives Gandra da Silva. *Manual esquemático de direito e processo do trabalho*. 11. ed. rev., atual. e ampl. São Paulo: Saraiva, 2004.

NASCIMENTO, Amauri Mascaro. *Iniciação ao processo do trabalho*. 3. ed. rev. e atual. São Paulo: Saraiva, 2008.

OLIVEIRA, Eugênio Pacelli de. *Curso de processo penal*. 8. ed. Rio de Janeiro: Lumen Juris, 2007.

OLIVEIRA, Francisco Antonio de. *Comentários à Consolidação das Leis do Trabalho*. 3. ed. São Paulo: Revista dos Tribunais, 2005.

PEREIRA, Guilherme Bollorini. *Juizados especiais federais cíveis*: questões de processo e de procedimento no contexto do acesso à justiça. Rio de Janeiro: Lumen Juris, 2004.

SAAD, Eduardo Gabriel. *Direito processual do trabalho*. São Paulo: LTr, 1998.

SARAIVA, Renato. *Curso de direito processual do trabalho.* 4. ed. rev. e atual. São Paulo: Método, 2007.

SCHIAVI, Mauro. *Manual de direito processual do trabalho*. São Paulo: LTr, 2008.

SILVA, José Afonso. *Curso de direito constitucional positivo.* 19. ed. rev. e atual. São Paulo: Malheiros, 2001.

THEODORO JÚNIOR, Humberto. *Curso de direito processual civil*. V. I. 24. ed. rev. e atual. Rio de Janeiro: Forense, 1998.

O QUE REALMENTE MUDOU NA COMPETÊNCIA DA JUSTIÇA DO TRABALHO APÓS A EC 45/2004

Nadia Soraggi Fernandes [*]

INTRODUÇÃO

Após treze anos de debates, de idas e vindas, aprimorando-se no trâmite do processo legislativo, foi promulgada a Emenda Constitucional 45, em 2004, a qual ficou conhecida como Reforma do Judiciário, pois trazia a promessa de adequar o Poder Judiciário aos novos tempos.

Inúmeras e substanciais foram as alterações realizadas no antigo modelo judiciário e, quanto à Justiça do Trabalho, dizia-se à época, que as mudanças foram radicais. De acordo com a doutrina juslaboralista, ainda segundo aqueles que com a Reforma não estavam de acordo, uma nova Justiça do Trabalho fora estruturada, a partir da nova ordem constitucional.

Agora, passados cinco anos após a Emenda Constitucional 45, a realidade das demandas que chegam às varas trabalhistas e o resultado da postura jurisprudencial dos Tribunais diante da Reforma refletem uma realidade totalmente diferente do que se podia inferir da intenção do legislador quando da promulgação da Emenda.

Houve, certamente, algumas mudanças significativas, mas nada que se aproximasse verdadeiramente da possibilidade de se ter uma única jurisdição capaz de reunir as lides referentes ao trabalho humano, longe inclusive de, ao menos, ter-se uma jurisdição que fosse muito além do julgamento das reclamações relativas às relações de emprego.

Neste artigo, buscaremos comparar as perspectivas da doutrina ao tempo do surgimento da Emenda Constitucional 45 com a realidade e jurisprudência atuais, concentrando-nos nos pontos centrais da Reforma e respeitando os temas que serão tratados especificamente em outros artigos desta obra.

---

[*] Advogada. Mestre em Direito do Trabalho pela PUC/BH. Membro fundadora do Instituto Mineiro de Ciências Jurídicas e Sociais.

1. ALTERAÇÃO DA REDAÇÃO DO ART. 114 DA CONSTITUIÇÃO FEDERAL

A Reforma do Judiciário, no que tange à Justiça do Trabalho, operou-se por meio da nova redação dada ao art. 114 da Constituição Federal, referente à competência da Justiça do Trabalho, que passou a vigorar com o seguinte texto:

Art. 114 — Compete à Justiça do Trabalho processar e julgar:

I — as ações oriundas da relação de trabalho, abrangidos os entes de direito público externo e da administração pública direta e indireta da União, dos Estados, do Distrito Federal e dos Municípios;

II — as ações que envolvam exercício do direito de greve;

III — as ações sobre representação sindical, entre sindicatos, entre sindicatos e trabalhadores, e entre sindicatos e empregadores;

IV — os mandados de segurança, habeas corpus e habeas data, quando o ato questionado envolver matéria sujeita à sua jurisdição;

V — os conflitos de competência entre órgãos com jurisdição trabalhista, ressalvado o disposto no art. 102, I, "o";

VI — as ações de indenização por dano moral ou patrimonial, decorrentes da relação de trabalho;

VII — as ações relativas às penalidades administrativas impostas aos empregadores pelos órgãos de fiscalização das relações de trabalho;

VIII — a execução, de ofício, das contribuições sociais previstas no art. 195, I, "a", e II, e seus acréscimos legais, decorrentes das sentenças que proferir;

IX — outras controvérsias decorrentes da relação de trabalho, na forma da lei.

§ 1º — Frustrada a negociação coletiva, as partes poderão eleger árbitros.

§ 2º — Recusando-se qualquer das partes à negociação coletiva ou à arbitragem, é facultado às mesmas, de comum acordo, ajuizar dissídio coletivo de natureza econômica, podendo a Justiça do Trabalho decidir o conflito, respeitadas as disposições mínimas legais de proteção ao trabalho, bem como as convencionadas anteriormente.

§ 3º — Em caso de greve em atividade essencial, com possibilidade de lesão do interesse público, o Ministério Público do Trabalho poderá ajuizar dissídio coletivo, competindo à Justiça do Trabalho decidir o conflito.

Assim, nada mais lógico que a nova redação do art. 114 da Constituição seja o eixo dos tópicos a serem tratados neste artigo.

1.1. Expressão "trabalhadores e empregadores"

A primeira modificação significativa é a de que a referência às pessoas do "trabalhador e do empregador", que determinava a competência da Justiça do Trabalho na antiga redação do art. 114, foi substituída pela referência à matéria "relação de trabalho".

A competência da Justiça do Trabalho deixa de ser estabelecida em razão da pessoa (trabalhador e empregador) e passa a definir-se segundo a natureza da relação jurídica material (relação de trabalho).

Antes da EC 45/2004, a Justiça do Trabalho se limitava a pronunciar-se sobre dissídios entre trabalhadores e empregadores, em regra, os conflitos decorrentes da relação celetista de emprego, e, excepcionalmente, outras lides decorrentes da relação de trabalho, desde que expressamente previstas em lei, como, por exemplo, as derivadas dos contratos de empreitada, sendo o empreiteiro operário ou artífice, conforme previsão do art. 652, III, da CLT; as provenientes de litígios do trabalhador avulso portuário e o OGMO (Órgão Gestor de Mão de Obra), conforme previsão do art. 643, § 3º, da CLT, ou mesmo os dissídios resultantes da falta de cumprimento de convenções ou acordos coletivos, ainda quando entre sindicatos ou entre sindicatos de trabalhadores e empregador, na forma do art. 1º da Lei n. 8.984/1995.

Com a Reforma Judiciária, a pretensão foi a de modificar essa regra geral: se antes a competência da Justiça do Trabalho estava adstrita à relação celetista de emprego, agora envolve toda e qualquer relação de trabalho, sem a necessidade de lei especial que o autorize.

Diante disso, surge, inicialmente, uma marcante divisão na doutrina, que colocou, de um lado, os doutrinadores que aprovaram a mudança e, de outro, aqueles que dela discordaram.

Os principais argumentos de quem foi a favor foram os seguintes:

a) se a realidade do mundo do trabalho hoje tem múltiplas faces, o Direito do Trabalho terá de alcançá-las, sendo flexível, tal como a nova empresa tem sido. Nesse contexto, a ampliação da competência seria um primeiro passo, já que há trabalhadores que, apesar de não se encaixarem no conceito de empregado, são hipossuficientes e necessitam das vantagens da Justiça do Trabalho[1];

b) é de grande relevância a ampliação da competência da Justiça do Trabalho, seja qual for o regime contratual a que esteja submetido o trabalhador, para analisar todas as controvérsias oriundas da força de trabalho humana, pela sua natural vocação social e pela própria especialização na matéria[2];

c) a concentração, na Justiça Laboral, da solução de qualquer lide atinente ao trabalho implicará conferir enorme eficiência ao sistema pela redução substancial

---

(1) VIANA, Márcio Túlio. As relações de trabalho sem vínculo de emprego e as novas regras de competência. In: COUTINHO, Grijalbo Fernandes; FAVA, Marcos Neves (coords.). *Nova competência da Justiça do Trabalho*. São Paulo: LTr, 2005. p. 263.
(2) COUTINHO, Grijalbo Fernandes. *O mundo que atrai a competência da Justiça do Trabalho*. In: COUTINHO, Grijalbo Fernandes; FAVA, Marcos Neves (coords.). *Nova competência da Justiça do Trabalho*. São Paulo: LTr, 2005. p. 133.

dos conflitos de competência. No regime anterior, se o Juiz do Trabalho acolhesse a tese de inexistência de vínculo empregatício deduzida pelo tomador de serviços, teria que pôr termo ao conflito, remetendo as partes à Justiça Comum para iniciar uma nova ação referente ao pleito de direitos civis (verbas devidas em decorrência do vínculo autônomo: aviso prévio, indenização pela ruptura antecipada e imotivado contrato a termo), que demoraria anos. Agora, será possível a solução em um único feito de pedidos alternativos ou sucessivos em relação a tais contratos, ou, na pior das hipóteses, será proposta uma nova ação com a perspectiva de uma tramitação mais célere, na Justiça do Trabalho[3], sendo admissível, inclusive, em um ou outro caso, a intervenção de terceiros, o que conferirá grande vantagem ao jusrisdicionado de uma forma geral.

Já os argumentos centrais de quem foi contra foram os seguintes:

a) a estrutura do Judiciário trabalhista não comportaria a sobrecarga de trabalho que adviria dessa ampliação de competência, o que aumentaria a sua morosidade, prejudicando o verdadeiro cliente da Justiça do Trabalho: o ex-empregado, que teve sua força de trabalho explorada no contexto empresarial de outrem e que não recebeu seus direitos trabalhistas, com caráter alimentar;

b) a Justiça do Trabalho não pode perder o foco de sua atenção que é o de processar e julgar os conflitos de interesses entre o capital e o trabalho que, de acordo com Jorge Luis Souto Maior, sempre existirão, ainda que por formas diversas e cada vez mais inovadoras. Para este autor, o certo seria estender o conceito de empregado a trabalhadores em similar situação à do empregado[4].

Entretanto, apesar de não haver unanimidade na aceitação do elasticemento da competência da Justiça do Trabalho, em face da abertura dada pela EC 45/2004, a maior parte da doutrina toma fôlego e começa desvendar as possíveis situações que poderiam vir a ser apreciadas e julgadas pela jurisdição trabalhista.

A competência da Justiça do Trabalho, ao passar a ser determinada em razão da matéria, abrangeria todas as lides relacionadas à relação de trabalho, ainda que envolvessem demandantes colaterais além da figura do trabalhador.

Haveria competência para que a Justiça do Trabalho examinasse o pedido do trabalhador para a expedição do alvará judicial necessário à liberação do saque dos depósitos do Fundo de Garantia por Tempo de Serviço (FGTS) junto à Caixa Econômica Federal (CEF), lembrando o cancelamento da Súmula n. 176 do TST[5].

---

(3) *Ibidem*, p. 141.
(4) MAIOR, Jorge Luiz Souto. Justiça do Trabalho: a justiça do trabalhador? In: COUTINHO, Grijalbo Fernandes; FAVA, Marcos Neves (coords.). *Nova competência da Justiça do Trabalho*. São Paulo: LTr, 2005. p. 187.
(5) Neste caso, houve, de fato, alteração significativa: **AGRAVO DE INSTRUMENTO EM RECURSO DE REVISTA. COMPETÊNCIA DA JUSTIÇA DO TRABALHO. FGTS. MUDANÇA DE REGIME.** A Justiça do

Seria permitido, por exemplo, no caso de sucessão trabalhista, a denunciação da lide ao sucedido, podendo o juiz decidir a lide entre a empresa sucessora, ré do processo, e a empresa sucedida litisdenunciada, determinando a extensão e proporção de suas responsabilidades[6].

E assim, o levantamento de novas possibilidades foi se desenvolvendo, tomando força, inclusive, posições mais ousadas, defendendo que, passando a competência a ser determinada pela matéria e não pela pessoa, passaria a ter a Justiça do Trabalho competência penal, situação que permitiria que o MP pudesse propor uma ação penal em face de crimes contra a organização do trabalho (art. 197 a 207, CP) em sede de jurisdição trabalhista[7], a título de exemplificação.

No entanto, apesar de todo o esforço por parte da doutrina de se construir uma Justiça do Trabalho mais abrangente, no sentido de se aceitar nos polos da ação trabalhista sujeitos diferentes dos empregados e empregadores, apesar de certos avanços, a tendência da jurisprudência foi no sentido oposto, revelando--se extremamente restritiva, como se demonstrará mais adiante.

1.2. Expressão "relação de trabalho"

Como não se pode negar que a EC 45/2004 inseriu no texto constitucional a expressão "relação de trabalho" para determinar a competência da Justiça do Trabalho, uma das preocupações centrais da doutrina concentrou-se em definir a dimensão dessa "relação".

Essa relação a ser julgada pela Justiça do Trabalho poderia envolver qualquer relação de trabalho? a prestação de trabalho por parte de uma pessoa jurídica? por parte de trabalhadores autônomos? a prestação de trabalho sem pessoalidade? o trabalho prestado por conta própria? o trabalho voluntário? um trabalho de execução instantânea, por meio de um único ato?

Analisaremos, pois, cada um dos requisitos que seriam ou não exigidos para que a relação de trabalho se enquadrasse, de acordo com as posições majoritárias na doutrina, na nova competência da Justiça do Trabalho.

Trabalho é competente para dirimir controvérsias decorrentes de relação de trabalho referentes ao Fundo de Garantia do Tempo de Serviço — ainda que não se reporte a dissídio entre empregado e empregador. Interpretação do artigo 114 da Constituição Federal, com alteração conferida pela Emenda Constitucional n. 45/04 e cancelamento da Súmula n. 176 deste Tribunal. (TST — AIRR 1553 1553/2001-006-17-40.9.**Relator(a):** Pedro Paulo Manus. **Julgamento:** 26/8/2009. **Órgão Julgador:** 7ª Turma. **Publicação:** 28/8/2009).
(6) No tópico referente ao aspecto processual e procedimental é possível observar que a intervenção de terceiros no processo trabalhista, de maneira geral, não foi bem aceita pela jurisprudência.
(7) É posição minoritária na doutrina juslaboralista.

a) Pessoa natural

Em relação à possibilidade de lide que envolva *serviço prestado por pessoa jurídica*, embora a expressão "relação de trabalho" possa ser definida como "toda situação que emerge direta ou indiretamente do serviço prestado por pessoa natural ou jurídica, mediante ou sem remuneração"[8], não parece ter sido intenção do constituinte derivado estender o âmbito de competência da Justiça do Trabalho às relações de trabalho em que o prestador seja pessoa jurídica, tendo em vista a natural predisposição da Justiça Laboral em processar e julgar lides envolvendo o trabalho humano (prestado por pessoa humana, pessoa natural), diante do princípio da valorização do trabalho humano, sobre o qual se assenta o Estado Democrático de Direito.

Este é, atualmente, o entendimento que prevalece[9]. No entanto, cabe ressaltar que isso não implica, obviamente, que a Justiça do Trabalho não tem competência para apreciar casos de fraude à legislação laboral, como o praticado por empresas que "trocam" os seus empregados por trabalhadores cooperados para a realização das mesmas atividades, visando mascarar a autêntica relação de emprego, ou, até mesmo, a fraude relacionada com a situação do trabalhador autônomo que, apesar de desempenhar pessoalmente as suas atividades, estabelece relações como pessoa jurídica, sendo instado a assim proceder em virtude de exigência por parte do tomador.

Este último caso é denominado por José Affonso Dallegrave Neto como *paraempresas*: "pequenas firmas individuais ou pessoas jurídicas que atuam de forma unipessoal e que nem de longe se aproximam do conceito legal que vincula a empresa à ideia de uma organização, vez que nelas não se encontram presentes nem capital, nem insumos, nem tampouco tecnologia, sendo a mão de obra restrita à pessoa do 'sócio' ou 'empresário' (...) são, pois, os casos das pequenas firmas de representação comercial ou prestadores de serviço constituídos formalmente em sociedades de quotas limitadas, mas que, na prática, a sede da empresa é a sua

---

(8) BEBBER, Júlio César. A competência da Justiça do Trabalho e a nova ordem constitucional. In: COUTINHO, Grijalbo Fernandes; FAVA, Marcos Neves (coords.). *Nova competência da Justiça do Trabalho*. São Paulo: LTr, 2005. p. 254.
(9) INCOMPETÊNCIA MATERIAL DA JUSTIÇA DO TRABALHO. CONTRATO DE REPRESENTAÇÃO COMERCIAL ENTRE PESSOAS JURÍDICAS. RELAÇÃO EMPRESARIAL. Trata-se de relação de representação comercial entre pessoas jurídicas, na qual a empresa-autora reclama da ruptura unilateral do contrato de representação comercial pela empresa-ré e pleiteia a declaração de nulidade da rescisão contratual por ausência de justa causa e o pagamento de indenizações previstas na Lei n. 4.886/65 e no artigo 404 do Código Civil. A Justiça do Trabalho é incompetente para julgar reclamação oriunda do descumprimento de contrato de representação comercial entre pessoas jurídicas e que não decorre de relação de trabalho e, sim de relação empresarial. (TRT/SP — 02165200701802008 — RO — Ac. 12ª T. 20090292574 — Rel. Vania Paranhos — DOE 8/5/2009)

própria residência, o sócio é a sua própria irmã ou esposa, na maioria das vezes uma dona de casa que só emprestou o nome, mas que jamais atuou na sociedade. Ora, a capa formal travestida de pessoa jurídica ou empresa serve apenas para aparentar uma (fictícia) empresa em face da exigência do contratante ou mesmo para ocupar brechas da legislação".[10][11]

Verifica-se, portanto, que, por mais natural que possa parecer a determinação da incompetência da Justiça do Trabalho para apreciar e julgar lides que envolvam prestação de serviço por parte de pessoas jurídicas, esta somente será correta na certeza de ausência de qualquer tipo de situação que possa envolver fraude contra as leis trabalhistas.

b) Pessoalidade

Para configurar-se como sujeito ativo da relação de trabalho, o prestador de serviços deve fazê-lo pessoalmente, ou seja, a relação jurídica deverá desenvolver-se *intuitu personae* quanto ao trabalhador, não podendo ser o serviço prestado por outro que não o trabalhador com quem se ajustou.

Nesse sentido, é instrutivo o art. 605 do Código Civil, inserido no Capítulo que trata da prestação de serviços não sujeita às leis trabalhistas: "Nem aquele a

---

(10) DALLEGRAVE NETO, José Afonso. Primeiras linhas sobre a nova competência da Justiça do Trabalho fixada pela Reforma do Judiciário (EC 45/2004). In: COUTINHO, Grijalbo Fernandes; FAVA, Marcos Neves (coords.). *Nova competência da Justiça do Trabalho*. São Paulo: LTr, 2005. p. 200-201.

(11) **VÍNCULO DE EMPREGO — CARACTERIZAÇÃO — EX-EMPREGADO — ATUAÇÃO COMO PESSOA JURÍDICA NA MESMA ATIVIDADE — PRESUNÇÃO RELATIVA**. Ativando-se o ex-empregado como pessoa jurídica em favor de sua ex-empregadora na mesma atividade (revisão e manutenção de máquinas agrícolas), presume-se a continuidade do vínculo empregatício. Sucede que esta presunção é apenas relativa e pode ser afastada por meio de outras provas. É o que se dá quando resta provado que, embora sendo a mesma atividade, sua execução dava-se de modo diverso, a exemplo de ser feita sem subordinação, com possibilidade de auxílio de terceiros, não raro com ganhos até 5 (cinco) vezes maiores de como se atuasse como empregado e continuando, ainda, o prestador a ofertar seus serviços livremente no mercado para outros clientes. **COMPETÊNCIA — RELAÇÃO DE TRABALHO POR MEIO DE PESSOA JURÍDICA**. Ainda que amparada em pessoa jurídica regularmente constituída, se a prestação dos serviços dá-se em razão e de forma indissociável de "qualidades pessoais do trabalhador", tornando sua ativação "intuito personae", como verdadeiro trabalhador autônomo, exsurge evidente a competência desta Especializada, fruto da atual redação da CF, ART. 114, I, dada pela EC 45/04. Recurso conhecido e provido parcialmente. Vistos, relatados e discutidos estes autos de Recurso Ordinário, oriundos da Vara do Trabalho de Balsas — MA, em que figuram como recorrente ADALBERTO JORGE MARTINS DE SOUSA e recorrida AGROPECUÁRIA E INDUSTRIAL SERRA GRANDE LTDA. — AGROSERRA, acordam os Desembargadores do Tribunal Regional do Trabalho da 16ª Região, por unanimidade, conhecer do recurso e, no mérito, por maioria, dar-lhe provimento parcial, nos termos deste voto. (TRT-16: 207200601116004 MA 00207-2006-011-16-00-4. Relator(a): JOSÉ EVANDRO DE SOUZA. 7.10.2008)

quem os serviços são prestados, poderá transferir a outrem o direito aos serviços ajustados, nem o prestador de serviços, sem aprazimento da outra parte, dar substituto que os preste".

De fato, este é o entendimento preponderante sobre o assunto, que é muito bem explicado em exemplo dado por Guilherme Guimarães Feliciano: se se tratar de pessoa jurídica que presta serviços a outra pessoa jurídica, ou mesmo de pessoa jurídica que presta serviços a uma pessoa física, a relação estabelecida entre o contratante e a contratada e/ou preposto carece de qualquer pessoalidade, exemplo: se uma empresa de prestação de serviços de informática é chamada a reparar um computador pessoal, pouco importa ao consumidor qual o técnico em informática designado para o serviço. Nesse caso, se o técnico designado pela pessoa jurídica se desentende com o consumidor, ou vice-versa, os litígios deverão ser resolvidos nas varas cíveis, no caso de um dano moral, por exemplo. A menos que seja litígio que envolva créditos decorrentes da relação de emprego: a empresa tomadora é responsável subsidiariamente (Enunciado n. 331, IV, TST), mas, normalmente, somente os litígios entre o técnico e a própria pessoa jurídica fornecedora de serviços é que se sujeitarão à competência da Justiça do Trabalho. Situação diferente seria se o técnico fosse diretamente contratado como prestador autônomo de serviço, nesse caso, o objeto contratual não é impessoal e tal relação poderia ser apreciada e julgada pela Justiça do Trabalho.[12]

Todavia, apesar de que o entendimento que prevalece é o de que as lides a serem apreciadas e julgadas pela Justiça do Trabalho são as referentes à prestação de serviço com pessoalidade por parte de um trabalhador, não se pode dizer que, atualmente, é pacífica a competência da Justiça do Trabalho relacionada à matéria, o que se pode observar mais à frente no tópico "relação de trabalho e relação de consumo".

c) Alteridade

Neste caso, podemos iniciar a análise com uma premissa irrefutável: para que o trabalho seja objeto de uma relação jurídica, é indispensável que seja trabalho por conta alheia. A relação de trabalho é espécie de relação jurídica complexa que pressupõe a existência de, no mínimo, dois sujeitos, cada qual com seus direitos e deveres.

No trabalho por conta alheia, os nexos jurídicos nascem do próprio trabalho, ainda que se tenham em vista os resultados da atividade, à diferença do trabalho por conta própria, do qual, se resulta uma relação jurídica, ela é ulterior ao trabalho e

---

(12) FELICIANO, Guilherme Guimarães. Justiça do Trabalho — nada mais, nada menos. In: COUTINHO, Grijalbo Fernandes; FAVA, Marcos Neves (coords.). *Justiça do Trabalho*: competência ampliada. São Paulo: LTr, 2005. p. 131-133.

decorre de um ato de disposição ou da modificação da situação do objeto produzido, como o arrendamento, a troca ou a venda.

Sobre este tema, é bastante didático o exemplo dado pela professora Taisa Maria Macena de Lima: Francisca, todas as tardes, de segunda a sexta-feira, dedica-se à criação de bijuterias com o objetivo de vendê-las na feira de artesanato, aos domingos. Todas as manhãs, de segunda a sábado, Francisca trabalha em uma pequena fábrica de acessórios femininos, montando bijuterias caras, que considera inferiores em beleza e em originalidade àquelas que ela mesma concebe, fabrica e vende. Francisca, ao conceber e fabricar objetos, para posterior venda a comprador incerto e desconhecido, realiza trabalho por conta própria, que não será objeto de relação jurídica. O produto deste trabalho é que poderá ser objeto de uma relação jurídica — compra e venda, permuta, doação etc. Naturalmente, o trabalho prestado na fábrica de acessórios femininos é revertido em favor de outro, que tem interesse no resultado da atividade, o que configura relação jurídica que tem como cerne o trabalho em si[13].

Portanto, tem-se que a relação jurídica de trabalho que há de ser apreciada e julgada pela Justiça do Trabalho está centrada no desenvolvimento de uma atividade que gera um proveito para outro, podendo os riscos dessa atividade serem suportados pelo trabalhador, pelo favorecido ou por ambos.

Esta é posição unânime na doutrina e, no aspecto jurisprudencial, pode-se dizer que, se a lide do autônomo vem a ser aceita dentro da competência da Justiça do Trabalho, esta seguramente envolverá trabalho por conta alheia e, de forma alguma, trabalho por conta própria.

d) Onerosidade

O fato de a relação jurídica ser onerosa determina a relação de emprego, mas não é requisito essencial para a existência de uma relação de trabalho. Tanto que, no Brasil, a relação de trabalho não onerosa é reconhecida pela Lei n. 9.608/1998, disciplinadora do trabalho voluntário, o qual é definido, em seu artigo 1º, como a "atividade não remunerada, prestada por pessoa física a entidade pública de qualquer natureza, ou a instituição privada sem fins lucrativos, que tenha objetivos cívicos, culturais, educacionais, científicos, recreativos ou de assistência social, inclusive mutualidade".

Portanto, para fins de reconhecimento de uma relação de trabalho, podemos assentar que trabalhador será a pessoa que prestará serviços onerosos ou gratuitos.

---

(13) LIMA, Taisa Maria Macena de. O sentido e o alcance da expressão "relação de trabalho" no artigo 114, inciso I, da Constituição da República (Emenda Constitucional 45, de 8.12.2004). In: COUTINHO, Grijalbo Fernandes; FAVA, Marcos Neves (coords.). *Justiça do Trabalho*: competência ampliada. São Paulo: LTr, 2005. p. 500.

São exemplos de lides que envolvem relação de trabalho prestado a título gratuito e que poderiam ser abrangidas pela competência da Justiça do Trabalho: uma ação de reparação de danos por alguma discriminação ajuizada por uma pessoa que preste ou tenha prestado serviços de benemerência para uma determinada instituição; ou uma ação que vise o ressarcimento das despesas realizadas no desempenho das atividades, de acordo com o parágrafo único do art. 3º da Lei.

e) Continuidade na prestação de serviços

Quanto à não eventualidade, é inelutável que o pacto correspondente à relação de emprego insere-se na categoria dos contratos de duração, ao passo que a relação de trabalho pode manifestar-se, também, como efeito de um ato jurídico (unilateral ou bilateral) de execução instantânea.

Como modalidade de ato jurídico bilateral de execução instantânea, podem ser citados, como exemplos, o contrato de transporte firmado com um taxista para determinado percurso previamente ajustado, a troca de um interruptor de energia realizada por um eletricista, o trabalho ocasional de uma diarista (eventual e inclusive subordinado), de um arquiteto, médico ou jornalista ou o trabalho em razão de um evento, festa ou feira de exposição.

As relações não empregatícias, cuja execução é distribuída no tempo, não apresentam maiores dificuldades em matéria de competência da Justiça do Trabalho. Apenas a título exemplificativo, mencionem-se os contratos de estágio e de representação comercial. Já no que se refere às relações não empregatícias de execução instantânea, como as citadas acima, há controvérsia doutrinária sobre a aceitação ou não das lides delas decorrentes como objeto da competência da Justiça do Trabalho, questão que faz parte de uma contenda doutrinária e jurisprudencial ainda maior que é a de se definir se a jurisdição trabalhista passaria ou não abranger a relação de consumo.

f) Relação de trabalho e relação de consumo

Finalmente chegamos ao tópico sobre as relações de consumo. Trata-se de um tema essencial, uma vez que passa a ser trabalho inútil analisar e concluir que podem ser apreciadas e julgadas pela Justiça do Trabalho as lides referentes às relações de trabalho que envolvam trabalho prestado com pessoalidade e alteridade, com ou sem continuidade na prestação de serviço, se, ao final, conclui-se que o trabalho por parte do trabalhador que não é empregado, ou seja, é autônomo ou profissional liberal, é considerado relação de consumo e esta não se encontra abrangida pela competência da Justiça do Trabalho.

Entrando então nesse tema central, primeiramente faz-se necessário explicar que as relações de consumo revestem-se de "natureza bifronte", do ponto de vista do *serviço/trabalho* e do *produto do trabalho*. De acordo com o art. 3º do CDC, "produto é qualquer bem, móvel ou imóvel, material ou imaterial" (§ 1º), e "serviço é qualquer atividade fornecida no mercado de consumo, mediante remuneração, inclusive as de natureza bancária, financeira, de crédito e securitária, salvo as decorrentes das relações de caráter trabalhista" (§ 2º).

No que tange à questão sobre se há ou não competência da Justiça do Trabalho para apreciar e julgar as relações de consumo, ela seria facilmente resolvida se doutrina e jurisprudência concordassem em que a relação jurídica referente à *aquisição de um produto* seria de competência da Justiça Comum, e a de *prestação de serviço* de competência da Justiça do Trabalho.

Nesse sentido, exemplifica Rodrigues Pinto: se um professor se propõe a elaborar apostilas de determinada matéria para a comercialização com o público, ele pode fazê-lo sob três diferentes perspectivas jurídicas: 1) elaborar apostilas e comercializá-las diretamente com o público. A relação jurídica entre o profissional liberal e cada adquirente será de consumo e a competência para dirimir litígios supervenientes será da Justiça Comum; 2) contratar com empresa a elaboração de apostilas, por meio de trabalho autônomo remunerado, para comercialização pela empresa tomadora. Neste caso, haverá, então, duas relações jurídicas distintas: uma, de trabalho, entre o profissional liberal e a empresa tomadora, de competência da Justiça do Trabalho; e outra, de consumo, entre a empresa tomadora do trabalho e cada adquirente das apostilas por ela comercializadas, de competência da Justiça Comum. Entre o profissional liberal e o público não há relação jurídica de qualquer espécie; 3) colocar sua energia pessoal à disposição de uma empresa para, mediante subordinação jurídica, elaborar apostilas destinadas à venda ao público. Também aqui haverá duas relações jurídicas distintas: uma de emprego, entre o profissional liberal que se tornou empregado, de competência da Justiça do Trabalho, e outra, de consumo, entre a empresa empregadora e a clientela adquirente de apostilas, de competência da Justiça Comum[14].

Dessa forma, o profissional liberal que ofereça ao público a prestação autônoma de *serviço pessoal*, como o advogado, o médico, o dentista, o arquiteto, o engenheiro e o jornalista, entre outros, estabelecerá com o cliente que individualmente o contratar relação de consumo do tipo prestação de serviço e a competência para dirimir os eventuais litígios entre ambos será da Justiça do Trabalho, tanto no caso de reclamação por parte do cliente, referente à indenização por dano causado pelo mau desempenho na prestação de serviços, por exemplo, quanto no caso de reclamação por parte do profissional liberal, relacionada à cobrança de honorários profissionais.

---

(14) PINTO, José Augusto Rodrigues. *A Emenda Constitucional n. 45/2004 e a Justiça do Trabalho*: reflexos, inovações e impactos. In: COUTINHO, Grijalbo Fernandes; FAVA, Marcos Neves. (coords.). *Justiça do Trabalho*: competência ampliada. São Paulo: LTr, 2005. p. 232-233.

Por outro lado, sempre que o profissional liberal negocie o *produto do seu trabalho*, a relação será meramente de consumo, sendo as lides daí decorrentes de competência da Justiça Comum.

Mas e se a relação envolve pessoa jurídica? Suponhamos as relações clínica-médico/médico-paciente/clínica-paciente; escritório de advocacia-advogado/advogado-cliente/cliente-escritório. Solução plausível, diante de tudo o que foi anteriormente exposto seria: se o conflito é entre o médico e o cliente: competência da Justiça do Trabalho; se é entre a clínica e o paciente: competência da Justiça Comum; se é entre a clínica e o médico: competência da Justiça do Trabalho, ainda que a relação do médico com a clínica não seja empregatícia.

Nesse sentido é a afirmação de Estêvão Mallet: "contratado por pessoa física ou por empresa o trabalho de certo arquiteto, as ações correspondentes ficam sujeitas à Justiça do Trabalho. Contratado determinado escritório de arquitetura, todavia, o contratante tem ação na Justiça Comum. Já o arquiteto, ainda quando autônomo, poderá reclamar do escritório de arquitetura os honorários a que fizer jus na Justiça do Trabalho. O mesmo vale para trabalhadores cooperados que pretendam demandar créditos devidos pela cooperativa, por conta da atividade que exerceram, e para estagiários, admitidos em consonância com a Lei n. 6.494."[15]

Portanto, tratando-se de trabalho de profissional liberal ou de trabalhador autônomo, a pedra de toque para definir a competência da Justiça do Trabalho, estaria sempre na averiguação de pessoalidade na contratação do serviço.

Assim, seria da Justiça do Trabalho a competência para apreciar a prestação de serviço na relação de consumo, ainda que o direito material fundamentalmente aplicável fosse o contemplado no Código de Defesa do Consumidor ou no Código Civil.

Esse foi o entendimento adotado inicialmente pela maior parte da doutrina juslaboralista, inclusive foi o adotado pelo Enunciado n. 23 da Jornada da Anamatra[16], mas foi entendimento que não foi acompanhado pela jurisprudência, o que se demonstra pela Súmula 363, editada pelo STJ, em face dos inúmeros conflitos de competência suscitados entre juízes e tribunais da Justiça do Trabalho e da Justiça Comum acerca do assunto:

> **Súmula 363, STJ:** Compete à Justiça Estadual processar e julgar a ação de cobrança ajuizada por profissional liberal contra cliente. Rel. Min. Nilson Naves, em 15.10.2008.

---

(15) MALLET, Estêvão. Apontamentos sobre a competência da Justiça do Trabalho após a Emenda Constitucional n. 45. In: COUTINHO, Grijalbo Fernandes; FAVA, Marcos Neves. (coordenadores) *Justiça do Trabalho*: competência ampliada. São Paulo: LTr, 2005. p. 73.

(16) **COMPETÊNCIA DA JUSTIÇA DO TRABALHO. AÇÃO DE COBRANÇA DE HONORÁRIOS ADVOCATÍCIOS. AUSÊNCIA DE RELAÇÃO DE CONSUMO.** A Justiça do Trabalho é competente para julgar ações de cobrança de honorários advocatícios, desde que ajuizada por advogado na condição de pessoa natural, eis que o labor do advogado não é prestado em relação de consumo, em virtude de lei e de particularidades próprias, e ainda que o fosse, porque a relação consumeirista não afasta, por si só, o conceito de trabalho abarcado pelo art. 114 da CF.

Vários foram os precedentes utilizados na afirmação da competência em prol da Justiça Estadual, notadamente o CC 52.719-SP, o CC 65.575-MG e o CC 15.566-RJ, que tiveram como principal fundamento o argumento de que não se trata, em tal caso, de verbas trabalhistas definidas na CLT, ignorando o fato de que desde há muito tempo a Justiça do Trabalho está autorizada a aplicar o Direito Civil em ações como as de conciliação e julgamento de contratos de empreitada, por exemplo, e ignorando, principalmente, a nova redação do art. 114 da CF, após a EC 45/2004, que deixou de restringir a competência da Justiça do Trabalho às relações entre "trabalhadores e empregadores" para estendê-la à "relação de trabalho", seja esta celetista ou não.

É bem verdade que cabe ao Colendo Superior Tribunal de Justiça dar a última palavra em termos de afirmação de competência ante a divergência estabelecida entre tribunais diversos, conforme alínea *d*, do inciso I, do art. 105 da CF/1988, mas trata-se de interpretação constitucional e de situação jurídica que põe a matéria sob a jurisdição do Supremo Tribunal Federal, já que o tema suscita dissenso inclusive nos tribunais superiores, segundo o art. 102, I, *o*, da Carta Magna.[17]

Para ilustrar o dissenso entre os tribunais superiores, temos as seguintes ementas:

RECURSO DE REVISTA. EXCEÇÃO DE INCOMPETÊNCIA DA JUSTIÇA DO TRABALHO. AÇÃO DE COBRANÇA. HONORÁRIOS PROFISSIONAIS. CIRURGIÃO-DENTISTA. PRESTAÇÃO DE SERVIÇOS PARA ENTE PÚBLICO. RELAÇÃO JURÍDICA DE TRABALHO. Tem competência esta Especializada para apreciar a ação de cobrança de honorários profissionais, decorrentes da prestação de serviços fundada em relação jurídica de trabalho, e não em relação jurídica de consumo. As premissas fáticas registradas pelo TRT demonstram que o caso concreto não é de servidor estatutário e nem de ocupante de cargo comissionado, mas, sim, de prestador de serviços, cirurgião-dentista, que trabalhou para o Estado de Mato Grosso, atendendo conveniados do Instituto de Previdência de abril a novembro de 2002. (TST, relatora Min. Kátia Magalhães Arruda, RR 607/2006-009-23-00, publicado no DJ de 15.8.2008).

RECURSO DE REVISTA. COMPETÊNCIA DA JUSTIÇA DO TRABALHO PARA PROCESSAR E JULGAR AÇÕES DE COBRANÇA DE HONORÁRIOS ADVOCATÍCIOS. Com a promulgação da EC 45/2004, o artigo 114, IX, da Constituição Federal passou a instituir à Justiça do Trabalho competência para processar e julgar outras controvérsias decorrentes das relações de trabalho. Ou seja, ampliou-se a competência da Justiça Laboral, para dirimir questões que antes se restringiam a questões de trabalho contra empregadores para questões de todo prestador, contra todo tomador do trabalho de pessoa física. Nesse contexto, abrange, portanto, o caso em apreço onde, este demandante, após patrocinar aquela causa, foi destituído, sem que lhe houvessem garantido a percepção de seus honorários. Recurso de revista a que se dá provimento. (TST, relator Min. Caputo Bastos, RR 147/2007-531-04-00, publicado no DJ de 13.6.2008).

---

(17) Art. 102 da CF/1988: Compete ao Supremo Tribunal Federal, precipuamente, a guarda da Constituição, cabendo-lhe: I — processar e julgar originariamente: (...) o) os conflitos de competência entre o Superior Tribunal de Justiça e quaisquer tribunais, entre Tribunais Superiores, ou entre estes e qualquer outro tribunal.

PRESTAÇÃO DE SERVIÇOS. Ação de condenação ao pagamento de honorários de advogado. Competência da Justiça Comum. Entendimento do STJ. Agravo provido. (TJSP — Agravo de Instrumento: AG n. 1197195002, relator Sebastião Flávio da Silva Filho, publicado 25.8.2008).

Nesse contexto, pensamos que ainda é possível que seja revertida a situação se o STF se posicionar a favor da competência da Justiça do Trabalho, em conformidade com a lógica da reforma do judiciário que mudou intencionalmente a redação do art. 114 da Constituição, como visto anteriormente, devendo os magistrados e tribunais trabalhistas adotar postura favorável aos trabalhadores autônomos e profissionais liberais, determinando e exigindo que a competência para julgar seus conflitos seja da Justiça do Trabalho.

Enquanto não muda esta circunstância, configura esta situação a primeira grande constatação de que a EC 45/2004 pouco mudou a realidade das atribuições da Justiça do Trabalho.

g) Servidor público

A EC 45/2004 trouxe para a Justiça do Trabalho a competência para processar e julgar ações oriundas da relação de trabalho, incluídas também aquelas referentes aos servidores e à Administração Pública, independentemente do regime jurídico: celetista, estatutário ou contrato por tempo determinado.

Acontece, todavia, que, quanto aos *servidores estatutários*, por força de medida liminar, com efeito *erga omnes*, proferida no bojo da Ação Direta de Inconstitucionalidade n. 3.395 proposta pela AJUFE — Associação dos Juízes Federais do Brasil, o então Presidente do Supremo Tribunal Federal, o Ministro Nelson Jobim, suspendeu toda e qualquer interpretação dada ao inciso I do art. 114 da CF, na redação dada pela EC 45/2004, que incluía, na competência da Justiça do Trabalho, a apreciação de causas que fossem instauradas entre o Poder Público e os servidores a ele vinculados por relação estatutária.

Em relação aos *servidores empregados*, que seguem o regime celetista, a competência para apreciar ações que envolvessem as suas relações de trabalho sempre foi e continua sendo da Justiça do Trabalho.

Já a competência para apreciar e julgar as ações oriundas das relações de trabalho entre a Administração Pública e os *servidores temporários*, quais sejam, aqueles contratados por tempo determinado para atender à necessidade temporária de excepcional interesse público (CF, art. 37, IX), o STF decidiu que é da Justiça Comum[18]

---

(18) **Notícias STF. Quarta-feira, 20 de Maio de 2009. STF entende que não há relação de trabalho entre administração pública e funcionários temporários.** Os ministros do Supremo Tribunal Federal (STF) entenderam que a Justiça do Trabalho é incompetente para julgar matéria sobre regime de contratação de profissionais que atuam em programas de saúde no município

e, posteriormente, o TST corroborou a posição da Corte Suprema ao cancelar a sua Orientação Jurisprudencial n. 205[19].

O que foi realmente lamentável, diante do fato inegável de que é o próprio Poder Público um dos maiores clientes do Judiciário, ao valer-se, frequentemente, da contratação temporária de servidores como instrumento para a realização de fraudes contra os direitos dos trabalhadores que acabam por trabalhar por tempo indeterminado e que, ao final de sua prestação de serviços de anos, não têm assegurados mais do que os salários e os depósitos do FGTS[20].

Sendo a competência da Justiça do Trabalho, a questão seria tratada por uma justiça especializada que confere grande proteção aos trabalhadores, além de se ter, assim, a possibilidade de uma atuação significativa e também especializada por parte do Ministério Público do Trabalho.

Dessa forma, tem-se, portanto, a segunda grande constatação de que a ampliação da competência da Justiça do Trabalho pela EC 45/2004 não trouxe maiores alterações às atribuições dos Juízes e Tribunais do Trabalho.

1.3. Ações que envolvam direito de greve

A competência da Justiça do Trabalho para as "ações que envolvam direito de greve" já estava autorizada pelo texto original do art. 114, ao estabelecer que

---

de Anicuns (GO). A discussão se deu na Reclamação (RCL) 4464, de autoria da prefeitura contra ato do Tribunal Regional do Trabalho da 18ª Região, que foi julgada procedente pela maioria dos votos. O município sustentava violação da decisão do Supremo na Ação Direta de Inconstitucionalidade (ADI) 3395, por meio do qual se pacificou o entendimento de que o inciso I, do artigo 114, da Constituição Federal, não abrange as causas instauradas entre o poder público e servidor por relação jurídico-estatutária. Assim, a competência pertenceria à Justiça comum, federal ou estadual e não à trabalhista. (...) Disponível em: <http://www.stf.jus.br/portal/cms/verNoticiaDetalhe.asp?idConteudo=108473&caixaBusca=N>. Acesso em: 31.out.09.
(19) OJ n. 205 da SDI-I do TST: COMPETÊNCIA MATERIAL. JUSTIÇA DO TRABALHO. ENTE PÚBLICO. CONTRATAÇÃO IRREGULAR. REGIME ESPECIAL. DESVIRTUAMENTO (cancelada) — Res. 156/2009, DJe divulgado em 27, 28 e 29.04.2009. I — Inscreve-se na competência material da Justiça do Trabalho dirimir dissídio individual entre trabalhador e ente público se há controvérsia acerca do vínculo empregatício. II — A simples presença de lei que disciplina a contratação por tempo determinado para atender a necessidade temporária de excepcional interesse público (art. 37, inciso IX, da CF/1988) não é o bastante para deslocar a competência da Justiça do Trabalho se se alega desvirtuamento em tal contratação, mediante a prestação de serviços à Administração para atendimento de necessidade permanente e não para acudir a situação transitória e emergencial.
(20) **Súmula 363, TST. Contratação de servidor público sem concurso. Efeitos e direitos**. A contratação de servidor público, após a CF/1988, sem prévia aprovação em concurso público, encontra óbice no respectivo art. 37, II e § 2º, somente lhe conferindo direito ao pagamento da contraprestação pactuada, em relação ao número de horas trabalhadas, respeitado o valor da hora do salário mínimo, e dos valores referentes aos depósitos do FGTS.

"compete à Justiça do Trabalho conciliar e julgar os dissídios entre trabalhadores e empregadores e, na forma da lei, outras controvérsias decorrentes da relação de trabalho". Assim é que, por exemplo, cabia à Justiça do Trabalho declarar a abusividade ou não da greve e reconhecer a prática de justa causa por determinado empregado durante o movimento paredista, por exemplo.

Alguns aspectos, porém, escapavam da competência da Justiça do Trabalho. Agora, está aberta a possibilidade para que todas as questões relacionadas com o exercício do direito de greve possam ser por ela abrangidos, diante da generalidade do art. 114, II, da CF/1988, que estabelece que compete à Justiça do Trabalho processar e julgar as ações que envolvam o exercício do direito de greve.

Para exemplificar, seriam abrangidas pela competência da Justiça do Trabalho: a) as ações possessórias, como o interdito proibitório, tendente a prevenir o empregador do risco iminente de turbação ou esbulho; b) as medidas cautelares tendentes a coibir a prática de atos antissindicais, tais como a substituição não autorizada dos empregados em greve e o emprego da força ou outro meio ilegal de coação com o propósito de fazer os empregados retornar ao trabalho; c) a ação do MP para evitar danos ao patrimônio público em razão da greve; d) a ação de um terceiro afetado pela greve, que não é empregado nem empregador.

Em relação às ações possessórias relacionadas ao exercício do direito de greve, era comum, até a reforma judiciária, que fossem ajuizadas contra os sindicatos profissionais na Justiça Comum, o que não era ideal, já que melhor entendem a situação da greve os juízes do trabalho, que compreendem que, para que haja greve, deve haver mesmo algum prejuízo ao empregador, por causa da cessação das atividades inerentes ao movimento paredista, como força de pressão, sendo abuso repreensível somente o ato que for além.

O autor Reginaldo Melhado destaca as ações propostas por bancos na Justiça Comum diante de greve dos bancários, antes da EC 45/2004. Os Juízes Estaduais declaravam-se competentes para a apreciação e julgamento das referidas ações, concedendo, inclusive, liminares para garantir a posse mansa e pacífica sobre imóveis onde funcionam os bancos, afirmando tratar-se de matéria eminentemente possessória, sem qualquer conotação de natureza trabalhista. Acabavam proporcionando às empresas decisões que eram utilizadas como instrumento de pressão, em verdadeira atitude antissindical e violadora do direito de greve, pois, com elas, as empresas impediam a aproximação dos grevistas das suas sedes e se recusavam a participar das negociações[21].

Agora, com a aprovação da Súmula Vinculante de número 23, por parte do STF, não há sequer como contestar tal competência da Justiça do trabalho:

---

(21) MELHADO, Reginaldo. Da dicotomia ao conceito aberto: as novas competências da Justiça do Trabalho. In: COUTINHO, Grijalbo Fernandes; FAVA, Marcos Neves (coords.). *Nova competência da Justiça do Trabalho*. São Paulo: LTr, 2005. p. 333.

Súmula Vinculante 23: a Justiça do Trabalho é competente para processar e julgar as ações possessórias ajuizadas em decorrência do exercício do direito de greve pelos trabalhadores da iniciativa privada. 2.12.2009.

Quanto à competência funcional para processar e julgar tais ações, esta é dos órgãos judiciários trabalhistas de primeiro grau, que estão mais próximos ao fato social verificado localmente e que podem prestar o provimento jurisdicional de forma mais célere e efetiva[22].

No que pertine ao setor público, o direito de greve vem afirmado no art. 37, VII, da CF, que, contudo, condiciona o seu exercício à edição de lei específica definidora de seus termos e limites.

Após uma primeira decisão do STF que determinou que a norma referida trata-se de norma de eficácia limitada e, depois de sua histórica posição no julgamento dos Mandados de Injunção ns. 670, 708 e 712, cujas decisões foram publicadas em 25.10.2007, ficou estabelecido que o direito de greve dos servidores públicos, diante da omissão legislativa, pode ser exercido com a aplicação da Lei n. 7.783/1989 (lei de greve do setor privado), no que couber.

Do ponto de vista do servidor, por um lado a decisão foi positiva, porque legitimou a greve no serviço público, mas, por outro, foi ruim porque a limitou, condicionando-a às restrições da Lei n. 7.783/1989, como por exemplo: a) requisitos para a deflagração da greve; b) limitação da paralisação na prestação de serviço em atividades essenciais; c) corte do pagamento de quem participa da greve (a lei determina a suspensão da relação jurídica de trabalho durante o período da greve) etc.

Em relação à competência para apreciar os conflitos decorrentes da greve de servidores públicos, o art. 114, III, ao estabelecer a competência da Justiça do Trabalho para apreciar e julgar ações que envolvam direito de greve, não diferenciou greve do setor privado da greve do setor público. Ademais, o acórdão do MI n. 712, ao adaptar a Lei n. 7.783/1989 às peculiaridades do serviço público, em nenhum momento mencionou que a Justiça do Trabalho não seria competente para decidir questões relativas ao exercício de greve dos servidores com o Poder Público. É o que afirma Antônio Álvares da Silva. Segundo o autor, não haveria lógica se assim não fosse: a lei serve, mas a Justiça do Trabalho não? Ainda segundo Antônio Álvares, a ADIn. 3.395 serviria somente para os conflitos individuais[23].

---

(22) **CABE À 8ª VARA DECIDIR INTERDITO PROIBITÓRIO DO SANTANDER**. O desembargador Tarcísio Valente, do TRT de Mato Grosso, decidiu na tarde desta quarta-feira (07) que cabe à 8ª Vara do Trabalho de Cuiabá julgar as medidas urgentes no processo 01168.2009.008.23.00-4, um Interdito Proibitório proposto pelo Banco Santander Brasil em face do Sindicato dos Empregados em Estabelecimentos Bancários de Mato Grosso (SEEB/MT) (...). (Notícia de 7.10.2009, disponível no site do TRT da 23ª Região, no link: <http://www.trt23.jus.br/informese/noticias/result.asp?cod=13500000000001746>, acessado em 03.11.2009).

(23) SILVA, Antônio Álvares. *Competência da Justiça do Trabalho para o julgamento de conflitos coletivos de trabalho dos servidores públicos*. Disponível em: <http://www.revistas.unifacs.br/index.php/redu/article/view/442/281>.

Entretanto, já se posicionou o STF no sentido de que escapa à Justiça do Trabalho a competência para apreciar e julgar os conflitos derivados de greve instaurada por servidores públicos:

> **Notícias STF. Segunda-feira, 15 de Setembro de 2008. Suspensa tramitação de dissídio de greve de policiais paulistas na Justiça do Trabalho.** O ministro Eros Grau suspendeu, em caráter liminar, a tramitação de Dissídio Coletivo de Greve de nove categorias profissionais da Polícia Civil do estado de São Paulo no Tribunal Regional do Trabalho da 2ª Região (TRT-2), porém manteve liminar concedida por aquele TRT determinando a continuidade dos serviços e a manutenção de 80% do efetivo da polícia paulista durante o movimento grevista. A decisão permanecerá em vigor até o julgamento do mérito da Reclamação (RCL) 6568, ajuizada pelo estado de São Paulo no Supremo Tribunal Federal (STF) contra decisões do Tribunal Regional do Trabalho da 2ª Região e do Tribunal de Justiça do Estado de São Paulo (TJ-SP), que atribuíram à Justiça do Trabalho a competência para resolver dissídio coletivo de nove categorias policiais paulistas contra o governo estadual. Ao conceder a liminar, o ministro acolheu argumento do governo de São Paulo segundo o qual as decisões contestadas descumprem decisões proferidas pelo STF na Ação Direta de Inconstitucionalidade (ADI) 3395 e em outros julgados do Supremo, no sentido de que não cabe à Justiça do Trabalho, mas sim à Justiça Comum, dirimir conflitos trabalhistas entre o Poder Público e seus funcionários estatutários, caso de todos os filiados às nove categorias sindicais da Polícia paulista. (...) (Notícia extraída do *site* do STF. Disponível em <http://www.stf.jus.br/portal/cms/verNoticiaDetalhe.asp?idConteudo=96077&caixaBusca=N>. Acesso em: 03 nov. 2009).

Assim, tem-se que tanto o servidor público quanto o seu direito de greve escapam à Justiça do Trabalho.

1.4. Ações sobre representação sindical, entre sindicatos, entre sindicatos e trabalhadores, e entre sindicatos e empregadores

O inciso III do novo artigo 114 da CF/1988 atribui competência à Justiça do Trabalho para processar e julgar ações sobre representação sindical, entre sindicatos, entre sindicatos e trabalhadores e entre sindicatos e empregadores.

Sobre este tema, a doutrina se divide entre dois entendimentos: um restritivo e outro ampliativo. O entendimento restritivo defende que só seria da competência da Justiça do Trabalho a ação de representação sindical. O entendimento ampliativo defende que o inciso se refere a quatro espécies de ações: ações sobre representação sindical, ações entre sindicatos, ações entre sindicatos e trabalhadores, e ações entre sindicatos e empregadores.

Prevalece na doutrina esta última posição que defende que a intenção do legislador constitucional foi a de atribuir à Justiça do Trabalho competência para todas as ações que envolvam o direito sindical[24].

---

(24) "Ante uma primeira e puramente literal interpretação, a mais indigente de todas, seria tímido, no particular, o avanço: ampliaria a competência material da JT apenas para nela inscrever também a disputa intersindical de representatividade. Essa exegese, todavia,

Com a inovação trazida pela EC 45/2004, passaram as lides intersindicais que envolviam disputa de base territorial[25] a ser julgadas pela Justiça do Trabalho e não mais pela Justiça Estadual, como era anteriormente.

Fica, portanto, prejudicada a OJ 4 da SDC do TST, que estabelece que: "a disputa intersindical pela representatividade de certa categoria refoge ao âmbito da competência material da Justiça do Trabalho".

Em relação às outras matérias conexas ao direito sindical que também poderiam ser objeto de ações propostas perante a Justiça do Trabalho, podem ser citadas: as ações declaratórias de vínculo jurídico-sindical entre sindicato e federação; as ações intrassindicais (internas) sobre eleições de dirigentes sindicais; as ações que versam sobre direitos trabalhistas de dirigente sindical licenciado[26]; ações que visam à impugnação de atos da direção do sindicato ou a convocação ou a anulação de assembleia geral; e as ações para a cobrança de contribuição assistencial, contribuição confederativa, contribuição sindical ou mensalidade do associado, envolvendo sindicato profissional e empregador, ou sindicato e associado, ou sindicato e membro da categoria econômica ou da categoria profissional[27].

Por fim, tem-se que o termo "sindicatos" do inciso III, do art. 114, da CF/1988, deve ser interpretado como "entidade sindical", abrangendo conflitos entre federações e confederações e, atualmente, também as centrais sindicais, por força da Lei n. 11.648/2008.

---

não pode prevalecer, porquanto limitaria demasiadamente uma norma bem mais abrangente. Semelhante exegese restritiva há de ceder passo ao evidente escopo da norma constitucional de cometer à Justiça do Trabalho competência não apenas para lides sobre representação sindical, como também para quaisquer outras que envolvam o direito sindical, ainda que não estritamente sobre representação sindical, contanto que intrassindicais, interssindicais, ou entre sindicato e empregador. (DALAZEN, João Oreste. *A reforma do judiciário e os novos marcos da competência material da JT no Brasil*. In: COUTINHO, Grijalbo Fernandes; FAVA, Marcos Neves (coords.). *Nova competência da Justiça do Trabalho*. São Paulo: LTr, 2005. p. 166).

(25) Art. 8º da CF/1988: É livre a associação profissional ou sindical, observado o seguinte: (...) II — é vedada a criação de mais de uma organização sindical, em qualquer grau, representativa de categoria profissional ou econômica, na mesma base territorial, que será definida pelos trabalhadores ou empregadores interessados, não podendo ser inferior à área de um Município.

(26) A lei brasileira considera "de licença não remunerada" e, portanto, de suspensão da execução do contrato, o tempo em que o empregado afasta-se do trabalho para o desempenho de cargo de administração sindical (CLT, art. 543, §2º). Possibilita, no entanto, à assembleia geral do sindicato arbitrar "uma gratificação nunca excedente da importância de sua remuneração na profissão respectiva", quando o empregado, para o exercício do mandato, tiver de ausentar-se do trabalho (CLT, art. 521, parágrafo único).

(27) A cobrança judicial da contribuição sindical opera-se mediante execução de título extrajudicial, com os privilégios da Fazenda Pública, exclusive "foro especial" (art. 606, CLT) — toca agora à Justiça do Trabalho executar o empregador inadimplente em contribuição sindical, a requerimento do interessado. Pode haver também a possibilidade de ação de consignação em pagamento intentada pelo empregador em desfavor de dois ou mais sindicatos que disputam entre si a primazia da representação legal da categoria.

No que tange à realidade jurisprudencial sobre o tema, tem-se que é também uma das poucas situações em que a posição que prevalece é a favor do elastecimento da competência da Justiça do Trabalho, o que se pode conferir na seguinte decisão do TST:

> **RECURSO DE REVISTA. COBRANÇA DE CONTRIBUIÇÃO ASSISTENCIAL. SINDICATO DA CATEGORIA ECONÔMICA E EMPRESA. COMPETÊNCIA MATERIAL DA JUSTIÇA DO TRABALHO.** A Emenda Constitucional n. 45/2004, ao acrescentar o inciso III ao art. 114, estabeleceu a competência da Justiça do Trabalho para processar e julgar as ações sobre representação sindical, entre sindicatos, entre sindicatos e trabalhadores, e entre sindicatos e empregadores. Indiscutível, pois, a ampliação da competência da Justiça do Trabalho. Assim, o julgamento da presente demanda — entre a federação obreira (entidade sindical de segundo grau) e a empresa — concernente à cobrança de contribuição assistencial confederativa, encontra-se inserido na competência dessa Justiça do Trabalho. Recurso de Revista conhecido e provimento para, afastando a incompetência da Justiça do Trabalho, determinar o retorno dos autos ao Tribunal Regional do Trabalho de origem a fim de que prossiga no julgamento do Recurso Ordinário da Autora, como entender de direito. (TST — RR n. 216 216/2004-013-04-00.1. Rel. Maria de Assis Calsing. 9.5.2008).

1.5. *Mandados de segurança,* habeas corpus *e* habeas data, *quando o ato questionado envolver matéria sujeita à jurisdição trabalhista*

É competente a Justiça do Trabalho para processar e julgar o mandado de segurança, não somente contra ato judicial prolatado em processo trabalhista originário da relação jurídica de emprego ou de trabalho, mas, também, contra ato administrativo, bem como contra ato praticado por autoridade da Justiça do Trabalho, desde que, é claro, tal ato seja ilegal ou arbitrário e, paralelamente, viole direito, individual ou coletivo, líquido e certo.

Será das Varas do Trabalho a competência para apreciar mandado de segurança, no caso, por exemplo, de empregador que pretenda discutir a penalidade aplicada pela autoridade administrativa encarregada da fiscalização das relações de emprego; será do TRT quando a autoridade coatora é o juiz ou o próprio Tribunal ou qualquer de seus órgãos; e será do TST a competência para apreciar o mandado de segurança se for contra ato do presidente ou ministro do TST, ou contra as decisões do TRT, ou mandado de segurança pertinente a direito sindical, dissídios coletivos ou ações anulatórias de convenções e acordos coletivos.

Ressalta-se que, neste caso, a posição doutrinária majoritária acima exposta está de acordo com a jurisprudência, inclusive diante da novidade de o Mandado de Segurança ser interposto no Juízo de primeiro grau, como se mostra abaixo na decisão do TST:

> **MANDADO DE SEGURANÇA. ATO DE AUTORIDADE. DELEGAÇÃO. COMPETÊNCIA FUNCIONAL ORIGINÁRIA.** 1. O Supremo Tribunal Federal tem firme entendimento de que a autoridade delegada responde judicialmente pelos atos praticados no exercício da delegação recebida (Súmula n. 510 do STF). 2. Desse modo, inscreve-se na competência funcional de Juízo de primeiro grau da Justiça do Trabalho, e não do Tribunal Superior

do Trabalho, processar e julgar mandado de segurança impetrado contra decisão do Secretário de Relações do Trabalho, em autos de pedido de registro sindical, no desempenho de competência que lhe foi delegada pelo Ministro de Estado do Trabalho e Emprego. 3. Agravo regimental a que se nega provimento. (TST — AGRAVO DE INSTRUMENTO NO MANDADO DE SEGURANÇA: AG-MS 166281 166281/2006-000-00-00.0. Rel. João Oreste Dalazen. 8.6.2007).

O *Habeas Corpus* é também da competência da Justiça do Trabalho, segundo o novo art. 114, IV, da CF/1988. Até então tinha sido remédio constitucional de frequente interposição na esfera trabalhista, diante do único caso de prisão civil que a Justiça do Trabalho podia certamente determinar, a do depositário infiel, mas, agora, após a Súmula Vinculante de número 25, que proíbe tal prisão, poderá ocorrer apenas raramente na esfera trabalhista:

Súmula Vinculante 25: É ilícita a prisão civil de depositário infiel, qualquer que seja a modalidade do depósito. 16.12.2009.

Por último, em relação ao *Habeas Data*, tem-se que a Constituição Federal também permite o manejo deste remédio constitucional na esfera trabalhista para possibilitar ao trabalhador o acesso a dados pessoais constantes de bancos de dados em poder do Estado, por exemplo, e também para assegurar ao empregador o direito, exemplificativamente, à retificação de informação errônea constante nos cadastros do MTE, em relação à autuação em crime de trabalho forçado.

1.6. Ações de indenização por dano moral ou patrimonial, decorrentes da relação de trabalho

Após a EC 45/2004, compete à Justiça do Trabalho processar e julgar, de acordo com o art. 114 da CF/1988, as ações oriundas da relação de trabalho (inciso I) e as ações de indenização por dano moral ou patrimonial, decorrentes da relação de trabalho (inciso VI).

Portanto, resta consagrado, definitivamente, o entendimento de que qualquer ação de dano moral ou patrimonial proposta pelo empregado em face do empregador ou vice-versa, quando decorrente da relação de trabalho, será de competência da Justiça do Trabalho, o que já era certo antes mesmo da EC 45/2004 e pode ser confirmado pela Súmula 392 do TST, *in verbis*:

Súmula n. 392 do TST. Dano Moral. Competência da Justiça do Trabalho. Nos termos do art. 114 da CF/1988, a Justiça do Trabalho é competente para dirimir controvérsias referentes à indenização por dano moral, quando decorrente da relação de trabalho. (ex-OJ n. 327 — DJ 9.12.2003)

No que se refere à competência da Justiça do Trabalho para apreciar e julgar ações pertinentes a acidentes do trabalho, havia grande divergência nos Tribunais, até que se posicionou de forma definitiva o STF, sobre os diversos ângulos da questão, a favor da competência da Justiça do Trabalho.

Em relação à competência da Justiça do Trabalho para apreciar o pedido de indenização por dano patrimonial e moral decorrente acidente do trabalho, em face de ato ilícito por parte do empregador, por conduta culposa ou dolosa, importante e decisivo foi o julgamento do Conflito de Competência 7.204-1-MG, de relatoria do Ministro Carlos Ayres Britto, em 29.6.2005:

CONSTITUCIONAL. COMPETÊNCIA JUDICANTE EM RAZÃO DA MATÉRIA. AÇÃO DE INDENIZAÇÃO POR DANOS MORAIS E PATRIMONIAIS DECORRENTES DE ACIDENTE DO TRABALHO, PROPOSTA PELO EMPREGADO EM FACE DE SEU EX-EMPREGADOR. COMPETÊNCIA DA JUSTIÇA DO TRABALHO. ART. 114 DA MAGNA CARTA. REDAÇÃO ANTERIOR E POSTERIOR À EMENDA CONSTITUCIONAL N. 45/04. EVOLUÇÃO DA JURISPRUDÊNCIA DO SUPREMO TRIBUNAL FEDERAL. PROCESSOS EM CURSO NA JUSTIÇA COMUM DOS ESTADOS. IMPERATIVO DE POLÍTICA JUDICIÁRIA. Numa primeira interpretação do inciso I do art. 109 da Carta de Outubro, o Supremo Tribunal Federal entendeu que as ações de indenização por danos morais e patrimoniais decorrentes de acidente do trabalho, ainda que movidas pelo empregado contra seu (ex-) empregador, eram da competência da Justiça comum dos Estados-Membros. 2. Revisando a matéria, porém, o Plenário concluiu que a Lei Republicana de 1988 conferiu tal competência à Justiça do Trabalho. Seja porque o art. 114, já em sua redação originária, assim deixava transparecer, seja porque aquela primeira interpretação do mencionado inciso I do art. 109 estava, em boa verdade, influenciada pela jurisprudência que se firmou na Corte sob a égide das Constituições anteriores. 3. Nada obstante, como imperativo de política judiciária — haja vista o significativo número de ações que já tramitaram e ainda tramitam nas instâncias ordinárias, bem como o relevante interesse social em causa —, o Plenário decidiu, por maioria, que o marco temporal da competência da Justiça trabalhista é o advento da EC 45/04. Emenda que explicitou a competência da Justiça Laboral na matéria em apreço. 4. A nova orientação alcança os processos em trâmite pela Justiça comum estadual, desde que pendentes de julgamento de mérito. É dizer: as ações que tramitam perante a Justiça comum dos Estados, com sentença de mérito anterior à promulgação da EC 45/04, lá continuam até o trânsito em julgado e correspondente execução. Quanto àquelas cujo mérito ainda não foi apreciado, hão de ser remetidas à Justiça do Trabalho, no estado em que se encontram, com total aproveitamento dos atos praticados até então. A medida se impõe, em razão das características que distinguem a Justiça comum estadual e a Justiça do Trabalho, cujos sistemas recursais, órgãos e instâncias não guardam exata correlação. 5. O Supremo Tribunal Federal, guardião-mor da Constituição Republicana, pode e deve, em prol da segurança jurídica, atribuir eficácia prospectiva às suas decisões, com a delimitação precisa dos respectivos efeitos, toda vez que proceder a revisões de jurisprudência definidora de competência *ex ratione materiae*. O escopo é preservar os jurisdicionados de alterações jurisprudenciais que ocorram sem mudança formal do Magno Texto. 6. Aplicação do precedente consubstanciado no julgamento do Inquérito 687, Sessão Plenária de 25.8.99, ocasião em que foi cancelada a Súmula 394 do STF, por incompatível com a Constituição de 1988, ressalvadas as decisões proferidas na vigência do verbete. 7. Conflito de competência que se resolve, no caso, com o retorno dos autos ao Tribunal Superior do Trabalho.

Agora, com a nova Súmula Vinculante de número 24, restou pacificada a competência da Justiça do Trabalho para processar e julgar as causas relativas às indenizações por danos morais e patrimoniais decorrentes de acidente de trabalho propostas por empregado contra empregador, alcançando-se, inclusive, as demandas que ainda não possuíam, quando da promulgação da EC 45/2004, sentença de mérito em primeiro grau:

Súmula Vinculante 22: A Justiça do Trabalho é competente para processar e julgar as causas relativas a indenizações por danos morais e patrimoniais decorrentes de acidente de trabalho propostas por empregado contra empregador, alcançando-se, inclusive, as demandas que ainda não possuíam, quando da promulgação da EC n. 45/2004, sentença de mérito em primeiro grau. 2.12.2009.

No que pertine ao acidente de trabalho com o consequente óbito do trabalhador, cabe ressaltar que a corte especial do STJ decidiu revogar a Súmula 366, a qual estabelecia ser a Justiça estadual a competente para o julgamento de tais ações. A mudança se deu após o posicionamento unânime do STF, no julgamento do CC 7.545-SC, de relatoria do Ministro Eros Grau, em 14.8.2009[28], que estabeleceu a competência da Justiça do Trabalho para apreciar e julgar pedido de indenização por danos morais e patrimoniais decorrentes de acidente de trabalho ainda quando a ação é ajuizada e assumida pelos dependentes do trabalhador falecido, uma vez que a causa do pedido de indenização continua sendo o acidente sofrido pelo empregado.

Vê-se que aqui tivemos, sem dúvida, um grande avanço em termos de competência da Justiça do Trabalho.

Todavia, convém ressaltar que, em relação às ações acidentárias, ou seja, lides previdenciárias derivadas de acidente de trabalho promovidas pelo trabalhador segurado em face do INSS, a competência será da Justiça Comum dos Estados, de acordo com o art. 109, I, CF/1988, o art. 19, II, da Lei n. 6.367/1976 e a Súmula n. 501 do STF:

STF Súmula n. 501. Competência — Processo e Julgamento — Acidente do Trabalho — Contra a União, suas Autarquias, Empresas Públicas ou Sociedades de Economia Mista. Compete à justiça ordinária estadual o processo e o julgamento, em ambas as instâncias, das causas de acidente do trabalho, ainda que promovidas contra a União, suas autarquias, empresas públicas ou sociedades de economia mista.

Por último, tampouco será da competência da Justiça do Trabalho a ação regressiva ajuizada pelo INSS em face do empregador causador do acidente do trabalho que tenha agido de forma negligente no cumprimento das normas de segurança e saúde no trabalho indicadas para a proteção individual e coletiva dos segurados (art. 20 da Lei n. 8.213/1991). Neste caso, ainda de acordo com art. 109 da Constituição Federal, tal ação será julgada perante a Justiça Federal.

---

(28) CONFLITO COMPETÊNCIA. JUSTIÇA DO TRABALHO. JUSTIÇA COMUM. AÇÃO DE INDENIZAÇÃO POR DANOS MATERIAL E MORAL. ACIDENTE DE TRABALHO COM ÓBITO. SUCESSORES. EC 45/04. ART. 114, IV, DA CF/88. Saber se as ações de indenização por danos material e moral decorrentes de acidente de trabalho, com óbito, movidas pelos sucessores, após Emenda n. 45/04, deve ser processada e julgada pela Justiça Comum ou pela Justiça do Trabalho. DECISÃO: O Tribunal, por unanimidade e nos termos do voto do Relator, conheceu do conflito e declarou a competência da Justiça do Trabalho. Ausente, licenciado, o Senhor Ministro Menezes Direito. Presidiu o julgamento o Senhor Ministro Gilmar Mendes. Plenário, 03.06.2009.

1.7. Execução de ofício das contribuições sociais

A EC 45/2004 não trouxe nenhuma novidade nesse ponto, já que referida competência executória foi instituída pela Emenda Constitucional n. 20/1998.

O texto atual do art. 114 da Constituição Federal que confere a competência à Justiça do Trabalho para a execução de ofício das contribuições sociais é idêntico ao que constava na redação anterior do referido artigo e apenas foi transferido do § 3º para o inciso VIII: compete à Justiça do Trabalho "a execução, de ofício, das contribuições sociais previstas no art. 195, I, 'a', e II, e seus acréscimos legais, decorrentes das sentenças que proferir".

A questão que interessa atualmente sobre este tema é que, após muita controvérsia, determinou o STF, em 11.9.2008, dando repercussão geral à matéria, que a competência da Justiça do Trabalho alcança apenas a execução das contribuições previdenciárias referentes ao objeto da condenação constante das sentenças que proferir:

> **RECURSO EXTRAORDINÁRIO. REPERCUSSÃO GERAL RECONHECIDA. COMPETÊNCIA DA JUSTIÇA DO TRABALHO. ALCANCE DO ART. 114, VIII, DA CONSTITUIÇÃO FEDERAL**. 1. A competência da Justiça do Trabalho prevista no art. 114, VIII, da Constituição Federal alcança apenas a execução das contribuições previdenciárias relativas ao objeto da condenação constante das sentenças que proferir. 2. Recurso extraordinário conhecido e provido. (STF — RE 569056, Rel. Min. Menezes Direito).

Assim, somente será possível a execução das contribuições previdenciárias por parte da Justiça do Trabalho *sobre o pagamento de salários determinado em sentença condenatória* e não mais *sobre os salários já pagos durante o período contratual reconhecido, em ação declaratória, como vínculo empregatício sem registro na CTPS*, como determina o artigo 876 da CLT, em seu parágrafo único, que teve sua redação alterada pela Lei n. 11.457 de 2007[29].

2. ASPECTO PROCESSUAL E PROCEDIMENTAL

O aspecto processual e procedimental diretamente relacionado à "ampliação" das atribuições da Justiça do Trabalho é o da intervenção de terceiros.

2.1. Intervenção de terceiros

À época da Reforma Judiciária, afirmou Reginaldo Melhado: "a nova competência da Justiça do Trabalho também passou a compreender conflitos entre

---

(29) **Art. 876, CLT. Parágrafo único**. Serão executadas *ex officio* as contribuições sociais devidas em decorrência de decisão proferida pelos Juízes e Tribunais do Trabalho, resultantes de condenação ou homologação de acordo, inclusive sobre os salários pagos durante o período contratual reconhecido. (Alterado pela Lei n. 011.457/2007).

os sujeitos da relação de trabalho e terceiros, por acessoriedade, complementariedade ou dependência, atendendo ao princípio da economia processual".[30]

E, nesse sentido, enfatizou José Roberto Freire Pimenta: "trata-se aqui de uma das mais relevantes consequências processuais acarretadas pela recente ampliação de competência da Justiça do Trabalho".[31]

Entretanto, o que se pode observar é que a jurisprudência caminhou em sentido contrário, não admitindo a possibilidade de intervenção de terceiro, como se pode inferir dos julgados colacionados abaixo:

> **EMENTA: DENUNCIAÇÃO À LIDE** — Incabível nas ações trabalhistas o instituto da denunciação à lide, por falta de competência da Justiça do Trabalho para julgar possível conflito de interesses entre os litisconsortes, corresponsáveis pelas obrigações trabalhistas, via de regra, pessoas jurídicas. Não se desconhece que antiga OJ 227 da SDI-I do Colendo TST, que simplesmente bania do processo do trabalho quaisquer das modalidades de intervenção de terceiro, tenha caído em desuso e sido revogada com a ampliação de competência desta Justiça. Mas a denunciação à lide é ação incidental que tem por objeto pretensão de regresso da Demandada contra terceiro, caso venha a ser condenada na ação principal (art. 70 do CPC). Bem por isto, neste caso não é compatível com o processo trabalhista, posto que a Justiça do Trabalho não se presta a resolver conflito entre empresas. O fato de haver controvérsia quanto à sucessão trabalhista não é motivo de litisconsórcio necessário, sendo faculdade conferida ao reclamante o ajuizamento da ação em face do sucedido e não exigência legal. (TRT 3ª Região. RO 00306-2006-100-03-00-1. Rel. Márcio Flávio Salem Vidigal. DJMG 18.7.2007).
>
> **AGRAVO DE INSTRUMENTO. RECURSO DE REVISTA. PRELIMINAR DE NULIDADE POR NEGATIVA DE PRESTAÇÃO JURISDICIONAL.** Não se caracteriza a nulidade pretendida quando o e. Tribunal Regional recorrido expõe fundamentadamente as razões de decidir. COOPERATIVA. VÍNCULO DE EMPREGO. **CHAMAMENTO AO PROCESSO.** Improcede o apelo quanto ao instituto do chamamento ao processo, pois as figuras de intervenção de terceiros dentre as quais o chamamento ao processo previsto nos artigos 77 a 80 do CPC são, em princípio, incompatíveis com o processo do trabalho, visto implicarem possível demanda entre empresas ou empregadores, matéria que foge à competência da Justiça do Trabalho, fixada pelo art. 114 da Constituição Federal de 1988. Agravo de instrumento a que se nega provimento. (TST. AIRR 1733 1733/2003-002-07-40.1. Relator(a): Horácio Raymundo de Senna Pires. Julgamento: 26/03/2008. Órgão Julgador: 6ª Turma. Publicação: DJ 4.4.2008).

Dessa forma, estamos diante de outra matéria que nos indica que pouco se alteraram as atribuições da Justiça do Trabalho, em face do advento da EC 45/2004.

---

(30) MELHADO, Reginaldo. *Op. cit.*, p. 332.
(31) PIMENTA, José Roberto Freire. A nova competência da Justiça do Trabalho para lides não decorrentes da relação de emprego: aspectos processuais e procedimentais. In: COUTINHO, Grijalbo Fernandes; FAVA, Marcos Neves (coords.). *Nova competência da Justiça do Trabalho.* São Paulo: LTr, 2005. p. 272.

E uma vez mais lamentavelmente, já que os novos tempos exigem um processo que atenda os princípios da economia e da instrumentalidade processuais.

CONCLUSÃO

O presente estudo procurou estabelecer uma comparação entre o que se esperava da Reforma Judiciária propiciada pela promulgação da Emenda Constitucional 45, no que se refere à competência da Justiça do Trabalho, e a realidade dos processos trabalhistas, indicando as mais recentes posições e decisões dos Tribunais e da Corte Suprema a respeito da matéria.

Constatou-se que, a par de certas alterações verdadeiramente significativas na competência dos Juízes e Tribunais do Trabalho, não se alcançou o que poderia ser denominado como uma profunda reforma nas atribuições da Justiça do Trabalho.

Alterações importantes de fato ocorreram como a competência da Justiça do Trabalho para apreciar e julgar ações relativas a acidentes do trabalho, ações de interdito proibitório e outras relacionadas ao direito de greve, ações de representação sindical e outras referentes às entidades sindicais, entretanto, continua a Justiça do Trabalho a ser a justiça dos trabalhadores empregados, não alcançando os conflitos relacionados a outros tipos de trabalhadores, sejam estes trabalhadores autônomos, profissionais liberais ou servidores públicos, ou conflitos que envolvam terceiros na relação processual.

Em relação às lides referentes aos trabalhadores autônomos e profissionais liberais e no que se refere à possibilidade de intervenção de terceiros no processo trabalhista, não houve ainda uma decisão definitiva por parte do STF, o que permite que ainda se possa almejar uma posição por parte dos operadores do Direito e Processo do Trabalho que permita um maior acesso à justiça dos trabalhadores em geral e uma maior atenção aos princípios da economia e instrumentalidade processuais no processo trabalhista.

BIBLIOGRAFIA

BEBBER, Júlio César. A competência da Justiça do Trabalho e a nova ordem constitucional. In: COUTINHO, Grijalbo Fernandes; FAVA, Marcos Neves (coords.). *Nova competência da Justiça do Trabalho*. São Paulo: LTr, 2005.

COUTINHO, Grijalbo Fernandes. O mundo que atrai a competência da Justiça do Trabalho. In: COUTINHO, Grijalbo Fernandes; FAVA, Marcos Neves (coords.). *Nova competência da Justiça do Trabalho*. São Paulo: LTr, 2005.

DALAZEN, João Oreste. A reforma do judiciário e os novos marcos da competência material da JT no Brasil. In: COUTINHO, Grijalbo Fernandes; FAVA, Marcos Neves (coords.). *Nova competência da Justiça do Trabalho*. São Paulo: LTr, 2005.

DALLEGRAVE NETO, José Afonso. Primeiras linhas sobre a nova competência da Justiça do Trabalho fixada pela Reforma do Judiciário (EC n. 45/2004). In: COUTINHO, Grijalbo Fernandes; FAVA, Marcos Neves (coords.). *Nova competência da Justiça do Trabalho*. São Paulo: LTr, 2005.

FELICIANO, Guilherme Guimarães. Justiça do Trabalho — nada mais, nada menos. In: COUTINHO, Grijalbo Fernandes; FAVA, Marcos Neves (coords.). *Justiça do Trabalho*: competência ampliada. São Paulo: LTr, 2005.

LIMA, Taisa Maria Macena de. O sentido e o alcance da expressão "relação de trabalho" no artigo 114, inciso I, da Constituição da República (Emenda Constitucional n. 45, de 8.12.2004). In: COUTINHO, Grijalbo Fernandes; FAVA, Marcos Neves (coords.). *Justiça do Trabalho*: competência ampliada. São Paulo: LTr, 2005.

MALLET, Estevão. Apontamentos sobre a competência da Justiça do Trabalho após a Emenda Constitucional n. 45. In: COUTINHO, Grijalbo Fernandes; FAVA, Marcos Neves (coords.). *Justiça do Trabalho*: competência ampliada. São Paulo: LTr, 2005.

MELHADO, Reginaldo. Da dicotomia ao conceito aberto: as novas competências da Justiça do Trabalho. In: COUTINHO, Grijalbo Fernandes; FAVA, Marcos Neves (coords.). *Nova competência da Justiça do Trabalho*. São Paulo: LTr, 2005.

PINTO, José Augusto Rodrigues. A Emenda Constitucional n. 45/2004 e a Justiça do Trabalho: reflexos, inovações e impactos. In: COUTINHO, Grijalbo Fernandes; FAVA, Marcos Neves (coords.). *Justiça do Trabalho*: competência ampliada. São Paulo: LTr, 2005.

SILVA, Antônio Álvares. Competência da Justiça do Trabalho para o julgamento de conflitos coletivos de trabalho dos servidores públicos. Disponível em:< http://www.revistas.unifacs.br/index.php/redu/article/view/442/281>.

SOUTO MAIOR, Jorge Luiz. Justiça do Trabalho: a justiça do trabalhador? In: COUTINHO, Grijalbo Fernandes; FAVA, Marcos Neves (coords.). *Nova competência da Justiça do Trabalho*. São Paulo: LTr, 2005.

VIANA, Márcio Túlio. As relações de trabalho sem vínculo de emprego e as novas regras de competência. In: COUTINHO, Grijalbo Fernandes; FAVA, Marcos Neves (coords.). *Nova competência da Justiça do Trabalho*. São Paulo: LTr, 2005.

Site do Superior Tribunal de Justiça: <http://www.stj.gov.br>

Site do Supremo Tribunal Federal: <http://www.stf.jus.br>

Site do Tribunal Regional do Trabalho da 3ª Região: <http://www.trt3.jus.br>

Site do Tribunal Superior do Trabalho: <http://www.tst.gov.br>

Site Jus Brasil Jurisprudência: <http://www.jusbrasil.com.br>

CONCILIAÇÃO JUDICIAL: NOVOS ENFOQUES E PERSPECTIVAS

Anna Carolina Marques Gontijo [(*)]

Há mais coragem em ser justo, parecendo ser injusto, do que ser injusto para salvaguardar as aparências da justiça.

Piero Calamandrei

1. ASPECTOS HISTÓRICOS

Tradicionalmente, a conciliação sempre esteve ligada ao processo do trabalho, ora como uma característica do processo trabalhista, ora como seu princípio orientador.

O modo como a conciliação foi tratada na CLT corroborou para este cenário, uma vez que em seu texto há mais de uma dezena de artigos[(1)] que cuidam do assunto. A própria CR/1988, em sua redação original, ao distribuir a competência da Justiça do Trabalho, dispunha que competia "à Justiça do trabalho **conciliar e julgar** os dissídios individuais e coletivos entre trabalhadores e empregadores (...)"[(2)]. Grifei.

Outro traço histórico marcante da conciliação trabalhista foi a composição paritária das Juntas de Conciliação e Julgamento, nas quais eram inerentes às funções dos juízes classistas "aconselhar às partes a conciliação", segundo os termos do art. 667, *b*, da CLT, o que perdurou até a Emenda Constitucional n. 24, de 9 de dezembro de 1999.

Neste contexto, a conciliação foi vista, durante muito tempo, inclusive pelos demais ramos do Poder Judiciário, como uma característica intrínseca e exclusiva das relações laborais.

(*) Juíza do Trabalho Substituta do TRT da 3ª Região.
(1) Como, por exemplo, os arts. 667, 764, 789, 831, 835, 847, 848, 850, 860, 862, 872, 876 e 877 da CLT.
(2) Disponível em: <http://www.planalto.gov.br> Acesso em: 11 set. 2009.

E mesmo após o fim da composição paritária, a Constituição da República continuou a empregar a expressão "conciliar e julgar" ao se referir à competência trabalhista em seu art. 114, o que só foi alterado com o advento da EC n. 45/04, que a substituiu por "processar e julgar".

A reforma trazida pela EC n. 45/2004 marcou uma profunda alteração na competência da Justiça do Trabalho, que deixou de tratar exclusivamente das questões afetas aos empregados e empregadores, para se expandir às demais relações de trabalho, *lato sensu,* e outras lides conexas, como as sindicais.

Porém, mesmo após a EC n. 45/2004, a tentativa de conciliação continuou sendo obrigatória no processo do trabalho e também passou ser aplicada nas outras demandas levadas a juízo, pois, conforme bem analisado pelo Professor Francisco Antonio de Oliveira:

> a conciliação é a fase mais importante do processo do trabalho e sua raiz é histórica, filosófica e teleológica. O processo trabalhista é conciliador por excelência. O juiz do trabalho deve ser um conciliador. A conciliação atende ao princípio da celeridade e da economia processual e prestigia o crédito trabalhista de natureza alimentar.[3]

Assim, a supressão do termo *conciliar* pela EC n. 45/2004 não pretendeu retirar o cunho conciliador da Justiça do Trabalho, mas sim adaptar o *caput* do art. 114 da CR/1988 às novas competências constantes de seus incisos (I a IX), sem qualquer pretensão de alterar o marco característico desta Especializada.

2. CONCILIAÇÃO: DA ANTIGUIDADE AO MUNDO PÓS-MODERNO

Na antiguidade, o direito era pautado não só na tradição, cultos e crenças, mas também no direito natural[4], destacando-se a extrema relevância do positivismo jurídico, contemporaneamente, na ruptura de paradigmas e na transição para a modernidade. Nesta, o direito era legitimado por meio da lei escrita, com o objetivo de incutir maior segurança às relações jurídicas. A base positivista do sistema jurídico visava à paz social e era utilizada como instrumento de busca no tratamento isonômico entre os indivíduos.

Neste contexto, a segurança jurídica das relações e a igualdade formal constituíam o foco principal das legislações, culminado em uma supervalorização das decisões judiciais, pois eram elas que refletiam o direito positivado e traziam

---

(3) OLIVEIRA, Francisco Antonio de. Emenda Constitucional n. 45/2004 — uma ligeira visão. *Revista LTr,* São Paulo, v. 69, n. 03, p. 295-299, mar./2003.
(4) A cultura Iluminista, que inspirou a Revolução Francesa, marca a ideologia burguesa na busca do rompimento com a ordem milenar estabelecida pela tradição e foi a origem da mudança na história do direito.

justiça às relações jurídicas. Assim, apesar do acordo não exercer um papel de menor relevância, tinha uma conotação bem diferente da atual, já que eram as partes que atuavam como os atores principais, traçando as linhas da composição por elas desenhada.

Já neste período, a conciliação trazia aspectos não só econômicos, mas principalmente sociológicos, pois numa época de supervalorização das leis, traço marcante do positivismo jurídico, a decisão refletia uma imposição às partes, enquanto a conciliação, "uma decisão aceita por elas"[5], como bem sintetizado por Carnelutti.

Contudo, o positivismo jurídico revelou sua fragilidade diante das novas relações sociais, não tipificadas na lei, pois as codificações não conseguiam acompanhar, com a mesma velocidade, as mudanças e necessidades sociais do mundo pós-moderno, culminando no rompimento da hegemonia das codificações.

Este contexto é muito bem retratado pelo Professor Paulo Bonavides, segundo o qual:

> O formalismo de Kelsen ao fazer válido todo conteúdo constitucionalista, desde que devidamente observado o *modus faciendi* legal e respectivo, fez coincidir em termos absolutos os conceitos de legalidade e legitimidade, tornando assim tacitamente legítima toda a espécie de ordenamento estatal ou jurídico. Era o colapso do Estado de Direito Clássico, dissolvido por essa teorização implacável. Medido por seus cânones lógicos, até o Estado nacional-socialista de Hitler fora Estado de Direito. Nada mais é preciso acrescentar para mostrar a que ponto inadmissível pôde chegar o positivismo jurídico-formal. A juridicidade pura se transformou em ajuricidade total.[6]

Neste cenário, a crise do poder judiciário tornou-se inevitável e soluções para a mesma, necessárias. Segundo Ada Pellegrini Grinover:

> é sabido que ao extraordinário progresso científico do direito processual não correspondeu o aperfeiçoamento do aparelho judiciário e da administração da justiça.[7]

E não só quanto ao prisma administrativo, mas também pelo fato de o Poder Judiciário não conseguir acompanhar a evolução da sociedade pós-moderna, na qual as transformações sociais, econômicas e tecnológicas ocorrem de forma mais rápida que a adaptação legislativa.

---

(5) *Apud* GIGLIO, Wagner. *A conciliação nos dissídios individuais do trabalho*. 2. ed. Porto Alegre: Síntese, 1997.
(6) BONAVIDES, Paulo. *Curso de direito constitucional*. 17. ed. São Paulo: Malheiros, 2005. p. 175.
(7) GRINOVER, Ada Pellegrini. Os fundamentos da justiça conciliativa. *Revista IOB de Direito Civil e Processo Civil*. São Paulo, v. 9, n. 52, p. 71-76, mar./abr./ 2008.

Este descompasso, num Estado de Direito com formação e raízes fincadas no positivo, levou, indubitavelmente, ao surgimento da atual crise que vivemos no Judiciário.

3. A CONCILIAÇÃO COMO SOLUÇÃO PARA A CRISE

Neste diapasão, a conciliação ressurge como uma solução para a crise, sendo que, nas palavras de Grinover, "o renascer das vias conciliativas é devido, em grande parte, à crise da justiça"[8] e, ainda, explica que:

> se é certo que, durante um longo período, a heterocomposição e a autocomposição foram consideradas instrumentos próprios das sociedades primitivas e tribais, enquanto o *processo* jurisdicional representava insuperável conquista da civilização, ressurge hoje o interesse pelas vias alternativas ao processo, capazes de evitá-lo ou encurtá-lo, conquanto não o excluam necessariamente.[9]

Numa sociedade em crise, o direito exerce papel fundamental, pois é ele que busca soluções e, principalmente, legitima o Estado perante ela.

Para se evitar que as leis e, mormente, a Constituição não percam a sua normatividade, o Estado precisa implantar novas alternativas, como as formas extrajudiciais de solução de composição.

Ao mesmo tempo, o intérprete da lei passa a exercer um papel de suma importância, pois deixa de ser mero aplicador da norma, mediante operações lógicas de subsunção, para se tornar um juiz pró-ativo, que atua constantemente na busca de **rápidas** soluções para os conflitos.

A eficiência das vias conciliatórias reflete em maior acessibilidade à justiça, em razão da desobstrução dos tribunais, e, como bem sintetizado pelo Professor José Roberto Freire Pimenta:

> recupera faixas contenciosas que de outro modo restariam só em estado potencial, contribuindo assim para tornar realidade a efetividade da tutela jurisdicional dos direitos constitucionalmente prometida[10].

A necessidade de novas soluções para os conflitos fez com que a conciliação se espalhasse por todos os ramos do Poder Judiciário, inclusive para aqueles originariamente inconciliáveis[11].

---

(8) *Idem.*
(9) *Idem.*
(10) PIMENTA, José Roberto Freire. A conciliação judicial na Justiça do Trabalho após a Emenda Constitucional n. 24/99: aspectos de direito comparado e o novo papel do Juiz do Trabalho. *Revista LTr*, São Paulo, v. 65, n. 02, p. 151-162, fev. 2001.
(11) Por exemplo, na esfera criminal, a transação foi estendida às ações penais públicas, nos termos dos arts. 60, 72 e 73 da Lei n. 9.099/1995.

Neste intuito, a dimensão adquirida pela conciliação foi tamanha que foram criadas pelo CNJ Semanas da Conciliação[12], nas quais são realizadas milhares de audiências, em todas as esferas do Judiciário, na busca de soluções rápidas e eficientes para os conflitos.

Só de 1º a 5 de dezembro de 2008, foram realizadas mais de 305.500 audiências em todo o País, e em 130.848 delas foram celebrados acordos (42,8%). Os números aumentaram de forma expressiva, já que na primeira Semana da Conciliação, em 2006, foram realizadas apenas 83.987 audiências,[13] refletindo o crescimento do intuito conciliatório no Poder Judiciário, o que traduz a premente necessidade de alternativas para a crise.

Na atual conjuntura, indaga-se: qual o futuro da conciliação? O que se pode esperar deste movimento tão valorizado no mundo pós-moderno? E mais, quais os reflexos da crise e, por conseguinte, da conciliação para o futuro do processo do trabalho?

4. O FUTURO DA CONCILIAÇÃO NA JUSTIÇA DO TRABALHO

Especialmente na Justiça do Trabalho, o que se verifica nas conciliações ordinariamente celebradas é o retrato da crise de um sistema que não consegue acompanhar e resolver os problemas que lhe são colocados, em virtude da falta de contingente humano ou técnico.

O direito do trabalho é pautado, em regra, pela indisponibilidade de direitos. Vale dizer que nem tudo é conciliável no âmbito juslaboral, tendo em vista a desigualdade formal existente entre empregado e empregador.

Assim, os acordos nas relações de trabalho só devem ser homologados quando, além de incidirem sobre direitos de disponibilidade relativa, decorrem de uma verdadeira *res dubia*[14].

Infelizmente, não é o que se percebe no cotidiano trabalhista, já que o expressivo aumento do número de demandas levadas a juízo, causado tanto pelas novas competências atribuídas pela EC n. 45/2004 quanto pela fragilidade das relações jurídicas pós-modernas, tem modelado outro cenário bastante triste e desanimador, diga-se de passagem.

Em razão da volatilidade das relações jurídico-trabalhistas, o que se percebe, atualmente, é a existência de contratos trabalhistas fugazes, nos quais as empresas

---

(12) Movimento pela Conciliação, implementado pelo CNJ em 23.8.2006.
(13) Disponível em: <http://www.cnj.jus.br>. Acesso em: 11 set. 2009.
(14) Aqui vale destacar que não é a *res litigiosa* que autoriza a transação de direito, mas a *res dubia*, e o simples fato de o direito ter sido levado a juízo não o torna duvidoso e, consequentemente, não justifica sua disponibilidade.

não garantem aos seus empregados os direitos mínimos e, em contrapartida, estes não se prendem com facilidade a uma determinada atividade ou emprego.

Nesta conjuntura, o Poder Judiciário exerce papel fundamental na distribuição de justiça social, pois, na maioria das vezes, só são garantidos os direitos trabalhistas mínimos aos empregados, quando acessam o Judiciário.

Aparentemente, este cenário apenas se altera quando o processo torna-se oneroso e prejudicial ao empregador, ao ponto que economicamente, para a empresa, seja mais viável a adequação à legislação do que uma condenação.

No entanto, o que se observa é que o processo do trabalho tornou-se um aliado do empregador e não do empregado. Vale dizer que o trabalhador, para receber seus direitos básicos e indisponíveis, precisa recorrer à justiça para obter o pagamento parcial, parcelado, em atraso e, ainda, com quitação integral para o empregador.

O crescente número de demandas, aliado ao reduzido número de juízes, colaboram para que muitos acordos sejam homologados em franco prejuízo aos direitos indisponíveis dos trabalhadores, e em vantagem para as empresas.[15]

O que se pretende demonstrar é que a conciliação não pode ser vista como a única alternativa para a solução rápida dos conflitos, pois, em grande parte, vem acompanhada de redução de direitos indisponíveis.

Conforme brilhantemente argumentado pelo Professor Márcio Túlio Viana:

> o acordo trabalhista tem muito pouco — ou quase nada — de uma transação no cível, em que as partes podem enfrentar muito melhor os riscos inclusive o risco do tempo. Afinal, ambas preservam a sua fonte de renda; não dependem da própria demanda para sobreviver.[16]

Desta forma, argumentos como a lentidão do processo, apesar de utilizados com grande frequência, não podem ser determinantes na celebração do acordo. O juiz deve se valer de outros institutos jurídicos para que a morosidade não seja lesiva ao empregado, como, por exemplo, a antecipação de tutela[17], até mesmo de ofício, se necessário; liberação de dinheiro na execução provisória, que, apesar de prevista no art. 475-O, § 2º, I do CPC, é pouco utilizada pelos juízes, entre outros institutos.[18]

---

(15) A situação é tão paradoxal que, muitas vezes, a Justiça do Trabalho é procurada após o Sindicato da categoria ter se recusado a homologar a rescisão, seja porque o valor não quita integralmente as verbas rescisórias, seja porque o empregador não depositou integralmente o FGTS. Na justiça, o acordo, digo, rescisão, é homologado, em franca inobservância ao art. 477 da CLT.
(16) VIANA, Márcio Túlio. Os paradoxos da conciliação: quando a ilusão da igualdade formal esconde mais uma vez a desigualdade real. *Jornal Trabalhista:* JTb-jornal Trabalhista Consulex, Brasília, v. 25, n. 01.212, p. 4-9, mar. 2008.
(17) Art. 273 do CPC.
(18) Como, por exemplo, art. 461 e seguintes do CPC.

O que não se pode permitir é que acordos lesivos sejam homologados utilizando-se como critérios o fator tempo e o excesso de processos levado a juízo.

Como bem colocado pelo Juiz Jorge Luiz Souto Maior:

> A atividade conciliatória, por tudo isso, apresenta-se importante mas muito dificultosa ao juiz principalmente porque não deve ser vista como fórmula para eliminação de processos, mas como método de se alcançar uma solução justa para o conflito. Neste sentido, a atividade conciliatória do juiz é valorativa, podendo e devendo, por isso mesmo, impedir que se concretizem acordos que quase se apresentem como fraude à lei, que lesem a alguma das partes ou mesmo que sejam alcançados por abuso de direito de uma das partes.[19]

O expressivo número de processos é a realidade de toda Justiça do Trabalho, e a necessidade de rápida solução dos mesmos é premente, já que o direito levado a juízo tem natureza alimentar.

No entanto, o Juiz deve ponderar os resultados da demanda e se abster de homologar acordos fraudulentos ou que não garantam os direitos mínimos indisponíveis, tais como assinatura de CTPS e recolhimentos previdenciários.

Como brilhantemente exposto pelo professor Márcio Túlio Viana:

> Quanto piores forem os acordos, menos a lei será cumprida e maior será a sensação de injustiça; pior ainda, de uma justiça praticada sob os olhos do juiz.[20]

E continua:

> Por mais que a conciliação esteja fora do processo, parece-me que o conciliador não pode abrir um parênteses em sua condição de juiz. (...) tem que se envolver de corpo e alma na trama, sentindo os cheiros e percebendo as cores, e intuindo tudo o que não puder deduzir. Nesse aspecto, em novo e curioso paradoxo, a conciliação se reaproxima da sentença: como se tivesse a mesma etimologia, exige também um *sentire*...[21]

Em suma, a conciliação tornou-se uma realidade necessária e irrefutável no exercício jurisdicional contemporâneo, constituindo-se como uma importante via de resolução de conflitos e desobstruindo um sistema judicial sobrecarregado

---

(19) SOUTO MAIOR, Jorge Luiz. Direito processual do trabalho. São Paulo: LTr, 1998, *apud* NASSIF, Elaine. *Conciliação judicial e indisponibilidade de direitos:* paradoxos da "justiça menor" no processo civil e trabalhista. São Paulo: LTr, 2005. p. 168.
(20) *Op. cit.*
(21) *Op. cit.*

pelos efeitos da dinâmica laboral atual. Contudo, não pode ser utilizada como um instrumento cerceador de direitos, no qual o ímpeto pela resolubilidade de conflitos fira bens indisponíveis dos empregados, num âmbito imediatista. Em outra mão, dever-se-á utilizá-la como uma eminente alternativa, em situações conflitantes que envolvam disponibilidade relativa de direitos e não impliquem em fraude à lei, beneficiando-se assim, e somente assim, de sua celeridade inerente.

REFERÊNCIAS BIBLIOGRÁFICAS

BONAVIDES, Paulo. *Curso de direito constitucional*. 17. ed. São Paulo: Malheiros, 2005.

DELGADO, Mauricio Godinho. *Curso de direito do trabalho*. 3. ed. São Paulo: LTr, 2004.

GIGLIO, Wagner D. *A conciliação nos dissídios individuais do trabalho*. 2. ed. Porto Alegre: Síntese, 1997.

GRINOVER, Ada Pellegrini. Os fundamentos da justiça conciliativa. *Revista IOB de Direito Civil e Processo Civil*, São Paulo, v. 9, n. 52, p. 71-76, mar./abr. 2008.

NASSIF, Elaine. *Conciliação judicial e indisponibilidade de direitos:* paradoxos da "justiça menor" no processo civil e trabalhista. 1. ed. São Paulo: LTr, 2005.

OLIVEIRA, Francisco Antonio de. Emenda Constitucional n. 45/2004 — uma ligeira visão. *Revista LTr,* São Paulo, v. 69, n. 3, p. 295-299, mar. 2003.

PIMENTA, José Roberto Freire. A conciliação judicial na Justiça do Trabalho após a Emenda Constitucional n. 24/99: aspectos de direito comparado e o novo papel do Juiz do Trabalho. *Revista LTr,* São Paulo, v. 65, n. 2, p. 151-162, fev. 2001.

VIANA, Márcio Túlio. Os paradoxos da conciliação: quando a ilusão da igualdade formal esconde mais uma vez a desigualdade real. *Jornal Trabalhista:* JTb-jornal Trabalhista Consulex, Brasília, v. 25, n. 01.212, p. 4-9, mar. 2008.

O INSTITUTO DA PRESCRIÇÃO E A ARGUIÇÃO *EX OFFICIO*: APLICAÇÃO NO PROCESSO DO TRABALHO

Ricardo Wagner Rodrigues de Carvalho (*)

INTRODUÇÃO

Conforme consta do art. 5º, LXXVIII, da Constituição da República foi garantido aos jurisdicionados a duração razoável do processo. A referida inserção ratificou e imprimiu maior velocidade às diversas reformas já realizadas no Processo Civil e evidenciou a necessidade de tornar efetiva a tutela jurisdicional, acentuando e aprofundando as modificações legislativas no processo em geral.

Não obstante, tal garantia já se encontrava prevista no Pacto de San José da Costa Rica (art. 8º, I), passando a constar expressamente do texto Constitucional com a Reforma do Judiciário (Emenda Constitucional n. 45/2004).

A preocupação com a efetividade da tutela jurisdicional já era a preocupação do legislador mesmo antes da Reforma do Judiciário, como se pode observar da lição de Dinamarco:

> Ao definir e explicitar muito claramente garantias e princípios voltados à tutela constitucional do processo, a nova Constituição tornou crítica a necessidade não só de realizar um processo capaz de produzir resultados efetivos na vida das pessoas (efetividade da tutela jurisdicional), como também de fazê-lo logo (tempestividade) e mediante soluções aceitáveis segundo o direito posto e a consciência comum da nação (justiça). Efetividade, tempestividade e justiça são os predicados essenciais sem os quais não é politicamente legítimo o sistema processual de um país.[1]

(*) Membro Fundador do Instituto de Ciências Jurídicas e Sociais. Bacharel em Direito pela Universidade Federal de Minas Gerias. Diretor Administrativo do TRT da 3ª Região. Professor de Direito do Trabalho da Faculdade de Direito Milton Campos. Membro efetivo do corpo docente da Escola Superior da OAB. Pós-graduado em Direito Público pelo IEC-PUC/Minas.
(1) DINAMARCO, Cândido Rangel. *A reforma da reforma*. São Paulo: Malheiros, 2003. p. 29.

Nesse contexto, o que se procurará demonstrar consiste em que as ações legislativas concretizadas nas reformas, principalmente do Código de Processo Civil, embora visem a dar efetividade ao princípio da celeridade, agora alçado ao *status* constitucional, devem ter sua aplicação no processo do trabalho condicionadas à harmonização com a sistemática processual trabalhista.

Abordar-se-á no presente trabalho a reforma do instituto da prescrição com a possibilidade de arguição *ex officio*. A análise se dará sob a perspectiva de sua aplicação no processo do trabalho e o obstáculo da utilização subsidiária desse preceito.

O objetivo central será o de apresentar as controvérsias mais agudas em torno da arguição *ex officio* da prescrição, dando especial destaque para sua incompatibilidade com o processo do trabalho.

1. O INSTITUTO DA PRESCRIÇÃO. ARGUIÇÃO *EX OFFICIO*

Conforme consta do Novo Código Civil (art. 189), a prescrição atinge a pretensão, expressão esta utilizada pioneiramente pelo Código de Defesa do Consumidor (art. 27, Lei n. 8.078/1990), com influência do Direito Alemão. Pretensão pode ser entendida como:

> o poder de exigir de outrem coercitivamente o cumprimento de um dever jurídico, vale dizer, é o poder de exigir a submissão de um interesse subordinado (do devedor da prestação) a um interesse subordinante (do credor da prestação) amparado pelo ordenamento jurídico[2].

Não obstante as críticas que alguns autores tecem a respeito da expressão adotada pelo Código Civil, basta a visão deste diploma legal para evitar que se extrapole o objeto do presente artigo[3]. Se de um lado, para a caracterização da decadência, temos de observar apenas o decurso do tempo para que haja o perecimento de direito potestativo, com a prescrição, há de se observar, além disso, o ajuizamento da demanda e a alegação do réu ao manifestar-se no processo.

Conforme ensinamento de Alexandre Freitas Câmara:

> ... o devedor, uma vez citado, pode ficar revel; pode renunciar à faculdade de alegar a prescrição; pode reconhecer a procedência do pedido; pode se defender sem alegar a prescrição; e, por fim, pode defender-se alegando a consumação do prazo prescricional.[4]

---

(2) GAGLIANO, Pablo Stolze; FILHO, Rodolfo Pamplona. *Novo curso de direito civil.* v. I — Parte Geral. 4. ed. rev., ampl. e atual.. São Paulo: Saraiva, 2003. p. 478.
(3) Para leitura a respeito consulte: CÂMARA, Alexandre Freitas. *Lições de direito processual civil.* v. 1, 15. ed. rev. e atual. Rio de Janeiro: Lumen Juris, 2006. p. 314.
(4) CÂMARA, Alexandre Freitas. *Op. cit.*, p. 316.

Com base nesses três fatos é que se pode concluir, facilmente, que a prescrição, não obstante tratar-se de norma de ordem pública, não poderia ser arguida de ofício pelo Juiz.

Instalou-se a polêmica com a nova redação do § 5º do art. 219 do CPC e a revogação do art. 194 do Código Civil, que permitiram ao Juiz o acolhimento da prescrição de ofício. Se para o reconhecimento da prescrição encontra-se arraigado na doutrina e jurisprudência a imperiosa observância do decurso do prazo, com o ajuizamento da demanda e, também, com a posterior alegação da prescrição pelo réu, como admitir tal procedimento autônomo do Juiz? E, principalmente, como compatibilizá-lo com o Direito Processual do Trabalho?

Conforme restou expresso na Exposição de Motivos do Projeto de Lei que deu nova redação ao § 5º do art. 219, do CPC, referido por Humberto Theodoro Júnior, o legislador visou, principalmente, a celeridade processual, pois permitiu ao Juiz "decretar de ofício, sem necessidade de provocação das partes, a prescrição, em qualquer caso"[(5)], diminuindo, assim, o número de processos nos tribunais, em atenção ao disposto no art. 5º, inciso LXXVIII, da CF.

Para atingir seu objetivo, além da alteração perpetrada no Código de Processo Civil, derrogou-se o art. 194 do Código Civil, que proibia ao Juiz suprir a alegação da prescrição pela parte interessada. Tal derrogação foi alvo de críticas:

> Para completar a desastrosa inovação introduzida no § 5º do art. 219 do CPC, segundo o qual competiria ao juiz pronunciar, de ofício, a prescrição, a Lei n. 11.280 avançou sobre o Código Civil e revogou, *tout court*, o seu art. 194, justamente aquele cuja norma, em todo direito comparado, espelha a essência da prescrição, conferindo-lhe o caráter de uma defesa de direito material.[(6)]

Não se pode olvidar que a modificação no CPC, de certa forma, compatibilizou o art. 219, § 5º, do CPC com o art. 295, IV, do CPC que inclui como causa de indeferimento da petição inicial a verificação da prescrição, o que era admitido na doutrina apenas para direitos não patrimoniais, com vistas a corrigir equívoco do CCB de 1916 que não distinguia os prazos prescricionais dos decadenciais[(7)].

Nesse contexto, no que se refere ao processo civil, parece-me que, pelo menos quanto ao momento de o Juiz analisar a questão, procurou-se encontrar a solução, permitindo ao magistrado decretar a prescrição quando da análise da petição inicial. Insta salientar que, nesse momento, ainda não se formou a relação processual, não havendo que se falar em afronta à isonomia no tratamento das

---

(5) THEODORO JÚNIOR, Humberto. *As novas reformas do Código de Processo Civil*. Rio de Janeiro: Forense, 2006. p. 24.
(6) *Ibidem*, p. 37
(7) THEODORO JÚNIOR, Humberto. *Curso de direito processual civil*. v. I. Rio de Janeiro: Forense, 1997. p. 359.

partes. Assim, embora passível de críticas, tem-se observado a defesa da arguição *ex officio* da prescrição, em qualquer momento, e não só quando do despacho da petição inicial, mormente se considerarmos o caráter impositivo da norma em apreço que dispõe: "O juiz pronunciará, de ofício, a prescrição" (art. 219, § 5º, do CPC).

Veja a jurisprudência:

> **EMENTA:** PROCESSUAL CIVIL — AGRAVO INTERNO EM AGRAVO DE INSTRUMENTO — DECISÃO MONOCRÁTICA — CONCESSÃO DE GRATUIDADE JUDICIÁRIA EM FAVOR DOS AGRAVANTES — PRESCRIÇÃO QUINQUENAL — RECONHECIMENTO DE OFÍCIO — MANUTENÇÃO DA DECISÃO — AGRAVO INTERNO CONHECIDO E NÃO PROVIDO. Presentes os requisitos da Lei n. 1.060/50, a concessão do benefício da gratuidade judiciária é medida que se impõe. Pela nova redação do § 5º do art. 219 do CPC, dada pelo art. 3º da Lei n. 11.280/2006, a PRESCRIÇÃO pode ser reconhecida de ofício pelo julgador, em qualquer grau de jurisdição. Recurso conhecido e não provido.[8]

Note-se que forte corrente doutrinária não vê com bons olhos o acolhimento da prescrição de ofício no processo civil, como concluiu Humberto Theodoro Júnior, *verbis*:

> A decretação autoritária e sumária da prescrição, sem a necessária provocação da parte, ofende ainda a garantia do devido processo legal por não respeitar os interesses tanto do credor como do devedor: do credor, porque o surpreende, sem dar-lhe oportunidade de adequada demonstração das objeções que legalmente possa opor a uma causa extintiva que não é automática e que em regra envolve, ou pode envolver, complexos elementos de fato e de direito; ao devedor, porque lhe impõe o reconhecimento de uma obrigação e uma exoneração que nem sempre correspondem a seus desígnios éticos e jurídicos.[9]

O mesmo autor argumenta que a mera derrogação de artigo do Código Civil não é suficiente para admitir a decretação da prescrição de forma autônoma pelo Juiz. Há de se observar que toda a sistemática do Código Civil mantém-se incólume no que se refere à impossibilidade de extinção do direito apenas pelo termo final do prazo prescricional. Quanto a este aspecto, não se pode olvidar que o Código Civil veda de forma expressa a repetição do que se pagou para solver dívida prescrita (art. 882), reforçando a ideia, ínsita ao Direito Civil, de disponibilidade da prescrição consumada, obstaculizando a atuação do Juiz sem a provocação do devedor.[10]

---

(8) Processo TJ/MG n. 1.0024.07.449129-1/002, Relatora Márcia de Paoli Balbino, publ. DJMG de 5.5.2007.
(9) THEODORO JÚNIOR, Humberto. *As novas reformas do Código de Processo Civil*. Rio de Janeiro: Forense, 2006. p. 67.
(10) THEODORO JÚNIOR, Humberto. Prescrição — Liberdade e dignidade da pessoa humana. *Revista Dialética de Direito Processual,* n. 40, p. 69.

2. PROCESSO DO TRABALHO E A ARGUIÇÃO *EX OFFICIO*

Se no Processo Civil o acolhimento da prescrição de ofício encontra resistência, no processo do trabalho, a sua inaplicabilidade é ainda mais evidente, pois instransponíveis os obstáculos para sua compatibilização, a teor dos arts. 8º e 769 da CLT.

Em primeiro lugar, no processo do trabalho em que a inicial é recebida e, automaticamente, notificado o reclamado, independentemente de despacho do Juiz, imperioso concluir pela dificuldade de aplicação do art. 219, § 5º, do CPC. O Juiz, por via de regra, somente terá conhecimento do conteúdo da petição inicial no momento da realização da audiência, quando já presentes as partes e formada a relação processual.

Com a presença das partes, o reclamado teve oportunidade de apresentar sua defesa (art. 847 da CLT), sendo certo que o Juiz não poderá suprir a vontade deste último, sob pena de malferir o princípio da isonomia, por se tratar de direitos patrimoniais e de interesse apenas das partes litigantes. Restaria, portanto, apenas a possibilidade no caso de interesse do absolutamente incapaz, como previa a redação do derrogado art. 194 do Código Civil.

Outro aspecto a ser considerado reside na renunciabilidade do instituto previsto no art. 191 do Código Civil, segundo o qual:

> A renúncia da prescrição pode ser expressa ou tácita, e só valerá, sendo feita, sem prejuízo de terceiro, depois que a prescrição se consumar; tácita é a renúncia quando se presume de fatos do interessado, incompatíveis com a prescrição.

Como se pode observar, a não ser que se admita a quebra do dogma da renunciabilidade, não há como admitir o reconhecimento de ofício da prescrição, notadamente em sede do processo do trabalho.

Vale frisar que a renúncia é importante elemento para distinção deste instituto com a decadência e:

> consiste na possibilidade de o devedor de uma dívida prescrita, consumado o prazo prescricional e sem prejuízo a terceiro, abdicar do direito de alegar esta defesa indireta de mérito (a prescrição) em face do seu credor. Se anuncia o pagamento, e o executa, *renunciou expressamente*. Se, embora, não o haja afirmado expressamente, constituiu procurador, providenciou as guias bancárias para o depósito ou praticou qualquer ato incompatível com a prescrição, significa que *renunciou tacitamente*.[11]

Se o reclamado adotou a postura processual de não arguir a prescrição, não poderá o Juiz, com a presença das partes em audiência, conhecê-la de ofício. Observe que o argumento de autorizar o reclamado, a qualquer momento, arguir

---

(11) GAGLIANO, Pablo Stolze; PAMPLONA FILHO, Rodolfo. *Op. cit.*, p. 489.

a prescrição (art. 193 do CCB) não é suficiente para justificar o seu acolhimento de ofício, pois se é certo este ponto, não menos certo é que poderá deixar transcorrer *in albis* a oportunidade para a arguição.

Como tentativa de eliminar este obstáculo, aqueles que advogam a tese da decretação da prescrição de ofício militam a favor da oitiva prévia das partes. Adotado este procedimento, o titular da pretensão pode se pronunciar, invocando causas interruptivas e suspensivas do fluxo do prazo prescricional[12].

Não obstante os judiciosos argumentos, entendemos que a mera possibilidade de as partes se manifestarem não soluciona de forma definitiva a questão. Isto porque o art. 193 do CCB resguarda a possibilidade de arguição da prescrição contra os efeitos da preclusão, sendo certo que o devedor, ao não se pronunciar, não implica renúncia ao direito. Prevalece, portanto, o óbice do interesse patrimonial das partes, principalmente no Direito do Trabalho, em que vigora o princípio da proteção.

Aliás, tem sido este o argumento verificado em diversas decisões, como a seguinte:

EMENTA: PRESCRIÇÃO. CONHECIMENTO E DECRETAÇÃO DE OFÍCIO. PERMISSIVO CONTIDO NO ART. 219, § 5º, DO CPC. DIREITO DO TRABALHO E PROCESSO DO TRABALHO. Os direitos trabalhistas são de natureza patrimonial especial, eis que derivados da prestação de serviços por pessoa física com a finalidade de obter o sustento próprio e de sua família, de forma honesta e digna, valor esse consubstanciado em norma constitucional, erigida em princípio fundamental do Estado Democrático de Direito, conforme art. 1º, *caput*, e incisos III e IV, da Magna Carta. Melhor seria que exceções à patrimonialidade fossem preservadas e até ampliadas, como é o caso da estabilidade, que durante décadas foi prevista timidamente na CLT e, *a posteriori*, descortinada largamente, quase sem efetividade, na Constituição. Existem direitos trabalhistas que ultrapassam qualquer valoração patrimonial, como no exemplo acima, cujo elevado atributo jurídico-social foi substituído pelo FGTS de índole essencialmente econômica. No âmbito institucional, violado o direito, nasce para o titular a pretensão, a qual se extingue, pelo decurso do prazo, aliado à inércia. Assim, a prescrição é a perda, pelo decurso do tempo, da pretensão atribuída pela lei ao titular de exigir pelas vias judiciais o cumprimento de determinado direito. Os direitos trabalhistas são visceralmente irrenunciáveis; são indisponíveis, constituindo a prescrição uma espécie de exceção ao mencionado princípio. Normalmente, a prescrição quinquenal, parcial ou total, que ocorre no curso do contrato de trabalho, se deve à falta de garantia de emprego. O ajuizamento de ação trabalhista na vigência do pacto laboral pode significar a perda de um bem maior e que se torna a cada dia mais raro: o próprio emprego, de fundo muito mais social do que patrimonial, o que, de resto, ocorre com a grande maioria dos direitos trabalhistas. A CLT é omissa a respeito da possibilidade de o juiz, de ofício, conhecer da prescrição e decretá-la de

---

(12) CHAVES, Luciano Athayde. Prescrição e decadência. In: CHAVES, Luciano Athayde (org.). *Curso de processo do trabalho*. São Paulo: LTr, 2009. p. 444. No mesmo sentido, o entendimento do juiz aposentado do TRT da 3ª Região PINTO, Raul Moreira. *Declaração da prescrição "ex officio"* – algumas reflexões. Disponível em: <http://www.trt3.jus.br>.

imediato. Assim, o § 5º do art. 219, do CPC, para ser aplicado no processo do trabalho, tem de passar pelo crivo da compatibilidade, conforme arts. 769 e 8º, da Consolidação, mormente se se considerar que a prescrição é a perda da pretensão, que fulmina, ainda que indiretamente, o direito material sobre o qual está alicerçada toda a dignidade do trabalhador. Assim, a subsidiariedade, além da fissura legislativa, exige uma aguda e serena harmonia interior e intrínseca. É mais ou menos como se fosse um transplante em que a compatibilidade molecular deve ser pesquisada minuciosamente. Ao menor sinal de rejeição, a norma jurídica que se pretende transplantar deve ser afastada. A persistência da omissão é melhor do que a aplicação subsidiária, porque o intérprete disporá de outras fontes de Direito do Trabalho, mais aptas a realizar a justiça que é a principal finalidade do Direito. Neste contexto, a prescrição trabalhista somente deve ser conhecida e decretada, quando suscitada por quem a beneficia, sendo inaplicável a regra do § 5º do art. 219, do CPC, porque não se coaduna teleologicamente com os princípios especiais justrabalhistas, sejam eles de ordem instrumental ou substantiva. Pois bem. Os fundamentos da prescrição são a segurança jurídica, a estabilidade das relações e a paz social, plenamente aplicáveis às situações em que as partes são formal e substancialmente iguais. Já o despojamento de direitos trabalhistas, ainda mais por declaração *ex officio*, em que uma das partes é economicamente mais fraca, a par de acarretar instabilidade e exclusão social, aumentar a desigualdade entre ricos e pobres, ulcera a norma constitucional que prevê como objetivo fundamental a erradicação da pobreza e da marginalização, assim como a erradicação da desigualdade social.[13]

Gustavo Felipe Barbosa Garcia defende a aplicação do instituto na forma preconizada no CPC, na medida em que presentes os requisitos dos arts. 8º e 769, da CLT:

> Se a pretensão formulada, de acordo com o direito objetivo, não é mais exigível, entendeu o legislador que assim seja considerada pelo juiz, mesmo de ofício, o que está em consonância, aliás, com os princípios da primazia da realidade, bem como da celeridade e economia processual.
>
> Eventual hipossuficiência de uma das partes da relação jurídica de direito material — condição esta que não se restringe ao âmbito do Direito do Trabalho, podendo perfeitamente ocorrer em outros ramos do Direito, mesmo Civil *lato sensu* —, não é critério previsto, no sistema jurídico em vigor, como apto a excepcionar a aplicação da disposição legal em questão; ou seja, não afasta o reconhecimento pelo juiz, de ofício, da inexigibilidade do direito, da mesma forma como se este já estivesse extinto por outro fundamento, como a quitação demonstrada nos autos.
>
> Não se pode admitir que o juiz, como sujeito imparcial no processo, possa querer "beneficiar" uma das partes, deixando de pronunciar a prescrição, matéria que, de acordo com a lei atual, deve ser conhecida de ofício.
>
> (...)
>
> Imagine-se a situação em que se o empregado for credor, não se aplica a prescrição de ofício; no entanto, se ele for devedor, o juiz decreta a

---

[13] Processo TRT/MG n. 00872-2006-059-03-00-9 RO, Relator Luiz Otávio Linhares Renault, publ. DJMG de 19.5.2007.

inexigibilidade do direito independentemente de arguição do empregador. O mesmo ocorreria se o consumidor fosse devedor e, em outra questão, fosse credor de direito não mais inexigível. Como se nota, corre-se o risco de se incorrer em casuísmo inadmissível, tornando o juiz parcial, referendando conduta contrária ao Estado (democrático) de Direito, por causar total insegurança jurídica.

Não obstante os argumentos expendidos pelo autor, não se pode, a pretexto de tornar célere o processo, descurar-se de conceitos já arraigados e que, em última análise, servem de proteção aos jurisdicionados. Como já afirmado anteriormente, a interpretação sistemática do Código Civil evidencia a disponibilidade do prazo prescricional consumado, sendo certo que a inserção do § 5º do art. 295, do CPC, possibilitando a atuação *ex officio* do Juiz, não é suficiente para ultrapassar os obstáculos acima referidos.

Mesmo que se conclua pela aplicação do dispositivo referido no processo do trabalho, fico com o ensinamento de Humberto Theodoro Júnior, para quem:

> O poder do juiz decretar *ex officio* a prescrição, previsto na lei processual, há, por isso, de ser interpretado como abrangente não de toda e qualquer prescrição, mas apenas daquelas que, por previsão excepcional do direito material, estejam sob controle direto do magistrado. Estando, porém, a prescrição, sob o regime sistemático de *exceção*, como ocorre com a generalidade das pretensões de direito patrimonial disponível, o que há de prevalecer, para não ofender a garantia de liberdade, tutelada entre os direitos fundamentais, é a autonomia da vontade do devedor. A ele, e mais ninguém, cabe optar entre usar ou não o expediente de recusar cumprimento a uma dívida alcançada pelos efeitos da prescrição.[14]

Quanto a esta atuação restrita do Juiz apenas quando a matéria estiver sob o controle direto do magistrado, há de ressaltar o posicionamento de parcela da doutrina que defende que a prescrição poderá ser arguida de ofício para favorecer a Fazenda Pública, excetuando, por questões óbvias, as empresas públicas e sociedades de economia mista.[15]

---

(14) THEODORO JÚNIOR, Humberto. *Op. cit.*, p. 73. Para o autor, "exceção é exatamente a defesa, de direito material, cuja invocação é privativa do devedor; enquanto a objeção consiste na simples sucitação de algo cujo conhecimento e solução pelo juiz deveriam dar-se de ofício. Pretender que o juiz, no âmbito da lei processual, detenha o poder de declarar, por iniciativa própria, uma prescrição (relativa a direito patrimonial disponível), equivale a eliminar o caráter de exceção, com que se estrutura sistematicamente o instituto dentro do Código Civil". Com isso, fundamenta-se a necessidade de provocação da parte interessada para que seja decretada a prescrição.
(15) LIMA, Taísa Maria Macena de. Prescrição de ofício e renúncia à prescrição consumada. *Jornal da Associação dos Magistrados da Justiça do Trabalho da 3ª Região*, p. 3.

Sem dúvida é uma solução para compatibilizar a aplicação do art. 219, § 5º, do CPC ao processo do trabalho. No entanto, vai de encontro com entendimento do TST (OJ n. 130, SDI-1) e cria mais um privilégio processual injustificável para o Poder Público.

No mesmo sentido do ensinamento *supra*, o conteúdo do art. 211 do CCB o qual prevê, expressamente, a possibilidade de arguição *ex officio* da decadência. No entanto, afasta esta possibilidade quando se tratar de prazo decadencial fixado convencionalmente.

Como se vê não se alterou a posição do legislador ao restringir a atuação de ofício do Juiz, quando se referir a interesse privado, sendo certo que os prazos prescricionais têm relação, quase sempre, a direitos dessa natureza.

CONCLUSÃO

Muito embora a possibilidade de atuação *ex officio* do Juiz quanto ao reconhecimento da prescrição e a derrogação do art. 194 do Código Civil já foi concretizada pelo legislador há alguns anos, a sua aplicação ainda encontra resistência no campo da doutrina e jurisprudência. A reforma processual não pode, a pretexto de imprimir maior celeridade ao processo, simplesmente alterar conceitos já arraigados em nosso ordenamento jurídico.

Como se observou dos ensinamentos doutrinários, o acolhimento da prescrição de ofício enfrenta divergências agudas, defendendo parcela importante da doutrina que a mera revogação do art. 194 do Código Civil não é suficiente para afastar o óbice a este procedimento, ínsito a toda sistemática do Direito Civil.

No campo do Direito Processual do Trabalho, a reforma será a medida eficaz para pôr fim às divergências doutrinárias e jurisprudenciais. Cabe aqui ressaltar o apreço e vocação do processo trabalho pela celeridade processual, servindo tantas vezes como modelo para as próprias reformas do Código de Processo Civil.

Não obstante, a arguição *ex officio* do instituto da prescrição, de forma subsidiária, deve sofrer um exame de compatibilidade à luz dos princípios e normas trabalhistas e não apenas em relação à celeridade almejada. Deve-se, antes de tudo, verificar se é compatível com a sistemática trabalhista, conforme dispõe o art. 769 da CLT.

A própria natureza dos créditos trabalhistas, como já acentuado por inúmeros julgados, constitui obstáculo para a compatibilização da matéria, sendo certo que tal posicionamento não implica que haverá tratamento parcial a uma das partes no processo.

A tese doutrinária de aplicação do art. 295, § 5º, do CPC apenas quando favorável à pessoa jurídica de direito público, apesar de representar uma forma de compatibilização dos institutos de direito civil e do processo, institui, na realidade, injustificável privilégio à Fazenda Pública.

Diante dos argumentos acima expendidos, outra conclusão não há, senão da impossibilidade da acolhimento *ex officio* da prescrição no processo do trabalho.

REFERÊNCIAS BIBLIOGRÁFICAS

BARROS, Alice Monteiro de (org.). *Curso de direito do trabalho:* estudos em memória de Célio Goyatá. v. II. 3. ed. rev. e atual. São Paulo: LTr, 1997.

CÂMARA, Alexandre Freitas. *Lições de direito processual civil.* v. I. 8. ed. Rio de Janeiro: Lumen Juris, 2002.

CASTRO, Carlos Alberto Pereira de; LAZZARI, João Batista. *Manual de direito previdenciário.* 5. ed. São Paulo: LTr, 2004.

CHAVES, Luciano Athayde (org.). *Curso de processo do trabalho.* São Paulo: LTr, 2009.

COSTA, Armando Casimiro; FERRARI, Irany; MARTINS, Melchíades Rodrigues (compiladores). *Consolidação das Leis do Trabalho.* 32. ed. São Paulo: LTr, 2009.

DINAMARCO, Cândido Rangel. *A reforma da reforma.* São Paulo: Malheiros, 2003.

EDITORA SARAIVA Constituição da República Federativa do Brasil: promulgada em 5 de outubro de 1988/obra coletiva, com a colaboração de Antônio Luiz de Toledo Pinto, Márcia Cristina Vaz dos Santos e Lívia Céspedes. 28. ed. São Paulo: Saraiva, 2009.

GAGLIANO, Pablo Stolze; PAMPLONA FILHO, Rodolfo. *Novo curso de Direito Civil.* v. I — Parte Geral. 4. ed. rev., ampl. e atual. São Paulo: Saraiva, 2003.

GIGLIO, Wagner D. *Direito processual do trabalho.* 12. ed. São Paulo: Saraiva, 2002.

LEITE, Carlos Henrique Bezerra. *Curso de direito processual do trabalho.* 3. ed. São Paulo: LTr, 2005.

PINTO, José Augusto Rodrigues. *Processo trabalhista de conhecimento.* 7. ed. São Paulo: LTr, 2005.

REVISTA LTr de Legislação do Trabalho.

SÜSSEKIND, Arnaldo... *et al. Instituições de direito do trabalho.* v. II. 16. ed. rev. e atual. por Arnaldo Süssekind e João de Lima Teixeira Filho. São Paulo: LTr, 1996.

THEODORO JÚNIOR, Humberto. *As novas reformas do Código de Processo Civil.* Rio de Janeiro: Forense, 2006.

THEODORO JÚNIOR, Humberto. *Curso de direito processual civil.* v. I. Rio de Janeiro: Forense, 1997.

OS PODERES INSTRUTÓRIOS DO JUIZ NO PROCESSO DO TRABALHO

Luiz Ronan Neves Koury [*]

INTRODUÇÃO

É lugar comum dizer que a prova tem importância fundamental no processo, especialmente no processo do trabalho.

Barbosa Moreira (2007) ensina que:

> [...] o nó vital do processo civil localiza-se quase sempre na prova. Raríssimos, para não dizer excepcionais, os casos de pleitos que se decidem à luz de puras questões de direito. Em geral, as controvérsias que o juiz tem de enfrentar referem-se a questões de fato; e, para resolvê-las, o instrumento de que ele normalmente se vale são as provas. Bem se compreende, pois que a disciplina dessa matéria sugira ao observador ponto de vista de especial relevância.[1]

Para demonstração da veracidade dos fatos sustentada em determinado processo, a prova nele produzida fornece elementos essenciais para construção da decisão. É inegável, portanto, o interesse no tema por todos aqueles que participam do processo, exatamente pela influência que exerce em seu desfecho.

Ao lado do interesse das partes em confirmar as suas alegações para projetar uma decisão que lhes seja favorável, há também o dever de reconstituição dos fatos pelo juiz, de maneira mais próxima possível da verdade para a correta aplicação do Direito.

A atuação das partes em tema de prova tem previsão na teoria do ônus da prova, com a invocação do princípio lógico emanado dos arts. 818 da CLT e 333, I e

---

[*] Desembargador do Tribunal Regional do Trabalho da 3ª Região. Mestre em Direito Constitucional pela UFMG. Professor de Direito Processual do Trabalho da Faculdade de Direito Milton Campos.
[1] MOREIRA, José Carlos Barbosa. *Correntes e contracorrentes no processo civil contemporâneo.* Temas de Direito Processual. 9ª série. São Paulo: Saraiva, 2007. p. 56.

II, do CPC. Nesse passo, ganha ênfase o princípio dispositivo previsto no nosso ordenamento processual (arts. 2º e 262 do CPC), em que se valoriza a iniciativa das partes com repercussão na atividade probatória a ser desenvolvida.

Também a iniciativa do juiz em tema probatório, na forma autorizada nos arts. 130 do CPC e 795 da CLT, não autoriza qualquer questionamento, considerando-se também, neste ponto, o princípio inquisitório como exigência da sociedade para concretização do ideal de justiça por intermédio do processo.

Evoluiu-se da postura do juiz do Estado Liberal, indiferente aos destinos do processo e mero aplicador da lei, para o juiz do Estado Constitucional, com atuação processual mais acentuada, como, por exemplo, a iniciativa probatória não apenas como uma atividade complementar à atuação das partes, mas como exigência do interesse público na justa composição das lides.

A busca do equilíbrio entre a atuação jurisdicional e a desenvolvida pelas partes apresenta-se como um verdadeiro desafio em tema de prova. A dificuldade encontrada nos casos concretos consiste em fixar o limite de atuação do juiz na busca da verdade para a correta aplicação do direito.

João Batista Lopes (2007), citando Cappelletti, no que se refere a este aspecto, sintetiza a posição do mestre italiano:

> a) O princípio dispositivo, em sua moderna configuração, significa apenas que a iniciativa das alegações e dos pedidos incumbe às partes, não ao juiz; b) a iniciativa das provas não é privativa das partes, podendo o juiz determinar as diligências necessárias à integral apuração dos fatos; c) o juiz, a par das funções próprias de diretor formal do processo, exerce um poder de intervenção de solicitação de estímulo no sentido de permitir que as partes esclareçam suas alegações e petições, a fim de ser assegurado um critério de igualdade substancial delas.[2]

Se é assim no Processo Civil, no Processo do Trabalho esse equilíbrio deve ser encontrado na atuação mais incisiva e ativa do juiz, considerando o direito material envolvido, o caráter público do processo e os valores adotados pela sociedade, consagrados no ordenamento jurídico.

1. O JUIZ NO ESTADO CONSTITUCIONAL

No Estado Liberal, construído como reação burguesa à aristocracia, desconfiava-se dos juízes do antigo regime, muitos deles oriundos da classe até então dominante (aristocracia de togas), cujos cargos eram comprados por ela. Creditavam-se aos

---

(2) LOPES, João Batista. *A prova no direito processual civil*. 3. ed. rev., atual. e ampl. São Paulo: Revista dos Tribunais, 2007. p. 73.

juízes algumas das mazelas do regime anterior, condenando-os por sua parcialidade e forma tendenciosa na condução dos processos.

Em consequência, os juízes perderam a autonomia nas decisões, limitando-se em aplicar, como autômatos, os dispositivos previstos legalmente (boca inanimada da lei).

Marinoni registra que:

> Os juízes anteriores à Revolução Francesa eram tão comprometidos com o poder feudal que se recusavam a admitir qualquer inovação introduzida pelo legislador que pudesse prejudicar o regime. Os cargos dos juízes não apenas eram hereditários, como também podiam ser comprados e vendidos, e daí a explicação natural para o vínculo dos tribunais judiciários com ideias conservadoras e próprias do poder instituído, e para a consequente repulsa devotada aos magistrados pelas classes populares.[3]

No chamado Estado Constitucional, exige-se, como já mencionado doutrinariamente, um juiz que não se distancie, em suas decisões, dos fundamentos e princípios consagrados constitucionalmente.

O juiz não tem apenas o papel de aplicador da lei ao caso concreto, mas de construir o Direito e a própria justiça a partir das opções adotadas na Constituição e legislação infraconstitucional.

É esse instrumento, que é a consagração normativa dos valores da sociedade em determinado momento histórico, o material que o juiz dispõe para prolatar as suas decisões.

Nesse exato sentido, é a doutrina citada por Marinoni:

> [...] Dizer que a lei tem sua substância moldada pela Constituição implica admitir que o juiz não é mais um funcionário público que objetiva solucionar os casos conflitivos mediante a afirmação do texto da lei, mas sim um agente do poder que, através da adequada interpretação da lei e do controle de sua constitucionalidade, tem o dever de definir os litígios fazendo valer os princípios constitucionais de justiça e os direitos fundamentais.[4]

A atuação do juiz do trabalho, mais do que qualquer outro, deve se revestir da preocupação em considerar os fundamentos republicanos e os princípios

---

[3] CAPPELLETTI, Mauro. Repudiando Montesquieu? A expansão e a legitimidade da justiça constitucional. *Revista da Faculdade de Direito da UFRGS*, v. 20, p. 261, apud MARINONI, Luiz Guilherme. *Curso de processo civil*: teoria geral do processo. São Paulo: Revista dos Tribunais, 2006, v. 1. p. 26.

[4] DAMASKA, Mirjan R. *The faces of justice and state authority*, p. 10-20, apud MARINONI, Luiz Guilherme. *Curso de processo civil*: teoria geral do processo. São Paulo: Revista dos Tribunais, 2006, v. 1. p. 93.

previstos na Constituição Federal, ainda que a legislação infraconstitucional não responda, de forma específica, às questões apresentadas em juízo.

Na condução do procedimento, na valoração probatória, deve considerar a possibilidade de decidir com base em valores que são caros à nossa Carta Magna, como a dignidade da pessoa humana, a valorização do trabalho e a isonomia, dentre outros.

Exige-se que seja dada efetividade às promessas constitucionais, justificando essa conduta não só quando da decisão, mas no curso de todo o processo, reconhecido como instrumento de concretização dos valores desejados pela sociedade.

O juiz tem o dever não só de complementar a prova nas situações de dúvida e perplexidade, com o cuidado de não substituir as partes em sua atividade probatória como está consagrado na doutrina mais autorizada, mas exercer atividades de direção material (e não só formal) do processo, desenvolvendo o seu poder de intervenção, solicitação e estímulo para um melhor esclarecimento da verdade.

2. PRINCÍPIOS DISPOSITIVO E INQUISITÓRIO

O princípio dispositivo, como amplamente tratado na doutrina, é aquele que se refere à iniciativa das partes no tocante à matéria objeto de apreciação judicial e à prova das respectivas alegações. Tal princípio manifesta-se fundamentalmente na propositura da ação em que a parte "escolhe" aquilo que se constituirá o seu objeto, como também em sede recursal na devolutividade da matéria para o Tribunal.

Em matéria probatória, há relevância do princípio pela sua vinculação com as regras legalmente fixadas, relativamente ao ônus da prova. Registra importante e específica doutrina sobre a matéria que o princípio lógico do ônus da prova, previsto no art. 333 do CPC, consagra a essência do princípio dispositivo, traduzida pela iniciativa que se confere às partes em tema probatório.

De outro lado, o princípio inquisitório é a movimentação dada ao processo pelo juiz uma vez instaurada a relação processual.

Tem origem no caráter público que se atribui ao processo, como instrumento de solução dos conflitos, princípio que historicamente tem o seu campo de aplicação acentuado na perspectiva de valorização da jurisdição, tema central de estudo da moderna processualística.

Nesse sentido, é a posição doutrinária abaixo transcrita:

> O impulso oficial inspira-se na ideia de que o Estado tem interesse na rápida solução das causas, enquanto o critério oposto se move na ideia

de que o processo é assunto das partes. Por isso é que, historicamente, se nota uma orientação no sentido do impulso oficial, acompanhando a colocação publicista do processo.[5]

Ambos os princípios são encontrados nos vários ordenamentos, com a predominância de um ou outro, não havendo, em termos práticos, ordem jurídica que consagre apenas um dos referidos princípios.

José Carlos Barbosa Moreira (2007) deixa bem evidenciada a tergiversação existente nas chamadas famílias jurídicas mais importantes (*civil law* e *common law*) quanto à predominância dos referidos princípios:

> No universo de *common law*, é sensível o descompasso entre Inglaterra e Estados Unidos: o direito inglês distancia-se a passos largos da posição clássica do *adversary sistem*, desloca a tônica — em matéria de provas como noutras — do controle do processo pelas partes para o comando do juiz; o norte-americano, apesar de recentes reformas legislativas, permanece mais apegado à tradição adversarial. No mundo de civil *law*, França e Alemanha reforçam os poderes instrutórios do órgão judicial, enquanto Espanha e Itália caminham no sentido oposto.[6]

Parte da doutrina trata dos princípios como se fossem opostos, em permanente contraponto, até mesmo para caracterizá-los no ordenamento processual, quando a diversidade está apenas na origem, ou seja, em um caso a atuação das partes e, em outro, a atuação do juiz.

Em matéria probatória, a melhor exegese que se impõe é a de um tratamento conjugado e complementar dos princípios, ambos devendo contribuir para a busca da verdade e efetividade do processo, ainda que presente a parcialidade na atividade probatória das partes.

João Batista Lopes esclarece que o tema merece uma atenção especial dos operadores do Direito para necessidade de conciliar o fortalecimento da figura do juiz e o prestígio da jurisdição com o princípio de colaboração entre os sujeitos do processo.

Traduzindo essa assertiva, com referência aos dispositivos que expressamente dispõem sobre a matéria, afirma:

> Importa ressaltar, também, que o art. 333 do CPC não resolve todos os problemas sobre o ônus da prova. Além disso, tal preceito não está isolado

---

(5) CINTRA, Antonio Carlos de Araújo; GRINOVER, Ada Pellegrini; DINAMARCO, Cândido Rangel. *Teoria geral do processo*. 19. ed. São Paulo: Malheiros, 2003. p. 328.
(6) BARBOSA MOREIRA, José Carlos. *Correntes e contracorrentes no processo civil contemporâneo*. Temas de Direito Processual. 9ª série. São Paulo: Saraiva, 2007. p. 49-50.

no Código, mas deve ser interpretado em combinação com outras regras como o art. 130, *verbis*: "Art. 130. Caberá ao juiz, de ofício ou a requerimento da parte, determinar as provas necessárias à instrução do processo, indeferindo as diligências inúteis ou meramente protelatórias".[7]

De qualquer modo, o nosso sistema não determina que um princípio deve prevalecer, ficando relegada à análise do caso concreto a verificação da predominância de um sobre o outro ou a conjugação de ambos os princípios, de acordo com a necessidade de se chegar à verdade dos fatos ocorridos.

No processo do trabalho, partindo do entendimento de que se admite a aplicação subsidiária da regra contida no art. 333 do CPC que, de certa forma, não se distancia do comando resumido do art. 818 da CLT, prevalece com algum tempero a mesma regra de aplicação dos referidos princípios.

O art. 765 da CLT exerce no processo do trabalho o mesmo papel desempenhado pelo art. 130 do CPC no processo civil, no que se refere à autorização para uma atuação mais decisiva do juiz em matéria probatória.

Aliado a esse fato, a própria natureza instrumental do processo voltada para o respectivo direito material, bem como os direitos fundamentais e indisponíveis em jogo exigem que o inquisitório seja exercido em sua plenitude e de forma mais acentuada.

Cabe acrescentar, como argumento para uma ênfase maior no inquisitório no processo do trabalho, que o juiz não sabe de antemão as consequências de sua atuação em busca da verdade, fato que afasta a tese da parcialidade ou favorecimento.

Não se admite, desse modo, que a observância da "imparcialidade" se constitua em empecilho para a fiel reconstituição dos fatos, especialmente quando se detectar, de forma objetiva, a deficiência na sua demonstração, tão comum em situações de hipossuficiência processual cujo esclarecimento se mostra essencial para a decisão. E, especialmente, porque há um interesse público para que assim o seja.

3. O ÔNUS DA PROVA E OS PODERES INSTRUTÓRIOS DO JUIZ

O ônus da prova é tema de fundamental importância na teoria geral da prova e, se para alguns doutrinadores esta representa o coração do processo, é certo que o ônus da prova figura como essencial no estudo da prova, considerando-se o direito à prova como desdobramento do direito de ação e de ampla defesa.

Como restou mencionado nos itens anteriores, em termos de iniciativa probatória, impõe-se a conjugação dos comandos contidos nos arts. 130 e 333 do CPC em se tratando

---

(7) LOPES, João Batista. *A prova no direito processual civil.* 3. ed. rev., atual. e ampl. São Paulo: Revista dos Tribunais, 2007. p. 196.

do processo civil, com repercussões no processo do trabalho. E, neste último, a interpretação conjugada deve se verificar na aplicação dos arts. 765 e 818 da CLT.

Quanto ao ônus da prova, o princípio lógico que o rege se encontra no art. 333 do CPC e, não obstante a controvérsia doutrinária existente, termina por dizer a mesma coisa e com o mesmo significado da regra contida no art. 818 da CLT.

Luiz Rodrigues Wambier e Evaristo Aragão Santos ensinam:

> Assim, do art. 333 do CPC se extrai dupla orientação. A primeira e mais evidente é a de que se trata de regra de conduta para as partes. Isto é, o dispositivo indica, num primeiro momento, o ônus da demonstração atribuído a cada uma das partes. Determina a qual delas incumbe o ônus da apresentação dos meios de prova. Em outras palavras: como os litigantes devem se comportar, à luz das expectativas que o processo lhes enseja na organização da atividade probatória. Já a segunda diretriz ali fixada, é a de que serve de regra de julgamento para o órgão judicial. Indica qual das partes suportará o risco pela eventual ausência de prova a respeito de determinado fato, quando do momento do julgamento. Esses dois aspectos são identificados pela doutrina como os lados subjetivo e objetivo do ônus da prova, respectivamente.[8]

A regra de conduta das partes fixada no referido dispositivo legal pressupõe o ônus da alegação, ou seja, apenas é objeto da prova o que foi alegado no processo e é objeto de controvérsia.

A alegação apresentada e a necessidade de sua demonstração é que servem de referência para a atividade probatória das partes.

O ônus objetivo da prova, como mencionado no texto anteriormente transcrito, significa que, como regra de julgamento, pouco importa quem produziu a prova, a sua origem, pois o que deve ser analisado é a prova produzida e o contexto probatório.

Ao lado dessa atuação das partes, como registra importante doutrina[9], impõe-se a atuação mais efetiva do juiz como condutor do processo, participando do contraditório desenvolvido pelas partes. Há uma ampliação do contraditório com a inclusão do juiz no desenvolvimento da relação processual.

Não é possível atualmente a postura de indiferença do juiz em relação ao desenvolvimento da relação processual como se a produção da prova se relacionasse

---

(8) WAMBIER, Luiz Rodrigues e SANTOS, Evaristo Aragão, sobre o ponto de equilíbrio entre a atividade instrutória do juiz e o ônus da parte de provar, *apud* MEDINA, José Miguel Garcia (Coord.) *et al*. 2ª tir. *Os poderes do juiz e o controle das decisões judiciais*. São Paulo: Revista dos Tribunais, 2008. p. 159.
(9) BEDAQUE, José Roberto dos Santos. *Direito e processo*. 4. ed. São Paulo: Malheiros, 2006. p. 53.

apenas com as partes, podendo até mesmo ser adotada, como princípio, a atitude judicial da não indiferença. Também não se compatibiliza com a visão contemporânea de atuação do juiz no processo o exercício de atividade probatória apenas complementar, nas hipóteses de dúvida, perplexidade ou mesmo diante da necessidade de esclarecimento.

João Batista Lopes, explicitando a tendência universal em reconhecer a necessidade de envolvimento do juiz na apuração dos fatos e o fortalecimento de seus poderes no processo, informa que na Itália, a despeito do art. 115, I, do CPC, que se refere à iniciativa das partes, há uma atuação da doutrina para abrandar o seu rigor e literalidade; na França houve uma generalização dos poderes instrutórios do juiz a partir da Reforma de 1975; na Bélgica, em 3.8.1992, quando o Código foi modificado, permitiu-se ao juiz determinar, de ofício, as provas testemunhal, pericial e documental; na Espanha, apesar de o ordenamento jurídico estar atrelado ao princípio dispositivo, a doutrina diverge desse critério, prestigiando a função do juiz na causa; em Portugal, a iniciativa oficial é expressamente admitida no art. 264.3 do CPC[10].

O que prevalece atualmente é o entendimento de que a atuação do juiz na busca da verdade representa um procedimento que se inscreve como institucionalizado, compatível e vinculado à exigência constitucional de motivação das decisões. Desse modo, a atuação do juiz, longe de substituir a das partes, o que poderia resvalar para uma condenável parcialidade, é uma decorrência dos princípios constitucionais do devido processo legal, acesso à justiça e efetividade das decisões.

De acordo com a melhor doutrina, a atividade probatória do juiz se deve à sua condição de um dos sujeitos interessados no resultado do processo, em decorrência da postura instrumentalista prevalecente na ciência processual.

O cuidado que se deve ter nesta hipótese é não procurar suprir a omissão da parte naquilo que é a sua atividade probatória típica, com o argumento de que há interesse público na produção da prova. Questões envolvendo direitos disponíveis e interesses tipicamente privados e próprios das partes não justificam a atuação probatória do juiz, o que apenas pode ser inferido em cada caso, ainda que se fixem critérios genéricos.

Nesse aspecto, é a lição de João Batista Lopes (2007):

> Ao tomar iniciativas probatórias (o juiz) deve fazê-lo com critério e equilíbrio, atento ao princípio da imparcialidade. Não pode, também, guiar-se exclusivamente por suas impressões pessoais ou convicções políticas, nem exercer função assistencial transformando o foro em instituição de caridade.[11]

---

(10) LOPES, João Batista. *A prova no direito processual civil*. 3. ed. rev., atual. e ampl. São Paulo: Revista dos Tribunais, 2007. p. 178-179.
(11) *Ibidem*, p. 178.

O mesmo autor, citando o trabalho de Maria Elizabeth de Castro Lopes sobre o tema, conclui que a utilização ilimitada e indiscriminada do poder de iniciativa probatória (por parte do juiz) pode comprometer a sua imparcialidade e equilíbrio em virtude do envolvimento psicológico no conflito. Esclarece, no entanto, que o poder de iniciativa probatória, que deve ser moderado e equilibrado, não se confunde com o poder de direção do processo e acompanhamento da produção das provas requeridas pelas partes, que ficam reservadas com exclusividade ao juiz[12].

4. O TRATAMENTO DA MATÉRIA NO DIREITO PROCESSUAL DO TRABALHO

Para o Direito Processual do Trabalho, tem especial relevância, na perspectiva da teoria instrumental, o Direito do Trabalho a que se encontra vinculado, bem como a materialização dos princípios da proteção e busca da verdade real.

Esses princípios, fundamentais no direito material, devem ser observados na aplicação e interpretação das normas processuais, sem perder de vista a imparcialidade que deve presidir a atuação do juiz na condução do processo.

Evidentemente que a atuação do juiz do trabalho em termos de atividade probatória, fixadas as premissas anteriores, deve ser diferenciada na reconstituição dos fatos, especialmente porque estes podem emergir de forma incompleta em razão da utilização do *jus postulandi* por qualquer uma das partes.

Também a variedade dos direitos indisponíveis e fundamentais, de natureza alimentar, recomenda uma atuação mais incisiva na busca da verdade, na perspectiva de um processo justo que sirva de instrumento para garantia dos direitos.

Os poderes instrutórios do juiz, como até mesmo se reconhece no processo civil, não podem ser encarados como mera faculdade do julgador, dependente do subjetivismo para justificar uma maior ou menor atuação, mas como o dever de atuar de ofício não só pela necessidade de motivação da decisão, diretamente vinculada ao procedimento a ser adotado na instrução, como também para garantir a legitimidade do julgamento[13].

Essa atuação, pelas próprias características e caráter instrumental que devem presidir o processo do trabalho, torna-se também necessária em função da indisponibilidade dos direitos e a existência de demandas de natureza coletiva, considerando a presença de inúmeros interesses envolvidos. Não faltam, portanto,

---

(12) LOPES, Maria Elizabeth de Castro. *O juiz e o princípio dispositivo*. São Paulo: RT, 2006. p. 117. In: LOPES, João Batista. *A prova no direito processual civil*. 3. ed. rev., atual. e ampl. São Paulo: Revista dos Tribunais, 2007. p. 195-196.
(13) LOPES, João Batista. *A prova no direito processual civil*. 3. ed. rev., atual. e ampl. São Paulo: Revista dos Tribunais, 2007. p. 160.

instrumentos na legislação processual civil e trabalhista que facilitam a iniciativa judicial, como o interrogatório (art. 848 da CLT) a inquirição de testemunhas, a acareação (art. 418 do CPC), a inspeção judicial (art. 440 do CPC) e a execução de ofício (art. 878 da CLT).

Em alguns temas, a atividade probatória, ainda que não seja de iniciativa direta do juiz, deve ser por ele dirigida, até mesmo nas hipóteses legal e jurisprudencialmente reconhecidas de inversão do ônus da prova (art. 6º, VIII, do CPC, Súmulas ns. 212 e 338 do TST, entre outros), que se apresentam também como regras de procedimento.

De forma correlata com as hipóteses já mencionadas de inversão do ônus da prova, há atualmente a construção doutrinária que defende a distribuição dinâmica do ônus da prova nas hipóteses de discriminação, saúde e segurança do trabalhador, intimidade, privacidade, assédio sexual e assédio moral, em que a verossimilhança das alegações é fator preponderante para inversão probatória em face de direitos e interesses com essa ordem de relevância[14].

Mesmo não se referindo ao processo do trabalho, mas que neste ganha o mais perfeito enquadramento, cabe repetir a locução cunhada por Cappelletti, de que o juiz é o diretor material do processo. Em consequência, deve atuar dinamicamente para restabelecer o equilíbrio quebrado pela diferença de forças dos litigantes, procurando garantir-lhes uma igualdade substancial, com a utilização de mecanismos previstos na legislação, como, entre outros, o interrogatório informal para aclarar fatos e suprir omissões das partes[15].

CONCLUSÃO

À guisa de conclusão, apresentam-se os seguintes tópicos:

1 — A atividade probatória é fundamental sob o enfoque das partes para a demonstração dos fatos alegados, acarretando um ônus processual para os litigantes quando não é observada. Da mesma forma, ganha relevância a atuação instrutória do juiz em razão da natureza pública do processo e do interesse da sociedade em que os litígios sejam solucionados de forma justa.

2 — Há uma enorme distinção na atividade do juiz do Estado Liberal, mero repetidor dos textos legais, e o juiz do Estado Constitucional, com o papel de construção do Direito e da própria justiça a partir das opções adotadas na Constituição Federal.

---

(14) GUIMARÃES, Feliciano Guilherme. *Distribuição dinâmica do ônus da prova no processo do trabalho:* critérios e casuística, p. 51-63. In: MANNRICH, Nelson (Coord.). *Revista de Direito do Trabalho*, Revista dos Tribunais n. 131, ano 34, jul./set. 2008.
(15) LOPES, João Batista. *A prova no direito processual civil.* 3. ed. rev., atual. e ampl. São Paulo: Revista dos Tribunais, 2007. p. 198-199.

3 — Impõe-se cada vez mais uma atuação do juiz do trabalho como juiz constitucional, na medida em que deve considerar os fundamentos republicanos e os princípios constitucionais em suas decisões. A sua conduta na fase probatória deve guiar-se pela possibilidade de decidir com base nos valores consagrados na Constituição, que servem de diretriz para sua intervenção neste momento processual.

4 — Os princípios dispositivo e inquisitório representando respectivamente a iniciativa das partes e do juiz em tema probatório são encontrados em todos os ordenamentos processuais. O princípio inquisitório adquiriu maior importância na medida em que se reforça o papel da jurisdição, registrando-se a sua relevância no processo do trabalho, em que a atuação do juiz se faz presente para suprir deficiências probatórias na busca da verdade real.

5 — O ônus da prova em relação às partes e os poderes instrutórios do juiz exigem interpretação compatível de forma que o segundo não substitua os primeiros na atividade probatória. A atuação do juiz deve ser complementar, sempre no interesse de dar efetividade ao processo e na busca da solução justa, sem comprometer o requisito básico da imparcialidade.

6 — A ênfase na atuação do juiz do trabalho em matéria probatória encontra justificativa no caráter instrumental do processo do trabalho em relação ao direito material respectivo e nos princípios da proteção e busca da verdade real. Além disso, os direitos fundamentais e indisponíveis que constituem o objeto do direito material, determinando a inversão do ônus da prova ou a aplicação da teoria da distribuição dinâmica do ônus da prova, supõem mais do que uma faculdade, mas a necessidade de atuação de ofício do juiz, motivado pelo conduta que se pode denominar de princípio da não indiferença, de forma direta ou impondo alteração no procedimento probatório.

7 — Por fim, mais do que se desincumbir da direção formal do processo, o juiz não deve deixar de exercer a sua efetiva direção material, atuando para garantir a manutenção do equilíbrio entre as partes litigantes, ameaçado pela diferença de forças entre elas, com o cuidado de não perder a imparcialidade, essencial e inerente às suas atribuições e determinante da atuação judicial.

REFERÊNCIAS BIBLIOGRÁFICAS

ASSOCIAÇÃO BRASILEIRA DE NORMAS E TÉCNICAS. NBR 10520: informação e documentação: citações em documentos: apresentação. Rio de Janeiro, 2002.

ASSOCIAÇÃO BRASILEIRA DE NORMAS E TÉCNICAS. NBR 6023: informação e documentação: referências: elaboração. Rio de Janeiro, 2002.

BARBOSA MOREIRA, José Carlos. *Correntes e contracorrentes no processo civil contemporâneo*. Temas de Direito Processual. 9ª série. São Paulo: Saraiva, 2007.

BEDAQUE, José Roberto dos Santos. *Direito e processo*. 4. ed. São Paulo: Malheiros, 2006.

CINTRA, Antônio Carlos de Araújo; GRINOVER, Ada Pellegrini; DINAMARCO, Cândido Rangel. *Teoria geral do processo*. 19. ed. São Paulo: Malheiros, 2003.

LOPES, João Batista. *A prova no direito processual civil*. 3. ed. rev. atual. e ampl. São Paulo: Revista dos Tribunais, 2007.

LOPES, Maria Elizabeth de Castro. *O juiz e o princípio dispositivo*. São Paulo: RT, 2006.

MARINONI, Luiz Guilherme. *Curso de processo civil*: teoria geral do processo. São Paulo: Revista dos Tribunais, 2006. v. 1.

MEDINA, José Miguel Garcia (Coord.) *et al*. *Os poderes do juiz e o controle das decisões judiciais*. 2ª tir. São Paulo: Revista dos Tribunais, 2008.

MANNRICH, Nelson (Coord.). *Revista de Direito do Trabalho*. São Paulo, n. 131, ano 34, jul./set. 2008.

THEODORO JÚNIOR, Humberto. Prescrição — Liberdade e dignidade da pessoa humana. *Revista Dialética de Direito Processual,* n. 40, p. 69.

A TEORIA DINÂMICA DO ÔNUS DA PROVA E SUA REPERCUSSÃO NO DIREITO PROCESSUAL DO TRABALHO

Priscilla de Souza Carvalho[*]

INTRODUÇÃO

O desejo da verdade aparece bem cedo nos seres humanos. Acontece que a verdade real é algo de difícil alcance, pois depende de nossas vivências, nossos conhecimentos e experiências. E isso não é diferente no processo, pois apesar de se buscar a verdade real, esta apresenta-se no campo dos valores, dependente das impressões pessoais de cada um, o que torna a reconstituição exata dos fatos ocorridos algo, quase sempre, impossível.

Fredie Diddier assevera que[1]:

> A verdade é algo inatingível; não deixa de ter um caráter místico. É utopia imaginar que se possa, com o processo, atingir a verdade real sobre determinado acontecimento, até porque a verdade sobre algo que ocorreu outrora é ideia antitética. Não é possível saber sobre o que ocorreu; ou se algo aconteceu ou não. O fato não é verdadeiro ou falso; ele existiu ou não. O algo pretérito está no campo ôntico, do ser. A verdade, por seu turno, está no campo axiológico, da valoração: as afirmações ou são verdade, ou são mentiras — conhecem-se os fatos pelas impressões (valorações) que as pessoas têm deles.

Devemos sempre buscar a verdade que mais se aproxima do real, e as atuais modificações ideológicas, ocorridas no campo processual, têm nos proporcionado isso. O rompimento dos processualistas com os ideais do liberalismo possibilitou aos jurisdicionados uma visão solidária do processo, na qual se objetiva a realização efetiva de justiça.

---

[*] Bacharel em Direito pela Universidade Federal de Minas Gerias. Analista Judiciário do TRT da 3ª Região. Pós-graduanda em Direito do Trabalho e Processo do Trabalho pela Universidade Anhanguera — Uniderp.
[1] DIDIER JR., Fredie *et al. Curso de direito processual civil.* 4. ed. Salvador: Jus Podivm, 2009. v. 2, p. 70-71.

Nesse contexto, em que se busca a valorização do ser humano, por meio dos princípios da solidariedade e boa-fé, a teoria dinâmica do ônus da prova encontra espaço para desenvolver, pois a distribuição se dá de forma flexível, desvinculada de regras estáticas, considerando as peculiaridades fáticas, axiológicas e normativas presentes no caso concreto, a ser explorado pelos operadores jurídicos[2].

As alterações observadas no âmbito da produção de provas encontraram no Processo do Trabalho maiores chances de se desenvolver, não só pela hipossuficiência do empregado, mas, também, pelo fato de o empregador deter, quase sempre, maiores condições de apresentar em Juízo as provas necessárias ao deslinde da lide.

Pretende-se, neste artigo, estabelecer critérios para a compreensão da distribuição dinâmica do ônus da prova, dentro do quadro jurídico traçado pelos arts. 818 da CLT, 333 do CPC e pelos princípios e regras que regem a matéria, levando-se em conta alguns aspectos históricos, conceituais e também as peculiaridades do Direito Processual do Trabalho.

Conforme nos ensina Sérgio Cruz Arenhart[3]:

> não há dúvida de que, muitas vezes o grande complicador do processo é a prova: seja por seu custo, seja pela dificuldade (ou mesmo impossibilidade) em obtê-la, a atribuição da carga da prova de certo fato (ou de sua falta) a uma das partes pode, sem dúvidas, resultar em importante privilégio ou em grave fardo a esta.

1. CONCEITO DE ÔNUS

O termo ônus, de origem latina, *onus, oneris*, significa carga, fardo ou peso e é de uso corrente em nosso sistema jurídico. Ônus de provar, portanto, tem o sentido de interesse, necessidade e responsabilidade da parte litigante em fornecer as provas designadas ao convencimento do Juiz e jamais denota uma obrigação, pois, apesar de as aludidas designações terem em comum o elemento vontade, elas não se confundem[4].

A obrigação, em sua acepção jurídica, está diretamente ligada à ideia de sanção, pois sujeita uma pessoa ao poder de *outrem*. Já o vocábulo ônus está

---

(2) CAMBI, Eduardo. *A prova civil:* admissibilidade e relevância. São Paulo: RT, 2006, apud CREMASCO, Suzana Santi. *A distribuição dinâmica do ônus da prova*. Rio de Janeiro: GZ Editora, 2009. p. 72.
(3) ARENHART, Sérgio Cruz. Ônus da prova e sua modificação no processo civil brasileiro. *Juris Plenum*, Caxias do Sul, v. 4, n. 24, p. 38, nov. 2008.
(4) VIANA, Márcio Túlio. Critérios para a inversão do ônus da prova no processo do trabalho. *Revista LTr*, São Paulo, ano 58, n. 10, p. 1.218, out. 1994.

vinculado à noção de risco, considerando que a parte desenvolve atividades em seu próprio benefício. Caso não produza prova de seu direito poderá perder a vantagem que teria caso o fizesse, podendo, assim, experimentar sentença desfavorável.

Na lição de Carnelutti[5]:

> falo de ônus, quando o exercício de uma faculdade aparece como condição para obter uma determinada vantagem; por isso, o ônus é uma faculdade cujo exercício é necessário para a fruição de um interesse. Obrigação e ônus têm em comum o elemento formal, consistente no vínculo da vontade, mas diferem no elemento substancial, porquanto, quando há obrigação, o vínculo se impõe para a tutela de um interesse alheio, e para a tutela de um interesse próprio, quando se trata do ônus.

A noção de ônus da prova é essencial para a processualística atual, porquanto permite ao Juízo proferir decisão, mesmo na ausência de provas, considerando que em nosso ordenamento é proibido o *non liquet*.

2. DISTRIBUIÇÃO DO ÔNUS DA PROVA

Para possibilitar ao juiz decidir a lide, da forma mais condizente com a realidade vivenciada pelas partes, desde o Direito Romano, os processualistas tentam estabelecer critérios para a distribuição do ônus da prova.

Saliente-se que esta busca dos operadores do Direito pela forma ideal de distribuição do encargo probatório ocorre porque sempre houve no direito processual a necessidade de que uma das partes arcasse com a responsabilidade pela produção da prova, e que, a outra, suportasse as consequências advindas de sua produção.

Conforme salientado por Suzana Santi Cremasco[6], "a distribuição adequada e prudente da carga da prova é uma das instituições mais necessárias ou, pelo menos, mais desejáveis da ordem jurídica", pois o direito nacional tem como supedâneo o princípio da segurança jurídica, no sentido de dar a cada uma das partes a oportunidade para a defesa de seus direitos.

Os sistemas processuais civil e trabalhista, por meio dos arts. 333 do CPC e 818 da CLT, adotaram como regra a teoria estática do ônus da prova, desenvolvida

---

(5) CARNELUTTI, Francesco. *Op. e loc. cits.*; DALL'AGNOL, Antônio Janyr Júnior. *Distribuição dinâmica dos ônus probatórios*. São Paulo: RT, jun., p. 93, 2001.
(6) ROSENBER, Leo. *La carga de la prueba.* Tradução por Ernesto Krotoschin. Buenos Aires: EJEH, 1956, apud CREMASCO, Suzana Santi. *A distribuição dinâmica do ônus da prova*. 1. ed. Rio de Janeiro: GZ, 2009. p. 39.

por Chiovenda, na qual cabe às partes a prova de suas alegações. Assim, o autor deverá entregar ao juízo as provas dos fatos constitutivos da relação jurídica havida. Já ao réu cabe demonstrar a veracidade dos fatos impeditivos, extintivos ou modificativos do direito do autor.

Estudiosos do Direito Trabalhista, porém, discordam da aplicação subsidiária do art. 333 do CPC às questões juslaborais. Observa-se nesse ponto a existência de três correntes doutrinárias, que se opõem.

A primeira dessas teorias, que tem como principal defensor Isis de Almeida, prega a aplicação irrestrita do art. 333 do CPC, em face do laconismo da regra consolidada.

De forma oposta, existem aqueles que defendem a autonomia absoluta do art. 818 da CLT, sem se falar em aplicação subsidiária das disposições do CPC.

Manoel Antonio Teixeira Filho, alinhado com esta corrente, estabelece[7]:

> A CLT ao estatuir, no art. 818, que "A prova das alegações incumbe à parte que as fizer", demonstra, à evidência plena, que possui dicção expressa e específica sobre a matéria, desautorizando, desta maneira, que o intérprete — a pretexto de que o art. 769 do mesmo texto, o permite — incursione pelos domínios do processo civil com a finalidade de perfilhar, em caráter supletivo, o critério consubstanciado no art. 333 e incisos. Não seria equivocado asseverar-se, portanto, que tais incursões são irrefletidas, pois não se têm dado conta de que lhes falece o requisito essencial da omissão da CLT.

Finalmente, há uma última corrente, que busca harmonizar os dispositivos da CLT e do CPC, ao fundamento de que ambos os comandos resumem-se à mesma regra.

Entendemos, contudo, respeitando os posicionamentos em contrário, que a teoria estática do ônus de provar, prevista nos arts. 818 da CLT e 333 do CPC, apresenta-se pouco eficaz, diante das mudanças sociais ocorridas nos últimos tempos, pois suas regras rígidas e estáticas não se amoldam às peculiaridades de cada caso concreto e, principalmente, às especificidades do Direito do Trabalho, no qual a capacidade ou a aptidão de produzir provas é em geral do empregador.

Já dizia Russomano[8]:

> A Justiça do Trabalho é imparcial, como órgão do Poder Judiciário. Entretanto, o Juiz ao decidir a causa e apreciar a prova tem a obrigação

---

(7) TEIXEIRA FILHO, Manoel Antonio. *A prova no processo do trabalho*. 8. ed. rev. e ampl. São Paulo: LTr, 1993. p. 121.
(8) RUSSOMANO, Mozart Victor. *Comentários à CLT*. 13. ed. Rio de Janeiro: Forense, 1990. p. 890, *apud* MACHADO JÚNIOR, César Pereira da Silva. *O ônus da prova no processo do trabalho*. 3. ed. rev. e atual. São Paulo: LTr, 2001. p. 128.

de todo hermeneuta: deve descobrir o espírito da norma aplicada. Como o espírito do Direito do trabalho é proteger os interesses sociais e os interesses operários, a Justiça do Trabalho interpreta a lei e a prova dentro desse intuito que justifica e fundamenta a lei material.

Consideramos, portanto, que somente com a aplicação da teoria dinâmica do ônus da prova é que alcançaremos o verdadeiro espírito do Direito do Trabalho.

3. O PODER INSTRUTÓRIO DO JUIZ E A TEORIA DINÂMICA DO ÔNUS DA PROVA

As experiências advindas da aplicação dos ideais do liberalismo ao direito processual mostram que muitas vezes o processo não se apresenta como instrumento para efetivação da justiça.

Em razão disso, o direito processual moderno assume a missão de proporcionar à sociedade resultados práticos e objetivos que assegurem a pacificação social de maneira próxima ao ideal de justiça.

A ideia tradicional de uma justiça que propicie resultados formais está sendo reavaliada, pois, como já dito, a teoria estática do ônus da prova, prevista nos arts. 818 da CLT e 333 do CPC, por assentar-se em critérios fixos e imutáveis, não é suficiente para auxiliar o juiz na formação de sua convicção.

Suzana Santi Cremasco aduz que[9]:

> Tais critérios, exatamente porque predeterminados de forma rígida e abstrata e, porquanto, estática, não levavam em consideração a necessidade — e tanto menos as particularidades e especificidades — de cada caso concreto. Em razão disso, não raras vezes mostravam-se falhos, insuficientes e inadequados à produção da prova que se pretendia ver nos autos e, por conseguinte, inaptos para o alcance de um resultado justo e efetivo, capaz de promover alterações concretas no mundo dos fatos. E, mais ainda: não raras vezes levavam o magistrado a situações de perplexidade tal em que o conjunto probatório colacionado aos autos — porque formado de modo deficiente — era contrário ao seu próprio convencimento, previamente construído a partir da verossimilhança das alegações trazidas pelas partes ao processo.

No campo específico da atividade probatória, a atribuição às partes de um encargo rígido e imutável não mais condiz com a nova visão teleológica e instru-

---

(9) CREMASCO, Suzana Santi. *A distribuição dinâmica do ônus da prova*. Rio de Janeiro: GZ, 2009. p. 70.

mentalista do processo, no qual os juízes tendem a considerar as especificidades de cada caso concreto, na busca pela tutela justa e efetiva do direito material.

Nesse contexto, a teoria dinâmica do ônus da prova surge como forma de suprir a insuficiência e inadequação da disciplina que outorga a atividade probatória[10], pois confere ao juiz o poder de determinar a titularidade da iniciativa na produção de provas.

A maioria dos doutrinadores credita a concepção da teoria dinâmica do ônus da prova ao jurista argentino Jorge W. Peyrano. Afirmam que, caso não seja ele o idealizador, foi, com certeza, o processualista que mais desenvolveu o tema[11].

Com base nas palavras de Wilson Alves Souza, Fredie Didier, Paulo e Rafael[12]:

> Baseando-se nos princípios da veracidade, boa-fé, lealdade e solidariedade (com atuação do juiz), defendem que é necessário levar em conta as circunstâncias do caso concreto, para atribuir-se o ônus da prova àquele que tem condições de satisfazê-lo; impõe-se uma atuação probatória da parte que tem mais possibilidade de produzi-la. E o Juiz, verificando que houve uma violação ao dever das partes de cooperação e solidariedade na apresentação de provas, deve proferir decisão contrária ao infrator. Tudo isso, no intuito de que o processo alcance seus fins, oferecendo prestação jurisdicional justa.

Para os juristas que defendem a aplicação da aludida teoria não importa a posição da parte no processo e, tampouco, a natureza do fato, se constitutivo, impeditivo, modificativo ou extintivo. O que se objetiva é aferir qual das partes encontra-se em melhores condições de produzir as provas para a solução do litígio, tomando-se como base a realidade concreta de cada processo que é apresentado ao Estado-juiz.

Jorge W. Peyrano discorre a respeito da teoria dinâmica, dizendo que[13]:

> A mesma importa em um deslocamento do *onus probandi*, segundo forem as circunstâncias do caso, em cujo mérito aquele pode recair,

---

(10) *Ibidem*, p. 82.
(11) DALL'AGNOL JÚNIOR, Antônio Janyr. Distribuição dinâmica dos ônus probatórios. *Revista dos Tribunais*, v. 90, n. 788, p. 97, jun. 2001.
(12) SOUZA, Wilson Alves. *Ônus da prova* — considerações sobre a doutrina das cargas probatórias dinâmicas. p. 243-244 apud DIDIER JR., Fredie *et al. Op. cit.*, p. 93.
(13) PEYRANO, Jorge W. Nuevos lineamentos de la cargas probatórias dinâmicas. In: PEYRANO., Jorge W. WHITE; Inês Lépori (coords.). Cargas Probatóris Dinâmicas, Santa Fé, Rubinsal — Culzoni Editores, 2007. apud CREMASCO, Suzana Santi. *Op. cit.*, p. 72.

verbi gratia, na cabeça de quem está em melhores condições técnicas, profissionais ou fáticas para produzi-las, para além do seu posicionamento como autor e réu, ou de tratar-se de fatos constitutivos, impeditivos, modificativos ou extintivos.

Nesse diapasão o poder instrutório do juiz aparece com nova roupagem, voltada para a justa aplicação das normas de direito material, não se limitando apenas à mera satisfação dos interesses das partes envolvidas no litígio.

Frise-se que, não obstante no processo do trabalho, os princípios do dispositivo e inquisitivo conviverem, desde o início, em total simbiose, sendo o juiz cúmplice dos litigantes na busca pela verdade real[14], o rompimento com o paradigma liberal fez transmudar a visão dos juízes laborais em relação à atividade probatória, tornando-a mais dinâmica e justa.

Em virtude desses acontecimentos, é que na doutrina contemporânea os princípios do dispositivo, da imparcialidade e da inércia, devem ser analisados sob o prisma teleológico, a fim de satisfazer o padrão de honestidade e lealdade, que deve presidir todo o decorrer da relação processual.

Luiz Guilherme Marinoni, ao discutir sobre a importância do magistrado para solução efetiva das lides, assevera[15]:

> Impor ao juiz a condição de mero expectador da contenda judicial, atribuindo-se às partes o exclusivo ônus de produzir prova no processo, é, quando menos, grave petição de princípios. Ora, se o processo existe para o exercício da jurisdição, e se a jurisdição tem escopos que não se resumem apenas à solução do conflito das partes, deve-se conceder ao magistrado amplos poderes probatórios para que bem possa cumprir sua tarefa. Ademais, é bom lembrar que o juiz que se omite em decretar a produção de uma prova relevante para o processo estará sendo parcial ou mal cumprindo sua função. Já o juiz que determina a realização de prova de ofício, especialmente porque lhe deve importar apenas a descoberta da verdade, e não aquele que resulta vitorioso (o autor ou o réu), estará voltado apenas para a efetividade do processo.

O princípio da imparcialidade do juiz mostra-se cada vez mais relativizado, ainda mais agora que a dialética processual exige das partes o dever de veracidade, probidade, boa-fé e lealdade. O juiz deve dirigir o processo no sentido de que as partes se apresentem com as mesmas oportunidades e com os mesmos instrumentos, capazes de sustentar a pretensão objeto da lide.

---

(14) VIANA, Márcio Túlio, *Op. cit.,* p. 1.219.
(15) MARINONI, Luiz Guilherme. *Manual do processo de conhecimento*. 4. ed. São Paulo: RT, 2005. p. 286.

Na lição de Bedaque[16], "o processo não deve ser um jogo em que o mais capaz sai vencedor, mas instrumento de justiça, com o qual se pretende encontrar o verdadeiro titular de um direito".

Não obstante verificar-se a progressiva aplicação da teoria dinâmica do ônus da prova no âmbito do Direito Processual do Trabalho, é necessário, ainda, evolução a fim de que seja colocada em prática sempre, em todos os processos, independente da posição da parte ou dos fatos alegados.

Exemplo de aplicação desta teoria se observa na decisão proferida pelo Exmo. Juiz Osmar Pedroso, no Processo de n. 01164-2009-042-03-00-6, no qual se discutiu o efetivo pagamento das verbas rescisórias ao Reclamante analfabeto[17]:

> Aplica-se aqui a Teoria Dinâmica de Distribuição do Ônus da Prova.
>
> Esta teoria rompe com as regras rígidas e estáticas da distribuição do *onus probandi* tornando-as mais flexíveis e dinâmicas, adaptáveis a casa caso concreto. Em outras palavras, o sistema deixa de ser pétreo, para se tornar dinâmico.
>
> Para a teoria dinâmica de distribuição do ônus da prova, não importa a posição da parte, se autora ou ré; também, não interessa a espécie do fato, se constitutivo, impeditivo, modificativo, ou extintivo; o importante é que o juiz valore, no caso concreto, qual das partes dispõe das melhores condições de suportar o ônus da prova, e imponha o encargo de provar os fatos àquela que possa produzir a prova com menos inconvenientes ou despesas, mesmo que os fatos objetos de prova tenham sido alegados pela parte contrária.
>
> Considerando as particularidades apontadas e sem quebra da reverência devida aos que pensam em contrário, entendo, com as devidas vênias, que a reclamada, na hipótese vertente, dispunha de melhores condições de suportar o ônus da prova. Como já mencionado bastava ter exibido cópia do cheque nominal do pagamento das verbas rescisórias.

Armando Porras Lopes entende que[18]:

> a teoria da inversão da prova está inspirada em altíssimos princípios de interesse social e a sociedade está interessada em que a classe trabalhadora, motor de toda a atividade produtora, seja tutelada pela lei, daí que coincide o conceito supremo do interesse social de inversão de prova, com a natureza especial do direito do trabalho.

---

(16) BEDAQUE, José dos Santos. *Garantias da amplitude de produção probatória.* In: TUCCI, José Rogério Cruz e (coord.). *Garantias constitucionais do processo civil.* São Paulo: Revista dos Tribunais, 1999. p. 175.
(17) Sentença proferida pelo Exmo. Juiz Osmar Pedroso no Processo n. 01164-2009-042-03-00-6-RO, TRT 3ª Região.
(18) LOPES, Armando Porras. *Derecho procesal del trabajo.* Puebla: José Cajica, 1956. p. 252, *apud* ALMEIDA, Cleber Lúcio de. *Direito processual do trabalho.* Belo Horizonte: Del Rey, 2006. p. 575.

Não devemos, todavia, confundir a teoria dinâmica do ônus da prova com a inversão do ônus da prova, pois naquela não há a transferência do encargo probatório de uma parte para a outra, mas, sim, a análise detida de cada caso concreto para que se conclua quem (autor ou réu) tem melhores condições de apresentar as provas necessárias ao convencimento do juiz.

Chegamos, portanto, à conclusão que o juiz, ao analisar o caso concreto e fixar o *onus probandi* deverá se valer do princípio da aptidão para a prova, que é o cerne da teoria dinâmica do ônus da prova, pois permite que a dialética processual ocorra de forma rápida e equânime.

De acordo com Carlos Alberto Reis de Paula[19]:

> Significa esse princípio que a prova deverá ser produzida por aquela parte que a detém ou que tem acesso à mesma, sendo inacessível à parte contrária. Consequentemente, é a que se apresenta como apta a produzi-la judicialmente.

Destarte, o princípio da aptidão para a prova consiste em atribuir o encargo probatório ao litigante que tenha melhores condições de provar os fatos e as relações deduzidas em juízo.

De acordo com Márcio Túlio, a ideia central do aludido princípio é antiga, pois Carnellutti já se referia à "conveniência de atribuir a prova à parte que esteja mais provavelmente em situação de dá-la, e assim com base numa regra de experiência, a qual estabelece qual das duas partes esteja em condições melhores para fornecer a prova do fato[20]", para que possamos alcançar não a simples composição, mas a justa composição da lide.

Se uma das partes tem melhores condições de provar a veracidade dos fatos, nada mais coerente com os princípios da solidariedade e da lealdade processual que o juiz determine, de ofício, que ela o faça.

Diante do princípio de aptidão para a prova, o juiz estará apto a distribuir o ônus probatório de forma dinâmica e justa, observando as peculiaridades de cada caso levado a seu conhecimento, o que facilitará e agilizará a dialética processual.

Não há falar, portanto, em fatos constitutivos, modificativos, impeditivos ou extintivos, pois a instrução probatória se efetivará de forma de ágil e justa, devendo o juiz atribuir o ônus da prova àquele que tem condições de satisfazê-lo.

Concordo com o entendimento de Márcio Túlio Viana no sentido de que[21]:

> Para nós, ainda que a prova se revele extremamente difícil ou até impossível para *ambas* as partes, deve-se concluir que o empregador

---
(19) PAULA, Carlos Alberto Reis de. *A especificidade do ônus da prova no processo do trabalho*. São Paulo: LTr, 2001. p. 139.
(20) VIANA, Márcio Túlio. *Op. cit.*, p. 1.223.
(21) *Idem*.

poderia ter-se precavido. E mesmo que, num caso ou noutro, assim, não seja, o fato é que, em última análise, é a empresa que cria o risco da demanda e, por extensão, o risco da prova; cabe-lhe, pois, prevalentemente suportá-lo.

A teoria dinâmica do ônus da prova é perfeita ao processo do trabalho, pois ao aplicá-la o juiz levará em conta as possibilidades, reais e concretas, que cada parte tem ao apresentar as suas afirmações, de tal modo que incida esse ônus não necessariamente sobre a parte que alega, mas sobre a que se encontra em melhores condições de produzir a prova.

CONCLUSÃO

A teoria dinâmica do ônus da prova não obstante ter suas raízes em tempos longínquos, somente há poucos anos tem encontrado campo fértil para se desenvolver. E isso se deve principalmente pela mudança de paradigma ocorrida nos últimos tempos, em que se passou a dar importância à expectativa da sociedade a respeito da efetivação da tutela jurisdicional, ofertando ao processo uma visão teleológica e instrumentalista.

A questão do ônus da prova no processo trabalhista, mesmo já tendo sido bastante debatido, não alcançou ainda o patamar idealizado por seus estudiosos, que buscam de forma incansável a satisfação eficaz, justa e célere das normas protetivas do trabalho, por meio do processo, tornando-o mais próximo da realidade das normas de direito material.

Percebe-se, pois, que o art. 818 da CLT, bem como o 333 do CPC apresentam-se ineficazes e obsoletos diante das mudanças sociais ocorridas no direito processual, pois se tem consolidado uma visão solidarista do ônus da prova, que viabiliza a justa e adequada tutela dos direitos laborais.

A valorização do trabalho e, consequentemente, do trabalhador, é um valor constitucional que ocupa posição de destaque nas normas axiológicas presentes em nossa Carta Magna. Contudo, a tão anunciada valorização do trabalho humano não obteve o sucesso esperado na legislação processual trabalhista, principalmente no que se refere à distribuição do ônus da prova, pois se observa a publicação de sentenças que se afastam do ideal de justiça, fundamentadas em regras rígidas e inflexíveis da teoria estática do ônus da prova.

No atual estágio do Direito Processual do Trabalho, a divisão do ônus da prova não deve limitar o poder instrutório do juiz, o qual deve dirigir o processo no sentido de que as partes se apresentem com as mesmas oportunidades e com os mesmos instrumentos.

A distribuição do ônus da prova no Processo do Trabalho deve ser reavaliada à luz dos princípios da boa-fé, lealdade e solidariedade, bem como das normas constitucionais, que garantem a valorização do trabalho humano, para que não somente as partes, mas toda a sociedade alcancem o verdadeiro ideal de justiça.

Para finalizar, invocam-se os sonhos de Wagner D. Giglio[22]:

> Sonhava eu ver, um dia, a lei processual do trabalho reconhecer que o conflito laboral se estabelece sempre entre partes desiguais — de um lado, o trabalhador subordinado; de outro, o empregador subordinante — e que, portanto, também ela deve ser protecionista; e sonhava ver reconhecido que as normas instrumentais trabalhistas, ao contrário das de direito processual civil, não tem como meta final o restabelecimento do *stato quo ante*, mas almejam a transformação da realidade, para melhorar as condições de vida dos trabalhadores.

REFERÊNCIAS BIBLIOGRÁFICAS

ALMEIDA, Cleber Lúcio de. *Direito processual do trabalho*. Belo Horizonte: Del Rey, 2006.

ARENHART, Sérgio Cruz. Ônus da prova e sua modificação no processo civil brasileiro. *Juris Plenum*, Caxias do Sul, v. 4, n. 24, p. 38, nov. 2008.

BEDAQUE, José dos Santos. Garantias da amplitude de produção probatória. In: TUCCI, José Rogério Cruz e (Coord). *Garantias constitucionais do processo civil*. São Paulo: RT, 1999.

CAMBI, Eduardo. Inversão do ônus da prova e tutela dos direitos transindividuais: alcance exegético do art. 6º, VII, do CDC. *Revista de Processo,* São Paulo, ano 30, n. 127, set. 2005.

CREMASCO, Suzana Santi. *A distribuição dinâmica do ônus da prova*. 1. ed. Rio de Janeiro: GZ 2009.

DALL'AGNOL JÚNIOR, Antônio Janyr. Distribuição dinâmica dos ônus probatórios. *Revista dos Tribunais*, v. 90, n. 788, p. 97, jun. 2001.

DIDIER JR., Fredie *et al. Curso de direito processual civil*. 4. ed. Salvador: Jus Podivm, 2009. v. 2.

DINAMARCO, Cândido Rangel. Ônus de contestar e o efeito da revelia. *Revista de Processo,* vol. 11, n. 41, jan./mar. 1986.

GIGLIO, Wagner D. *Direito processual do trabalho*. 12. ed. rev. atual. e ampl. São Paulo: Saraiva, 2002.

GRINOVER, Ada Pellegrini *et al. Teoria geral do processo*. 10. ed. rev. e atual. São Paulo: Malheiros Editores, 1994.

---

(22) GIGLIO, Wagner D. Aspectos gerais da proposta de reforma do processo do trabalho. *Revista LTr*, São Paulo, p. 210, fev. 1992 *apud* MACHADO JÚNIOR, César Pereira da Silva. *Op. cit.,* p. 130.

MACHADO JÚNIOR, César Pereira da Silva. *O ônus da prova no processo do trabalho*. 3. ed. rev. e atual. São Paulo: LTr, 2001.

MARINONI, Luiz Guilherme. *Manual do processo de conhecimento*. 4. ed. São Paulo: RT, 2005.

_____. Formação da convicção e inversão do ônus da prova segundo as peculiaridades do caso concreto. *Revista dos Tribunais*, São Paulo, ano 96, n. 862, ago. 2007.

PAULA, Carlos Alberto Reis de. *A especificidade do ônus da prova no processo do trabalho*. São Paulo: LTr, 2001.

REIS, Nazareno César Moreira. A relativizaçãodo ônus da prova e a justiça constitucional: uma breve reflexão sobre a concretização de valores constitucionais em face da inércia legislativa. *Revista Ciência Jurídica,* São Paulo, ano XVII, n. 114, nov. dez. 2003.

SANTOS, Moacyr Amaral. *Primeiras linhas de direito processual civil*. 2º vol. 13. ed. São Paulo: Saraiva, 1990.

SCHIAVI, Mauro. *Manual de direito processual do trabalho*. São Paulo: LTr, 2009.

_____. A inversão do ônus da prova no processo do trabalho. *LTr Sup. Trab.,* São Paulo, ano 43, n. 132, 2007.

TEIXEIRA FILHO, Manoel Antonio. *A prova no processo do trabalho*. 8. ed. rev. e ampl. 4ª tir. São Paulo: LTr, 1993.

VIANA, Márcio Túlio. Critérios para a inversão do ônus da prova no processo do trabalho. *Revista LTr*, São Paulo, ano 58, n. 10, out. 1994.

ZENNI, Alessandro Severino Vallér. As regras dinâmicas de distribuição do ônus da prova e a avaliação da prova no processo laboral. *Revista LTr,* São Paulo, ano 63, n. 7, jul. 1999.

A IMPORTÂNCIA DA TUTELA ANTECIPADA NO PROCESSO DO TRABALHO ATUAL: INSTRUMENTO DE EFETIVAÇÃO DOS DIREITOS MATERIAIS TRABALHISTAS

Lívia Mendes Moreira Miraglia[*]

INTRODUÇÃO

O Direito é uma ciência em constante transformação, pois é inferido dos valores que norteiam a sociedade. Desse modo, deve acompanhar a evolução social, renovando-se sempre, a fim de realizar a finalidade precípua de pacificação social.

Com o Direito Processual do Trabalho não é e nem poderia ser diferente. O processo trabalhista, entendido como instrumento e não como fim em si mesmo, deve se utilizar de todos os mecanismos possíveis para a concretização dos direitos materiais trabalhistas.

Dentre eles, a tutela antecipada apresenta-se como um dos principais institutos processuais capazes de assegurar o princípio do acesso à justiça, compreendido em seu sentido amplo de efetiva entrega do bem da vida àquele que tem direito.

O processo deve servir àquele que busca em juízo a concretização de seu direito. Não pode servir como meio escuso de enriquecimento ilícito da parte que, além de sonegar direitos, utiliza-se do aparato judicial para impedir e/ou protelar a sua concretização imediata.

Nesse sentido, a antecipação de tutela tem função primordial para evitar que o tempo do processo produza injustiças. E, é, sob esse argumento, que se propõe um breve estudo acerca da tutela antecipada no processo do trabalho.

---

[*] Bolsista do CNPq. Doutoranda em Direito do Trabalho pela UFMG. Mestra em Direito do Trabalho pela PUC Minas. Professora Substituta de Direito do Trabalho da UFMG. Membro do Instituto Mineiro de Ciências Jurídicas e Sociais. Advogada.

1. BREVE ESCORÇO HISTÓRICO

O art. 675 do Código de Processo Civil de 1939 previa que:

> Além dos casos em que a lei expressamente o autoriza, o juiz poderá determinar providências para acautelar o interesse das partes:
>
> I — quando do estado de fato da lide surgirem fundados receio de rixa ou violência entre os litigantes;
>
> II — quando, antes da decisão, for provável a ocorrência de atos capazes de causar lesões, de difícil e incerta reparação, ao direito de uma das partes;
>
> III — quando, no processo, a uma das partes for impossível produzir prova, por não se achar na posse de determinada coisa.

Embora alguns doutrinadores não tenham enxergado no citado dispositivo legal autorização para um poder geral de cautela do juiz, a maior parte da doutrina pátria se posicionou a favor da existência deste poder. Assim sendo, estar-se-ia diante de um importante instrumento processual, passível de ampla utilização pelos magistrados.

Na prática, contudo, o que se observou foi a timidez dos tribunais, que continuaram a aplicar as medidas cautelares apenas nos casos expressamente previstos no art. 676 do mesmo *Codex*.[1]

Ou seja, embora o CPC de 1939 dispusesse expressamente sobre um poder geral de cautela do juiz, não se reconheceu, na prática forense, a existência desse poder, capaz de autorizar medidas cautelares de forma generalizada.

Foi apenas em 1973, com a promulgação de um novo Código de Processo Civil, que se notou uma mudança de paradigma e que o poder geral de cautela voltou a ser discutido pela doutrina e pela jurisprudência.

O art. 798 do CPC de 1973 dispôs sobre a possibilidade de o juiz aplicar as medidas provisórias que julgasse necessárias a fim de acautelar o direito material em litígio sempre que houvesse fundado receio de dano irreparável ou de difícil reparação.

Alguns doutrinadores posicionaram-se contra o poder conferido ao juiz de conceder medidas provisórias de caráter satisfativo, tendo em vista a natureza da tutela cautelar. Nesse sentido, entendiam que o objetivo da medida cautelar era apenas o de garantir a utilidade e eficácia da futura prestação jurisdicional, esta sim de natureza satisfativa.[2]

O Código de Processo Civil de 1973 fundamentou-se nos princípios do direito liberal consagrando a segurança jurídica e a liberdade do indivíduo como direitos absolutos.

---

(1) MARINONI, Luiz Guilherme. *A antecipação da tutela*. 4. ed. São Paulo: Malheiros, 1998. p. 25.
(2) THEODORO JÚNIOR, Humberto. O cumprimento das medidas cautelares e antecipatórias. *Revista de Processo*, n. 139, p. 7-27. p. 11-12, set. 2006.

A doutrina clássica não admitia a interferência no patrimônio ou na esfera individual do réu antes de uma cognição plena e exauriente.

Em nome da liberdade e da segurança jurídica, só se admitiam as medidas cautelares com vistas a garantir o bem ou direito litigioso para submetê-lo à sentença final de forma útil para as partes.

Em outras palavras, segundo Marinoni, o cumprimento da decisão jurisdicional dependia da certeza jurídica. Alerta o jurista que tal ideia foi concebida para acobertar a desconfiança no juiz, temendo-se que ele pudesse proteger o autor em detrimento do réu, arbitrariamente, se lhe fosse dado um poder geral de cautela, capaz de antecipar os efeitos da decisão de mérito.[3]

O mesmo autor, citando Chiovenda, ilustra bem o cenário da época. Dizia o ilustre processualista italiano que "a execução provisória da sentença era uma figura anormal por não supor de certeza jurídica".[4]

Prevalecia no liberalismo o princípio da *nulla executio sine titulo,* o qual pressupunha que apenas após o trânsito em julgado da sentença de mérito seria possível a sua execução.

Privilegiava-se também o princípio da tipicidade dos meios executivos, que preconizava que os meios de atuação coativa eram taxativamente previstos e autorizados pela lei processual. Era, então, vedada ao magistrado a liberdade de escolher outros meios que não aqueles previstos para assegurar a prestação jurisdicional.

Ao longo dos anos e com a crescente complexidade das relações jurídicas e das lides judiciais, os conflitos da sociedade contemporânea passaram a demonstrar a necessidade de mudança na forma da prestação jurisdicional. O objetivo era consolidar o princípio constitucional de garantia de acesso à justiça.

Zavascki conceitua o direito à efetividade da jurisdição como aquele direito inerente a todas as pessoas de provocar a atuação da função jurisdicional do Estado a fim de obter, em um prazo razoável, decisão justa e efetiva, com potencial de atuar de maneira eficaz no plano dos fatos.[5]

Em outras palavras, era premente que o provimento final fosse capaz de assegurar o bem da vida violado e a garantia de efetiva fruição e gozo pelo titular do direito. Nessa esteira, o tempo processual mostrava-se incompatível com a necessidade da tutela de direitos da sociedade atual.

---

(3) MARINONI, Luiz Guilherme; ARENHART, Sérgio Cruz. *Manual do processo de conhecimento.* 4. ed. rev., atual. e ampl. São Paulo: Revista dos Tribunais, 2005. p. 206-207.
(4) *Idem.*
(5) ZAVASCKI, Teori Albino. *Antecipação da tutela.* 3. ed. São Paulo: Saraiva, 2000. p. 64.

O surgimento de novos direitos que não poderiam ser tutelados *a posteriori*, por meio de uma tutela meramente ressarcitória fizeram nascer novos princípios e ideais norteadores do processo.

Passou-se a admitir a antecipação dos efeitos da sentença de mérito, com fulcro no art. 798 do CPC. Os tribunais denominavam-na de ação cautelar satisfativa, entendendo que o interesse imediato se esgotava com o cumprimento da liminar. A prática aceitava ainda que a ação cautelar pudesse substituir o mandado de segurança quando escoado o prazo decadencial.[6]

1.1. A Lei n. 8.952/1994: mudanças na estrutura do Processo

Diante das necessidades contemporâneas, o legislador infraconstitucional houve por bem modificar a redação dos arts. 273 e 461 do CPC, com a finalidade precípua de generalizar a utilização da tutela antecipada, eliminando a necessidade do autor se valer do art. 798 do mesmo Código para obter uma tutela sumária satisfativa.

Os princípios da tipicidade dos meios executivos e da *nulla executio sine titulo* passaram a ter menor influência, admitindo-se a tutela efetiva do direito antes da realização plena do contraditório. Restringe-se num primeiro momento à produção de provas. Todavia, mais tarde será exercido de forma integral no mesmo processo em que a tutela antecipada foi concedida, não se podendo falar em ofensa ao princípio do contraditório e da ampla defesa.[7]

O que ocorreu foi uma valorização do princípio da efetividade da tutela jurisdicional, contido no inciso XXXV do art. 5º da CF/1988. Além disso, a tutela ressarcitória passou de regra à exceção, sendo cabível apenas quando não houver outra forma de satisfazer a obrigação específica.

Até 1994 a tutela antecipada era permitida em poucos e específicos casos, como, por exemplo, na Lei da Ação Civil Pública (art. 11 da Lei n. 7.347/1985), no ECA (art. 213 da Lei n. 8.069/1990) e no CDC (art. 84 da Lei n. 8.078/1990). Após tal data, a tutela antecipada se generaliza, sendo admitida em qualquer procedimento e em todos os casos em que seja possível, mediante a cognição sumária e o juízo de verossimilhança, verificar a probabilidade de um direito ou apurar fundado receio de dano irreparável ou de difícil reparação.

Tal fato potencializou a efetividade do próprio direito material e o processo tornou-se mais eficaz para realizar as pretensões e direitos diante da perspectiva de que o direito material descumprido poderá ser prontamente tutelado por meio

---

(6) MARINONI, Luiz Guilherme. *Op. cit.*, 1998, p. 35.
(7) MARINONI, Luiz Guilherme; ARENHART, Sérgio Cruz. *Op. cit.*, p. 207-208.

dos novos institutos, sob pena de coerção indireta (patrimonial e pessoal). Ou seja, o direito material passou a ter força intrínseca para se realizar.[8]

1.2. As Leis 10.358/2001 e 10.444/2002

Antes do advento das Leis ns. 10.358 e 10.444, havia controvérsia sobre a incidência da tutela antecipada nas obrigações de dar, em face do perigo de irreversibilidade de tal provimento — como no caso, por exemplo, da obrigação de pagar verbas trabalhistas — e diante da ausência de caução autorizadora do levantamento da quantia depositada (art. 273, §§ 2º e 3º; art. 588, incisos II e III do CPC). Contudo, ainda que alguns autores pudessem discordar da aplicação do instituto nessas obrigações, tal entendimento não poderia prosperar mesmo antes da promulgação das referidas leis.

Consoante ensina Marinoni, o perigo da irreversibilidade da medida não poderia, e não pode servir de desculpa para mitigar o potencial do provimento antecipatório. Isso porque, diante de um direito provável, este deveria prevalecer ainda que sob o perigo de prejuízo.[9]

Se o bem ou direito se mostra provável pelo juízo de verossimilhança e se há prova inequívoca para justificar a concessão da tutela antecipada, não há que se falar em perigo de irreversibilidade do provimento em face de um direito improvável ou da segurança jurídica.[10]

Com a edição das referidas leis, restou claro que a tutela antecipada é aplicável nas obrigações de dar. O art. 588, § 2º, do CPC passou a admitir o levantamento da quantia depositada sem a necessidade de caução idônea para as causas de até 60 salários mínimos, de natureza alimentar, ou quando o exequente se encontre em estado de necessidade.

Ademais, o § 6º do art. 273 do CPC passou a prever a satisfação imediata, o julgamento antecipado da parcela ou pedido incontroverso (quando mais de um pedido, como ocorre de praxe nas causas trabalhistas), autorizando o juiz a conceder a tutela antecipada na audiência inaugural, cumulada com multa e outras medidas coercitivas.[11]

A mudança legislativa possibilitou, de forma expressa, o entrelaçamento das normas de efetivação da tutela antecipada com o regime das tutelas específicas

---

(8) PIMENTA, José Roberto Freire. *Tutela específica e antecipada das obrigações de fazer e não fazer no processo do trabalho. Cominação de prisão pelo Juízo do Trabalho em caso de descumprimento do comando judicial. Revista do TRT da 3ª Região*, Belo Horizonte, v. 27, n. 57, p. 117-149, 1997. p. 130-131.
(9) MARINONI, Luiz Guilherme. *Op. cit.,* p. 42.
(10) MARINONI, Luiz Guilherme, *Op. cit.,* p. 42.
(11) PIMENTA, José Roberto Freire. *Op. cit.,* p. 126-128.

das obrigações de fazer e não fazer, o que trouxe para a esfera da generalidade a aplicação de multas e outras medidas coercitivas como instrumentos para efetivação do provimento jurisdicional (arts. 273, §§ 3º, 6º, 7º; 588; 461 §§ 4º e 5º do CPC).

A concessão da tutela específica e a aplicação das medidas coercitivas não dependeriam de pedido do autor, e havia ainda a possibilidade de o juiz modificar, de ofício, o valor da multa que se tornasse insuficiente ou excessiva. A nova redação dos artigos do CPC promoveu a compatibilização da ação cominatória com o estatuto geral da tutela específica e antecipada das obrigações de fazer e não fazer (art. 287 do CPC).[12]

De um modo geral, a evolução legislativa do instituto em estudo representou a ampliação dos poderes do juiz, confiando-lhe a decisão — baseada nos juízos de verossimilhança e prova inequívoca — acerca da concessão ou não da medida antecipatória. Permitiu-lhe também ampla liberdade na escolha dos meios coercitivos adequados para cada caso, mitigando o princípio da tipicidade dos meios executivos.

2. DIFERENCIAÇÕES: TUTELA ANTECIPADA E TUTELA CAUTELAR

A grande diferença entre as tutelas antecipada e cautelar é que a segunda não se propõe a satisfazer, nem provisoriamente, o direito acautelado, sob pena de desnaturação de sua função precípua — que é acautelar o direito ameaçado para uma futura ação principal —, tornando-se tutela de cognição sumária. Por outro lado, a tutela antecipatória tem caráter satisfativo, antecipando os efeitos da decisão de mérito.

Existem autores, como Mallet que acreditam que a tutela antecipada se inclui na classe dos provimentos cautelares, uma vez que reúne todos os elementos próprios desses, quais sejam: a cognição sumária, a instrumentalidade da providência, e o propósito de eliminação do dano. Aplicam-se as mesmas regras e princípios válidos para as medidas cautelares, inclusive quanto ao procedimento.[13]

Marinoni não discorda que ambos os institutos possuam pontos de interseção, como a provisoriedade, a cognição sumária e até mesmo o propósito de eliminação do dano. Contudo, entende que não podem ser confundidos, posto que se destinam a realizar missões completamente distintas. Na tutela cautelar, para este autor, há sempre referibilidade a um direito acautelado, e inexistindo a referibilidade, não há que se falar em direito acautelado.[14]

---

(12) PIMENTA, José Roberto Freire. *Op. cit.*, p. 126-128.
(13) MALLET, Estêvão. *Antecipação da tutela no processo do trabalho.* 2. ed. São Paulo: LTr, 1999. p. 26-27.
(14) MARINONI, Luiz Guilherme. *Op. cit.*, p. 180-181.

Em outras palavras, a tutela satisfativa não pode ser confundida com a cautelar, uma vez que prescinde de referibilidade a um direito mais amplo (que será objeto do pedido da ação principal).

Em relação à provisoriedade, ensina o autor que:

> não é nota exclusiva da tutela cautelar, ocorrendo também na tutela satisfativa sumária. Não basta, portanto, que a tutela tenha sido concedida com base em cognição sumária. É imprescindível que a tutela não satisfaça o direito material para que possa adquirir o perfil de cautelar.[15]

A instrumentalidade, de forma acentuada, não é inerente aos dois institutos. Apenas a tutela cautelar é instrumento assecuratório da efetividade da sentença final e, assim, do resultado útil do processo principal.

A tutela antecipada não guarda caráter instrumental, pois não visa a assegurar e sim a antecipar de fato os efeitos do provimento final de mérito. Ou seja, dá ao autor o resultado prático que ele visa obter mediante a tutela final, tornando difícil afirmar que seu objetivo é apenas garantir o resultado útil do processo haja vista que já o realizou.

Em resumo: a tutela antecipada tem, principalmente, caráter de satisfatividade, enquanto a tutela cautelar tem caráter instrumental.

3. TUTELA ANTECIPADA: ARTS. 273 E 461 DO CPC

Cabe enfatizar, mais uma vez, que a tutela antecipada surgiu da necessidade de uma prestação jurisdicional rápida aos conflitos contemporâneos.

Tais conflitos não conseguem suportar, sem prejuízo de lesão, o tempo normal do processo, sendo imprescindível, para a efetivação do próprio direito material, a criação de mecanismos que permitam a distribuição do tempo processual e, assim, garantam a efetividade do provimento jurisdicional.

Utiliza-se, aqui, a distinção proposta por Marinoni, com o objetivo de analisar as espécies de tutela antecipada, destacando-se os aspectos mais importantes de cada uma.

3.1. Tutela de urgência: art. 273, I do CPC

Os pressupostos para a concessão da tutela de urgência são: a alegação verossímil e o fundado receio de dano irreparável ou de difícil reparação.

---

(15) MARINONI, Luiz Guilherme. *Op. cit.,* p. 180-181.

Cumpre ressaltar que aqui já houve violação do direito, sendo o juízo provisório baseado no entendimento de que a tutela antecipada é necessária para impedir que outro direito conexo possa ser prejudicado por aquela violação.[16]

Cite-se, como exemplo, o pagamento antecipado em dinheiro pelo empregador fundado no receio de que, se assim não o fizer, o empregado passará fome ou deixará, por exemplo, de realizar uma operação, pondo em risco a própria vida deste.

A prova inequívoca a que se refere o artigo é aquela que seja suficiente para criar verossimilhança, mas insuficiente para declarar de pronto a existência ou inexistência do direito. Marinoni prefere utilizar a expressão juízo provisório, pois o juízo de verossimilhança só se forma a partir da concepção de que a verdade é algo intangível.[17]

A tutela de urgência é concedida com postecipação do contraditório. Não é necessário que a prova seja documental, podendo a parte se utilizar de qualquer meio de prova para comprovar o seu direito, inclusive prova emprestada ou já realizada (que são provas documentadas e que possuem valor superior a uma prova produzida unilateralmente, uma vez que foram produzidas pelas partes).[18]

De acordo com o mesmo autor, a verossimilhança exigida do juiz deve considerar quatro aspectos. São eles:

I — o valor do bem jurídico ameaçado;

II — a dificuldade de o autor provar a sua alegação (consideração que tem especial importância no Processo do Trabalho, haja vista que em muitos casos o empregado não possui os documentos ou meios de prova necessários ou porque estão de posse do empregador ou porque não consegue alguém que testemunhe a seu favor, em face do medo de perda do emprego);

III — a credibilidade da alegação (deve ser apurada pela própria experiência do magistrado);

IV — a urgência descrita.

Por fim, conclui que a prova inequívoca é aquela cuja produção não se mostra incompatível com a imediatidade da tutela a ser concedida. [19]

Nesse sentido, é a seguinte decisão:

EMENTA: ANTECIPAÇÃO DE TUTELA. POSSIBILIDADE DE CONCESSÃO. Sendo plausível o pedido de restabelecimento do plano de saúde — tanto é quedeferido em 1º grau — e constatado que a demora na entrega da prestação jurisdicional acarretaria manifesto

---

(16) MARINONI, Luiz Guilherme, 1998. p. 190-193.
(17) *Idem.*
(18) *Idem.*
(19) *Idem.*

prejuízo à reclamante, aposentada por invalidez, em decorrência de doença profissional, nada impede a concessão da tutela antecipada, na forma do art. 273, § 6º do CPC. (TRT 3ª R. — 3ª T — Rel. Des. César Pereira da Silva Machado Júnior — **RO n. 00241-2008-071-03-00-5 — 1.6.2009)**

No processo do trabalho existem duas hipóteses típicas: a reintegração do dirigente sindical prevista no art. 659, IX e X, da CLT e a suspensão dos efeitos da transferência disposta no art. 469 da CLT.

No caso da reintegração havia discussão sobre a irreversibilidade dessa medida, restringindo-se seu uso sob o argumento do perigo de lesão do direito do réu empregador, que ficaria sem restituição dos salários pagos ao reintegrado quando, ao final, a estabilidade não fosse concedida. Tal argumento é falho haja vista que nesses casos não há que se falar em prejuízo, uma vez que o trabalho foi prestado, devendo ser remunerado.

Nesse sentido, é a jurisprudência majoritária dos nossos tribunais:

EMENTA: ANTECIPAÇÃO DE TUTELA. IRREVERSIBILIDADE. AJUIZAMENTO AÇÃO RESCISÓRIA. O deferimento da tutela antecipada autorizando a imediata reintegração do dirigente sindical dispensado sem justa causa conta com o respaldo do art. 659, X, da CLT. O perigo de irreversibilidade como obstáculo da antecipação de tutela deve ser analisado com reserva, sob pena de inviabilizar a sua aplicação. "Logo, se é bastante provável que exista o direito alegado pelo demandante — pois do contrário o pedido de antecipação não teria cabimento — não se compreende como deva sacrificá-lo para preservar um direito sobre cuja existência não há o mesmo juízo de probabilidade. É intuitivo que o provável prefere ao improvável" (MALLET, Estêvão. *Antecipação da Tutela no Processo do Trabalho*. 2. ed. São Paulo: LTr, 1999, p. 107). Logo, o simples ajuizamento de ação rescisória buscando a desconstituição da decisão que reconheceu a garantia de emprego do trabalhador, em ação de consignação de pagamento ajuizada pela demandada, não configura o perigo de irreversibilidade do provimento antecipado, previsto no parágrafo 2º do art. 273 do CPC (TRT 3ª R. — 7ª T. — Rel. Des. Alice Monteiro de Barros — **RO n. 01548 2007-008-03-00-6 — J. 24.8.2009)**

3.2. Tutela de evidência: art. 273, II e § 6º do CPC

De acordo com Marinoni, a tutela de evidência tem por único objetivo permitir a correta distribuição do tempo do processo entre as partes para evitar que a delonga natural deste importe em prejuízo ao autor que tem razão. Prossegue, citando Chiovenda, afirmando que a duração do processo não deve causar dano ao autor que tem razão e deve dar a quem tem direito, tanto quanto for possível, tudo aquilo que ele teria direito de conseguir.[20]

Nessa esteira, colaciona-se a seguinte ementa:

EMENTA: AGRAVO DE PETIÇÃO — DESCUMPRIMENTO DE OBRIGAÇÃO DE FAZER DEFERIDA EM ANTECIPAÇÃO DE TUTELA — MANUTENÇÃO DA MULTA IMPOSTA — REDUÇÃO DO IMPORTE

---

(20) MARINONI, Luiz Guilherme; ARENHART, Sérgio Cruz. *Op. cit.*, p. 229-231.

DIÁRIO. O descumprimento de obrigação de fazer imposta pela antecipação de tutela, que determinou que a reclamante fosse mantida ou restabelecida no plano de saúde fornecido pelo banco-réu, evidenciado pela demora da entrega das carteiras do plano de saúde, é motivo ensejador da manutenção da multa fixada como *astreintes*. Todavia, em respeito ao princípio que veda o enriquecimento sem causa, cabe a redução do importe diário fixado, uma vez verificada a desproporção entre a falta e a pena cominada. (TRT 3ª R. — Turma Recursal de Juiz de Fora — AP n. 00232-2006-037 03-00-1 — Rel. Des José Miguel de Campos — J. 14.9.2009)

Pode-se afirmar que duas técnicas derivam do inciso II do art. 273 do CPC: a técnica da reserva da cognição da exceção substancial indireta infundada e a técnica monitória.[21]

A primeira refere-se à defesa substancial indireta e é aquela em que o réu alega fato impeditivo, modificativo ou extintivo do direito do autor, sem, contudo, negar este. Nesses casos, o ônus da prova de demonstrar tais fatos é do réu, que pode muitas vezes levantá-los com motivo meramente protelatório. Se este for o caso, ou seja, se o direito do autor se mostrar incontroverso, em face de uma defesa infundada cabe a tutela antecipada.

No procedimento monitório, quando o fato constitutivo for suficientemente provado e os embargos forem meramente protelatórios, cabe a antecipação da tutela.[22]

Em ambas as hipóteses, o direito material do autor é evidente e a defesa do réu é infundada. Ou seja, há abuso do direito de defesa do réu, possibilitando a concessão da tutela antecipada com base no inciso II do art. 273 do CPC.

Com relação ao § 6º do art. 273 do CPC evidencia-se a prevalência de duas técnicas processuais: a não contestação ou reconhecimento parcial e o julgamento antecipado de parcela ou de um dos pedidos.

No primeiro caso, ainda que o réu reconheça implicitamente o direito do autor ou ainda que se refira a uma parcela ou a um dos pedidos formulados, cabe antecipação de tutela quanto à parte incontroversa a fim de efetivar de imediato aquele direito. A não contestação tem fulcro no art. 302 do CPC, que diz que se presumem verdadeiros os fatos não contestados.[23]

Na segunda técnica, a tutela antecipada serve para viabilizar a realização da parcela ou do pedido que se mostrar pronto para decisão, pois incontroverso, uma vez que o direito restou evidenciado por prova inequívoca.[24]

Como exemplo, cite-se o caso de dispensa do empregado em que ainda não houve pagamento das verbas rescisórias. O direito do autor a essas verbas é

---

(21) *Idem.*
(22) *Idem.*
(23) *Idem.*
(24) *Idem.*

incontroverso e já se mostra pronto para decisão, podendo o juiz conceder a antecipação para compelir o empregador a pagá-las.

De acordo com Marinoni, a tutela de evidência se justifica pois o réu não tem efetivo interesse em demonstrar que o autor não tem razão, mas apenas pretende manter o bem em seu patrimônio por mais tempo. O intuito é evitar que o processo contribua para os objetivos escusos e ilícitos do réu em manter, em seu poder, bem que não lhe pertence.[25]

Talvez essa seja a hipótese mais comum no cotidiano forense trabalhista. Afinal, constitui grande vantagem para o empregador, que ganha duas vezes: ao fraudar a legislação trabalhista, sonegando direitos dos seus empregados, e ao postergar a decisão ou mesmo o próprio pagamento, dividindo a condenação em inúmeras prestações.

E, é contra isso que o magistrado trabalhista deve se insurgir, concedendo a antecipação de tutela sempre que evidenciados os requisitos do art. 273 do CPC.

A tutela antecipada, consoante anteriormente mencionado, apresenta-se como instrumento eficaz de consolidação do acesso à justiça, garantindo ao titular do direito a antecipação dos efeitos da decisão de mérito, evitando, assim, que o curso do processo inviabilize a concretização do seu direito material em litígio.

3.3. Características comuns às tutelas de evidência e de urgência

O procedimento é compatível com o rito ordinário, sumário e os especiais.

Nos procedimentos especiais, cabe mencionar que a tutela antecipada somente será cabível quando não for incompatível com as espécies desses procedimentos e levando-se em consideração a situação concreta.

Cita-se como exemplo o art. 928 do CPC, que autoriza a concessão de tutela antecipada na ação de reintegração de posse. Nesse sentido e em face da ampliação da competência da Justiça do Trabalho pela EC n. 45/2004, pode-se aduzir que o Judiciário Trabalhista é competente para julgar ações possessórias conexas à relação de trabalho e que o magistrado Trabalhista pode deferir tutela antecipada em tais situações.

Quanto ao momento de sua concessão, afirma-se que pode ser anterior à propositura da ação quando já houver fundado receio de dano. Nessa hipótese, poderá, inclusive, ser concedida *inaudita altera pars* quando ficar explicitado, no caso concreto, que a oitiva da parte contrária anterior à sua concessão pode prejudicar a efetividade do provimento. Não fere o princípio do contraditório, cujo exercício fica apenas postergado haja vista que visa assegurar o princípio da efetividade da tutela jurisdicional.

---

(25) *Idem.*

Pode, ainda, ocorrer durante o curso da ação, ainda que tenha sido anteriormente negada por falta de evidência do direito, que pode ficar demonstrado no processo. E até mesmo em grau recursal, quando comprovado que o receio de dano surgiu após a instauração do processo, posteriormente à decisão.

No que diz respeito à legitimidade, entende Mallet que a tutela antecipada deve ser requerida pela parte, não podendo o juiz, em princípio, concedê-la de ofício. Mas nos casos em que a lei atribuir ao juiz o poder de agir de ofício, não há por que impedi-lo de agir para evitar a ineficácia da tutela.

Menciona como exemplo o art. 878 da CLT, que permite a "incoação oficiosa do processo executivo". Ou seja, cabe ao juiz do trabalho adotar e aplicar todas as medidas coercitivas necessárias para a efetivação da fase de execução da sentença, nos termos dos §§ 4º e 5º do art. 461 do CPC.[26]

Nos casos em que se encontram presentes os requisitos legais, é possível a concessão de ofício da tutela antecipada pela Justiça do Trabalho, haja vista a existência do *ius postulandi* e a natureza alimentar dos créditos trabalhistas.

Não se propõe que o magistrado atue em favor de uma das partes, mas sim que ele não seja mero expectador passivo de uma nova violação do direito do empregado, cabendo-lhe aplicar, de imediato, medidas que visem a garantir a entrega efetiva do bem da vida a quem tem direito.

No Processo do Trabalho, em consonância com o art. 840 da CLT e com o princípio da oralidade, o pedido de antecipação de tutela poderá ser feito, inclusive, verbalmente. Pode ser formulado pelo autor ou pelo réu, também possuindo legitimidade qualquer um dos litisconsortes (art. 49 do CPC); o assistente (o art. 52 do CPC outorga-lhe os mesmos poderes do assistido, que pode, contudo, obstar o pedido de tutela antecipada); o substituto ou substituído no caso de substituição processual pelo sindicato, por exemplo; e o Ministério Público quando atuar como parte (art. 81 do CPC).[27]

No que tange à decisão que concede ou denega a tutela antecipada, há quem entenda que se trata de poder discricionário do juiz.

Discordamos de tal entendimento haja vista que, conforme ensina Mallet, o magistrado está constantemente sujeito aos parâmetros normativos emergentes, direta ou indiretamente, da lei, o que leva à conclusão de que não se pode falar em poder discricionário no âmbito da atividade jurisdicional.

O autor assevera que há, com certeza, o emprego de conceitos abertos e indeterminados no tocante aos pressupostos da medida, dando margem à ampla

---

(26) MALLET, Estêvão, *Op. cit.*, p. 65-67.
(27) *Idem.*

atuação do juiz, que apenas deve observar os pressupostos legais na concessão da tutela. É necessária, ainda, a fundamentação da decisão que concede a tutela, nos termos dos arts. 832 da CLT, 458 do CPC e 93 da CF/1988.[28]

Na jurisdição trabalhista, em regra, os efeitos antecipáveis são os condenatórios e executivos da decisão, uma vez que raras são as ações de conteúdo simplesmente declaratório ou constitutivo apreciadas pela Justiça do Trabalho.

Existe uma parte da doutrina que entende que não cabe tutela antecipada nas causas com pedido meramente declaratório, mas para Mallet há essa possibilidade. Fornece como exemplo o dissídio coletivo de interpretação, em que o direito tutelado (declaração de qual interpretação deve ser dada à cláusula de instrumento coletivo) pode ser antecipado, não cabendo pleitear, posteriormente, a restituição dos benefícios que foram pagos, ainda que em caráter provisório, consoante art. 14 da Lei n. 7.783/1989.[29]

A decisão que concede ou denega a tutela antecipada é decisão interlocutória. Desse modo, no Processo Civil, só cabe agravo retido, que será apreciado em sede recursal.

No Processo do Trabalho, as decisões interlocutórias são irrecorríveis de imediato, cabendo à parte, de modo geral, formular "protesto nos autos" a fim de garantir a possibilidade de apreciação da matéria em eventual e futuro Recurso Ordinário, consoante prevê o art. 897, *a*, da CLT.

Entende Mallet que, no caso específico da decisão acerca da tutela antecipada, não há necessidade de protesto formal pela parte prejudicada, vez que sem previsão legal e incompatível com § 1º do art. 893 da CLT. O autor acredita ainda que poderá ser impugnada de imediato a decisão referente à concessão ou denegação da tutela antecipada, por meio do mandado de segurança (contra ato de autoridade pública).[30]

Pode ainda ser interposta correição parcial contra ato do juiz que concede ou denega tutela antecipada, se presentes seus pressupostos, nos termos dos arts. 709, II e 682, XI da CLT.

Quanto ao princípio da fungibilidade, presente no § 7º do art. 273 do CPC, cabe apenas ressaltar que o referido dispositivo permite que, nos casos onde

---

(28) MALLET, Estêvão, *Op. cit.*, p. 65-67.
(29) *Ibidem*, p. 69-70.
(30) Cabe apenas lembrar que o TST já editou súmula nesse sentido. É de se ver:
SÚM-414 MANDADO DE SEGURANÇA. ANTECIPAÇÃO DE TUTELA (OU LIMINAR) CONCEDIDA ANTES OU NA SENTENÇA (conversão das Orientações Jurisprudenciais ns. 50, 51, 58, 86 e 139 da SBDI-2) — Res. 137/2005, DJ 22, 23 e 24.8.2005 I — A antecipação da tutela concedida na sentença não comporta impugnação pela via do mandado de segurança, por ser impugnável mediante recurso ordinário. A ação cautelar é o meio próprio para se obter efeito suspensivo a recurso. II — No caso da tutela antecipada (ou liminar) ser concedida antes da sentença, cabe a impetração do mandado de segurança, em face da inexistência de recurso próprio.

existe dúvida fundada e razoável em relação à natureza da tutela, o juiz pode conceder aquela medida que melhor se coadunar com as necessidades do caso concreto. Pode, por exemplo, determinar um arresto ainda que o pedido tenha sido de antecipação da tutela ou, ainda, determinar uma indenização substitutiva ao empregado estável dispensado sem justa causa, mesmo que o pedido seja de reintegração ao emprego.

Na Justiça do Trabalho, entendemos que o princípio da fungibilidade deverá ser amplamente utilizado em face do *ius postulandi* concedido às partes, cabendo ao juiz determinar a medida cabível, ainda que exista erro grosseiro, se o pedido for feito por parte hipossuficiente, não amparada por procurador.

Chama-se atenção também para o § 3º do art. 273 do CPC, que autoriza expressamente a aplicação dos §§ 4º e 5º do art. 461 e do art. 588 do mesmo Código. Os §§ 4º e 5º do art. 461 do CPC autorizam ao juiz a aplicação de multas e outras medidas coercitivas necessárias ao cumprimento da ordem judicial nas obrigações de fazer e não fazer, sendo possível a aplicação de tais mecanismos de coação indireta e também nas hipóteses gerais de antecipação de tutela.

Cabe aqui uma breve discussão acerca da possibilidade de prisão do destinatário de ordem judicial que deixa de cumpri-la.

Existem autores que enquadram tal prisão como sendo permitida pelo ordenamento infraconstitucional no § 5º do art. 461 do CPC não se tratando de prisão por dívida (que é proibida constitucionalmente), pois o seu fundamento é o descumprimento de ordem judicial. Todavia, parece mais acertado o entendimento que enquadra esse cerceamento de liberdade como prisão criminal, com fulcro no art. 330 do Código Penal, que prevê o crime de desobediência à ordem judicial.

Quando se pensa no âmbito trabalhista, entende-se que seria a hipótese de prisão civil lícita, posto que as obrigações trabalhistas têm caráter alimentar, hipótese de ressalva expressa no texto constitucional. Esse não é, infelizmente, o posicionamento que prevalece em nossos Tribunais.

4. A IMPORTÂNCIA DA TUTELA ANTECIPADA NO PROCESSO DO TRABALHO ATUAL

Em primeiro lugar, cumpre ressaltar, consoante já exposto anteriormente, que a aplicação da tutela antecipada no Processo do Trabalho é incontroversa, uma vez que nesse ramo vigoram os princípios da celeridade, oralidade e efetividade, de forma mais intensa que qualquer outro.

Na seara laboral, as parcelas têm caráter alimentício, dependendo o credor (no caso, o trabalhador) da efetivação do seu direito material para a própria subsistência e a de sua família. O autor da reclamação trabalhista, em regra o trabalhador, é parte hipossuficiente na relação laboral e, portanto, faz jus à tutela imediata de seu direito material.

Além disso, na ausência de normas disciplinando a tutela antecipada, esta torna-se aplicável ao processo do trabalho, nos termos do art. 769 da CLT.[31]

Dessa feita, o referido instituto é de grande valia para o Processo do Trabalho, se bem utilizado, contribuindo imensamente para combater a "síndrome do descumprimento das normas trabalhistas"[32]. Isso porque, torna "mais vantajoso financeiramente" para o empregador faltoso cumprir a legislação celetista, uma vez que o descumprimento enseja a tutela imediata do Poder Judiciário, sob pena de multa e outras sanções pecuniárias e não patrimoniais.

Neste sentido, a seguinte ementa:

> **EMENTA: MULTA DIÁRIA** — A cominação da multa tem por fim atribuir maior efetividade ao processo. Nesse caso, fixada multa diária para que se cumpra a antecipação de tutela deferida, cujo objetivo da mesma forma é o imediato implemento da obrigação, há que se computar a penalidade até seu efetivo cumprimento. (TRT 3ª R. — 7ª T. — **AP n. 00049-2006 112-03-00-8** — Rel. Des. Paulo Roberto de Castro — J. 16.7.2009).

Freire Pimenta entende que a tutela antecipada no âmbito do processo trabalhista pode servir como eficiente contraponto ao poder de direção empresarial, que no Brasil não sofre controle judicial prévio. Pelo contrário, as alterações do contrato de trabalho quanto à direção e organização do ambiente de trabalho, são executivas e presumem-se legítimas, apenas sendo objeto de apreciação do Judiciário quando já realizadas.

Fica claro, assim, que o decurso do prazo natural do processo acarretará prejuízos ao trabalhador reclamante que continuará sofrendo os efeitos do ato empresarial, como, por exemplo, nos casos de transferências, sanções, dispensas, dentre outros.

Entende o autor que, nesse caso, o Poder Judiciário, ao adotar medidas tutelares e cautelares, exerce função controladora da discricionariedade do poder do empregador. Ou seja, as tutelas serviriam para evitar o exercício abusivo dos poderes de direção e disciplinar do empregador. Nesse sentido, permitir-se-ia a imediata cessação e a consequente suspensão dos efeitos de ato atentatório de direito fundamental não patrimonial trabalhista, para o qual a mera reparação pecuniária não seria suficiente.[33]

A necessidade da tutela antecipatória torna-se ainda mais evidente quando se percebe, pela experiência prática, que o Judiciário só será acionado após a

---

(31) MALLET, Estêvão. *Op. cit.*, p. 26-27.
(32) A expressão é de Antônio Álvares da Silva.
(33) PIMENTA, José Roberto Freire. *Op. cit.*, p. 130-131.

realização do ato, ou melhor, somente depois da ruptura do contrato de trabalho. Tais tutelas seriam, então, imprescindíveis para acautelar o direito evidenciado desde logo.

No Direito Espanhol, admite-se a cautelar como medida protetora dos direitos fundamentais pela suspensão do ato e/ou a reposição do *status quo ante.* Importa ressaltar que tais medidas não atentam contra o poder empregatício e podem até mesmo fortalecer o direito de resistência do empregado, uma vez que este poderá se insurgir contra atos discriminatórios ou ofensivos com a certeza de que o Poder Judiciário lhe assegurará a tutela adequada. No Brasil, o que dificulta a insurgência, especialmente prévia (quando se fala em tutela inibitória), é a ausência de proteção contra dispensa arbitrária.[34]

O mesmo autor elenca três efeitos positivos da aplicação da tutela antecipatória no Processo do Trabalho. São elas: I — a eliminação ou diminuição das vantagens práticas, econômicas e jurídicas advindas do descumprimento das obrigações trabalhistas; II — o controle jurisdicional da autotutela empresária nos campos dos poderes disciplinar e diretivo do empregador; III — a eliminação dos "vazios de tutela" em relação aos direitos sociais que, na prática, são desrespeitados pela ausência de instrumentos capazes de efetivá-los e reprimir a sua violação.[35]

A função primordial dessas medidas no Processo do Trabalho é a de resgatar e recuperar a constitucionalidade do ordenamento jurídico trabalhista. E, à medida que são mais efetivas, produzem efeito não apenas preventivo das ilegalidades, mas equalizador das relações de trabalho, realizando a função teleológica do ramo justrabalhista, de proteção ao hipossuficiente.

CONCLUSÃO

Neste breve estudo sobre a tutela antecipada, que não se pretende exaustivo, até porque isso seria impossível em tão pouco espaço, procurou-se ressaltar os aspectos mais relevantes desse instituto processual. Muitas vezes os operadores do direito parecem olvidar da importância da tutela antecipada para a verdadeira efetivação do direito material em litígio.

O processo, em especial o trabalhista, por versar sobre dívidas de natureza alimentar, não pode servir para a proteção do empregador inadimplente que, postergando o pagamento do crédito devido ao autor, via de regra, o trabalhador hipossuficiente, beneficia-se duplamente de seu ato ilícito.

Beneficia-se, em um primeiro momento, ao sonegar direitos trabalhistas de seus empregados, que nem sempre recorrem à Justiça para reavê-los. E, em um

---

(34) PIMENTA, José Roberto Freire. *Op. cit.*, p. 130-131.
(35) *Idem.*

segundo momento, beneficia-se de um processo lento e moroso, postergando a decisão de mérito, realizando acordos abaixo do valor integral ou, ainda, adiando o próprio pagamento da dívida alimentícia reconhecida em juízo ao dividir a condenação em inúmeras prestações.

Não se pode permitir que o processo seja utilizado para fins inescrupulosos de devedores trabalhistas e, muito menos, que o tempo de sua tramitação sirva aos propósitos de empregadores, ávidos por lucro, que se valem da delonga processual e da necessidade alimentar do empregado para realizar acordos ínfimos.

Ou ainda, que o curso do processo evite o ressarcimento integral do débito trabalhista, corroído pelo tempo e pelo empenho físico e psicológico despendido pelo empregado na busca de seu direito. Ademais, cumpre ressaltar que não é possível admitir que muitos empregadores vejam como "um ótimo negócio" figurar como devedor da Justiça, tendo em vista os baixos juros e a demora de um processo judicial.

Neste aspecto, emerge a tutela antecipada como instrumento processual apto a impedir que o tempo do processo aja em desfavor daquele que mais precisa da proteção estatal: o trabalhador hipossuficiente.

Mostra-se imprescindível que os magistrados trabalhistas e operadores do Direito em geral, despertem para o importante mecanismo que o Código de Processo Civil oferece para assegurar o princípio constitucional do acesso à Justiça.

É preciso que magistrados e advogados caminhem juntos para a consolidação do verdadeiro sentido do princípio basilar do direito processual pátrio: a efetiva entrega do bem da vida a quem de direito, em um prazo razoável e justo.

REFERÊNCIAS BIBLIOGRÁFICAS

JÚNIOR, Humberto Theodoro. O cumprimento das medidas cautelares e antecipatórias. *Revista de Processo*, n. 139, set. 2006.

LEITE, Carlos Henrique Bezerra. *Curso de Direito Processual do Trabalho*. 7. ed. São Paulo: LTr, 2009.

MALLET, Estêvão. *Antecipação da tutela no processo do trabalho*. 2. ed. São Paulo: LTr, 1999.

MARINONI, Luiz Guilherme. *A antecipação da tutela*. 4. ed. São Paulo: Malheiros, 1998.

MARINONI, Luiz Guilherme; ARENHART, Sérgio Cruz. *Manual do processo de conhecimento*. 4. ed. rev. atual. e ampl. São Paulo: Revista dos Tribunais, 2005.

PIMENTA, José Roberto Freire. Tutela específica e antecipada das obrigações de fazer e não fazer no Processo do Trabalho. Cominação de prisão pelo Juízo do Trabalho em caso de descumprimento do comando judicial. *Revista do TRT da 3ª Região*, Belo Horizonte, v. 27, n. 57, 1997.

SCHIAVI, Mauro. *Manual de Direito Processual do Trabalho*. 2. ed. São Paulo: LTr, 2009.

ZAVASCKI, Teori Albino. *Antecipação da tutela*. 3. ed. São Paulo: Saraiva, 2000.

TUTELA METAINDIVIDUAL TRABALHISTA E EFETIVIDADE DA JURISDIÇÃO(*)

José Roberto Freire Pimenta(**)

1. O PRINCÍPIO CONSTITUCIONAL DA EFETIVIDADE DA TUTELA JURISDICIONAL E A ATUAL REALIDADE DA PRESTAÇÃO JURISDICIONAL TRABALHISTA NACIONAL

Ao final desta primeira década do século XXI, todos os operadores do Direito comprometidos com a realização do Estado Democrático de Direito, que assegure "o exercício dos direitos sociais e individuais, a liberdade, a segurança, o bem-estar, o desenvolvimento, a igualdade e a justiça como valores supremos de uma sociedade fraterna, pluralista e sem preconceitos"[1], deparam-se com um quadro ao mesmo tempo difícil e promissor.

Difícil, porque ainda há uma distância imensa entre as generosas promessas positivadas em suas Normas Fundamentais e a realidade empírica, na qual os direitos fundamentais individuais, sociais e metaindividuais previstos em seus ordenamentos jurídicos são deliberada e sistematicamente descumpridos, de forma massiva, e ainda não são usufruídos por grande parte dos cidadãos.[2]

(*) Para um exame mais aprofundado das questões examinadas no presente trabalho, consulte o capítulo de nossa lavra "A tutela metaindividual dos direitos trabalhistas: uma exigência constitucional". In: PIMENTA, José Roberto Freire; BARROS, Juliana Augusta Medeiros de; FERNANDES, Nadia Soraggi (coords.). *Tutela metaindividual trabalhista*: a defesa coletiva dos direitos dos trabalhadores em juízo. São Paulo: LTr, 2009. p. 9-50.
(**) Ministro do Tribunal Superior do Trabalho. Integrante do Conselho Consultivo da Escola Nacional de Formação e Aperfeiçoamento dos Magistrados do Trabalho (ENAMAT) do Tribunal Superior do Trabalho. Doutor em Direito Constitucional pela UFMG. Professor Adjunto III da Faculdade de Direito da PUC/MG nas áreas de Direito do Trabalho e Direito Processual do Trabalho.
(1) Preâmbulo da Constituição da República Federativa do Brasil, promulgada em 05.10.1988.
(2) A edição da *Folha de S. Paulo* de domingo, dia 24.3.2002, publicou um Caderno Especial ("Folha Trabalho") cuja manchete principal era, de forma emblemática e expressiva, "O PAÍS DOS DIREITOS DE PAPEL". Nesse caderno de oito páginas (no qual uma das matérias era intitulada "Maioria vive na pré-história da CLT") foi noticiado que, naquela data, mais da metade dos trabalhadores brasileiros estavam na informalidade, não usufruindo dos direitos sociais previstos na Constituição e na lei (tais como férias e décimo terceiro salário) e ganhavam valor equivalente a até dois salários mínimos por mês. Além disso,

Promissor, porque a luta pelo Direito que, desde o século XIX, tem sido a grande preocupação dos juristas mais cônscios de sua função social, conta hoje, com a superação do positivismo jurídico e a atual prevalência do pós-positivismo e do paradigma adotado pelas Constituições democráticas do segundo pós-guerra, com um arsenal de concepções doutrinárias e inovações constitucionais e legais capazes de recuperar o potencial transformador da ciência jurídica que uma visão formalista, reducionista e pseudocientífica do fenômeno jurídico, própria do Estado Liberal de Direito e das ilusões dogmáticas da denominada Teoria Pura do Direito, havia esterilizado[3].

Na moderna visão de nossos dias, as normas constitucionais principiológicas produzem importantes efeitos práticos, na medida em que têm aplicabilidade imediata[4], criando, para o legislador ordinário, o dever de editar as normas jurídicas necessárias para sua ulterior concretização e, para os administradores e os magistrados, afetando a validade e o significado de todas as normas infraconstitucionais, influindo necessariamente em sua interpretação e, principalmente, em sua aplicação (diária e de ofício, pela Administração e somente após a necessária e regular provocação pelas partes interessadas, pelo Estado-Juiz, nos processos judiciais que versem sobre seus conflitos intersubjetivos de direitos).

Nesse novo quadro, os operadores do Direito em geral (e os magistrados, em especial) têm o dever de empenhar-se pela *concretização* das normas consti-

---

uma das principais manchetes da primeira página daquela edição assim dizia: "Leis trabalhistas não existem para a maioria".
Para uma demonstração ainda mais técnica, objetiva e contundente do quadro de descumprimento generalizado dos direitos fundamentais sociais e das normas trabalhistas no Brasil, vejam-se o artigo do i. jurista e Ministro do Tribunal Superior do Trabalho DELGADO, Mauricio Godinho. Direito do trabalho e inclusão social — o desafio brasileiro. *Revista LTr*, São Paulo, v. 70, n. 10, p. 1159-1169, out. 2006 e, de forma mais detalhada e contextualizada, sua obra *Capitalismo, trabalho e emprego* — entre o paradigma da destruição e os caminhos de reconstrução. São Paulo: LTr, 2006. p. 120-143.
(3) Sobre a superação do positivismo jurídico pelo pós-positivismo, a prevalência do paradigma do Estado Democrático de Direito no Direito Constitucional contemporâneo e a ascensão dos princípios à estatura de normas constitucionais, consultem-se, por todos, BARROSO, Luís Roberto. Fundamentos teóricos e filosóficos do novo direito constitucional brasileiro (pós-modernidade, teoria crítica e pós-positivismo). In: BARROSO, Luís Roberto (org.). *A nova interpretação constitucional*: ponderação, direitos fundamentais e relações privadas. 2. ed. rev. e atual. Rio de Janeiro: Renovar, 2006. p. 1-48 e BARROSO, Luís Roberto; BARCELLOS, Ana Paula de. A nova interpretação constitucional: ponderação, argumentação e papel dos princípios. In: LEITE, George Salomão (org.). *Dos princípios constitucionais* — considerações em torno das normas principiológicas da Constituição. São Paulo: Malheiros, 2003. p. 101-135.
Especificamente sobre o papel central que os princípios passaram a ter nos ordenamentos jurídicos contemporâneos, como *normas jurídicas autônomas e concorrentes com as regras jurídicas*, consultem-se, dentre outros, ALEXY, Robert. *Teoría de los derechos fundamentales*. Madrid: Centro de Estudios Constitucionales, 1997. p. 83 e segs., DWORKIN, Ronald. *Levando os direitos a sério*. Martins Fontes: São Paulo, 2002. p. 35-63 e 113-125, CANOTILHO, J. J. Gomes. *Direito constitucional*. 6. ed. Coimbra: Livraria Almedina, 1993. p. 165-170 e DELGADO, Mauricio Godinho. *Princípios de direito individual e coletivo do trabalho*. São Paulo: LTr, 2001, primeiro capítulo.
(4) Constituição da República, art. 5º, § 1º.

tucionais (especialmente de suas normas-princípio), atribuindo-se ao Poder Judiciário um papel mais amplo que o tradicional (o de simples intérprete e executor, passivo e fiel, da literalidade das regras positivadas), para que passe a ser o *concretizador* dos princípios e das regras constitucionais e legais, preenchendo com criatividade os vazios dos textos legais (mais comuns e numerosos, pela crescente adoção, pelo legislador, dos *conceitos jurídicos indeterminados* quando de sua edição) e adequando-os às circunstâncias e às peculiaridades de cada caso concreto.[5]

Paralelamente ao crescente predomínio dessas novas concepções e técnicas no campo do Direito, todas as sociedades civilizadas cada vez mais passaram a ter consciência das inegáveis deficiências de seus sistemas de prestação da tutela jurisdicional, construídos no apogeu do Estado Liberal de Direito para atender às

---

(5) O *modus operandi* desse método de concretização das normas constitucionais foi bem delineado por Konrad HESSE (In: *Grundzuge des Verfassungsrechts der Bundesrepublik Deutschland*, p. 25 e 42, apud BONAVIDES, Paulo. *Curso de direito constitucional*. 8. ed. São Paulo: Malheiros Editores, 1999. p. 556-557): partindo-se da natureza genérica, flexível e incompleta das normas constitucionais, reconhece-se que o teor das mesmas só se completa no ato interpretativo. Esclarece ele que o método concretista de interpretação gravita ao redor de três elementos básicos: a norma que se vai concretizar, a "compreensão prévia" do intérprete e o problema concreto a resolver. Só no momento da aplicação da norma constitucional aberta e multidimensional é que o seu verdadeiro significado será completado pelo juiz, a partir dos valores por ela estabelecidos e, diante das especificidades do problema a ser resolvido, mediante sua incidência e aplicação ao caso concreto.
BONAVIDES (*ibidem*, p. 541-545) acrescenta que, nas Constituições pós-positivistas, nas quais boa parte de seus dispositivos têm a natureza de normas-princípio (por natureza vazadas em fórmulas amplas, vagas e maleáveis), será inútil e insuficiente a simples *interpretação* dessas normas, com base na técnica da *subsunção*, típica da clássica Hermenêutica positivista. A nova Hermenêutica pós-positivista terá que lançar mão de uma nova metodologia — a *concretização*, por intermédio da qual o aplicador do Direito terá que ter uma certa diligência criativa, complementar e aditiva para conseguir a indispensável completude de sentido necessária para a incidência das normas-princípio sobre o caso concreto submetido a seu exame e decisão, a qual, por sua vez, dele exigirá uma vasta e sólida *pré-compreensão das questões sociais*, por intermédio da qual ele poderá proferir decisões com mais sensibilidade para os direitos fundamentais e para o quadro social da ordem jurídico-constitucional a que os mesmos se ligam.
CANOTILHO, por sua vez, ao explicar o conceito de *concretização da Constituição*, esclarece que ele se traduz, fundamentalmente, no *processo de densificação* de regras e princípios constitucionais, esclarecendo que *densificar uma norma* significa preencher, complementar e precisar o espaço normativo de um preceito constitucional (que seja demasiado genérico para ser diretamente aplicado), para que seja possível a utilização do mesmo para a solução de determinado problema concreto. Acrescenta que o processo de concretização das normas constitucionais é um trabalho técnico-jurídico diverso da simples interpretação do texto da norma; é, sim, a *construção de uma norma jurídica*. Por fim, observa que a *concretização* implica sempre a necessidade de introduzir a *realidade*, os elementos não normativos, a análise dos conflitos de interesses e dos resultados no procedimento concretizante (CANOTILHO, J. J. Gomes. *Direito constitucional*. 6. ed. rev. Coimbra: Livraria Almedina, 1993. p. 201-204, texto e nota 2).

necessidades individualistas e patrimonialistas que ocupavam lugar central nesse paradigma hoje já inteiramente superado. Vivendo-se, nos dias atuais, um momento histórico inteiramente diverso, em que o próprio avanço da democracia e o surgimento das denominadas *sociedades de massa* exigem que se priorize o atendimento das necessidades sociais e do interesse coletivo em relação às necessidades e aos interesses meramente individuais, é fácil de se ver que surgiu uma enorme disfunção entre a necessidade de se atender a direitos e a interesses de grande relevância social (constituindo, por isso mesmo, verdadeiros *direitos fundamentais*) e muitas vezes de *natureza ou função não patrimonial*, de um lado, e, de outro, o aparato judiciário e o instrumental processual tradicionais, concebidos e preparados para atender individualmente a lides atomizadas e cada vez mais numerosas, mediante provimentos jurisdicionais meramente ressarcitórios, que não se mostram capazes de tutelar adequadamente tanto os novos quanto os antigos direitos, cada vez mais lesados de forma deliberada, sistemática e massiva.

Daí o reconhecimento da tão propalada *crise da Justiça* por todos os países do mundo ocidental a partir da década de setenta do século passado, sendo a razão de ser e o alvo de todas as profundas reformas do processo comum contemporâneo (tanto no âmbito do processo civil quanto no âmbito do processo do trabalho), empreendidas a partir de então e ainda em andamento tanto nos países do denominado *capitalismo central* quanto no Brasil dos últimos anos. Como se sabe, as palavras de ordem para enfrentá-la passaram a ser *a luta pela ampliação do acesso à justiça (ou à ordem jurídica justa)*, pela *universalização da tutela jurisdicional* e pela *efetividade da tutela jurisdicional*.

A respeito do direito fundamental dos litigantes à efetividade da jurisdição é lapidar o ensinamento do i. processualista e Ministro do Superior Tribunal de Justiça Teori Albino Zavascki, nos seguintes termos:

> Sob a denominação de direito à efetividade da jurisdição, queremos aqui designar o conjunto de direitos e garantias que a Constituição atribuiu ao indivíduo que, impedido de fazer justiça por mão própria, provoca a atividade jurisdicional para vindicar bem da vida de que se considera titular. A este indivíduo devem ser, e são, assegurados meios expeditos e, ademais, eficazes de exame da demanda trazida à apreciação do Estado. Eficazes, no sentido de que devem ter aptidão para propiciar ao litigante vitorioso a concretização fática da sua vitória.

Especificamente sobre os conceitos de compreensão e de pré-compreensão como pontos de partida do método de concretização das normas constitucionais, vejam-se também VENTURI, Elton. *Processo civil coletivo*. São Paulo: Malheiros, 2007. p. 131 e MÁRTIRES COELHO, Inocêncio. *Elementos de teoria da constituição e de interpretação constitucional*. In: MENDES, Gilmar et al. *Hermenêutica constitucional e direitos fundamentais*. Brasília: Brasília Jurídica, 2000. p. 15-22.

O Estado, monopolizador do poder jurisdicional, deve impulsionar sua atividade com mecanismos processuais adequados a impedir — tanto quanto seja possível — a ocorrência de *vitórias de Pirro*. Em outras palavras: o dever imposto ao indivíduo de submeter-se obrigatoriamente à jurisdição estatal não pode representar um castigo. Pelo contrário: deve ter como contrapartida necessária o dever do Estado de garantir a utilidade da sentença, a aptidão dela para garantir, em caso de vitória, a efetiva e prática concretização da tutela.

E não basta à prestação jurisdicional do Estado ser eficaz. Impõe-se que seja também expedita, pois que é inerente ao princípio da efetividade da jurisdição que o julgamento da demanda se dê em prazo razoável, "sem dilações indevidas".

O direito fundamental à efetividade do processo — que se denomina também, genericamente, *direito de acesso à justiça* ou *direito à ordem jurídica justa* — compreende, em suma, não apenas o direito de provocar a atuação do Estado, mas também e principalmente o de obter, em prazo adequado, uma decisão justa e com potencial de atuar eficazmente no plano dos fatos.[6]

---

(6) ZAVASCKI, Teori Albino. Antecipação da tutela e colisão de direitos fundamentais. In: TEIXEIRA, Sálvio de Figueiredo (coord.). *Reforma do código de processo civil*. São Paulo: Saraiva, 1996. p. 146-147 e *Antecipação da tutela*, São Paulo: Saraiva, 1997. p. 64. Segundo o magistério de Luís Roberto Barroso, "a efetividade significa, portanto, a realização do Direito, o desempenho concreto de sua função social. Ela representa a materialização, no mundo dos fatos, dos preceitos legais e simboliza a aproximação, tão íntima quanto possível, entre o *dever-ser* normativo e o *ser* da realidade social" (*O direito constitucional e a efetividade de suas normas*. 8. ed. Rio de Janeiro: Renovar, 2006. p. 82-83).
Sobre o tema do *acesso à justiça* em geral, consultem-se CAPPELLETTI, Mauro; GARTH, Bryant. *Acesso à justiça*. Porto Alegre: Sérgio Antônio Fabris Editor, 1988. p. 7-15 e 161-165; MARINONI, Luiz Guilherme. *Novas linhas do processo civil*. 3. ed. rev. e atual. São Paulo: Revista dos Tribunais, 1999. p. 20-37. Especificamente sobre o *acesso à Justiça* como direito fundamental e garantia primeira da existência e da efetividade da própria Constituição ("o direito aos direitos"), veja-se também o brilhante trabalho da i. jurista e Ministra do Supremo Tribunal Federal: ROCHA, Cármen Lúcia Antunes. *Direito constitucional à jurisdição*. In: TEIXEIRA, Sálvio de Figueiredo (coord.). *As garantias do cidadão na Justiça*. São Paulo: Saraiva, 1993. p. 31-51.
Ainda sobre o princípio constitucional da efetividade da tutela jurisdicional, a efetividade do processo e o acesso à justiça, consultem-se também PROTO PISANI, Andrea. *Lezioni di diritto processuale civile*. 3. ed. Napoli: Jovène Editore, 1999. p. 4-6, 587 e 629-636; BEDAQUE, José Roberto dos Santos. *Tutela cautelar e tutela antecipada*: tutelas sumárias e de urgência (tentativa de sistematização). São Paulo: Malheiros, 1998. p. 70-77 e *Efetividade do processo e técnica processual*. São Paulo: Malheiros, 2006. p. 49-54 e 78-91; MARINONI, Luiz Guilherme. *Técnica processual e tutela dos direitos*. São Paulo: Revista dos Tribunais, 2004. p. 165-247; DINAMARCO, Cândido Rangel. *A instrumentalidade do processo*. São Paulo: Malheiros Editores, 1999, 7. ed., p. 297-301, *Instituições de direito processual civil*. vol. I. Op. cit., ns. 39 a 43, p. 104-116 e seu artigo *Universalizar a tutela jurisdicional*. In: *Fundamentos do processo civil moderno*,

É tendo em vista esse pano de fundo que devem ser compreendidas e aplicadas as profundas reformas do processo comum contemporâneo (tanto na esfera do processo civil quanto na do processo do trabalho), sendo também essencial, nos dias de hoje, que todos os operadores do direito (e, especialmente, os magistrados) lancem mão, em sua plenitude e com criatividade, dos instrumentos processuais predispostos a assegurar, a todo aquele que sofrer lesão ou ameaça de lesão a seu direito material, uma tutela jurisdicional realmente efetiva (ou seja, célere, específica e adequada a cada direito material protegido em Juízo).

Uma das principais vertentes dessa transformação da ciência processual do nosso tempo foi a superação do modelo individualista do processo civil construído no apogeu do liberalismo pela construção de um modelo processual alternativo que, pouco a pouco, vem sendo implantado em todo o mundo civilizado para atender a outras necessidades, de natureza coletiva e social, e baseado em outros princípios e em outras técnicas procedimentais muito diferentes das técnicas clássicas. É este fenômeno que agora precisa ser adequadamente compreendido, a começar por sua razão de ser.

2. AS TRANSFORMAÇÕES ESTRUTURAIS DAS SOCIEDADES DE MASSA CONTEMPORÂNEAS E A COLETIVIZAÇÃO DOS SEUS CONFLITOS

Assim como ocorreu em relação ao surgimento do próprio Direito do Trabalho, foram as condições materiais que decorreram da implantação e da evolução do modelo econômico liberal e do Estado Liberal de Direito que, ao mesmo tempo em que favoreceram a construção de ordenamentos jurídicos tipicamente positivistas (preordenados a assegurar a segurança jurídica e a igualdade meramente formal necessárias), também fizeram nascer novas forças sociais, novos problemas e novas necessidades — as quais, por sua vez, pela inadequação do individualismo do modelo processual clássico, exigiram a formulação de novas concepções e de novos modelos processuais. Em outras palavras, foram a implantação e o desenvolvimento do modo capitalista de produção que engendraram novas desigualdades e novos tipos de conflitos que, por sua vez, passaram a exigir a constitucionalização dos direitos fundamentais sociais, o surgimento e a institucionalização do Direito do Trabalho e, mais recentemente, a construção de um novo e alternativo modelo processual, capaz de propiciar a tutela metaindividual dos direitos cujo descumprimento tenha relevância coletiva ou social.

---

tomo II, 4. ed. São Paulo: Malheiros, 2001, ns. 439 a 441 e 456. p. 840-846 e 873-875; MOREIRA, José Carlos Barbosa. Tutela sancionatória e tutela preventiva. In: *Temas de direito processual* — segunda série. São Paulo: Saraiva, 1980. p. 21-22 e Notas sobre o problema da "efetividade" do processo. In: *Temas de direito processual* — terceira série. São Paulo: Saraiva, 1984. p. 27-42.

A doutrina processual contemporânea acentua, com absoluta propriedade, que foi a Revolução Industrial que, a partir da segunda metade do século XVIII e por força da passagem do sistema doméstico de produção para o sistema fabril (com a revolução tecnológica, o enorme crescimento populacional e a extraordinária revolução social que a caracterizaram), procedeu a uma profunda e radical metamorfose na estrutura das sociedades mais avançadas, fazendo aparecer a figura das *massas* (com destaque para os diversos grupos e *corpos intermediários*, como os sindicatos) e, em seu bojo, os *conflitos de massa*, com o que passaram a ser reconhecidos os denominados *direitos transindividuais*, que transcenderam a figura clássica dos *direitos subjetivos de alcance estritamente individual*, antes o objeto exclusivo da tutela proporcionada pelos ordenamentos jurídicos liberais.[7]

Este processo socioeconômico, por sua vez, levou, no plano jurídico-constitucional, ao reconhecimento e à proteção de outros direitos fundamentais, denominados de segunda geração — os *direitos sociais*, que exigem a atuação positiva do Estado[8], bem como a crescente participação dos grupos sociais, inclusive por meio de novos canais e instrumentos processuais que permitam a esses *corpos sociais intermediários* que defendam em Juízo, em nome próprio, os direitos de todos os seus integrantes, de forma conjunta e em seu nome. Paralelamente, a realidade continuou a modificar-se de forma cada vez mais dinâmica e profunda,

---

(7) LENZA, Pedro. *Teoria geral da ação civil pública*. São Paulo: Revista dos Tribunais, 2003. p. 32-35. Neste mesmo sentido, José Manoel Arruda Alvim Netto aponta como o fenômeno mais marcante do século XX a chamada *ascensão das massas*, do qual os demais fenômenos são caudatários e expressão de uma realidade que se mostrou absolutamente crescente e irreversível, catalisadora de toda a mutação social ocorrida e a ocorrer e que, por sua vez, abalou as construções conceituais tradicionais do Direito e exigiu a sua reformulação para resolver os gravíssimos problemas contemporâneos, mediante novas técnicas jurídicas (especialmente aquelas internas ao sistema processual) e do incremento da efetividade da jurisdição (In: *Tratado de direito processual civil*. v. 1. 2. ed. São Paulo: Revista dos Tribunais, 1990. p. 107-117 e In: Anotações sobre as perplexidades e os caminhos do processo civil contemporâneo — sua evolução ao lado da do direito material. In: TEIXEIRA, Sálvio de Figueiredo (coord.). *As garantias do cidadão na Justiça*. São Paulo: Saraiva. p. 167-184).

(8) Luiz Guilherme Marinoni, depois de salientar que a crise do Estado Liberal fez emergir a questão da justiça social (em decorrência da qual um novo conceito de igualdade, não mais meramente formal mas agora principalmente substancial, passa a dar à liberdade um novo valor), observa com acuidade que se passa a entender "que o mínimo de condições materiais é pressuposto para a liberdade real, passando o Estado a objetivar a realização dos chamados direitos sociais" (*Novas linhas do processo civil...*, p. 22).
Acrescenta ele em seguida, de forma inteiramente acertada:
"Quando as democracias passam a se preocupar com a realidade, deixando de lado o amor pelo simples reconhecimento das liberdades políticas — surgindo, então, os direitos sociais e econômicos —, *os desiguais passam a ser tratados de forma desigual*. Os direitos sociais surgem a partir do momento em que se toma consciência da transformação das liberdades públicas em privilégios de poucos, ou seja, em privilégios burgueses. *Com os novos direitos sociais busca-se salvaguardar a liberdade do cidadão não mais da opressão política, mas sim da opressão econômica*" (*Ibidem*, p. 26).

em razão de uma série de fatores: a explosão demográfica, o surgimento de grandes metrópoles, a produção e o consumo de massa, o desenvolvimento dos meios de comunicação, a centralização do capital, o fortalecimento das grandes empresas e a globalização.

O fenômeno da *massificação*, que expressa e sintetiza todos esses elementos, estendeu-se aos comportamentos e às relações sociais, fazendo surgir situações novas em que os interesses a serem protegidos pelo Direito dizem respeito não mais só a um indivíduo determinado ou na condição de integrante de um grupo, mas a titulares indeterminados e indetermináveis — são os *direitos e interesses difusos ou transindividuais*, que o constitucionalismo contemporâneo reconheceu como os direitos fundamentais de terceira geração (ou dimensão).[9]

Ao mesmo tempo, os direitos fundamentais de segunda geração (os *direitos sociais*) passaram a ser alvo de lesões repetitivas e continuadas nessas sociedades de massas, além de cada vez mais numerosas (caracterizando-se, por sua origem comum, como *direitos individuais homogêneos*), a ponto de o descumprimento generalizado desses direitos subjetivos transcender ao interesse meramente individual de seus titulares para configurar um problema de extrema gravidade e de indiscutível relevância social — a falta de efetividade dos direitos fundamentais constitucionalmente prometidos, capaz de colocar em questão a seriedade dos compromissos das Constituições democráticas da atualidade com a justiça social e a própria democracia, que elas declaram solenemente pretender concretizar.[10]

Foi levando em conta esse contexto que, já em 1989, José Carlos Barbosa Moreira, ao discorrer sobre os litígios coletivos, proclamava, com suas habituais propriedade e precisão:

> Realmente, as características da vida contemporânea produzem a emersão de uma série de situações em que, longe de achar-se em jogo o direito ou o interesse de uma única pessoa, ou de algumas pessoas individualmente consideradas, o que sobreleva, o que assume proporções mais imponentes, é precisamente o fato de que se formam conflitos nos quais grandes massas estão envolvidas. É um dos aspectos pelos

---

(9) PIMENTA, José Roberto Freire; PORTO, Lorena Vasconcelos. Instrumentalismo substancial e tutela jurisdicional civil e trabalhista: uma abordagem histórico-jurídica. *Revista do Tribunal Regional do Trabalho da 3ª Região*, Belo Horizonte, v. 43, n. 73, p. 115-118, jan./jun., 2006. Ainda sobre a origem histórica dos direitos metaindividuais e os consequentes pressupostos da criação da denominada *jurisdição civil coletiva*, consulte-se também a valiosa obra do i. Procurador do Trabalho e Professor Xisto Tiago de Medeiros Neto, *Dano moral coletivo*. 2. ed. São Paulo: LTr, 2007. p. 102-105 e 273-275.
(10) Especificamente acerca dos efeitos, sobre os conflitos trabalhistas, da globalização da economia e da massificação dos meios de produção e de distribuição nas sociedades contemporâneas, veja-se ainda BEZERRA LEITE, Carlos Henrique. *Ação civil pública na perspectiva dos direitos humanos*. 2. ed. São Paulo: LTr. p. 92-95.

quais o processo recebe o impacto desta propensão do mundo contemporâneo para os fenômenos de massa: produção de massa, distribuição de massa, cultura de massa, comunicação de massa, e por que não, processo de massa?[11]

O quadro fático aqui descrito, como não poderia deixar de ser, repercutiu intensamente no campo do Direito Processual e da atividade jurisdicional do Estado. E isto se deu, fundamentalmente, em dois planos distintos, que interagem de forma sincrônica e complementar para constituírem uma das principais causas da denominada *crise da Justiça*. Foi uma vez mais José Carlos Barbosa Moreira quem melhor definiu, de forma sintética e precisa, esses dois fenômenos paralelos que o movimento do *acesso à justiça* procurou enfrentar a um só tempo, identificando nessa matéria duas espécies de litígios: a primeira, a de *litígios essencialmente coletivos*, e a segunda, a dos *litígios acidentalmente coletivos*.[12]

No primeiro plano, novos direitos e interesses que não se enquadram nos moldes tradicionais do direito subjetivo, porque atribuídos a todos ou a determinada categoria ou coletividade (não sendo, portanto, individualizáveis), passam a ser reconhecidos pelos ordenamentos jurídicos materiais (no plano constitucional e legal) sem que os modelos processuais individualistas tradicionais sejam capazes de lhes assegurar a necessária e efetiva tutela jurisdicional, em caso de seu não cumprimento espontâneo — o que gera os denominados *vazios de tutela*.

Ao mesmo tempo e em um plano distinto, o descumprimento em massa e reiterado dos direitos sociais assegurados nas Constituições e nas leis ou não é acompanhado pelo mesmo e respectivo número de ações individuais correspondentes ao total de seus titulares lesados por esse inadimplemento (cuja perpetuação e ampliação é, por sua vez, incentivada pela impunidade, em autêntico círculo vicioso, aumentando cada vez mais outros vazios de tutela) ou gera um número excessivo de ações individuais repetitivas que os sempre escassos meios materiais e humanos do Poder Judiciário têm se revelado cada vez mais incapazes de absorver, de modo a assegurar a tutela jurisdicional célere e em tempo razoável expressamente prometida pela Constituição.[13]

---

(11) BARBOSA, José Carlos Moreira. Ações coletivas na Constituição Federal de 1988. *Revista de Processo*, São Paulo v. 61, p. 186. jan./mar. 1991.
(12) O i. jurista e Ministro do Superior Tribunal de Justiça Teori Albino Zavascki (In: *Processo coletivo*: tutela de direitos coletivos e tutela coletiva de direitos. 2. ed. rev. e atual. São Paulo: Revista dos Tribunais, 2007. p. 41) também adverte, referindo-se a esses dois grupos distintos e sucessivos de direitos tutelados pela via metaindividual, que "é preciso, pois, que não se confunda *defesa de direitos coletivos* — própria dos direitos transindividuais (difusos e coletivos) — com *defesa coletiva de direitos (individuais)*", destinada a atender aos direitos individuais homogêneos.
(13) Constituição da República, art. 5º, inciso LXXVIII (acrescentado pela Emenda Constitucional n. 45/2004).

Os primeiros, *do ponto de vista subjetivo*, concernem a um número indeterminado e, para efeitos práticos, indeterminável de sujeitos e, *do ponto de vista objetivo*, distinguem-se exatamente porque seu objeto é indivisível por natureza, por não versar sobre o problema isolado de qualquer pessoa, somente comportando solução jurisdicional unitária e incindível. São os direitos *difusos* e os *coletivos em sentido estrito* de que tratam, hoje, os incisos I e II do parágrafo único do art. 81 do Código de Defesa do Consumidor (Lei n. 8.078/1990).[14]

Os *litígios acidentalmente coletivos*, por sua vez, são *direitos subjetivos* cujos titulares são perfeitamente identificáveis (e identificados) e que, *do ponto de vista de seu objeto*, certamente comportam soluções perfeitamente cindíveis e heterogêneas (nada tendo de unitárias). No entanto, por sua origem comum e pela expressividade do número de casos em que seus titulares poderão ter sido lesados ou ameaçados de lesão, seu inadimplemento assume um impacto de massa no contexto da vida social, podendo e devendo, por isso, ser tratado não mediante inúmeras ações individuais, mas sim por meio das mesmas técnicas processuais construídas para os direitos transindividuais (difusos e coletivos) do primeiro tipo de litígios acima citado, e que serão objeto de detalhamento a seguir.[15] São eles os *direitos individuais homogêneos*, como tais definidos pelo inciso III do parágrafo único do art. 81 do Código de Defesa do Consumidor.[16]

---

(14) "Art. 81. (...)
Parágrafo único. A defesa coletiva será exercida quando se tratar de:
I — interesses ou direitos difusos, assim entendidos, para os efeitos deste Código, os transindividuais, de natureza indivisível, de que sejam titulares pessoas indeterminadas e ligadas por circunstâncias de fato;
II — interesses ou direitos coletivos, assim entendidos, para efeitos deste Código, os transindividuais de natureza indivisível, de que seja titular grupo, categoria ou classe de pessoas. (...)"
(15) MOREIRA, José Carlos Barbosa. *Op. cit.*, p. 186-189. Acrescenta ele que o tratamento metaindividual dado a esses direitos subjetivos *acidentalmente coletivos* no plano processual "revela a possibilidade de que uma soma eventualmente seja maior, isto é, tenha uma significação jurídico-social maior, do que aquela que poderíamos atribuir-lhe se nos limitássemos a adicionar as várias parcelas umas às outras. O fenômeno transcende esses limites, supera-os para apresentar-se aos nossos olhos com aquela marca de impacto de massa".
(16) "Art. 81. (...)
I — (...)
II — (...)
III — interesses ou direitos individuais homogêneos, assim entendidos os decorrentes de origem comum."
A esse respeito, Teori Albino Zavascki observa, com precisão, que "os direitos individuais homogêneos são, simplesmente, direitos subjetivos individuais. A qualificação de *homogêneos* não altera e nem pode desvirtuar essa sua natureza. É qualificativo utilizado para identificar um conjunto de direitos subjetivos individuais ligados entre si por uma relação de afinidade, de semelhança, de *homogeneidade*, o que permite a defesa coletiva de todos eles". Depois de advertir que neles há não apenas uma pluralidade de titulares, como nos direitos transindividuais (difusos e coletivos), mas também uma pluralidade do

3. A PREDISPOSIÇÃO DE UM NOVO PROCESSO COLETIVO EM CONTRAPOSIÇÃO AO MODELO INDIVIDUALISTA E PATRIMONIALISTA LIBERAL E OS NOVOS PROBLEMAS TÉCNICO-PROCESSUAIS DAÍ DECORRENTES

A construção de um sistema processual e procedimental alternativo, capaz de tutelar adequada e efetivamente os direitos essencialmente e acidentalmente coletivos, fez-se, fundamentalmente, pela adoção de uma única técnica procedimental, em si mesma muito simples: mediante a atribuição, para a propositura desta ação metaindividual, da legitimidade ativa não mais a cada um dos alegados titulares dos direitos ou interesses materiais objeto do pedido inicial (como sempre decorreu naturalmente do modelo processual clássico, expressão, no campo da ciência processual, do liberalismo individualista e do positivismo predominantes à época de sua concepção e disseminação em todo o mundo ocidental) e sim, agora, a uma parte dita *ideológica* (como o Ministério Público, associações ou entidades sindicais representativas daquele grupo de interessados), melhor aparelhada institucionalmente para atuar, em juízo, como *substituta processual* daquela universalidade ou pluralidade de pessoas, de forma a beneficiá-las no caso da eventual procedência daquele feixe de pretensões.

Como há quase vinte anos já esclarecia José Carlos Barbosa Moreira, com sua habitual acuidade[17], o fenômeno dos processos ou ações coletivas, no direito processual contemporâneo, não se refere aos casos de simples acumulação subjetiva de ações, referentes a pessoas distintas, que fazem surgir litisconsórcios por vezes multitudinários (e que, cumpre-nos acrescentar, continuam a exigir a participação pessoal e individual de cada um daqueles sujeitos interessados no direito em discussão naquele único processo).

Advertia ele já então, com propriedade, que em tais casos se alude não à estrutura subjetiva do litígio, mas sim à matéria litigiosa, ou melhor, à circunstância peculiar de que há litígios cujo objeto, por sua dimensão social, pode interessar, e efetivamente interessará, a uma pluralidade de sujeitos mas que, exatamente por isso, poderão ser submetidos à cognição judicial apenas por iniciativa de uma única pessoa, física ou jurídica, para a defesa dos direitos ou interesses daquele

---

objeto material, que é divisível e pode ser decomposto em unidades autônomas, com titularidade própria, observa acertadamente que eles não são uma nova espécie de direito material e sim, na verdade, os mesmos direitos comuns ou afins que podem ser objeto de litisconsórcio, nos termos do art. 46 do CPC, "cuja coletivização tem um sentido meramente instrumental, como estratégia para permitir sua mais efetiva tutela em juízo", priorizando-se a eficiência e a economia processuais. E conclui que, quando se fala de *defesa ou de tutela coletiva de direitos homogêneos*, o que se está qualificando como *coletivo* não é o direito material tutelado, mas sim o *modo de tutelá-lo*, o *instrumento de sua defesa*. (Processo coletivo..., p. 42-43).
(17) BARBOSA, José Carlos Moreira. Ações coletivas na Constituição Federal de 1988. *Revista de Processo*, São Paulo, v. 61, p. 187-189, jan./mar. 1991.

conjunto de sujeitos interessados na satisfação daquele mesmo direito material controvertido, sem que todos eles devam estar pessoalmente presentes no processo.[18] Isto, evidentemente, veio contrariar frontalmente um dos postulados fundamentais do modelo processual civil construído no apogeu do positivismo e do liberalismo individualista, segundo o qual, como regra, cabe exclusivamente a cada um defender em juízo seus próprios interesses, limitando-se assim a legitimidade para o exercício do direito de ação a quem se declarar titular do direito material vindicado em Juízo[19].

Foi exatamente esse o caminho seguido em nosso país: como bem salienta Teori Albino Zavascki,[20] a partir da década de oitenta do século passado, o ordenamento jurídico brasileiro protagonizou, de modo mais profundo e mais rico do que nos demais países do *civil law*[21], a revolução da segunda onda do movimento de *acesso à Justiça*, em prol da criação de instrumentos de tutela coletiva.

---

(18) No mesmo sentido, Aluísio Gonçalves de Castro Mendes esclarece que a expressão *ação coletiva* "é utilizada em contraposição às ações individuais, mas com um sentido peculiar, que pode ser encontrado a partir da existência de uma pluralidade de pessoas, que são as titulares dos interesses ou direitos em litígio, substituídas, no processo, pela parte dita ideológica".
Depois de corretamente enquadrar tal fenômeno na chamada *legitimação extraordinária autônoma*, em que se está diante de caso de *substituição processual*, também adverte que a simples existência de qualquer espécie de litisconsórcio (que se caracteriza pela existência de várias pessoas integrando a relação processual, ainda que em número elevado) não é suficiente para caracterizar como *coletiva* determinada ação, pois pode significar a mera cumulação de demandas singulares que não assumem, só por isso, a função de tutelar direitos ou interesses *coletivos*, com relevância ou repercussão *social* (*Ações coletivas no direito comparado e nacional*. São Paulo: Revista dos Tribunais, 2002. p. 23-26).
Por sua vez, Rodolfo de Camargo Mancuso, adotando também um critério declaradamente *finalístico*, afirma que um processo é *coletivo* quando ele visa a tutela de um interesse *metaindividual* ou, em outras palavras, quando ele tenha o propósito *de alcançar uma certa faixa do universo coletivo*, em oposição ao processo individual, que se limita a veicular pretensão puramente subjetiva e particularizada (*Jurisdição coletiva e coisa julgada*: teoria geral das ações coletivas. São Paulo: Revista dos Tribunais. 2. ed. rev., atual. e ampl. 2007. p. 61-63).
(19) Exatamente como está estabelecido no Código de Processo Civil de 1973 em vigor, em seu art. 6º:
"Ninguém poderá pleitear, em nome próprio, direito alheio, salvo quando autorizado por lei."
É preciso, no entanto, observar, quanto à exceção prevista ao final deste preceito, que, neste modelo processual liberal, são muito raros e de reduzida repercussão social os casos em que a lei autoriza a defesa, em nome próprio, de interesse alheio (ou seja, casos de *substituição processual*).
(20) ZAVASCKI, Teori Albino. *Processo coletivo...*, p. 37-39.
(21) Sobre a distinção entre os sistemas romano-germânicos de direito (ou sistemas de *civil law*) e os sistemas anglo-americanos de direito (ou sistemas de *common law*), vejam-se DAVID, René. *Os grandes sistemas do direito contemporâneo*. São Paulo: Martins Fontes, 1996 e SOARES, Guido Fernando Silva. *Common law*: introdução ao direito dos EUA. 2. tir. São Paulo: Revista dos Tribunais, 1999.

Observa ele que foi a Lei n. 7.347, de 24.7.1985 — a Lei da Ação Civil Pública — que assentou o marco principal do intenso e significativo movimento em busca de instrumentos processuais para a tutela dos chamados direitos e interesses difusos e coletivos, vindo a preencher uma importante lacuna do sistema do processo civil que, com a única ressalva do art. 1º, § 1º, da Lei n. 4.717/1965 (Lei da Ação Popular)[22], só dispunha, até então, de meios para tutelar direitos subjetivos individuais.[23]

Zavascki salienta que, logo em seguida, a Norma Fundamental de 1988 veio elevar à estatura constitucional a tutela material de diversos direitos com natureza transindividual, tais como o direito ao meio ambiente sadio (art. 225), à manutenção do patrimônio cultural (art. 216), à preservação da probidade administrativa (art. 37, § 4º) e à proteção do consumidor (art. 5º, XXXII). Acrescenta ele que, na mesma ocasião, também os instrumentos para a tutela processual desses novos direitos foram consagrados no plano constitucional.

Este i. processualista e Ministro do STJ, com acerto e propriedade, acrescenta que, ao mesmo tempo em que foram introduzidos e recepcionados pela nova ordem constitucional mecanismos destinados a tutelar direitos transindividuais, foram também criados instrumentos para a tutela coletiva dos direitos individuais.[24] Salienta ele que a Constituição de 1988 expandiu notavelmente uma forma alternativa de tutela coletiva de tais direitos, adotando para isso a técnica da *substituição processual*, já que os seus arts. 5º, XXI e 8º, III conferiram respectivamente às entidades associativas e sindicais legitimação para defender em juízo os direitos de seus filiados e dos integrantes das categorias por eles representadas.[25]

Logo depois da promulgação da nova Norma Fundamental foi editado o Código de Proteção e Defesa do Consumidor (Lei n. 8.078/1990) que, além de disciplinar a tutela dos direitos e interesses dos consumidores tanto no plano individual quanto no plano metaindividual, estabeleceu um verdadeiro *microssistema*

---
(22) Na nova redação que lhe fora dada pela Lei n. 6.513/1977, que passou a considerar como patrimônio público "os bens e direitos de valor econômico, artístico, estético, histórico ou turístico", assim viabilizando a possibilidade de tutela dos referidos bens e direitos, de natureza difusa, pela via da ação popular.
(23) No mesmo sentido, Gregório Assagra de Almeida, para quem, "no que se refere à tutela dos direitos massificados no Brasil, existem dois momentos: um antes e outro depois da *Lei da Ação Civil* Pública (Lei n. 7.347/85)". (*Direito processual coletivo brasileiro*: um novo ramo do direito processual. São Paulo: Saraiva, 2003. p. 265 e 269).
(24) O que, pelo sistema consagrado pelo Código de Processo Civil de 1973, até então só era admissível nos casos de defesa conjunta de direitos individuais afins ou comuns de vários titulares pela presença individual e simultânea deles próprios no polo ativo da relação processual – ou seja, por meio do regime do *litisconsórcio ativo facultativo* previsto no art. 46 daquele diploma legal.
(25) Ainda sobre a base constitucional do sistema brasileiro de tutela jurisdicional coletiva, veja-se MEDEIROS NETO, Xisto Tiago de. *Op. cit.*, p. 275-279.

de tutela dos direitos ou interesses coletivos, ao dar, por meio de seu art. 110, nova redação ao art. 1º da Lei da Ação Civil Pública (compatibilizando esse preceito com o princípio da não taxatividade da ação civil pública que já decorria do art. 129, III, da Constituição e ampliando consideravelmente o campo de abrangência dos direitos e interesses metaindividuais tuteláveis pela ação civil pública[26]) e ao também acrescentar, por seu art. 117, novo art. 21 à mesma Lei n. 7.347/1985 (estabelecendo que são aplicáveis, no que for cabível, à defesa dos direitos e interesses difusos, coletivos e individuais, os dispositivos do Título III do CDC, que disciplina exatamente a defesa individual e metaindividual do consumidor em Juízo).[27]

Ao mesmo tempo, o art. 90 do CDC reciprocamente estatuiu serem aplicáveis às ações nele disciplinadas não só da LACP como também do CPC, naquilo que não contrariar suas disposições, integrando harmonicamente todos esses diplomas legais.[28]

O i. Professor e Desembargador do TRT da 17ª Região Carlos Henrique Bezerra Leite, depois de também descrever o estabelecimento no Brasil, após a promulgação da Constituição democrática de 1988, de um verdadeiro *sistema de jurisdição civil coletiva* disciplinado, em linhas gerais, pela integração sistemática de normas contidas na própria Norma Fundamental, na LACP, no CDC e, subsidiariamente, no CPC, salienta que também na esfera trabalhista a todas estas normas veio integrar-se a Lei Orgânica do Ministério Público da União (Lei Complementar n. 75/1993), cujos arts. 83, III (que previu expressamente a competência da Justiça do Trabalho para a ação civil pública trabalhista), 84, *caput* e 6º, VII, *a* e *b* constituíram o que denominou de *sistema de jurisdição trabalhista metaindividual*, ficando reservado também à CLT o mesmo papel de diploma legal subsidiário atribuído ao código processual comum para a tutela desses direitos de dimensão coletiva.[29]

---

(26) Antes taxativamente restrito à reparação dos danos causados ao consumidor, ao meio ambiente e aos bens e direitos de valor artístico, estético, histórico e paisagístico e agora, por meio do novo inciso V acrescentado ao citado art. 1º, "a qualquer outro interesse difuso ou coletivo".
(27) Tendo especial importância o disposto no artigo 83 do CDC, que dispõe ser admissível toda e qualquer ação capaz de propiciar a adequada e efetiva defesa dos direitos e interesses protegidos por aquele Código, individuais ou metaindividuais, o que agora obviamente se aplica a todos os direitos que contam com a via metaindividual para sua proteção.
(28) Kazuo Watanabe bem esclarece o significado da integração da LACP com o CDC, que produz efeitos com relação à tutela dos direitos metaindividuais em geral e trabalhistas em particular: "A mais perfeita interação entre o Código e a Lei n. 7347, de 24.7.85, está estabelecida nos arts. 90 e 110 *usque* 117, de sorte que estão incorporados ao sistema de defesa do consumidor as inovações introduzidas pela referida lei especial, da mesma forma que todos os avanços do Código são também aplicáveis ao sistema de tutela de direitos criado pela Lei n. 7.347" (*Op. cit.*, p. 711).
(29) BEZERRA LEITE, Carlos Henrique. *Op. cit.*, p. 86-92. Cumpre acentuar, porém, que não é só o Título III do CDC (arts. 81/104) que se aplica às ações metaindividuais em geral, mas o

Naturalmente, a quebra do já referido dogma tradicional consagrado no art. 6º do CPC que restringe, como regra geral, a legitimidade ativa para ser parte processual ao pretensos titulares dos direitos ou interesses neles em discussão, acarreta importantes disfunções processuais que o modelo processual civil clássico, de cunho estritamente individual e patrimonialista, inevitavelmente mostrou-se incapaz de evitar.

Em trabalho elaborado na década de setenta do século passado e que teve grande influência[30], Mauro Cappelletti já apontava as grandes dificuldades reais e os problemas que o novo modelo de processo voltado à proteção dos direitos de dimensão metaindividual deveria resolver:

a) o problema da legitimidade ativa da parte ideológica que deverá defender, em nome próprio, os direitos metaindividuais objeto das ações coletivas, adotando-se um conceito de legitimidade inteiramente diverso e novo que se funde numa relação ou conexão mais "ideológica" que "jurídica" entre a parte processual das ações metaindividuais e a relação de direito material deduzida em juízo;

b) o problema de como assegurar os direitos de defesa e ao contraditório dos membros da coletividade não presentes em juízo, garantindo-se a representatividade adequada da parte ideológica e superando-se a visão processual meramente individualista;

c) o problema dos efeitos do provimento em relação às partes ausentes, reformulando-se o tratamento tradicionalmente dado pelo processo civil individualista à litispendência e aos limites subjetivos e objetivos da coisa julgada;

d) o problema da insuficiência de uma tutela essencialmente repressiva e ressarcitória no campo de direitos de dimensão coletiva muitas vezes de estatura fundamental, não patrimoniais e insuscetíveis de quantificação em termos

---

sistema processual do CDC como um todo, como decorrência da aplicação direta do princípio constitucional da efetividade da tutela jurisdicional nessa dimensão coletiva. É o caso, por exemplo, do princípio da facilitação da defesa dos titulares do direito transindividual (ou dos titulares do direito de ação coletiva) em juízo, do qual a inversão do ônus da prova é espécie (CDC, art. 6º, VIII), que é perfeitamente aplicável a toda ação coletiva, embora, como princípio geral, não esteja na parte especial do Título III do CDC. Nesse sentido, NERY JUNIOR, Nelson. O processo do trabalho e os direitos individuais homogêneos — um estudo sobre a ação civil pública trabalhista. *Revista LTr*, São Paulo, v. 64, n. 2, p. 153, fev./2000, p. 153 e MANCUSO, Rodolfo de Camargo. Ação civil pública trabalhista: análise de alguns pontos controvertidos. *Revista LTr*, São Paulo, v. 60, n. 9, p. 1.180-1.196, set. 1996.

(30) CAPPELLETTI, Mauro. "Appunti sulla tutela giurisdizionale di interessi collettivi o diffusi". *Le azioni a tutela di interessi collettivi o diffusi* (Atti del Convegno di Studio, Pavia, 11-12 giugno 1974), Padova: Cedam, 1976. p. 191-207. *apud* PIZZOL, Patrícia Miranda. A tutela antecipada nas ações coletivas como instrumento de acesso à Justiça. In: FUX, Luiz; NERY JR., Nelson; WAMBIER, Teresa Arruda Alvim (coords.). *Processo e Constituição*: estudos em homenagem ao Professor José Carlos Barbosa Moreira. São Paulo: Revista dos Tribunais, 2006. p. 91-92.

monetários, impondo-se a adoção de novas formas mais variadas e eficazes de provimentos, tais como os de caráter antecipatório, preventivo ou inibitório e de natureza mandamental.[31]

Pode-se afirmar, sem sombra de dúvida, que o denominado *microssistema de tutela dos direitos ou interesses coletivos* hoje vigente em nosso país enfrentou, a contento, todas essas questões. A esse respeito, são pertinentes as considerações de Teori Albino Zavascki[32]:

> Formado todo esse cabedal normativo, não há como deixar de reconhecer, em nosso sistema processual, a existência de um subsistema específico, rico e sofisticado, aparelhado para atender aos conflitos coletivos, característicos da sociedade moderna. Conforme observou Barbosa Moreira, "o Brasil pode orgulhar-se de ter uma das mais completas e avançadas legislações em matéria de proteção de interesses supraindividuais", de modo que, se ainda é insatisfatória a tutela de tais interesses, certamente "não é a carência de meios processuais que responde" por isso.[33]

No entanto, como bem salienta Elton Venturi, é indispensável, para a adequada interpretação e a consequente boa aplicação do sistema processual coletivo ou metaindividual, que se fixem os seus princípios próprios, que o informam e fundamentam. Vinculando tal perspectiva ao instrumentalismo substancial hoje predominante na ciência do direito processual e à reconhecida necessidade de analisar-se sempre o processo a partir de um ângulo externo, levando-se em conta principalmente os seus resultados práticos, isto é, o modo como seus resultados chegam à população destinatária (ou seja, aos consumidores desse serviço), sustenta ele a necessidade de se adotar um método interpretativo diferenciado na operação desse sistema. E adverte, de forma incisiva mas inegavelmente acertada:

> De fato, a experiência brasileira de ações coletivas, para referirmos apenas o período posterior à edição da Lei da Ação Civil Pública, tem demonstrado que as incompreensões, o reacionarismo, o reducionismo, a relativa

---

(31) Como é sabido, o *microssistema de tutela coletiva* implantado em nosso país pela Lei da Ação Civil Pública e pelo Código de Defesa do Consumidor efetivamente enfrenta de forma bastante satisfatória todas essas questões, mas o exame específico desses temas ultrapassa os limites do presente trabalho.
(32) ZAVASCKI, Teori Albino. *Op. cit.*, p. 38-39.
(33) MOREIRA, José Carlos Barbosa. *A ação civil pública e a língua portuguesa.* In: MILARÉ, Édis (coord.). *Ação civil pública: Lei n. 7.347/85 – 15 anos.* 2. ed. São Paulo: Revista dos Tribunais. p. 345. *apud* ZAVASCKI, Teori Albino. *Op. cit.*, p. 39, nota 23.
Também para uma rica, detalhada e atualizada descrição da gradativa estruturação legal desse *sistema brasileiro de tutela jurisdicional coletiva*, veja-se ainda MEDEIROS NETO, Xisto Tiago de. *Op. cit.*, p. 281-285.

ineficiência do modelo, devem-se, em grande parte, à insistência com a qual se lhes defere tratamento congênere ao emprestado às ações individuais, como se não houvesse qualquer distinção relevante entre ambas, ou como se a distinção fosse apenas *quantitativa*.[34]

4. OS CONFLITOS DE MASSA NA ESFERA TRABALHISTA E O IMENSO POTENCIAL DA ADOÇÃO DA NOVA TUTELA METAINDIVIDUAL NA JUSTIÇA DO TRABALHO

Todo o quadro até aqui descrito está presente e repercute com particular intensidade nas relações de trabalho subordinado, que ainda constituem e certamente continuarão a ser, por tempo indeterminado, a essência do modo de produção capitalista contemporâneo. Com efeito, é incontroverso que o próprio Direito do Trabalho sempre teve, desde sua origem, uma razão de ser e uma dimensão fundamentalmente social e coletiva, pois nasceu dos conflitos coletivos entre as empresas capitalistas e seus empregadores, de um lado, e o conjunto de seus trabalhadores, do outro.[35] É o que acentua Marcos Neves Fava, com absoluto acerto e propriedade:

---

(34) VENTURI, Elton. *Processo civil coletivo*. p. 133-134.
Aponta ele a seguir os seguintes princípios fundamentais da tutela coletiva: a) *o princípio da inafastabilidade da prestação jurisdicional coletiva*: o acesso à justiça e a concretização do justo processo constitucional só poderão ser alcançados pela conjugação das tutelas individual e metaindividual na forma legalmente prevista (fazendo uso não apenas da tradicional tutela ressarcitória mas também das tutelas preventiva e restituitória e das tutelas de urgência), não sendo admissíveis, sob a ótica constitucional, restrições legislativas ou judiciais ao pleno desenvolvimento desse sistema; b) *o princípio da tutela jurisdicional coletiva diferenciada*: pelas especiais características do objeto tutelado pela via metaindividual, o *modo de ser* da prestação jurisdicional não pode equivaler àquele tradicionalmente empregado nas ações individuais, demandando uma espécie de tutela jurisdicional diferenciada, conformando-se e flexibilizando-se o procedimento em prol da proteção dos direitos fundamentais de dimensão coletiva a mais efetiva possível; c) *o princípio do devido processo social*: por seu intermédio a garantia constitucional do devido processo legal de cunho individualista é revista sob um enfoque verdadeiramente social, adaptando-se a mesma para a nova realidade metaindividual dos conflitos e da necessidade de tutelar efetivamente os direitos difusos, coletivos e individuais homogêneos; d) *o princípio da absoluta instrumentalidade da tutela coletiva*: a sistemática de defesa dos direitos metaindividuais exige a adoção de técnicas processuais, de procedimentos e de tipos de provimentos que viabilizem sua tutela adequada e efetiva (priorizando-se sua tutela específica e evitando-se, pela relativização das exigências tradicionais para a configuração das condições da ação, a extinção das ações metaindividuais sem julgamento do mérito); e) *o princípio da interpretação pragmática*: por seu intermédio, reconhece-se a necessidade de se abandonar, na aplicação das normas processuais que disciplinam a tutela metaindividual dos direitos, a interpretação dogmática, típica do positivismo jurídico, que desconsidere o seu conteúdo axiológico e a necessidade da realização empírica de seu objetivo prático, que é exatamente a concretização efetiva e adequada dos direitos fundamentais sociais que são seu objeto (*Op. cit.*, p. 135-161).
(35) DELGADO, Mauricio Godinho. *Curso de direito do trabalho*. 7. ed. São Paulo: LTr, 2008. p. 87--98 e 1284-1286. SÜSSEKIND, Arnaldo. *Direito constitucional do trabalho*. 2. ed. Rio de Janeiro: Renovar, 2001. p. 7-18.

Na medida em que o empreendimento econômico organizava-se coletivamente, fato que decorreu do aperfeiçoamento das máquinas, gerando a produção seriada, em massa, também as mazelas impingidas aos trabalhadores o eram em grupo. Uniformemente, sem qualquer proteção, submetiam-se os operários às deletérias condições disponíveis. Unidos pela miséria, reagiram os operários coletivamente, imprimindo no direito do trabalho a marca indelével da natureza metaindividual (...).[36]

Este i. magistrado do trabalho paulista, depois de reiterar, corretamente, que o embrião histórico e a força genética do Direito do Trabalho exigem uma abordagem coletiva dos seus conceitos e da solução dos conflitos oriundos dos contratos de trabalho, aponta o paradoxo de a evolução da doutrina e da jurisprudência trabalhistas haver guinado a jurisdição trabalhista para atuar preponderantemente na solução de conflitos individuais cada vez mais numerosos, com manifesta perda de efetividade.[37]

Já tivemos oportunidade de, em anterior trabalho, discorrer de modo muito similar sobre o problema do número excessivo de reclamações trabalhistas no Brasil, apontando como sua causa fundamental o que denominamos de *a síndrome do descumprimento das obrigações* na esfera laboral[38]: "o verdadeiro problema, pura e simplesmente, é que o direito material trabalhista, no Brasil, tem um baixo índice de cumprimento espontâneo pelos destinatários de seus comandos normativos, muito menor do que qualquer ordenamento jurídico admite como tolerável."[39]

---

(36) FAVA, Marcos Neves. *Ação civil pública trabalhista*: teoria geral. 2. ed. São Paulo: LTr, 2008. p. 21.
(37) A este respeito, é lapidar o seu esclarecimento: "Desde logo pode restar assentado que a ineficiência do modelo individualista de solução dos conflitos é causa eficaz de sua perpetração. O julgamento incessante de lides individuais, semelhantes em seu íntimo, numa atividade insana muito próxima do enxugamento do gelo, interessa muito ao que viola as obrigações trabalhistas, que ganha com a morosidade das soluções individuais, com a diversidade de percalços enfrentada pelos reclamantes e com a possibilidade de apenas parte dos empregados atingidos pela violação acessarem o Judiciário na busca da reparação." (*Ibidem,* p. 22-23 e nota 37).
No mesmo sentido, também José Pedro Pedrassini lucidamente observa que a jurisdição trabalhista, apesar de historicamente consciente de sua atuação na solução de conflitos de natureza não individual, tem no julgamento das ações individuais sua forma usual e consagrada de prestação jurisdicional; ele a seguir identifica em tal circunstância o perigo de a Justiça do Trabalho forjar sua autodestruição ou dar origem a dúvidas a respeito de sua própria existência, já que esses conflitos, diários e reiterados, impedem uma efetiva, não contraditória e uniforme prestação jurisdicional em conflitos de dimensão coletiva (In: *Aspectos da tutela judicial de direitos metaindividuais do trabalho perante a jurisdição trabalhista*. São Paulo: LTr, 2001. p. 15).
(38) Com base na lúcida e pioneira descrição desse lamentável estado de coisas feita pelo Professor e Desembargador do TRT-3ª Região Antônio Álvares da Silva, em seu trabalho *A desjuridicização dos conflitos trabalhistas e o futuro da Justiça do Trabalho no Brasil*. In: TEIXEIRA, Sálvio de Figueiredo (coord.). *As garantias do cidadão na Justiça*. São Paulo: Saraiva, 1993. p. 256-258.
(39) PIMENTA, José Roberto Freire. *Tutelas de urgência no processo do trabalho*: o potencial transformador das relações trabalhistas das reformas do CPC brasileiro. In: PIMENTA, José

Depois de salientar que a realidade diária da Justiça do Trabalho revela que boa parte dos mais elementares direitos trabalhistas, de natureza constitucional ou infraconstitucional, não são espontaneamente assegurados a seus beneficiários pelos empregadores (sendo ademais seu valor frequentemente reduzido de forma significativa, na prática, pelas conciliações extrajudiciais e judiciais), concluímos que:

> hoje, o verdadeiro problema do Direito do Trabalho em nosso país é a falta de efetividade da tutela jurisdicional trabalhista (que torna extremamente vantajoso para grande número de empregadores, do ponto de vista econômico, descumprir as mais elementares obrigações trabalhistas), criando uma verdadeira cultura do inadimplemento, em verdadeira concorrência desleal com a parcela ainda significativa dos empregadores que cumprem rigorosamente suas obrigações trabalhistas, legais e convencionais.[40]

Por outro lado, o próprio conteúdo dos dissídios individuais que tramitam na Justiça do Trabalho, nos dias atuais, tem se transformado e transcendido, em ocasiões cada vez mais frequentes, a dimensão meramente individual relativa a cada trabalhador interessado, passando a exigir particular cuidado por parte dos operadores do Direito.

De um lado, o papel central que assumem as normas-princípio em todos os sistemas jurídicos na atual fase pós-positivista e a implantação do Estado Democrático de Direito em nosso país a partir do final da década de oitenta do século passado fizeram crescer a consciência de que mesmo os cada vez mais numerosos processos que versam sobre os direitos trabalhistas tradicionais, sistematicamente descumpridos no âmbito dos contratos individuais do trabalho, têm, como seu objeto, verdadeiros *direitos fundamentais sociais*[41], cujas aparentes natureza patrimonial

---

Roberto Freire *et al* (coords.). *Direito do Trabalho:* evolução, crise, perspectivas. São Paulo: LTr, 2004, p. 340, também publicado na *Revista do TRT da 15ª Região*, n. 24, p. 201, jun. 2004 e na *Revista da Faculdade Mineira de Direito*, v. 6, ns. 11 e 12, p. 102-103, 1º e 2º semestres de 2003.

(40) PIMENTA, José Roberto Freire. *Tutelas de urgência no processo do trabalho:* o potencial transformador das relações trabalhistas das reformas do CPC brasileiro. In: *Direito do Trabalho:* evolução, crise, perspectivas. Op. cit., p. 341 e 343; *Revista do TRT da 15ª Região.* p. 201-202 e *Revista da Faculdade Mineira de Direito.* p. 102-104.

(41) Sobre os direitos fundamentais em geral e especificamente sobre os direitos sociais como direitos fundamentais de segunda dimensão, consultem-se VIEIRA DE ANDRADE, José Carlos. *Os direitos fundamentais na Constituição portuguesa de 1976.* 3. ed. Coimbra: Ed. Almedina, 2006. p. 51-71, esp. p. 57-62; BONAVIDES, Paulo. *Curso de direito constitucional.* 8. ed. São Paulo: Malheiros Editores, 1999. p. 514-531, esp. p. 518-519 e 530-531; SARLET, Ingo Wolfgang. *A eficácia dos direitos fundamentais.* 7. ed. Porto Alegre: Livraria do Advogado, 2007. p. 43-68, esp. p. 56-58; MARTINS NETO, João dos Passos. *Direitos fundamentais:* conceito, função e tipos. São Paulo: Revista dos Tribunais, 2003. p. 166-199 e MENEZES, Mauro de Azevedo. *Constituição e reforma trabalhista no Brasil:* interpretação na perspectiva dos direitos fundamentais. São Paulo: LTr, 2003. p. 37-55.

e expressão meramente pecuniária ocultam, na maioria dos casos, *sua função essencialmente extrapatrimonial* de assegurar ao trabalhador e a seus familiares condições dignas de vida e de subsistência. Se tais direitos trabalhistas, rotineiramente objeto das numerosas e repetitivas reclamações trabalhistas individuais (descumpridos pelo mesmo empregador ou tomador de serviços e *decorrentes de origem comum*, configurando típico exemplo de *direitos individuais homogêneos*) possuem, na verdade, estatura e função constitucionais, devem, por isso mesmo, ser beneficiados por autêntico exemplo de uma verdadeira *tutela jurisdicional diferenciada* pela via metaindividual e, ao mesmo tempo, contar com a eficácia e a proteção especiais que são atributo e exigência das normas constitucionais em geral, mesmo nas relações entre particulares (configurando sua concretização plena, específica e em tempo oportuno na esfera judicial, simultaneamente exigência e decorrência direta da denominada *eficácia horizontal dos direitos fundamentais*).[42]

Por outro lado e paralelamente, nas últimas décadas têm sido cada vez mais veiculadas demandas, no âmbito do Poder Judiciário trabalhista, com conteúdo e pretensões essencialmente metaindividuais, que não mais correspondem aos tradicionais dissídios individuais trabalhistas e que versam sobre novos direitos (difusos e coletivos em sentido estrito) de enorme relevância social e inegáveis dimensão e significado constitucionais. Exatamente por serem indivisíveis e de difícil, se não impossível, mensuração econômica, impossibilitando que sejam efetivamente tutelados pelos clássicos provimentos judiciais condenatórios, repressivos e ressarcitórios, passam eles a exigir novos tipos de decisões judiciais, agora de natureza *inibitória* e *mandamental*, e que, por isso mesmo, sejam capazes de propiciar a *tutela específica* dos direitos materiais vindicados.[43]

---

(42) Sobre a eficácia dos direitos fundamentais nas relações jurídicas entre particulares (a denominada *eficácia horizontal dos direitos fundamentais*), vejam-se SARLET, Ingo Wolfgang. *Op. cit.*, p. 398-406; ANDRADE, José Carlos Vieira de. *Op. cit.*, p. 246-281; PEREIRA, Jane Reis Gonçalves. *Interpretação constitucional e direitos fundamentais*. Rio de Janeiro: Renovar, 2006. p. 431-497 e *Apontamentos sobre a aplicação das normas de direito fundamental nas relações jurídicas entre particulares*. In: BARROSO, Luís Roberto (org.). *A nova interpretação constitucional*: ponderação, direitos fundamentais e relações privadas. 2. ed. Rio de Janeiro: Renovar, 2006. p. 119-192; SARMENTO, Daniel. A vinculação dos particulares aos direitos fundamentais no direito comparado e no Brasil. In: *A nova interpretação constitucional*: ponderação, direitos fundamentais e relações privadas. p. 193-284; MARINONI, Luiz Guilherme. *Técnica processual e tutela dos direitos*. p. 169-175.
Sobre os direitos fundamentais em geral na esfera trabalhista, consultem-se SIMM, Zeno. Os direitos fundamentais nas relações de trabalho. *Revista LTr*, São Paulo, v. 69, n. 11, p. 1287-1303, nov. 2005, DELGADO, Mauricio Godinho. Direitos fundamentais na relação de trabalho. *Revista LTr*. São Paulo, v. 70, n. 6, p. 657-667, jun. 2006 e DELGADO, Gabriela Neves. A constitucionalização dos direitos trabalhistas e os reflexos no mercado de trabalho. *Revista LTr*, v. 72, n. 5, p. 563-569, maio 2008.
(43) Sobre o conceito de *tutela inibitória*, consultem-se MARINONI, Luiz Guilherme. *Tecnica processual e tutela dos direito...*, p. 249-268 e *Tutela inibitória (individual e coletiva)*. São Paulo: Revista dos Tribunais, 1998. p. 24-136; ARENHART, Sérgio Cruz. *Op. cit.*, p. 127-136 e 184-226.

Nos tempos atuais, passou-se a perceber que o reiterado e massivo descumprimento dos direitos individuais trabalhistas (que em sua quase totalidade, repita-se, são *direitos fundamentais sociais*, de estatura e função constitucionais) não é questão que só interesse ao autor e ao réu das reclamações individuais que tramitam na Justiça do Trabalho. O seu resultado prático — vale dizer, a maior ou a menor efetividade da tutela jurisdicional por ela prestada — determinará, decisivamente, o real conteúdo e o alcance dos direitos sociais instituídos em caráter geral e abstrato pelas normas constitucionais e legais vigentes. Isto se dá porque, na medida em que a própria existência do direito material (entendida esta não como a mera previsão normativa de determinadas situações da vida, mas como a proteção real e concreta dos interesses tutelados) depende da capacidade de o direito processual e a função jurisdicional do Estado assegurarem, a seu titular, a fruição específica, tempestiva e plena daquele bem da vida que o ordenamento jurídico lhe atribuiu.[44]

A incapacidade da Justiça do Trabalho de, por sua atuação concreta e, principalmente, pela simples possibilidade de sua utilização, induzir o cumprimento espontâneo das normas trabalhistas pelos empregadores em prol de seus empregados, além de contribuir para seu crescente congestionamento pelo inevitável e consequente aumento das demandas individuais ajuizadas por seus titulares lesados, tem um efeito mais amplo, mais profundo e consequentemente mais grave, configurando clássico círculo vicioso: os direitos humanos de segunda geração (isto é, os direitos sociais constitucionalmente assegurados), assim como os demais direitos abstratamente consagrados nas normas infraconstitucionais trabalhistas (legais e coletivas), são reduzidos à triste condição de meras promessas demagógicas feitas pelos legisladores às grandes massas, caracterizando aquilo que os constitucionalistas da atualidade, como por exemplo Luís Roberto Barroso,[45] têm incisivamente denominado de *hipocrisia constitucional e legal*.[46]

Sobre *tutela específica*, vejam-se MARINONI, Luiz Guilherme. *Tutela específica (arts. 461, CPC e 84, CDC)*. São Paulo: Revista dos Tribunais, 2000. p. 67-79 e TALAMINI, Eduardo. *Tutela relativa aos deveres de fazer e de não fazer* — e sua extensão aos deveres de entrega de coisa (CPC, arts. 461 e 461-A, CDC, art. 84). 2. ed. 2003. p. 229-232.
(44) Para um exame mais aprofundado da questão dos efeitos negativos da falta de efetividade da tutela jurisdicional trabalhista sobre a real existência dos direitos fundamentais sociais e os efeitos decisivos que a existência ou a inexistência de instrumentos processuais efetivos têm sobre o conteúdo real dos direitos materiais em geral e trabalhistas em particular, consulte-se o já citado capítulo de nossa autoria *Tutelas de urgência no processo do trabalho*: o potencial transformador das relações trabalhistas das reformas do CPC brasileiro, publicado na obra coletiva *Direito do Trabalho*: evolução, crise, perspectivas, *Op. cit.*, p. 342-349, *Revista do TRT da 15ª Região*, p. 203-208; *Revista da Faculdade Mineira de Direito*, p. 104-109.
(45) BARROSO, Luís Roberto. *Interpretação e aplicação da Constituição* — fundamentos de uma dogmática constitucional transformadora. 3. ed., São Paulo: Saraiva, 1999. p. 280.
(46) Este fenômeno, que consiste na criação e na ampliação de direitos materiais apenas no campo legislativo, mas desacompanhado da paralela e indispensável instituição de

As consequências negativas desse estado de coisas transcendem a esfera puramente trabalhista, para alcançarem o campo do direito constitucional. Em uma perspectiva mais ampla e não excludente, enquanto o direito processual e o Poder Judiciário trabalhista não forem capazes de assegurar o cumprimento dos desígnios da Constituição democrática de 1988 (seja em seus princípios, seja em seus capítulos dos direitos sociais fundamentais e da ordem econômica e social) e do direito material do trabalho, os direitos fundamentais de natureza social (reconhecidos como tais desde os já distantes idos do início do século XX) continuarão não passando, na prática, de meras promessas feitas por legisladores (alguns bem-intencionados e outros nem tanto) às grandes massas de despossuídos.

Tal situação, por sua vez, configurará a existência de duas ofensas constitucionais, paralelas e que se interpenetram: em primeiro lugar, no campo do direito material, uma grave e direta violação dos direitos fundamentais dos trabalhadores, pelo flagrante desrespeito a seus direitos sociais constitucionalmente assegurados;[47] ao mesmo tempo, na esfera do direito processual, uma não menos grave

---

garantias e de mecanismos instrumentais capazes de assegurar aos seus titulares a fruição dos correspondentes bens da vida nos casos de seu não cumprimento espontâneo pelos destinatários dos comandos normativos, é também conhecido na doutrina como a busca da *legitimação pela mera promessa*. Cappelletti e Garth citam manifestação do professor norte-americano Handler no sentido de que "Símbolos (tais como... novas leis...) são utilizados pelos adversários para pacificar grupos dissidentes, dando-lhes a sensação de que cumpriram seus objetivos, quando, de fato, resultados mais tangíveis são retardados" (*Acesso à justiça*. p. 68, nota 138).

(47) Como bem salienta Mauricio Godinho Delgado (*Direitos fundamentais na relação de trabalho*. p. 657-658), a construção e o predomínio da *democracia* nos países do capitalismo central na segunda metade do século XIX e a sua generalização em todo o mundo ao longo do século XX, *em sua qualidade de o primeiro sistema institucional, na História, que assegurou poder aos segmentos sociais destituídos de riqueza*, implicou a extensão, a estes mesmos vastos grupos sociais e mediante sua consagração nas respectivas Constituições, dos direitos fundamentais que até o Estado Liberal de Direito só eram realmente reconhecidos em favor dos integrantes das elites sociais, econômicas e políticas das respectivas sociedades e que, agora, passaram a ter conteúdo e função *social*.

Observa ele, com inegável acerto, que "não por coincidência a construção da democracia ocidental fez-se em sintonia com a construção do próprio Direito do Trabalho, atingindo seu clímax com o período de incorporação constitucional dos direitos fundamentais do trabalho, no pós-guerra, na Europa Ocidental." Destaca, a seguir, que o Direito do Trabalho tornou-se o patamar fundamental da afirmação da cidadania social da grande maioria das pessoas que participam do sistema econômico por meio da oferta de seu labor, constituindo desse modo um dos principais instrumentos de generalização da democracia nessas sociedades.

Nesse contexto, podemos acrescentar que é fácil de perceber que, em sociedades desiguais e ainda com graves problemas sociais como a brasileira, o descumprimento deliberado e generalizado dos direitos fundamentais sociais pelos denominados *poderes privados* e, em certos casos, pelo próprio Estado, constitui problema de extrema gravidade e de dimensão política e constitucional, pois coloca em risco a indispensável concretização dos princípios e dos objetivos fundamentais da República e mesmo a existência, no decisivo plano da realidade empírica, do próprio Estado Democrático de Direito.

afronta ao princípio constitucional da efetividade da tutela jurisdicional, assegurado a todos os jurisdicionados em contrapartida à genérica proibição estatal da autotutela.

Essa íntima e complexa ligação entre os planos econômico-social, constitucional e trabalhista, de um lado, e as vertentes material e processual do Direito Laboral, de outro, já havia sido por nós apontada em recente trabalho em coautoria, no qual observamos que a força da globalização capitalista, o crescimento ou a manutenção de altos índices de desemprego e de subemprego em nosso país, uma política empresarial de redução dos custos da mão de obra e de flexibilização das normas trabalhistas heterônomas e autônomas (no contexto de uma atuação sindical enfraquecida) são fatores que, em seu conjunto, têm provocado o aumento do número de lesões aos direitos dos trabalhadores brasileiros (tanto a seus direitos trabalhistas previstos na CLT e demais normas laborais esparsas quanto a seus direitos fundamentais sociais), o que a Justiça do Trabalho, por meio de sua atuação tradicional, cada vez menos tem conseguido evitar.

Depois de fazer referência ao recente processo de desregulamentação na esfera trabalhista e do progressivo enfraquecimento das entidades sindicais dos trabalhadores como fatores adicionais de incentivo ao descumprimento generalizado das normas trabalhistas e constitucionais e da verdadeira avalanche de reclamações individuais na Justiça do Trabalho, tornando palpáveis os reflexos da crise do Direito do Trabalho também na sua esfera processual, concluímos que tudo isso torna constitucionalmente necessária a adoção, na esfera trabalhista, do processo coletivo ou metaindividual.[48]

Marcos Neves Fava[49] também aponta as principais razões que levaram à construção de um modelo processual de tutela metaindividual na esfera trabalhista:

a) o aumento exponencial do número de demandas (que o aumento aritmético do número de juízes e de Varas é incapaz de acompanhar)[50];

b) a urbanização e a massificação da atividade social contemporânea e dos correspondentes conflitos;

c) a pobreza organizativa dos grupos hipossuficientes afetados pelas violações de massa; e, por fim,

---

(48) PIMENTA, José Roberto Freire; FERNANDES, Nadia Soraggi. A importância da coletivização do processo trabalhista. *Revista do Tribunal Regional do Trabalho da 3ª Região*, Belo Horizonte, v. 46, n. 76, p. 46-47, jul./dez. 2007.
(49) FAVA, Marcos Neves. *Op. cit.*, p. 24-29.
(50) O i. professor e Ministro do Tribunal Superior do Trabalho Ives Gandra da Silva Martins Filho fornece o impressionante dado de que "o Judiciário trabalhista detém mais da metade das *demandas* de todo o Poder Judiciário Brasileiro, sendo-lhe destinado mais da metade do orçamento da União referente ao Poder Judiciário" (*Op. cit.*, p. 69).

d) a necessidade de um procedimento que proteja o interessado da reação do empregador contra o ajuizamento da demanda em seu nome e a seu favor.[51]

A seguir, aponta ele, com propriedade, as diferentes espécies de direitos que são tradicionalmente objeto da atuação da Justiça do Trabalho brasileira através dos dissídios individuais e cuja tutela por meio do novo processo metaindividual afigura-se altamente recomendável:

a) em primeiro lugar, o que denomina de *direitos minúsculos ou direitos--átomo* que, do ponto de vista de cada trabalhador lesado, ensejam reparações de pequeno ou desprezível valor econômico (como é, por exemplo, o caso da contagem da hora noturna com sua redução fictícia de minutos estabelecida pelo § 1º do art. 73 da CLT), mas cuja violação sistemática, repetitiva e abrangente de um sem-número de situações concretas leva à desvalorização de todo o sistema normativo trabalhista e, exatamente por isso, merece proteção eficaz pela ótica transindividual;

b) de outra parte, os direitos sociais que, por constituírem *direitos fundamentais sem expressão econômica imediata* e por abrangerem parcelas identificáveis da população particularmente vulneráveis, não são facilmente defensáveis pelas vítimas de seu descumprimento e cuja violação compromete a ordem jurídica trabalhista como um todo e afronta a dignidade humana (como ocorre, por exemplo, nos casos de exploração de mão de obra infantil, de discriminação da mulher ou dos deficientes no mundo do trabalho, de agressão ao meio ambiente do trabalho e de trabalho escravo), tornando indispensável a intervenção não individual por partes que não sejam seus próprios titulares, para que a agressão ao direito seja coibida com efetividade;

c) por fim, o grupo dos *direitos trabalhistas comuns*, que denomina de *direitos--organismo*, e que, violados em massa por ato único do mesmo empregador, correspondem a um elevado número de trabalhadores interessados; em razão desta afronta generalizada, metódica e quotidiana ao ordenamento trabalhista; a

---

(51) Sobre este último ponto, de grande importância prática, o i. magistrado do trabalho paulista esclarece que "o enfrentamento judicial em demanda trabalhista apresenta-se arriscado para o empregado. Frise-se, desde logo, que, nu de qualquer garantia de emprego, raramente o trabalhador ajuíza ação contra seu empregado no curso do contrato, temendo represálias. Listas negras têm sido organizadas por empregadores inescrupulosos, nas quais se incluem os nomes dos trabalhadores que reclamam perante a Justiça do Trabalho, coibindo-lhes nova colocação no mercado de trabalho. Surge dificuldade adicional à defesa dos interesses dos trabalhadores, inibidos, até mesmo, de reclamar após o fim do contrato. Neste passo, a ação transindividual, capitaneada por legitimado extraordinário, funciona como um rito sem rosto, defendendo os direitos violados, sem expor o titular da pretensão, evitando retaliação patronal ou perseguição futura" (FAVA, Marcos Neves. *Op. cit.*, p. 28).

proteção exclusivamente individual redunda ineficaz, como demonstra o crescente número de reclamações trabalhistas idênticas contra o mesmo reclamado, sem que isso provoque a correspondente inibição do descumprimento legal.[52]

Como acertadamente conclui o i. magistrado do trabalho de São Paulo, o sistema de dissídios trabalhistas meramente individuais ajuizados pelos próprios trabalhadores interessados que até o momento tem prevalecido em nosso país significa, na prática, que é pouquíssimo efetiva a intervenção estatal nas relações de trabalho subordinado por intermédio da Justiça do Trabalho enquanto os contratos de trabalho ainda estão em curso.

Para substituir esse ineficiente sistema de enfrentamento individual das lesões trabalhistas através da reclamação "póstuma" (isto é, após o término do contrato de trabalho) pelo próprio trabalhador e que visa tão somente a reparação pecuniária dos danos já sofridos, Marcos Fava volta a salientar, com inteiro acerto, que:

> a ação coletiva pode funcionar como uma "ação sem rosto", porque disponibiliza proteção genérica, de caráter transindividual, sem comprometimento do emprego em curso e com aproveitamento dos efeitos da coisa julgada *ultra partes*.[53]

Esta mesma e decisiva vantagem da tutela metaindividual na esfera trabalhista também já havia sido salientada em trabalho anterior de nossa lavra, em coautoria:

> a ampliação dos fenômenos das ações coletivas e da substituição processual assume uma especial importância na seara juslaboral. Com efeito, em tempos como o atual, em que há grande limitação de fato do acesso do trabalhador à Justiça, em virtude do fantasma do desemprego unido à ausência de verdadeira proteção contra a ruptura imotivada da relação de emprego, esses mecanismos aparecem como um instrumento fundamental para a tutela e efetividade dos direitos trabalhistas.[54]

Nos dias de hoje, tem-se verificado uma crescente utilização dos instrumentos processuais de tutela metaindividual na Justiça Laboral, para enfrentar os mais graves, complexos e relevantes problemas do mundo do trabalho. O levantamento

---

(52) Sobre esse terceiro grupo de direitos trabalhistas observa ele, de forma irrespondível, que "a pulverização da luta contra a violação sistêmica do ordenamento em reclamações individuais não resulta profícua, porque possibilita uma cruel matemática: do total de descumprimentos perpetrados, apenas uma parcela deságua em reclamação trabalhista, em regra dos já demitidos, e desta, grande parte dos trabalhadores acaba por aceitar acordo para recebimento parcial de seus créditos. O efeito da equação estimula a mantença dos descumprimentos, alijando o quadro protetivo e banalizando a interferência jurisdicional" (FAVA, Marcos Neves. *Op. cit.*, p. 58-62).
(53) FAVA, Marcos Neves. *Op. cit.*, p. 85-86.
(54) PIMENTA, José Roberto Freire; PORTO, Lorena Vasconcelos. *Op. cit.*, p. 117.

e a análise dos temas que têm sido objeto das numerosas ações civis públicas (ou coletivas) e reclamações ajuizadas pelas entidades sindicais na condição de substituto processual bem demonstram a amplitude e a relevância das questões de dimensão coletiva que cada vez mais têm sido enfrentadas, com qualificada efetividade, por essa nova via processual, sem prejuízo de outras tantas questões que, hoje ou no futuro, assumam dimensão e importância coletivas:[55]

a) a utilização sistemática e deliberada de *trabalho escravo ou em condições análogas à de escravo*;

b) a exploração do *trabalho infantojuvenil*, mediante o uso de trabalhadores em idade inadequada, a utilização dos contratos de aprendizagem e de estágio como simulacros de contrato de emprego, o descumprimento das normas de saúde e segurança do trabalho destinadas à proteção dos menores (inclusive com a efetiva vedação do labor em sobrejornada) e a contratação de menores como empregados sem a devida formalização de seus contratos de trabalho;

c) o descumprimento das normas assecuratórias do *meio ambiente de trabalho e da saúde e segurança dos trabalhadores*, que comportam ações e pretensões de distintos natureza e conteúdo, correspondentes às especificidades dos direitos e interesses difusos, coletivos em sentido estrito e individuais homogêneos lesados ou ameaçados;

d) a prática generalizada, pelo empregador, de *atos de coação, violação à intimidade ou assédio moral* contra seus empregados;

e) *o desrespeito à jornada normal de trabalho* constitucionalmente assegurada, pela exigência de uma jornada extraordinária habitual e até permanente (muitas vezes sem o seu correto registro e a devida remuneração correspondente), pelo sistemático desrespeito aos intervalos intra e interjornadas e aos descansos semanais remunerados ou pela adoção de jornadas especiais (como as estabelecidas na Constituição para os turnos ininterruptos de revezamento) ou de regimes de compensação (como os denominados "bancos de horas") sem a indispensável negociação coletiva;

---

(55) Sendo importante observar, como é corrente em sede doutrinária e já o fizemos no já citado trabalho anterior em coautoria (PIMENTA, José Roberto Freire; FERNANDES, Nadia Soraggi. A importância da coletivização do processo trabalhista. *Revista do Tribunal Regional do Trabalho da 3ª Região*. p. 49), que um mesmo fato pode dar origem a lesões ou a ameaças de lesão aos três tipos de direitos metaindividuais previstos no parágrafo único do art. 81 do CDC, variando o objeto de cada ação metaindividual em função do tipo da pretensão nela concretamente formulada e de sua correspondente causa de pedir, configurando *in status assertionis* a ocorrência, em separado ou de forma conjunta, de lesão a direito difuso, coletivo ou individual homogêneo. Nesse sentido e por todos, veja-se NERY JUNIOR, Nelson; NERY, Rosa Maria de Andrade. *Princípios do processo civil na Constituição Federal*. 5. ed. São Paulo: Revista dos Tribunais, 1999. p. 117-118.

f) a prática generalizada de *atos do empregador contrários às normas legais de proteção aos salários*, como, por exemplo, aqueles que obrigam os empregados a receber parte de seus salários por meio de mercadorias (o denominado *truck system*);

g) *a alteração*, generalizada e prejudicial aos empregados, das cláusulas e condições constantes dos seus contratos individuais de trabalho, *em afronta ao art. 468 da CLT*;

h) o uso abusivo e generalizado das reclamações trabalhistas para a obtenção de quitações gerais pelos possíveis direitos sociais indisponíveis decorrentes dos contratos individuais de trabalho de seus empregados (caracterizando as denominadas *lides simuladas*);

i) *o não recolhimento*, por determinado empregador, *dos depósitos de FGTS* relativos a todos ou à parte expressiva dos seus empregados;

j) a contratação fraudulenta de verdadeiros empregados através de *falsas cooperativas de trabalho*;

k) o uso distorcido das *terceirizações para a contratação de trabalhadores para o desempenho das atividades-fim da tomadora de seus serviços*, sem que lhes sejam assegurados os mesmos salários, direitos e vantagens previstos nas normas coletivas de trabalho aplicáveis a seus próprios empregados e impossibilitando que sejam representados pelos sindicatos profissionais correspondentes à sua categoria econômica;

l) o uso generalizado e deliberado das *comissões de conciliação prévia* disciplinadas pelos arts. 625-A a 625-H da CLT como instrumento de obtenção de quitação geral por todo e qualquer direito trabalhista em troca do mero pagamento das verbas rescisórias rotineiras e elementares discriminadas no respectivo instrumento de rescisão do contrato de trabalho;

m) a contratação de empregados para o *desempenho de funções e de cargos públicos sem a prévia aprovação em concursos públicos*, nos termos do art. 37 da Constituição da República;

n) a adoção generalizada de *práticas discriminatórias de toda ordem* na contratação, ao longo dos contratos individuais de trabalho ou quando de suas rescisões, tais como as praticadas por motivo de sexo, idade, cor, religião, estado civil ou deficiência, atingindo os trabalhadores em geral ou, de forma específica, as mulheres, os menores, os estrangeiros, os idosos, os portadores de deficiência ou de doenças socialmente estigmatizadas, os filiados ou os não filiados à certa religião, os que tenham ajuizado ação anterior para a defesa de seus direitos trabalhistas ou os que tenham exercido opções sexuais ou políticas consideradas inadequadas por seu empregador; paralelamente, o descumprimento de preceitos legais que assegurem a contratação de certo percentual de trabalhadores portadores de deficiência, em relação ao total de empregados de uma empresa (por exemplo, o art. 93 da Lei n. 8.213/1991);

o) *o descumprimento global de determinada norma coletiva de trabalho* que assegure direitos ou vantagens ao conjunto ou a parte significativa dos empregados;

p) *a prática de atos antissindicais pelo empregador*, contra os seus próprios empregados ou contra as entidades sindicais que os representem;

q) *o exercício abusivo do direito constitucional de greve em serviços ou atividades essenciais* em detrimento da comunidade ou, em contrapartida, a prática pelos empregadores de *atos destinados a impedir o regular exercício desse direito fundamental*, tais como a demissão coletiva dos trabalhadores como retaliação por sua participação pacífica no movimento.[56]

A simples enumeração das questões que têm sido objeto das cada vez mais numerosas ações metaindividuais na esfera trabalhista bem demonstra que, gradativamente, o tradicional modelo de atuação da Justiça do Trabalho (caracterizado pela pulverização de inúmeras ações individuais de objeto praticamente idêntico, ajuizadas pelos próprios trabalhadores só depois do término de seus contratos de trabalho e visando tão somente a obtenção de sentenças condenatórias a um ressarcimento pecuniário por seus direitos lesados) tem passado a conviver com um novo modelo, que tem como principais características a concentração, em um único processo metaindividual, da discussão das questões referentes a direitos transindividuais (direitos difusos ou coletivos) ou a direitos individuais que tenham uma origem comum (direitos individuais homogêneos) que hajam sido lesados ou ameaçados pelo mesmo réu ou reclamado e que vise à obtenção de um provimento preventivo, inibitório, restituitório ou ressarcitório, conforme o caso[57], mas sempre com notável alcance coletivo e verdadeira relevância constitucional. Como é óbvio, o potencial de atuação da Justiça do Trabalho nessa nova vertente é simplesmente imenso.

5. OS EFEITOS MAIS AMPLOS DA TUTELA METAINDIVIDUAL TRABALHISTA. CONSIDERAÇÕES FINAIS

A crescente utilização, na esfera trabalhista, do novo sistema de tutela jurisdicional coletiva ou metaindividual dos direitos de grande relevância social (de natureza transindividual ou, ainda que individuais, alvo de violações em massa porque de origem comum), normativamente construído nas últimas décadas do século XX em nosso país para concretizar o princípio constitucional da efetividade

---

(56) FAVA, Marcos Neves. *Op. cit.*, p. 83-109; MELO, Raimundo Simão de. *Ação civil pública na justiça do trabalho*. 2. ed. São Paulo: LTr, 2006, p. 30-31; PIMENTA, José Roberto Freire; FERNANDES, Nadia Soraggi. *Op. cit.*, p. 49-50 e MEDEIROS NETO, Xisto Tiago de. *Op. cit.*, p. 199-268.
(57) Sobre a definição e as distinções entre estes vários tipos de provimentos judiciais e respectivos comandos sancionatórios, veja-se, por todos, TALAMINI, Eduardo. *Op. cit.*, p. 175-186.

da tutela jurisdicional e para tornar realidade o Estado Democrático de Direito que a Norma Fundamental de 1988 visou implantar no Brasil, é a chave para o enfrentamento bem-sucedido da denominada *crise da Justiça* no mundo do trabalho, neste início do século XXI.

Se o modelo processual trabalhista tradicional (baseado no ajuizamento de um número cada vez maior de reclamações individuais pelos próprios trabalhadores interessados só depois do término de seus contratos de trabalho) mostra-se cada vez mais incapaz de evitar o reiterado e deliberado descumprimento, pelos empregadores, das normas constitucionais, legais e constantes de acordos e convenções coletivas de trabalho que estabelecem direitos materiais trabalhistas (os quais, a um só tempo, têm a natureza de direitos fundamentais sociais ou, ao menos, possuem inegável caráter alimentar, cujo inadimplemento compromete a própria possibilidade de sobrevivência digna dos trabalhadores e de seus familiares), a utilização paralela e, se possível, predominante da via metaindividual para combater esta verdadeira *cultura do inadimplemento das obrigações trabalhistas* é, além de racional e conveniente, uma inafastável exigência constitucional.

De um lado, finalmente poderá ser eficazmente enfrentado o verdadeiro *vazio de tutela*, hoje existente, provocado pela completa inadequação das reclamações individuais para combater, na esfera trabalhista, as *lesões essencialmente metaindividuais* (ou seja, *verdadeiramente transindividuais*, por atingirem *direitos difusos ou coletivos em sentido estrito* que, por seu caráter indivisível, sequer podem ser objeto de ações estritamente individuais, em virtude da indeterminabilidade de seus titulares). Mediante os processos metaindividuais, tais lesões poderão ser adequadamente enfrentadas por uma *parte ideológica* devidamente aparelhada para tanto e tão logo tenham sido cometidas ou estejam prestes a sê-lo (sem necessidade, portanto, de se aguardar o término dos contratos de trabalho dos trabalhadores atingidos) e por meio de provimentos judiciais que deem tratamento uniforme a controvérsias de grande relevância social e que tenham natureza *inibitória e mandamental* (em contraste com a tradicional via processual individualista e de cunho meramente ressarcitório), assegurando a tutela específica dos direitos em jogo (frequentemente com a estatura de direitos fundamentais) e evitando a perpetuação da prática do ilícito, assim concretizando, no decisivo plano da realidade empírica, o direito de todos os trabalhadores brasileiros a uma ordem jurídica justa.

Paralelamente, nos casos de *lesões acidentalmente metaindividuais* (isto é, que tenham por objeto direitos individuais que tenham sido alvo de lesões ou de ameaças de lesão de caráter massivo, *por um fato de origem comum e por parte de um único empregador*), as vantagens do enfrentamento processual, por esta via coletiva, de situações jurídicas individuais, numerosas e homogeneizadas de grande importância social são também evidentes, nas lúcidas palavras de Rodolfo de Camargo Mancuso:

a) previne a proliferação de inúmeras demandas individuais, onde se repetem, *ad nauseam* o mesmo pedido e causa de pedir, com isso se poupando trabalho e tempo dos operadores do Direito; b) contorna a indesejável contradição lógica entre julgados, virtualidade que sempre pode ocorrer no plano da jurisdição singular; c) possibilita uma resposta judiciária equânime e de melhor qualidade, com tratamento igual a situações análogas, com isso conferindo efetividade à garantia constitucional da isonomia de todos perante a lei (que deve também albergar a lei quando interpretada e aplicada pelo Judiciário); d) contribui para aliviar a sobrecarga notória do Judiciário, em grande parte causada pela "atomização" de milhares de demandas que poderiam e deveriam ser aglutinadas e resolvidas numa ação de tipo coletivo; e) possibilita o transporte *in utilibus* do julgado coletivo, para o âmbito das ações individuais, nas condições estabelecidas no art. 103, III e § 3º e art. 104, todos do CDC.[58]

A título de síntese conclusiva, podemos apontar três grandes e mais amplos efeitos da utilização da tutela metaindividual na Justiça do Trabalho sobre a esfera material trabalhista:

a) *a eliminação de vários vazios de tutela antes existentes, relativos a direitos trabalhistas de natureza difusa ou coletiva* e com a natureza de direito fundamental social, mas sem expressão patrimonial imediata e que, exatamente por isso, não podem ser adequadamente enfrentados pela reclamação trabalhista individual ajuizada pessoalmente pelo trabalhador interessado só depois de sua saída do emprego e visando apenas o ressarcimento pecuniário de seus direitos individuais já definitivamente lesados; pela via metaindividual, vários direitos trabalhistas hoje sistematicamente lesados ou ameaçados de lesão de forma impune, no curso da relação empregatícia, contarão com instrumentos processuais aptos a prevenir ou a inibir, *de imediato*, a ocorrência ou a continuação desses ilícitos na vigência dos contratos individuais de trabalho mediante provimentos judiciais capazes de propiciar a tutela específica final desses direitos (e, se necessário, com a antecipação total ou parcial dos efeitos da tutela final de mérito pretendida, nos termos do art. 84 do CDC, com aplicação subsidiária dos arts. 273 e 461 do CPC). Em outras palavras, o Direito Material do Trabalho (constitucional e infraconstitucional) ganhará muito em efetividade, sob esse ângulo;

b) *o efetivo combate ao descumprimento deliberado e generalizado das obrigações trabalhistas constitucionais e infraconstitucionais* asseguradas a cada empregado (a denominada *síndrome do descumprimento das obrigações*), que finalmente poderá ser adequadamente enfrentado tão logo as lesões tenham

---

(58) MANCUSO, Rodolfo de Camargo. *Ação civil pública trabalhista...*, p. 1.184.

sido praticadas (ou estejam prestes a sê-lo) por uma *parte ideológica* que não tenha o natural receio que cada empregado brasileiro hoje razoavelmente tem de perder seu emprego, caso ajuíze sua reclamação no curso de seu contrato de trabalho; na medida em que essa ação coletiva for ajuizada assim que o ato ilícito do empregador tenha sido praticado e o pedido inicial nela formulado possa abranger a totalidade dos empregados atingidos (e não mais apenas os relativamente poucos trabalhadores atingidos que tenham resolvido pleitear seus direitos na Justiça do Trabalho após o fim de suas respectivas relações de emprego), é evidente que o efeito patrimonial e extrapatrimonial de uma eventual procedência dos pedidos iniciais ressarcitórios será muito maior do que aqueles produzidos pela atomização daquele conflito de origem comum em inúmeras ações individuais trabalhistas — em outras palavras, a *relação custo-benefício* dessa conduta ilícita empresarial será muito menos favorável do que a que hoje se verifica, no dia a dia das empresas brasileiras, tornando muito menos atraente e muito mais arriscado, pelo menos para os empresários mais sensatos, o inadimplemento sistemático e massificado das obrigações trabalhistas que hoje é a causa maior da verdadeira explosão de demandas trabalhistas em nosso país;[59]

c) *o redimensionamento das relações de poder no âmbito interno empresarial num sentido mais igualitário e a ampliação das possibilidades de controle jurisdicional dos abusos do poder diretivo empresarial*: com efeito, o emprego da

---

[59] É evidente que a instituição da tutela metaindividual na esfera trabalhista, além de contribuir para restaurar a força da ameaça da tutela definitiva futura, terá por si mesma um efeito preventivo e pedagógico ainda maior, contribuindo para um incremento no número de situações em que as normas substanciais trabalhistas serão naturalmente cumpridas por seus destinatários, com a consequente e proporcional diminuição do número de lesões e dos consequentes litígios levados à apreciação do Poder Judiciário competente. Isto, por sua vez, produzirá resultados altamente benéficos para a racionalização da atividade do Poder Judiciário trabalhista em decorrência da diminuição dos processos repetitivos que hoje o assoberbam, com o proporcional incremento de sua eficiência e celeridade, como já tivemos a oportunidade de ressaltar em anterior trabalho:
"Quanto mais efetiva a máquina jurisdicional, menos ela vai ter que atuar concretamente, no futuro ou a médio prazo. Simetricamente, quanto mais os destinatários das normas jurídicas souberem que só lhes resta cumprir a lei, por absoluta falta de melhor alternativa, menos será necessário o acionamento da máquina jurisdicional e maiores eficácia e efetividade terão as normas jurídicas materiais. Essa é, portanto, a perspectiva final com a qual os operadores do Direito em geral, mas especialmente os que exercem a função jurisdicional do Estado, têm que trabalhar.
Repita-se, à guisa de conclusão parcial: *quanto mais eficaz for a jurisdição, menos ela terá que ser acionada*. Enquanto o direito processual do trabalho e o Poder Judiciário trabalhista não forem capazes de tornar antieconômico o descumprimento rotineiro, massificado e reiterado das normas materiais trabalhistas, os Juízes do Trabalho de todos os graus de jurisdição continuarão sufocados e angustiados pela avalanche de processos individuais, repetitivos e inefetivos." (PIMENTA, José Roberto Freire. Tutelas de urgência no processo do trabalho: o potencial transformador das relações trabalhistas das reformas do CPC brasileiro. In: *Direito do Trabalho*: evolução, crise, perspectivas, p. 342, *Revista do TRT da 15ª Região*, p. 203 e *Revista da Faculdade Mineira de Direito*, p. 104).

tutela metaindividual pelo Ministério Público do Trabalho e pelas entidades sindicais contribuirá decisivamente para a construção de um relacionamento mais igualitário entre o empregador e o conjunto de seus empregados ainda no curso de suas respectivas relações de emprego, bem como para a eliminação da sensação de relativa impunidade que cada empregador hoje tem no curso da relação de emprego, ao praticar os atos de exercício de seu poder diretivo empresarial que, no mais das vezes, assumem a natureza de *verdadeiros atos de autotutela*; evidentemente, na medida em que o poder de direção do empregador for praticado dentro dos limites da legalidade e de parâmetros consistentes de razoabilidade, este nada terá a recear — em contrapartida, porém, sempre que o exercício desse amplo poder der-se de forma abusiva e desproporcional, o empregador que assim proceder passará a ter que seriamente considerar a possibilidade (ou até mesmo a probabilidade) de sua conduta ser levada imediatamente à apreciação do Poder Judiciário trabalhista, que poderá até mesmo proferir provimentos judiciais que, de forma antecipada ou final, revertam os efeitos de sua conduta, considerada ilícita naquele caso concreto. O que, evidentemente, ampliará o conteúdo, o alcance e as possibilidades de concretização da própria garantia fundamental do acesso ao Judiciário ou do direito constitucional de ação (inciso XXXV do art. 5º da Norma Fundamental brasileira), no plano trabalhista.[60]

Pode-se afirmar, à guisa de conclusão final, que o uso intenso, corajoso e criativo, na esfera laboral, da via de tutela metaindividual dos direitos de dimensão e relevância coletiva e de seus específicos mecanismos processuais para o enfrentamento molecular (preventivo, inibitório e também ressarcitório, mas sempre efetivo) das lesões reiteradas e massivas dos direitos trabalhistas, que infelizmente ainda são a dura e crescente realidade do mundo do trabalho brasileiro, afigura-se como o caminho mais lógico, natural e até mesmo constitucionalmente indispensável para a tão desejada concretização dos direitos fundamentais sociais e do princípio da efetividade da tutela jurisdicional trabalhista. Somente assim serão possíveis, em nosso país, a preservação e a gradual elevação do denominado patamar mínimo civilizatório no mundo do trabalho, que, neste início de um novo século, embora infelizmente ainda não seja realidade para uma grande parcela dos trabalhadores brasileiros, constitui, ao mesmo tempo, a razão de ser e a meta permanente do Constitucionalismo Social e do Direito do Trabalho brasileiros, no contexto de nosso duramente conquistado e ainda em construção Estado Democrático de Direito.

---

(60) O i. jurista e Desembargador aposentado do TRT da 3ª Região Márcio Túlio Viana, ao discorrer sobre a importância da utilização da ação civil pública no âmbito da Justiça do Trabalho (em considerações em tudo aplicáveis à tutela metaindividual dos direitos trabalhistas em geral), bem sintetiza que ela é forte canal de participação da sociedade no Estado e mecanismo de proteção contra as distorções da economia de massa, acrescentando ser um "remédio contra a ineficácia de certos direitos fundamentais, até hoje fundamentalmente esquecidos. E mais ainda: ao agrupar interesses, economiza justiça; e, pela ameaça que exerce, tem peso político importante" (Interesses difusos na Justiça do Trabalho. *Revista LTr*, São Paulo, v. 59, n. 2, p. 182, fev. 1995).

REFERÊNCIAS BIBLIOGRÁFICAS

ALEXY, Robert. *Teoría de los derechos fundamentales*. Madrid: Centro de Estudios Constitucionales, 1997.

ALMEIDA, Gregório Assagra de. *Direito processual coletivo brasileiro*: um novo ramo do direito processual. São Paulo: Saraiva, 2003.

ALVIM NETTO, José Manoel Arruda. *Tratado de direito processual civil*. v. 1. 2. ed. São Paulo: Revista dos Tribunais, 1990.

_____. Anotações sobre as perplexidades e os caminhos do processo civil contemporâneo — sua evolução ao lado da do direito material. In: TEIXEIRA, Sálvio de Figueiredo (coord.). *As garantias do cidadão na justiça*. São Paulo: Saraiva, 1993. p. 167-184.

ANDRADE, José Carlos Vieira de. *Os direitos fundamentais na Constituição Portuguesa de 1976*. 3. ed. Coimbra: Almedina, 2006.

ARENHART, Sérgio Cruz. *Perfis da tutela inibitória coletiva*. São Paulo: Revista dos Tribunais, 2003.

BARROSO, Luís Roberto. *Interpretação e aplicação da Constituição*. 3. ed. rev. e atual., São Paulo: Saraiva, 1999.

_____. *O direito constitucional e a efetividade de suas normas*. 8. ed. Rio de Janeiro: Renovar, 2006.

_____. Fundamentos teóricos e filosóficos do novo direito constitucional brasileiro (pós-modernidade, teoria crítica e pós-positivismo). In: BARROSO, Luís Roberto (org.). *A nova interpretação constitucional*: ponderação, direitos fundamentais e relações privadas. 2. ed. rev. e atual. Rio de Janeiro: Renovar, 2006. p. 1-48.

BARROSO, Luís Roberto; BARCELLOS, Ana Paula de. A nova interpretação constitucional: ponderação, argumentação e papel dos princípios. In: LEITE, George Salomão (org.). *Dos princípios constitucionais* — considerações em torno das normas principiológicas da Constituição. São Paulo: Malheiros, 2003. p. 101-135.

BEDAQUE, José Roberto dos Santos. *Tutela cautelar e tutela antecipada*: tutelas sumárias e de urgência (tentativa de sistematização). São Paulo: Malheiros, 1998.

_____. *Efetividade do processo e técnica processual*. São Paulo: Malheiros, 2006.

BEZERRA LEITE, Carlos Henrique. *Ação civil pública na perspectiva dos direitos humanos*. 2. ed. São Paulo: LTr.

BONAVIDES, Paulo. *Curso de direito constitucional*. 8. ed. São Paulo: Malheiros, 1999.

CAPPELLETTI, Mauro; GARTH, Bryant. *Acesso à justiça*. Tradução e revisão de Ellen Gracie Northfleet. Porto Alegre: Sérgio Antônio Fabris, 1988.

CANOTILHO, J. J. Gomes. *Direito constitucional*. 6. ed. Coimbra: Livraria Almedina, 1993.

DAVID, René. *Os grandes sistemas do direito contemporâneo*. São Paulo: Martins Fontes, 1996.

DELGADO, Gabriela Neves. A constitucionalização dos direitos trabalhistas e os reflexos no mercado de trabalho. *Revista LTr*, v. 72, n. 5, p. 563-569, maio 2008.

DELGADO, Mauricio Godinho. *Curso de direito do trabalho*. 7. ed. São Paulo: LTr, 2008.

_____ *Princípios de direito individual e coletivo do trabalho*. São Paulo: LTr, 2001.

_____. *Direitos fundamentais na relação de trabalho*. *Revista LTr*, São Paulo, v. 70, n. 6, p. 657-667, jun. 2006.

_____. *Capitalismo, trabalho e emprego* — entre o paradigma da destruição e os caminhos de reconstrução. São Paulo: LTr, 2006.

_____. Direito do trabalho e inclusão social — o desafio brasileiro. *Revista LTr*, São Paulo, v. 70, n. 10, p. 1159-1169, out. 2006.

DINAMARCO, Cândido Rangel. A *instrumentalidade do processo*. 7. ed. São Paulo: Malheiros, 1999.

_____. *Instituições de direito processual civil*. v. I. 2. ed. rev. e atual. São Paulo: Malheiros, 2002.

_____. Universalizar a tutela jurisdicional. In: *Fundamentos do processo civil moderno*. Tomo II, 4. ed. São Paulo: Malheiros, 2001. p. 838-875.

DWORKIN, Ronald. *Levando os direitos a sério*. São Paulo: Martins Fontes, 2002.

FAVA, Marcos Neves. *Ação civil pública trabalhista*: teoria geral. 2. ed., São Paulo: LTr, 2008.

MANCUSO, Rodolfo de Camargo. *Jurisdição coletiva e coisa julgada*: teoria geral das ações coletivas. 2. ed. rev. atual. e ampl. São Paulo: Revista dos Tribunais, 2. ed. revista, atualizada e ampliada, 2007.

_____. Ação civil pública trabalhista: análise de alguns pontos controvertidos. *Revista LTr*, São Paulo, v. 60, n. 9, p. 1.180-1.196, set. 1996.

MARINONI, Luiz Guilherme. *Tutela inibitória (individual e coletiva)*. São Paulo: Revista dos Tribunais, 1998.

_____. *Novas linhas do processo civil*. 3. ed. rev. e atual. São Paulo: Revista dos Tribunais, 1999.

_____. *Técnica processual e tutela dos direitos*. São Paulo: Revista dos Tribunais, 2004.

MARTINS FILHO, Ives Gandra da Silva. *Ação civil pública trabalhista*. Recife: Nossa Livraria, 1997.

MARTINS NETO, João dos Passos. *Direitos fundamentais*: conceito, função e tipos. São Paulo: Revista dos Tribunais, 2003.

MÁRTIRES COELHO, Inocêncio. Elementos de teoria da constituição e de interpretação constitucional. In: MENDES, Gilmar Ferreira; MÁRTIRES COELHO, Inocêncio; BRANCO, Paulo Gustavo Gonet. *Hermenêutica constitucional e direitos fundamentais*. Brasília: Brasília Jurídica, 2000. p. 15-22.

MEDEIROS NETO, Xisto Tiago de. *Dano moral coletivo*. 2. ed. São Paulo: LTr, 2007.

MENDES, Aluísio Gonçalves de Castro. *Ações coletivas no direito comparado e nacional*. São Paulo: Revista dos Tribunais, 2002.

MENEZES, Mauro de Azevedo. *Constituição e reforma trabalhista no Brasil:* interpretação na perspectiva dos direitos fundamentais. São Paulo: LTr, 2003.

MOREIRA, José Carlos Barbosa. Ações coletivas na Constituição Federal de 1988. *Revista de Processo*, São Paulo: v. 61, p. 187-200, jan./mar. 1991.

_____. Tutela sancionatória e tutela preventiva. *Temas de direito processual* — segunda série. São Paulo: Saraiva, 1980. p. 21-22.

_____. Notas sobre o problema da "efetividade" do processo. *Temas de direito processual* — terceira série. São Paulo: Saraiva, 1984. p. 27-42.

NERY JUNIOR, Nelson. O processo do trabalho e os direitos individuais homogêneos — um estudo sobre a ação civil pública trabalhista. *Revista LTr*, São Paulo, v. 64, n. 2, p. 151-160, fev. 2000.

NERY JUNIOR, Nelson; NERY, Rosa Maria de Andrade. *Princípios do processo civil na Constituição Federal*. 5. ed. São Paulo: Revista dos Tribunais, 1999.

O PAÍS dos direitos de papel. *Folha de S. Paulo,* 24 mar. 2002. Caderno Especial "Folha Trabalho", p. 1-8.

PEDRASSANI, José Pedro. *Aspectos da tutela judicial de direitos metaindividuais do trabalho perante a jurisdição trabalhista*. São Paulo: LTr, 2001.

PEREIRA, Jane Reis Gonçalves. *Interpretação constitucional e direitos fundamentais*. Rio de Janeiro: Renovar, 2006.

_____. Apontamentos sobre a aplicação das normas de direito fundamental nas relações jurídicas entre particulares. In: BARROSO, Luís Roberto (org.). *A nova interpretação constitucional*: ponderação, direitos fundamentais e relações privadas. 2. ed. Rio de Janeiro: Renovar, 2006.

PIMENTA, José Roberto Freire. Tutelas de urgência no processo do trabalho: o potencial transformador das relações trabalhistas das reformas do CPC brasileiro. In: PIMENTA, José Roberto Freire; RENAULT, Luiz Otávio Linhares; VIANA, Márcio Túlio; DELGADO, Mauricio Godinho; BORJA, Cristina Pessoa Pereira (coords.). *Direito do Trabalho*: evolução, crise, perspectivas. São Paulo: LTr, 2004, p. 336-399, *Revista do TRT da 15ª Região*, n. 24, p. 199--225, jun. 2004 e *Revista da Faculdade Mineira de Direito*, v. 6, ns. 11 e 12, p. 100-153, 1º e 2º semestre de 2003.

_____. A tutela metaindividual dos direitos trabalhistas: uma exigência constitucional. In: PIMENTA, José Roberto Freire Pimenta; BARROS, Juliana Augusta Medeiros de; FERNANDES, Nadia Soraggi (coords.). *Tutela metaindividual trabalhista*: a defesa coletiva dos direitos dos trabalhadores em juízo. São Paulo: LTr, 2009. p. 9-50.

PIMENTA, José Roberto Freire; FERNANDES, Nadia Soraggi. A importância da coletivização do processo trabalhista. *Revista do Tribunal Regional do Trabalho da 3ª Região*, Belo Horizonte, v. 46, n. 76, p. 45-60, jul./dez. 2007.

PIMENTA, José Roberto Freire; PORTO, Lorena Vasconcelos. Instrumentalismo substancial e tutela jurisdicional civil e trabalhista: uma abordagem histórico-jurídica. *Revista do Tribunal Regional do Trabalho da 3ª Região*, Belo Horizonte, v. 43, n. 73, p. 85-122, jan./jun. 2006.

PIZZOL, Patrícia Miranda. A tutela antecipada nas ações coletivas como instrumento de acesso à Justiça. In: FUX, Luiz; NERY JR., Nelson; WAMBIER, Teresa Arruda Alvim (coords.). *Processo e Constituição*: estudos em homenagem ao Professor José Carlos Barbosa Moreira. São Paulo: Revista dos Tribunais, 2006. p. 86-138.

PROTO PISANI, Andrea. *Lezioni di diritto processuale civile*. 3. ed. Napoli: Jovene Editore, 1999.

ROCHA, Cármen Lúcia Antunes. Direito constitucional à jurisdição. In: TEIXEIRA, Sálvio de Figueiredo (coord.). *As garantias do cidadão na Justiça*. São Paulo: Saraiva, 1993. p. 31-51.

SARLET, Ingo Wolfgang. *A eficácia dos direitos fundamentais*. 7. ed. Porto Alegre: Livraria do Advogado, 2007.

SARMENTO, Daniel. A vinculação dos particulares aos direitos fundamentais no direito comparado e no Brasil. In: BARROSO, Luís Roberto (org.). *A nova interpretação constitucional*: ponderação, direitos fundamentais e relações privadas. 2. ed. Rio de Janeiro: Renovar, 2006.

SILVA, Antônio Álvares da. A desjuridicização dos conflitos trabalhistas e o futuro da Justiça do Trabalho no Brasil. In: TEIXEIRA, Sálvio de Figueiredo (coord.). *As garantias do cidadão na Justiça*. São Paulo: Saraiva, 1993. p. 243-278.

SIMM, Zeno. Os direitos fundamentais nas relações de trabalho. *Revista LTr*, São Paulo, v. 69, n. 11, p. 1.287-1.303, nov. 2005.

SOARES, Guido Fernando Silva. *Common law*: introdução ao direito dos EUA. 1. ed. 2. tiragem. São Paulo: Revista dos Tribunais, 1999.

SÜSSEKIND, Arnaldo Lopes. *Direito constitucional do trabalho*. 2. ed. Rio de Janeiro: Renovar, 2001.

TALAMINI, Eduardo. *Tutela relativa aos deveres de fazer e de não fazer* — e sua extensão aos deveres de entrega de coisa (CPC, arts. 461 e 461-A, CDC, art. 84). 2. ed. São Paulo: Revista dos Tribunais, 2003.

VENTURI, Elton. *Processo civil coletivo*. São Paulo: Malheiros, 2007.

VIANA, Márcio Túlio. Interesses difusos na Justiça do Trabalho. *Revista LTr*, São Paulo, v. 59, n. 2, p. 182-184, fev. 1995.

WATANABE, Kazuo. Título III — Da defesa do consumidor em juízo: Capítulo I — Disposições gerais. In: GRINOVER, Ada Pellegrini *et al. Código Brasileiro de Defesa do Consumidor*: comentado pelos autores do anteprojeto. 6. ed. Rio de Janeiro: Forense Universitária, 1999.

ZAVASCKI, Teori Albino. Antecipação da tutela e colisão de direitos fundamentais. In: TEIXEIRA, Sálvio de Figueiredo (coord.). *Reforma do Código de Processo Civil*. São Paulo: Saraiva, 1996. p. 143-166.

_____. *Antecipação da tutela*. São Paulo: Saraiva, 1997.

_____. *Processo coletivo*: tutela de direitos coletivos e tutela coletiva de direitos. 2. ed. rev. e atual. São Paulo: Revista dos Tribunais, 2007.

A IMPORTÂNCIA DA TUTELA COLETIVA INIBITÓRIA NA DEFESA E EFETIVAÇÃO DOS DIREITOS DO TRABALHADOR

Andréa Aparecida Lopes Cançado[*]

É necessário, mais do que urgente, redescobrir, como oportunamente sugere Capelletti, os vínculos insuprimíveis entre direito material e processo, de modo que a ciência processual desça das alturas abstratas em que a colocou a doutrina moderna, para voltar a pisar o terreno firme de dimensão existencial e forense do direito judiciário.

Ouvídio A. Baptista da Silva

INTRODUÇÃO

A atividade jurisdicional trabalhista é, em regra, levada a efeito somente quando a violação do direito já se consumou.

A atuação do Estado-juiz antes da ocorrência do ilícito, com a adoção de mecanismos que impeçam a sua concretização ou que, pelo menos, coíbam a continuação ou a repetição do evento lesivo é relevada pelos operadores do direito e, principalmente, pelos próprios trabalhadores. Busca-se, na maioria das vezes, apenas o ressarcimento de parcelas trabalhistas inadimplidas depois do rompimento contratual e de forma predominantemente individual e parcial[1].

Um dos motivos da prevalência da ação ressarcitória é, paradoxalmente, a existência do contrato de emprego. Na verdade, é o temor do trabalhador à livre dispensa imotivada[2].

---

[*] Mestre em Direito do Trabalho da PUC-MG. Especialista em Direito do Trabalho e Previdenciário. Assistente secretário do desembargador Márcio Flávio Salem Vidigal do TRT 3ª Região. Membro do Instituto de Ciências Jurídicas e Sociais.
[1] Por força do art. 7º, inciso XXIX, da Constituição da República é de cinco anos a prescrição dos direitos trabalhistas, até o limite de dois anos após o rompimento do contrato de emprego.
[2] A proteção à relação de emprego contra a despedida arbitrária ou sem justa causa, conquanto prevista na Constituição da República (art. 7º, inciso I), em norma de eficácia contida, por questões políticas, ainda não foi implementada neste país.

Essa realidade não é oculta aos doutrinadores ou aos operadores do direito, tampouco ao Poder Judiciário. Porém, quase nada se faz e pouco se questiona os resultados que a atividade jurisdicional é capaz de oferecer aos litigantes.

Haveria, sem a necessidade de mudança na legislação, uma forma mais eficaz de prestar a tutela jurisdicional e preservar a dignidade dos trabalhadores?

Responder a essa pergunta é o propósito deste estudo.

Tem-se como foco a tutela coletiva inibitória, materializada no art. 84 do Código de Defesa do Consumidor, no art. 11 da Lei de Ação Civil Pública e nos arts. 287 e 461 do Código de Processo Civil. Tudo em sintonia com a Constituição da República que prescreve a inviolabilidade de determinados direitos e, ao mesmo tempo, assegura a possibilidade de ingresso em juízo para a garantia de direitos apenas ameaçados[3].

1. A MASSIFICAÇÃO DA SOCIEDADE

A sociedade de hoje é uma sociedade em massa, a produção é em massa, o consumo é em massa e a conflituosidade é também em massa.[4]

O que seria essa tão propalada massificação? Ela é consequência da industrialização e de seu modo de produção, fundada não mais na mão de obra escrava ou servil, mas na mão de obra assalariada e concentrada nos centros urbanos, sob o poder do capital.

Essa modificação do modo de produzir bens, com o passar do tempo, promoveu o crescimento da classe média no âmbito da sociedade e também da tecnoestrutura da empresa, levando-a a uma maior participação política[5]. Não é por outro motivo que os trabalhadores se fizeram ouvir, quer por intermédio de líderes operários, quer por intermédio de políticos que se fizeram porta-vozes de seus anseios.

Daí um novo conceito de sociedade, com inevitáveis reflexos na convivência entre os indivíduos e destes com o Estado.

Nas palavras de Domenico De Masi[6]:

Esta sociedade industrializada (...) é "de massa" no sentido de que permitiu que a massa dos cidadãos se incorporasse à coisa pública e à

---

(3) Art. 5º, XXXV, da CRF: "a lei não excluirá da apreciação do Poder Judiciário lesão ou ameaça a direito".
(4) PIMENTA, José Roberto Freire. FERNANDES. Nadia Soraggi. A importância da coletivização do processo trabalhista. In: *Revista do Tribunal Regional do Trabalho da 3ª Região,* Belo Horizonte, v. 46, n. 76, p. 45-60, jul./dez. 2007.
(5) PAULA, Jônatas Luiz Moreira de. *A jurisdição como elemento de inclusão social*: revitalizando as regras do jogo. São Paulo: Manole, 2002. p. 138.
(6) MASI, Domenico de (org.). *A sociedade pós-industrial.* 3. ed. Tradução de Anna Maria Capovila e outros. São Paulo: Senac, 2000. p. 21.

gestão do poder em um grau jamais realizado anteriormente. Nela o cidadão é mais solidário com a coletividade e sente-se mais afim aos seus concidadãos; a autoridade perdeu todo caráter carismático; a tradição exerce influência em formas mais abertas a interpretações divergentes; os indivíduos gozam de maior dignidade; as minorias, os jovens, as mulheres adquirem maior destaque no contexto social; a "civilização" se realiza mais plenamente graças a formas de igualitarismo moral avançado; a cidadania plena atinge toda a população adulta; a tecnologia libertou o homem da fadiga física, fornecendo-lhe novos recursos "graças aos quais tornaram-se possíveis novas experiências sensórias, de convivência e introspecção"; as capacidades cognitivas, estéticas e morais dos indivíduos estão livres para se realizar, já libertas do jugo da tradição, da escassez e da autoridade; a participação no poder é garantida graças à exigência de consenso nas decisões.

Enfatiza, contudo, Jônatas Luiz Moreira de Paula[7], que há de ser também observado o outro lado dessa mudança social, iniciada a partir da concepção da sociedade industrial: problemas de segurança pública, de previdência social, de saúde e de educação qualitativa, do desemprego, a exclusão social dos grupos marginalizados, as questões relativas ao meio ambiente, ao saneamento básico, à escassez dos recursos naturais, à ineficácia dos direitos da cidadania e dos direitos dos trabalhadores justamente nessa fase construídos.

Pode-se concluir, portanto, que a massificação cria uma dialética social: um grupo que somente se beneficia da industrialização e outro que, embora também tenha obtido melhoria, é prejudicado por esse modelo socioeconômico. Os primeiros são os incluídos e, os segundos, os excluídos.

É relevante reconhecer que a evolução da sociedade, de industrial para a pós-industrial e globalizada, não altera essa divisão social.

> Em termos conceituais, sociedade pós-industrial e sociedade globalizada acabam por se equivaler dentro de uma nação, mas diferindo quando examinado numa relação internacional. Esses conceitos não se excluem, ao contrário, se completam, porque revelam uma dialética entre quem está incluído nessa estrutura socioeconômica e quem está excluído dessa estrutura.[8]

Na seara trabalhista, é fácil perceber que a maioria dos trabalhadores não se encontra sob a efetiva tutela das normas trabalhistas e de toda uma rede protetiva interligada: previdência social, moradia, educação, saúde. São eles os excluídos sociais.

---

(7) PAULA, Jônatas Luiz Moreira de. *Op. cit.,* p. 139.
(8) *Ibidem*, p. 140.

Nas palavras de Tassos Lycurgo, inclusão social é um

> estado individual do cidadão em que ele se sente socialmente confortável a exercer a sua cidadania plena. (...) A cidadania plena, que nada mais é do que o *status* do cidadão em um regime democrático, engloba a assunção de que o indivíduo, entre outros direitos, tem acesso à saúde, à educação, ao trabalho decente, sendo, pois, uma cidadania também social. A cidadania plena, portanto, notabiliza-se pelo acesso às prestações positivas e negativas dos direitos constitucionalmente assegurados a todos os seres humanos de uma dada sociedade.[9]

Apresenta-se cada vez mais frequente a conduta de uma determinada empresa (ou grupo empresarial)[10] provocar lesões à massa dos trabalhadores que se coloca à sua disposição.

Além da enorme dificuldade de um modesto trabalhador ajuizar uma ação em face de uma grande corporação empresarial, percebe-se também a existência de microlesões, as quais não sobrevivem à análise de ponderação da relação custo-benefício para uma ação individual. O tempo e o dinheiro necessários à proposição da demanda seriam mais valiosos que o crédito a ser cobrado. Resumindo, a dificuldade do acesso à justiça ou a pequenez da lesão individualmente considerada inibem o trabalhador de acionar o Poder Judiciário.

Essa situação fática incentiva a conduta ilegal do tomador de serviços que, com a prática habitual de violação de pequenos direitos, obtém aumento de sua lucratividade.

Como exemplo desse modelo prejudicial, "pense-se na subtração diária de minutos no cartão de ponto, nos descontos ilícitos, mas de pequena monta, que muitos empregadores costumam fazer nos contracheques de seus empregados"[11].

É impossível não se lembrar, ainda, da irregular troca de equipamentos de proteção individual, da ausência de exames médicos periódicos. E o que falar do complexo cálculo da compensação de horário do banco de horas e da redução do intervalo intrajornada, ilegalmente autorizada por norma coletivamente negociada,

---

(9) LYCURGO, Tassos. *Inclusão social e direito*: por uma democracia constitucional. Disponível em: <http://www.amatra21.org.br/hotsite/artigos/Tassos%20Lycurgo.doc> Acesso em: 19 nov. 2008.
(10) "Para se ter uma noção desse poder econômico, citam-se os Estados Unidos, onde apenas duas companhias controlam 50% das exportações. No Brasil, estatísticas revelam que os maiores grupos aqui instalados faturaram, em 1999, o correspondente a 84% das receitas somadas das 500 empresas privadas em atividade no país", conforme CANÇADO, Andréa Aparecida Lopes. Grupo econômico trabalhista: um novo olhar. *Revista Magister de Direito Trabalhista e Previdenciário*. Porto Alegre: Magister. v. 16, jan./fev. 2007. p. 46-58.
(11) CARELLI, Rodrigo de Lacerda *et al.* (coord.). *Ministério Público do Trabalho e tutela judicial coletiva*. Brasília: ESMPU, 2007. p. 15.

dentre tantas outras pequenas irregularidades que se verificam no dia a dia das atividades exercidas no âmbito dos grandes empreendimentos econômicos. Conquanto de pequeno valor econômico individual, essas infrações podem, sim, gerar, com a repetição no tempo, lesões à saúde dos trabalhadores, bem assim o enriquecimento ilícito do empregador, se considerado o elevado montante pecuniário que adquirem pela prática reiterada dessas condutas, quando avaliadas em massa.

A constatação da prática dessas lesões não é uma novidade. Ao revés, elas sempre estiveram presentes em inúmeras relações jurídicas, entre elas as empregatícias e, ainda, para além das relações. De fato, o meio ambiente, o consumidor, o patrimônio cultural e outros interesses metaindividuais sempre existiram e foram violados.

E é nesse cenário que surgem os *corpos intermediários* entre o Estado e o indivíduo. Nas palavras de Pedro Lenza[12], "em virtude das péssimas condições e do quadro já delineado, tornava-se inevitável a organização da sociedade e a eclosão de sindicatos no combate ao enorme poder industrial". Continuando, o mencionado autor diz que, nessa nova era da sociedade de massa, o movimento sindical[13] destaca-se como marca do ressurgimento dos *corpos intermediários* entre o indivíduo isolado de um lado e o Estado de outro.

Passa-se a ter consciência de que "o indivíduo isolado pouco ou nada pode, mas que a reunião de indivíduos de mesma condição e mesmas pretensões (categoria) exerce um peso considerável junto aos centros de decisão"[14].

Em épocas mais recentes, bem coloca Ada Pellegrini Grinover[15]:

> ... novos corpos intermediários começam a surgir e a proliferar; novos grupos, novas categorias, novas classes de indivíduos, conscientes de sua comunhão de interesses, de suas necessidades e de sua fraqueza individual, unem-se contra as tiranias da nossa época, que não é mais exclusivamente a tirania dos governantes: a opressão das maiorias, os interesses dos grandes grupos econômicos, a indiferença dos poluidores, a inércia, a incompetência ou a corrupção dos burocratas.

A ascensão do coletivo, por intermédio dos grupos cada vez mais numerosos, "não se faz sem seu preço: ao obter 'espaços' cada vez maiores, esses grupos

---

(12) LENZA, Pedro. *Teoria geral da ação civil pública*. São Paulo: Revista dos Tribunais, 2003. p. 34.
(13) Pode-se dizer que esse elemento intermediário não permeia apenas as relações entre o indivíduo isolado e o Estado, mas, também e principalmente, o indivíduo isolado e a indústria ou empresa.
(14) MANCUSO, Rodolfo de Camargo. *Interesses difusos*: conceito e legitimação para agir. 5. ed. São Paulo: Revista dos Tribunais, 2000. p. 35.
(15) GRINOVER, Ada Pellegrini. *A tutela jurisdicional dos interesses difusos, apud* LENZA, Pedro. *Teoria geral da ação civil pública*. São Paulo: Revista dos Tribunais, 2003. p. 34.

fazem 'concorrência' ao Estado monocrático, exigindo porções cada vez maiores na partilha do poder"[16]. Por outras palavras, os interesses dos grupos acabaram por se amoldar no espaço existente entre o público e o privado, o que gerou uma mudança na divisão da sociedade. Como percebe Rodolfo de Camargo Mancuso[17]

> Cabe ao Estado "aceitar" essa *entourage,* conviver com ela, deixar que ela lhe facilite a gestão da coisa pública, ao invés de combatê-la. E, sobretudo, cabe ao Estado ter presente que esses três planos não formam compartimentos estanques, mas, ao contrário, eles se integram e se influenciam mutuamente.

A existência de uma nova categoria de direitos entre o público e o privado foi também a conclusão a que chegou Carlos Henrique Bezerra Leite[18], citando Mauro Cappelletti:

> em virtude das grandes transformações econômicas, políticas, culturais e sociais experimentadas nas duas últimas décadas do século XX, não é mais possível solucionar litígios de massa com base na velha concepção de que os bens jurídicos só podem pertencer exclusivamente ao direito público ou ao direito privado. (...) entre o público e o privado existem outras categorias intermediárias que não se enquadram perfeitamente em nenhum desses dois ramos clássicos da ciência jurídica. Essa nova categoria é a que se analisa (...) sob a denominação de direitos ou interesses metaindividuais.

Gregório Assagra de Almeida[19] posiciona-se no sentido de que não teria surgido uma nova categoria de direitos. Para ele, houve uma superação da *summa divisio* Direito Público e Direito Privado e dos princípios que a regem, porquanto não mais encontram amparo no Estado Democrático de Direito instituído com a Constituição da República de 1988. Na verdade, conforme explica o mencionado autor, deve ser reconhecida a superação da clássica *summa divisio* por uma nova divisão, constitucionalizada e revitalizada, em perfeita harmonia com o pós-positivismo e com a ideia de Constituição como um sistema aberto de princípios e valores. Trata-se da *summa divisio* Direito Coletivo e Direito Individual, que "leva em conta não só o plano da titularidade dos direitos, mas também e especialmente o plano da proteção e da efetivação, que constitui o cenário

---

(16) MANCUSO, Rodolfo de Camargo. *Op. cit.*, p. 40.
(17) *Idem.*
(18) LEITE, Carlos Henrique Bezerra. *Ação civil pública na perspectiva dos direitos humanos.* 2. ed. São Paulo: LTr, 2008. p. 52.
(19) ALMEIDA, Gregório Assagra de. *Direito material coletivo*: superação da *summa divisio* direito público e direito privado por uma nova *summa divisio* constitucionalizada. Belo Horizonte: Del Rey, 2008. p. 417.

capaz de fazer o Direito instrumento de transformação com justiça da realidade social"[20]. Para esse jurista, o que hoje se denomina Direito Público encontra-se inserido, com algumas exceções, dentro do Direito Coletivo, como um de seus ramos, e o Direito Privado está inserido no Direito Individual, também como um de seus ramos. E diz mais:

> Não existe, na nova *summa divisio* constitucionalizada no País, *regra geral de preferência* entre o Direito Coletivo e o Direito Individual. Os dois blocos constitucionais estão insertos na teoria dos direitos e garantias constitucionais fundamentais positivadas no País. Em caso de ponto de tensão entre eles, o princípio da proporcionalidade constitui--se na diretriz capaz de alcançar a solução constitucional e concretamente adequada. Essa solução pela ponderação ampara-se no Direito Constitucional, topo da *summa divisio* constitucionalizada, e deve buscar seu apoio no princípio democrático (art. 1º da CF/88), no qual se funda a própria exigência de *justiça material*.

Em conclusão, qualquer que seja a linha teórica adotada (surgimento de um novo direito ou superação da *summa divisio* público privado), não há como negar o reconhecimento do Direito Coletivo como uma categoria a mais de direitos, tal como foi colocado por Cappelletti.

Isso significa que, além do direito individual, fruível pela própria pessoa[21], independentemente de se encontrar vinculado a uma situação semelhante a outrem, tampouco contextualizado dentro de um grupo, há, também, direitos ou interesses que, pela sua amplitude, transcendem a esfera individual de cada um para atingir um conjunto determinado ou indeterminado de pessoas.

Trata-se dos direitos e interesses metaindividuais[22]: difusos, coletivos e individuais homogêneos.

---

(20) *Ibidem*, p. 418.
(21) Art. 6º do CPC: "Ninguém poderá pleitear, em nome próprio, direito alheio, salvo quando autorizado por lei".
(22) "A expressão 'transindividuais' é atribuída expressamente aos direitos ou interesses difusos e coletivos, mas não aos individuais homogêneos. Daí a nossa preferência pelos termos 'direitos ou interesses metaindividuais'". LEITE, Carlos Henrique Bezerra. *Ação civil pública na perspectiva dos direitos humanos*. 2 ed. São Paulo: LTr, 2008. p. 52. Não obstante, pontua-se que as denominações transindividuais, supraindividuais e metaindividuais, frequentemente encontradas na doutrina e na jurisprudência, designam direitos que estão além dos direitos individuais típicos, que os superam ou os transcendem e, em regra, compreendem também os direitos individuais homogêneos, porquanto coletivos em sentido *lato*.

Nesse contexto, visualizam-se as macrolesões. A análise da movimentação processual em nosso país[23] revela que o inadimplemento das obrigações trabalhistas é significante[24].

Observa-se, também, que as infrações são repetidas pelas empresas dia a dia, ano a ano, em relação a cada um de seus empregados. Por exemplo, não se pagam regularmente horas extras, adicionais noturnos, repousos remunerados, bem assim, entre outras violações, não se concede integralmente o intervalo intrajornada. Tais infrações geram inúmeros processos, todos sobre os mesmos temas, clamando as mesmas soluções jurídicas.[25]

2. COLETIVIZAÇÃO DA TUTELA

Com a finalidade de demonstrar a dimensão das lesões coletivas, cita-se o *ranking* das partes que possuem mais processos em tramitação no Tribunal Superior do Trabalho[26]. Percebe-se, pela natureza do empreendimento que ocupa o polo passivo das ações, que, à exceção do 38º colocado (sindicato profissional), todos são grandes empregadores[27], ou seja, possuem uma massa de empregados. Observa-se, ainda, que os líderes do *ranking* são entes públicos da Administração Pública Direta e Indireta. Conquanto, certamente a estabilidade e a dispensa motivada fomentem o acesso à Justiça dos empregados públicos, não se pode esquecer que a Administração Pública ocupa importante lugar também como tomadora de serviços, respondendo subsidiariamente pelos direitos dos "terceirizados", a teor da Súmula n. 331, IV, do TST.

---

(23) "É notório o efeito da inefetividade da tutela jurisdicional no dia a dia das relações sociais em nosso país: normalmente é o devedor, aquele que deveria ter cumprido espontaneamente a norma, quem fala de modo irônico para aquele que dela seria beneficiário e foi lesado por sua conduta contrária ao Direito: *'Vá procurar seus direitos!'*" Conforme PIMENTA, José Roberto Freire. Tutelas de urgência no processo do trabalho: o potencial transformador das relações trabalhistas das reformas do CPC brasileiro. In: PIMENTA, José Roberto Freire *et al* (coord.). *Direito do trabalho*: evolução, crise, perspectivas. São Paulo: LTr, 2004. p. 337.
(24) As Varas do Trabalho do país receberam, até julho de 2009, 1.807.852 novas ações. No ano de 2008, o total de 1.904.718, 4,4% a mais que em 2007. O montante cresce ano a ano, conforme estatística publicada no *site* do Tribunal Superior do Trabalho . Disponível em: <http://www.tst.gov.br> Acesso em: 4 nov. 2009.
(25) Esta autora, após alguns anos no exercício da função de assistente secretário de desembargador no Tribunal do Trabalho da 3ª Região, constatou que havia atuado em mais de cem processos ajuizados em face de uma mesma empresa, cujos ex-empregados deduziram praticamente os mesmos pedidos em juízo.
(26) Coordenadoria de Estatística do TST. 23.1.2009. A lista elaborada pela Corte Superior considera as partes que têm mais de cem processos, alcançando 398 partes. Ocupa o primeiro lugar da lista a União, com 20.593 processos. Disponível em: <www.tst.gov.br>/ estatística <cest@tst.jus.br> Acesso em: 31 jan. 2009.
(27) É relevante registrar que a tutela coletiva não se justifica somente em face de grandes empregadores. Os pequenos empreendimentos, as microempresas ou as firmas individuais podem violar direitos metaindividuais e ser alvo de ação coletiva.

Uma tentativa de modificar essa situação seria adotar, com mais frequência, a prática de, uma vez constatado o reiterado descumprimento da legislação trabalhista por determinada empresa, mediante repetidas ações em trâmite na mesma Vara ou em Tuma de Julgamento[28], determinar a remessa de ofício ao Ministério Público do Trabalho, com cópias das ações, tal como determina o art. 7º da Lei n. 7.347/1985, *verbis:* "Se, no exercício de suas funções, os juízes e tribunais tiverem conhecimento de fatos que possam ensejar a propositura da ação civil pública, remeterão peças ao Ministério Público para as providências cabíveis"[29].

É por demais importante a conscientização dos trabalhadores, para que possam denunciar as irregularidades perpetradas pelos tomadores de serviços e postular a atuação dos sindicatos profissionais ou mesmo da Procuradoria do Trabalho, o que pode ser realizado inclusive de forma sigilosa, por intermédio do portal do Ministério Público do Trabalho[30].

Nas belas palavras de Hobsbawn, "a injustiça social ainda precisa ser denunciada e combatida. O mundo não vai melhorar sozinho"[31].

3. A TRADICIONAL AÇÃO CONDENATÓRIA

Imagine-se uma ação trabalhista em que o empregado pleiteia diferenças salariais, ao argumento de que não recebe sequer o salário mínimo, embora trabalhe extraordinariamente durante todo o mês. De imediato, pouco adiantaria a condenação do empregador ao pagamento das diferenças postuladas, levando em conta o longo caminho a ser percorrido para a execução do título judicial ou extrajudicial[32].

---

(28) Uma vez constatado, pelo julgador, a prática empresarial de não pagar horas extraordinárias, não ofertar um ambiente saudável de trabalho ou não conceder regularmente os essenciais intervalos intra e interjornadas e anual ou de qualquer outra violação reiterada à lei trabalhista, caberá a ele oficiar ao MPT noticiando o fato. A medida possibilitará o ajuizamento da tutela inibitória coletiva, para forçar a empresa a parar de infringir a lei trabalhista, ante a possibilidade da incidência de elevadas multas. Note-se que a mera notícia da medida em sentença consiste em um método inibidor.
(29) A Procuradoria do Trabalho de Minas Gerais atuou positivamente nesse sentido, ao promover o curso "Os sindicatos como autores de ações coletivas: aspectos processuais", com o objetivo de "disseminar o conhecimento sobre os principais aspectos processuais a serem observados na prática do ajuizamento de ações coletivas pelas entidades sindicais obreiras, perante a Justiça do Trabalho, com vistas à defesa de interesses coletivos e individuais homogêneos dos trabalhadores", conforme <http://www.pgt.mpt.gov.br/pgtgc/publicacao/engine.wsp?tmp.area=350&tmp.texto=8096&tmp.area_anterior=44&tmp.argumento_pesquisa=>. Acesso em: 15 nov. 2008.
(30) Disponível em: <http://www.pgt.mpt.gov.br/pgtgc/publicacao/engine.wsp?tmp.area=248>. Acesso em: 15 nov. 2008.
(31) HOBSBAWM, Eric. *Tempos interessantes*. São Paulo: Companhia das Letras, 2002. p. 455.
(32) Na seara trabalhista, a teor do art. 876/CLT, admitem-se os seguintes títulos extrajudiciais: termos de ajuste de conduta firmados perante o Ministério Público do Trabalho, termos de

De uma forma mais dramática, considere-se a cena em que um reclamante indaga ao seu advogado sobre o efeito prático imediato da sentença condenatória que lhe é entregue tão logo proferido o julgamento.

Oportuna aqui é a lição de Ovídio A. Baptista da Silva[33]:

> No plano da realidade forense, onde dominam os fatos a que as teorias devem se afeiçoar, não é fácil dar-se ao leigo que procura amparo jurisdicional uma explicação satisfatória da natureza e utilidade da sentença de condenação. Na perspectiva eminentemente pragmática em que as partes se colocam perante o processo, a sentença condenatória pouca coisa oferece além da declaração que ela contém sobre a existência do direito invocado pelo autor e dessa virtualidade especial de constituir-se em um novo título, para uma nova demanda subsequente.

Relativamente à execução da sentença de quantia certa[34], Luiz Guilherme Marinoni e Sérgio Cruz Arenhart[35] colocam que:

> A sentença que impõe o pagamento de *quantia certa,* no sistema da Lei n. 11.232/2005, conservou as características essenciais da condenação, pois é correlacionada a uma forma de execução *direta* expressamente *tipificada* pelo legislador. A única diferença é a de que a execução por expropriação, a partir de agora, dispensa a propositura da ação de execução. Mas a sentença, ao impor o pagamento de quantia certa, continua fixando a sanção executiva, e assim abrindo oportunidade para a execução, ainda que mediante simples requerimento de expedição de mandado de penhora e avaliação, por parte do credor (art. 475-J).

É de se perceber, ainda, que a sentença condenatória pressupõe a violação do direito, com nítido caráter repressivo. Portanto, não poderá prevenir a prática do antijurídico, o que evidencia a sua incompatibilidade com a tutela inibitória.

---

conciliação ajustados nas Comissões de Conciliação Prévia e, a partir da Emenda Constitucional n. 45/2004, a ação de execução das multas aplicadas pela DRT. Adverte-se que os títulos extrajudiciais previstos no art. 585/CPC, ainda que decorrentes de uma relação de emprego, dependem de uma sentença que lhes confira força executiva (IN TST n. 27/2005.)

(33) SILVA, Ovídio Araújo Baptista da. *Sentença e coisa julgada*. 2. ed. Porto Alegre: Fabris, 1988. p. 40-41, apud ARENHART, Sérgio Cruz. *Perfis da tutela inibitória coletiva*. São Paulo: Revista dos Tribunais, 2003. Temas atuais de direito processual civil, v. 6, p. 60.

(34) O processo civil, ao instituir o denominado "processo sincrético" (Lei n. 11.232/2005) foi além do processo do trabalho em que a execução sempre se desenvolveu no mesmo processo, embora em uma outra fase, na qual, contudo, deve existir nova citação do reclamado. Na processualística civil, dispensou-se nova citação, mas se exigiu a iniciativa do credor para o início da fase executiva (arts. 475-I, § 2º, 475-J, §§ 3º e 5º, ambos do CPC), bem assim estabeleceu multa diante da postergação do cumprimento da sentença (art. 475-J).

(35) MARINONI, Luiz Guilherme; ARENHART, Sérgio Cruz. *Curso de processo civil*. v. 2. Processo de conhecimento. 6. ed., rev., atual. e ampl. 2007. p. 425.

Calha observar que, na esfera trabalhista, houve todo um movimento no sentido de acelerar a "entrega da tutela jurisdicional" (o que aqui deve ser entendido como o ato de prolatar a sentença) dentro do menor prazo possível, ficando os julgadores e os administradores do Poder Judiciário com a forte sensação de que "fizeram justiça", tudo amparado na regra ditada pela antiga redação do art. 463 do CPC, antes do advento da Lei n. 11.232/2005, *verbis:* "ao publicar a sentença de mérito, o juiz cumpre o ofício jurisdicional".

Exemplo disso é o procedimento sumaríssimo instituído pela Lei n. 9.957, de 12.1.2000, que acelerou sobremaneira o trâmite processual. As ações cujo valor da causa seja superior a dois e inferior a quarenta salários mínimos deverão ser apreciadas em até quinze dias (art. 852-B, III, da CLT), com instrução e julgamento em audiência única, salvo na hipótese de absoluta necessidade de interrupção, na forma delineada pelo art. 852-H da CLT, quando, então, o julgamento deverá ocorrer no prazo máximo de trinta dias, exceto quando ocorrer motivo relevante justificado pelo juiz (§ 7º do citado art. 852-H consolidado).[36]

Não obstante o inegável avanço processual na fase cognitiva, nada se mencionou acerca da efetiva tutela do direito material reclamado pelo autor da ação por meio da execução ou satisfação do título executivo judicial ou extrajudicial.

Houve (e há) um esquecimento de que o objetivo da ação, no Estado Democrático de Direito, é propiciar a tutela efetiva dos direitos, em especial dos direitos fundamentais, entre os quais os trabalhistas. Em outras palavras, o processo do trabalho, por ser instrumento do Estado para a realização do direito material, deve ser capaz de, efetivamente, modificar a realidade social dos trabalhadores.

As estatísticas evidenciam a escassez da efetividade da atividade jurisdicional, conforme se infere da análise da taxa de congestionamento de processos das Varas do Trabalho do Brasil (que corresponde à taxa de processos não julgados em relação ao total a julgar — resíduo + processos novos) no período de 2004 a 2008[37], com destaque da execução, cujo congestionamento é praticamente o dobro:

Justiça do Trabalho		Taxa de congestionamento				
Varas do Trabalho	Fases	2004	2005	2006	2007	2008
	Conhecimento	30,43%	33,03%	33,91%	32,83%	33,69%
	Execução	65,68%	66,38%	68,07%	65,69%	62,80%

---

(36) "Por força do que preceitua o art. 852-A da CLT, o procedimento sumaríssimo é incompatível com as ações coletivas: 'os dissídios *individuais* cujo valor não exceda a quarenta vezes o salário mínimo vigente na data do ajuizamento da reclamação ficam submetidos ao procedimento sumaríssimo'."
(37) Disponível em: <http://www.tst.gov.br> Acesso em: 4 nov. 2009.

Menciona-se ainda o resultado da Correição Nacional realizada nos dias 9 a 12 de dezembro de 2008 no Tribunal Regional do Trabalho da 21ª Região pelo corregedor-geral da Justiça do Trabalho, Ministro João Oreste Dalazen, em que houve destaque da atuação dos juízes de primeiro grau, em dois aspectos: elevada produtividade individual e significativo percentual de sentenças líquidas (cerca de 60% dos processos submetidos ao procedimento sumaríssimo). E aqui também o ministro registrou elevada taxa de processos em execução, conforme foi destacado pelo Colendo TST[38]:

> Prestação jurisdicional — Nas 18 Varas do Trabalho da Região, o número de processos recebidos até outubro de 2008 foi 23% superior ao do mesmo período de 2007, e a produtividade teve aumento de 28%. Em média, cada juiz de primeiro grau julgou este ano em torno de 12 processos por semana, excluídos os acordos, com produtividade individual "muito mais auspiciosa que a alcançada no ano anterior, que já fora bastante expressiva". O corregedor-geral saudou os esforços dos juízes, que repetiram o desempenho do ano anterior ostentando produtividade individual, na fase de conhecimento, entre as mais elevadas do País. (...)
>
> *Sentença líquida* — O corregedor-geral verificou, nesse aspecto, "um cenário bem mais auspicioso que o encontrado por ocasião da correição ordinária anterior". Nas Varas do Trabalho da capital e do interior, 60% das sentenças em processos submetidos ao rito sumaríssimo contêm o valor líquido da condenação. Essa "marca de excepcional avanço em confronto com o percentual inexpressivo detectado há um ano" foi objeto de elogio do relatório da correição. No TRT, porém, o ministro não identificou nenhuma decisão líquida. "A sentença líquida vem produzindo resultados sobremodo positivos nas diversas Regiões da Justiça do Trabalho em que foi adotada, tais como o extraordinário incremento da conciliação, redução do total de embargos de declaração e de recursos ordinários, além da diminuição do número de processos em fase de execução", assinalou.
>
> *Execução* — A taxa de congestionamento no 1º grau de jurisdição nessa fase processual, de 81%, é a mais elevada do País. A 2ª Região (SP), que possui movimentação processual incomparavelmente superior à da 21ª Região (RN), apresentou, no mesmo período, taxa de congestionamento, na fase de execução, de 50,5%, enquanto a média nacional foi de 66,5%. *Portanto, em 2007, de cada cem processos cuja execução se iniciou na Justiça do Trabalho do Rio Grande do Norte, em apenas 19 houve êxito na cobrança coercitiva do crédito trabalhista.* O corregedor-geral considerou o cenário "sobremaneira inquietante", inclusive porque se agravou em relação a 2006, cuja situação já era muito delicada. Embora sensível às dificuldades inerentes às características da economia local, o ministro disse estar convencido de que "resultados muito mais alvissareiros podem e devem ser alcançados na Região, especialmente mediante largo e pronto manejo de ferramentas tecnológicas que vêm de ser disponibilizadas aos magistrados brasileiros, como o INFOJUD e o RENAJUD".

A situação se agrava quando o devedor é a Fazenda Pública e a dívida deve ser cobrada por intermédio do precatório, conforme art. 100 da Constituição da

---

(38) Disponível em: <http://ext02.tst.gov.br/pls/no01/no_noticias.Exibe_Noticia?p_cod_area_noticia=ASCS&p_cod_noticia=8896> Acesso em: 30 dez. 2008.

República. Pertinente para ilustrar essa assertiva é a reportagem intitulada "O Estado deve, não nega e não paga", de Mariana Sanches[39], em que se demonstra a existência de um mercado paralelo de precatórios alimentares. A questão apresenta-se da seguinte forma: diante da excessiva demora do pagamento dos precatórios, os credores, em sua maioria pessoas de baixa renda, não suportam, por uma questão de sobrevivência, esperar o pagamento e, então, "vendem seus papéis" (repassam o crédito) por valores bem inferiores para empresas que, por sua vez, deduzem a totalidade de seu valor de suas dívidas fiscais[40].

A reportagem comprova a importância e a imprescindibilidade de se evitar a lesão ao direito, antes mesmo da existência do dano:

> Essa opção tem um efeito perverso sobre a vida dos donos dos precatórios. O perfil dessa turma, de acordo com as associações de credores (....): a maioria tem entre 50 e 75 anos e um padrão de vida modesto. Estima-se que 30% das pessoas na lista de espera pelo pagamento das indenizações já morreram. Já os compradores de precatórios no mercado paralelo são quase sempre empresas interessadas em abater dívidas fiscais. "Há companhias que deixam de pagar seus impostos de propósito e passam a comprar precatórios. Com o uso de precatórios, muitas empresas conseguem reduzir seus gastos tributários em mais de 40% (...)." Essa transação subverte a lógica da Justiça. A pessoa que vendeu um precatório foi duplamente lesada: primeiro, quando sofreu o dano que gerou a indenização. Depois, quando abriu mão de boa parte do dinheiro a que teria direito. O uso de impostos para abater impostos não é considerado ilegal e acaba sendo aceito porque não há normas sobre o tema na legislação. Em breve o Supremo Tribunal Federal (STF) deverá suprir a lacuna. A regra deverá vir do julgamento de um processo que opõe o governo de Minas Gerais a uma empresa rodoviária que queria pagar seus impostos com precatórios. Minas não aceitou. A empresa recorreu e o assunto chegou ao STF[41][42].

Na lição de José Carlos Barbosa Moreira[43], um dos maiores estudiosos do tema, a efetividade do processo deve atender aos seguintes aspectos: 1) o

---

(39) *Revista Época* n. 556, de 12.1.2009.
(40) Em 2006, depois de um infarto, o aposentado Luiz Antônio Pereira, de 62 anos, "achou que não sobreviveria até o fim do ano. Na ocasião, ele tinha um precatório de R$ 150 mil, obtido depois de um litígio de quase 20 anos com o Estado. Pereira vendeu seu crédito por R$ 13 mil e usou o dinheiro na compra de remédios". *Idem*.
(41) *Idem*.
(42) Em 24.11.2009, foi publicada a Súmula n. 490 do Supremo Tribunal de Justiça no seguinte teor: "A Fazenda Pública pode recusar a substituição do bem penhorado por precatório".
(43) MOREIRA, José Carlos Barbosa, apud MAIOR, Jorge Luiz Souto. *Direito processual do trabalho:* efetividade, acesso à justiça e procedimento oral. São Paulo: LTr, 1998. p. 17-18.

processo deve dispor de instrumentos para a tutela de todos os direitos; 2) esses instrumentos devem estar disponíveis para que possam ser utilizados por quaisquer pessoas na tutela de seus direitos; 3) devem oferecer condições de reconstituição exata e completa dos fatos para a formação do convencimento do julgador; 4) devem propiciar o efetivo gozo da específica utilidade (do direito) reconhecida na decisão; 5) o resultado do processo (a satisfação) deve ser atingido com o mínimo dispêndio de tempo e de energias.

Considerando o que já se expôs, no sentido de que a ação judicial não se esgota em uma sentença de mérito, porque ela não tem o condão de, por si, dar efetividade aos direitos que, por intermédio dela, devem ser garantidos, sugere-se que, para fins estatísticos da Justiça do Trabalho nacional, deve-se considerar completa a atividade jurisdicional não na data da prolação da sentença, mas, sim, no dia em que ocorrer a efetiva entrega do bem da vida ao autor da ação, sem a separação entre as fases de conhecimento e de execução.

Somente assim serão os operadores do direito, os legisladores e os administradores da justiça despertados para a necessidade de se propiciar uma completa e verdadeira atuação jurisdicional em um Estado Democrático de Direito preocupado com o processo efetivo. De fato, o trabalhador necessita de alimentos, moradia, transporte e saúde. E, para assegurar essas necessidades básicas vitais, não basta o reconhecimento do direito ao salário, por exemplo, ele precisa efetivamente receber a devida contraprestação pela força de seu trabalho a tempo e modo prescritos na lei.

A ilusória sensação de justiça e do dever cumprido que se tem quando a lide é definida por intermédio da sentença não mais subsistirá e ocorrerá a perfeita compreensão de que, definitivamente, a tutela do direito vindicada pelo autor da ação não acontece com a mera prolação de uma sentença condenatória, a qual, como disse Liebman, "morre por consumação", ainda sem cumprir sua função.[44]

E assim, certamente, outras formas de atuar acabarão por surgir, modificando o quadro da realidade atual[45]. É de se pensar, também, na implantação de algum mecanismo pelo qual os juízes permaneçam efetivamente vinculados aos processos até o fim do trâmite processual e não apenas até a sentença, como ordinariamente ocorre.

---

(44) Não se pode negar, é verdade, os efeitos não jurídicos de uma condenação, ou do mero ajuizamento de uma ação trabalhista pelo trabalhador em face de seu empregador, como bem me lembrou certa vez o meu querido professor Márcio Túlio Viana.
(45) "As revoluções políticas iniciam-se com o sentimento crescente, com frequência restrito a um segmento da comunidade política, de que as instituições existentes deixaram de responder adequadamente aos problemas postos por um meio que ajudaram em parte a criar. De forma muito semelhante, as revoluções científicas iniciam com um sentimento crescente, também seguidamente restrito a uma pequena subdivisão da comunidade

A impossibilidade de, na maioria das vezes, os juízes trabalhistas que proferem as sentenças acompanharem o processo até a satisfação da obrigação determinada ao credor faz com que as dificuldades do processo e de cada autor durante o trâmite processual sejam mitigadas e não percebidas com a devida intensidade[46]. Talvez o processo eletrônico, a ser instituído conforme está previsto no art. 154 do CPC, com redação modificada pela Lei n. 11.280/2006, possa ajudar nesse aspecto. A inexistência dos autos físicos, mas apenas eletrônicos, permitirá que o juiz os acompanhe e neles atue, independentemente de onde esteja lotado.

4. TUTELA INIBITÓRIA COLETIVA[47]

Se a prestação jurisdicional tradicional não é suficiente para garantir de forma adequada os direitos dos trabalhadores, é preciso, urgentemente, iniciar a prática de um novo modelo.

Como já se mencionou alhures, os direitos trabalhistas destinam-se a proporcionar condições mínimas de trabalho, assegurando um ambiente seguro e saudável, bem assim o direito a uma contraprestação pecuniária pela força do trabalho, o que é indispensável para se manter íntegra a dignidade dos prestadores de serviço.

A saúde, o cansaço e a mitigação do tempo necessário à indispensável convivência familiar e social não podem ser ressarcidos posteriormente, mediante o pagamento em dinheiro. O dinheiro precisa chegar ao tempo certo, ou de nada valerá para a satisfação das necessidades humanas que não podem ser adiadas.

---

científica, de que o paradigma existente deixou de funcionar adequadamente na exploração de um aspecto da Natureza, cuja exploração fora anteriormente dirigida pelo paradigma. Tanto no desenvolvimento político como no científico, o sentimento de funcionamento defeituoso, que pode levar à crise, é um pré-requisito para a revolução." Conforme Kuhn, *A estrutura das revoluções científicas.* 9 ed. Trad. Beatriz Viana Boeira e Nelson Boeira. São Paulo: Perspectiva, 2005. p. 122-126, *apud* VENTURI, Elton. *Processo civil coletivo*: a tutela jurisdicional dos direitos difusos, coletivos e individuais homogêneos no Brasil. Perspectivas de um código brasileiro de processos coletivos. São Paulo: Malheiros, 2007. p. 33, nota de rodapé.
(46) O quadro de juízes trabalhistas no Brasil é composto por juízes titulares, auxiliares e substitutos. Assim, sempre que os juízes titulares, por algum motivo (férias, substituição no segundo grau da jurisdição, entre outros) necessitam se ausentar, um juiz substituto toma seu lugar provisoriamente. Nesse período, ele profere sentenças e, em regra, não há mais como acompanhar o trâmite processual daqueles processos, porque irá para outras varas substituir outros juízes titulares. E mais, vários outros juízes substitutos certamente atuarão na fase de execução, além do titular.
(47) A tutela inibitória comporta outras acepções, como *ação de abstenção,* utilizada por Pontes de Miranda e a denominação *tutela preventiva* de que falam José Carlos Barbosa Moreira e Teori Albino Zavascki. As expressões *tutela inibitória* e *tutela preventiva* são utilizadas neste estudo como sinônimas, pois.

De fato, o crédito trabalhista, conquanto de evidente cunho patrimonial, tem por escopo garantir as condições mínimas de vida do trabalhador (moradia, alimentação, educação, saúde[48]). Portanto, sua posterior reparação, um bom tempo depois da prestação de serviço e em face de decisão judicial, não será efetiva e certamente não atenderá aos fundamentos e aos objetivos fundamentais da República Federativa do Brasil[49], resultando em inequívoca violação à dignidade do homem trabalhador que, por determinado período, ficou desprovido de condições essenciais a uma subsistência digna.

Impedir a prática de ato contrário ao direito é mais importante à efetividade da tutela jurisdicional trabalhista do que assegurar a reparação ou o ressarcimento de danos, ante a impossibilidade da restituição ao estado anterior. Afinal, uma vez despendida a força de trabalho, não há mais como reavê-la.

O dever de reparar o ato contrário ao direito não mais pode ser identificado como exclusivamente uma obrigação de pagar.

Entender de outra forma importa, em última análise, aceitar que a obrigação de conduta consiste em uma obrigação alternativa, uma vez que o obrigado se liberaria, ou prestando os atos devidos, ou pagando os danos pelo não adimplemento[50].

Logo, "não admitir o ressarcimento na forma específica significa supor que, com dinheiro, 'tudo seja possível', o que traduziria uma concepção 'materialista em excesso'"[51].

Relativamente aos direitos fundamentais dos trabalhadores, em especial os de cunho não patrimonial, José Roberto Freire Pimenta[52] ressalta que:

> Trata-se, em casos como esses, de tutelar a vida, a saúde, a segurança, a honra, a privacidade, o direito a não ser discriminado, o direito de se

---

(48) Art. 7º, IV, da CRF: "salário mínimo, fixado em lei, nacionalmente unificado, capaz de atender a suas necessidades vitais básicas e às de sua família com moradia, alimentação, educação, saúde, lazer, vestuário, higiene, transporte e previdência social, com reajustes periódicos que lhe preservem o poder aquisitivo, sendo vedada sua vinculação para qualquer fim".
(49) Conforme arts. 1º e 3º da Constituição da República de 1988.
(50) SPADONI, Joaquim Felipe. *Op. cit.*, p. 42.
(51) ITURRASPE, Jorge Mosset. *Responsabilidad por daños*. T. 1, parte general, Buenos Aires: Rubinzal-Culzoni, 1998, p. 380, apud MARINONI, Luiz Guilherme. *Do processo civil clássico à noção de direito à tutela adequada ao direito material e à realidade social*. Disponível em: <http://jus2.uol.com.br/doutrina/texto.asp?id=5046&p=2> Acesso em: 10.3.2008.
(52) PIMENTA, José Roberto Freire. *A tutela antecipatória e específica das obrigações de fazer e não fazer e a efetividade da jurisdição*: aspectos constitucionais, cíveis e trabalhistas. Tese de doutorado em Direito Constitucional da Universidade Federal de Minas Gerais. Inédita. Belo Horizonte, 2001.

sindicalizar, o direito de fazer greve e outros direitos de igual estatura constitucional e de igual relevância política, social e econômica. Diante da importância desses direitos, não se pode ter dúvidas, em uma sociedade que se pretenda democrática e civilizada, acerca da necessidade deles serem sempre tutelados de forma específica — o que equivale a dizer que, pelo menos em princípio, será constitucionalmente inadmissível permitir que os empregadores continuem, na prática, a lesar tais direitos para terem apenas que, ao final de um procedimento de cognição exauriente, ressarcir os trabalhadores lesados através do pagamento do montante pecuniário correspondente, quase sempre de difícil mensuração e, portanto, insuficiente para reparar as lesões por eles sofridas. Como já se disse insistentemente, tal concepção equivale a admitir que os empregadores têm o direito de "expropriar" os direitos trabalhistas fundamentais de seus empregados, desde que tenham recursos suficientes para tanto e se disponham a fazê-lo — tal entendimento, como é óbvio, não é compatível com os princípios fundamentais do Estado de Direito Democrático e das Constituições, como a brasileira de 1988, que os consagram.

Diante dessa nova perspectiva acenada pela Lei Maior do país, o ordenamento jurídico passou a se preocupar com a existência de mecanismos que pudessem torná-los efetivos e reais.

Afinal, se o direito é realizável, não há como lhe negar efetividade.

Justamente por isso,

> Especialmente na última década, a preocupação do legislador brasileiro com a efetividade do processo e a busca da superação do mito da incoercibilidade das obrigações permitiram que se criassem regras processuais aptas a entregar ações eficientes para a obtenção de prestações *in natura,* deixando para um segundo plano a conversão das obrigações específicas em perdas e danos, ou seja, no seu correspondente monetário.[53]

Com o advento do Código de Defesa do Consumidor, Lei n. 8.078, de 11.9.1990, foi estatuído o seu art. 83, no seguinte teor: "Para a defesa dos direitos e interesses protegidos por este Código são admissíveis todas as espécies de ações capazes de propiciar sua adequada e efetiva tutela".

O art. 84 do mesmo Código, por sua vez, prescreve que, para compelir o réu ao cumprimento de obrigação de fazer ou não fazer, o juiz concederá a

---

(53) ARENHART, Sérgio Cruz. *Op. cit.* p. 219.

tutela específica ou determinará providências que assegurem o resultado prático equivalente ao adimplemento.

Sérgio Cruz Arenhart[54] coloca que, para a proteção inibitória, é essencial a conjugação de alguns elementos:

a) é necessário dispor de ação em que o magistrado tenha condições de efetivamente ordenar ao demandado a adoção de determinado comportamento (em geral negativo, mas eventualmente também positivo), bem assim de meios de coerção adequados para assegurar o cumprimento do comando judicial;

b) é essencial a existência de um provimento célere o suficiente para permitir a tutela antes da violação do direito;

c) é fundamental que se permita, para casos em que a lesão ao direito se mostre iminente, a outorga de proteção provisória e satisfativa (inibitória), sem prejuízo da prolação de decisão final posterior, com observância integral do contraditório e completude da instrução.

Essas características encontram respaldo nas normas processuais atualmente previstas no ordenamento nacional, sendo hoje plenamente possível dar guarida a pretensões inibitórias, em especial as coletivas, desde a instituição do CDC, "bastando que se tenha boa vontade"[55].

É oportuno destacar aqui a observação de Eduardo Talamini,[56] no sentido de que o sistema de tutelas estabelecido no art. 461 do CPC e também no art. 84 do CDC, embora faça referência à *obrigação de fazer ou não fazer,* não se limita às obrigações propriamente ditas, mas se estende a todos os deveres jurídicos cujo objeto seja um fazer ou um não fazer.

Por último, menciona-se o art. 287 do CPC que teve nova redação determinada pela Lei n. 10.444, de 7.5.2002:

> Se o autor pedir que seja imposta ao réu a abstenção da prática de algum ato, tolerar alguma atividade, prestar ato ou entregar coisa, poderá requerer cominação de pena pecuniária para o caso de descumprimento da sentença ou da decisão antecipatória de tutela (arts. 461, § 4º, e 461-A).

Essa alteração da lei possui grande valor teórico e prático, porquanto

> i) quebrou a ideia de que existiam somente três sentenças; ii) tornou clara a possibilidade de atividade cognitiva e executiva em razão de

---

(54) *Idem.*
(55) ARENHART, Sérgio Cruz. *Perfis da tutela inibitória coletiva.* São Paulo: Revista dos Tribunais, 2003. Temas de direito processual civil. v. 6. p. 220.
(56) TALAMINI, Eduardo. *Tutela relativa dos deveres de fazer e não fazer*: e sua extensão aos deveres de entrega de coisa (CPC, arts 461 e 461-A; CDC, art. 84). 2 ed. rev., atual. e ampl. São Paulo: Revista dos Tribunais, 2003. p. 192.

única ação; iii) evidenciou que a tutela preventiva não deve ser prestada por meio da ação cautelar; e iv) admitiu o uso da multa para compelir um fazer que pode ser prestado por terceiro.[57]

Nas palavras de Luiz Guilherme Marinoni[58], este último ponto deve ser melhor esclarecido:

> Com efeito, alterou-se a antiga redação que aludia a "prestar fato que não possa ser realizado por terceiro", passando a nova norma a falar apenas em "prestar ato". A importância dessa expressa tomada de posição é imensa, pois dá ao autor a possibilidade de escolher a sentença mandamental para obrigar o réu a fazer algo que pode ser feito por terceiro, abrindo caminho para a utilização da técnica mandamental em face da obrigação de pagar soma em dinheiro.

Afirma José Roberto Freire Pimenta[59] que, na seara trabalhista,

> Diante da insuficiência da tutela condenatória tradicional para reprimir de forma efetiva as lesões acima descritas contra os trabalhadores (tornando os direitos lesados letra morta, na esfera decisiva da realidade) e da necessidade de se obter uma tutela jurisdicional capaz de também, e principalmente, *inibir*, nas relações continuativas (como o são as relações de trabalho), a continuação ou a reiteração desses *atos ilícitos* de seus empregadores, é não só conveniente mas constitucionalmente obrigatório e indispensável que os operadores do Direito em geral, mas particularmente os magistrados trabalhistas (desde que devidamente provocados a tanto, uma vez que também aqui entendemos sempre aplicáveis as limitações decorrentes do princípio dispositivo), façam intenso uso do valioso instrumental propiciado pelo novo art. 461 do CPC para, através da emissão de provimentos provisórios e definitivos de cunho *mandamental* e/ou *executivo lato sensu*, prestar a tutela específica (e, se necessário, antecipatória) das obrigações trabalhistas de fazer e não fazer que constituem parte relevantíssima do conjunto de direitos e garantias mínimas dessa natureza que lhe asseguram a Constituição e as normas trabalhistas de ordem pública, fazendo enérgico uso, na medida do necessário, dos novos meios de atuação coativa que a nova legislação processual em boa hora veio estabelecer.

A tutela inibitória coletiva é, portanto, uma ação preventiva, voltada para o futuro, específica e de cognição exauriente, ajuizada por um dos legitimados

---

(57) MARINONI, Luiz Guilherme. *Op. cit.*, p. 90.
(58) *Idem*.
(59) PIMENTA, José Roberto Freire. *Op. cit.*

previstos no art. 5º da Lei da Ação Civil Pública para a defesa de direitos metaindividuais, a fim de que não sejam violados ou que a violação não se repita ou não continue, e que se desenvolve conforme as normas processuais estabelecidas no Código de Defesa do Consumidor e na Lei de Ação Civil Pública, com a utilização complementar do Código de Processo Civil.

O autor da tutela inibitória pretende impor ao réu uma obrigação de conduta (positiva ou negativa) que, ao ser cumprida ou quando obtido judicialmente o resultado prático equivalente ao adimplemento, impedirá futura prática de ato contrário ao direito e satisfará, na forma específica, determinado direito seu.

A tutela coletiva preventiva é realizada por intermédio de uma sentença capaz de impedir a prática, a repetição ou a continuação de ato contrário ao direito e tem como amparo os arts. 84 do CDC, 287 e 461 do CPC. Na hipótese de ser julgado procedente o pedido, o processo não se encerrará com a mera declaração do direito reconhecido, mas atuará desde logo, por intermédio de medidas coercitivas ou sub-rogatórias para satisfazer o direito do autor *in natura* e não pela concessão de um valor equivalente pecuniário. Além disso, pode ser concedida antecipadamente, na forma do art. 84, § 3º do CDC, de incidência supletiva no processo do trabalho (art. 769 da CLT).

A tutela inibitória é definitiva, de cognição exauriente e apta a produzir coisa julgada e não provisória como é a cautelar e a antecipatória. Diferentemente dessas, a tutela preventiva (a inibitória), como enfatizou José Carlos Barbosa Moreira[60],

> Visa a proteger de maneira direta a situação material em si, razão por que a providência judicial descansará no prévio acertamento do direito (*lato sensu*) e jamais assumirá feição de provisoriedade, nem podendo qualificar-se de instrumental senão no sentido genérico em que o é todo processo, mas apresentando em qualquer caso caráter *definitivo*.

Relativamente à tutela coletiva inibitória cabe acrescer que, ainda que se trate de direitos individuais homogêneos, o direito ameaçado da massa de trabalhadores sempre terá a característica de direito coletivo em sentido estrito, uma vez que a comunidade inteira dos trabalhadores estará em risco, sem que seja possível identificar, por antecipação, cada um dos que serão efetivamente atingidos caso a violação se consume. A tutela jurisdicional relativa a direitos individuais homogêneos visa a prevenir a ocorrência de danos individuais. "Todavia, no estágio da ameaça, a proteção tem caráter impessoal (transindividual) e indivisível."[61]

---

(60) MOREIRA, José Carlos Barbosa. *Op. cit.*, p. 29.
(61) ZAVASCKI, Teori Albino. *Processo coletivo*: tutela de direitos coletivos e tutela coletiva de direitos. 2 ed. rev. e atual. São Paulo: Revista dos Tribunais, 2007. p. 183.

Do ponto de vista instrumental, consequentemente, a ação cabível não será uma ação coletiva para tutela preventiva de direitos individuais homogêneos (com cognição parcial e sentença genérica), mas, sim, uma ação civil pública, com cognição completa, da qual resultará sentença com força executiva imediata, que dispensará a propositura de posteriores ações de cumprimento.

É absolutamente indispensável que, além dos operadores do direito, também os trabalhadores e seus representantes legais conscientizem-se da importância e da necessidade de inibir a prática de ato contrário ao direito trabalhista e de que "prevenir é sempre melhor que remediar" em qualquer esfera da vida, seja em relação à saúde, à vida econômica e também no âmbito jurídico. Certamente, obter a reparação do dano já causado será muito mais difícil, dispendioso, demorado e ainda ocorrerá de forma incompleta, quando o dinheiro não for suficiente para tanto.

CONCLUSÃO

Para o Direito do Trabalho, a tutela coletiva preventiva e específica é a mais importante das tutelas. É adequada para evitar a prática, a repetição ou a manutenção de ato contrário aos direitos dos trabalhadores, os quais, evidentemente, não se satisfazem integralmente por intermédio de uma ação individual ressarcitória.

A coletivização da tutela permite também que seja ultrapassado o obstáculo que representa o temor à ruptura do contrato de trabalho em vigor. A temente e insegura situação de o trabalhador propor ação individual contra seu empregador, o qual detém direito potestativo de resilir o pacto laboral, não existirá com a tutela coletiva inibitória, que proporciona uma proteção preventiva de caráter impessoal e indivisível[62].

Cabe aos operadores do direito aplicar e compreender a tutela inibitória coletiva sob a ótica da efetividade do processo, em uma tentativa de satisfazer o direito posto, no caminho incessante da paz, da harmonia e da justiça social.

A utilização da tutela inibitória coletiva como forma principal de atuação do Poder Judiciário Trabalhista requer apenas essa conscientização. Noutro falar, a adequada tutela dos direitos trabalhistas depende mais dos homens do que das leis e está atrelada à atitude conjunta e fraterna dos destinatários e dos operadores do direito.

---

(62) Note-se que somente a tutela coletiva preventiva pode ser genuinamente intitulada de "ação sem rosto". A ação coletiva ressarcitória, na verdade, é uma ação "de máscara invisível", a qual será, necessariamente, retirada na fase executiva, com a identificação dos titulares do direito.

Para encerrar, a esperança refletida em um trecho da Carta da Terra[63]:

> É imperativo que nós, os povos da Terra, declaremos nossa responsabilidade uns para com os outros, com a grande comunidade de vida e com as futuras gerações. (...)
>
> A vida muitas vezes envolve tensões entre valores importantes. Isto pode significar escolhas difíceis. Entretanto, necessitamos encontrar caminhos para harmonizar a diversidade com a unidade, o exercício da liberdade com o bem comum, objetivos de curto prazo com metas de longo prazo. Todo indivíduo, família, organização e comunidade tem um papel vital a desempenhar. As artes, as ciências, as religiões, as instituições educativas, os meios de comunicação, as empresas, as organizações não governamentais e os governos são todos chamados a oferecer uma liderança criativa. (...)
>
> Que o nosso tempo seja lembrado pelo despertar de uma nova reverência face à vida, pelo compromisso firme de alcançar a sustentabilidade, a intensificação dos esforços pela justiça e pela paz e a alegre celebração da vida.

REFERÊNCIAS BIBLIOGRÁFICAS

ALMEIDA, Gregório Assagra de. *Direito material coletivo*: superação da *summa divisio* direito público e direito privado por uma nova *summa divisio* constitucionalizada. Belo Horizonte: Del Rey, 2008.

ARENHART, Sérgio Cruz. *Perfis da tutela inibitória coletiva.* São Paulo: Revista dos tribunais, 2003. Temas atuais de direito processual civil. v. 6.

CANÇADO, Andréa Aparecida Lopes. Grupo econômico trabalhista: um novo olhar. *Revista Magister de Direito Trabalhista e Previdenciário*, Porto Alegre: v. 16, jan./fev. 2007.

CARELLI, Rodrigo de Lacerda *et al.* (coords.). *Ministério Público do Trabalho e tutela judicial coletiva.* Brasília: ESMPU, 2007.

GRINOVER, Ada Pellegrini. *A tutela jurisdicional dos interesses difusos, apud* LENZA, Pedro. *Teoria geral da ação civil pública.* São Paulo: Revista dos Tribunais, 2003.

HOBSBAWM, Eric. *Tempos interessantes.* São Paulo: Companhia das Letras, 2002.

---

(63) "Carta da Terra é uma declaração de princípios éticos fundamentais para a construção, no século XXI, de uma sociedade global justa, sustentável e pacífica. Busca inspirar todos os povos a um novo sentido de interdependência global e responsabilidade compartilhada voltado para o bem-estar de toda a família humana, da grande comunidade da vida e das futuras gerações. É uma visão de esperança e um chamado à ação." Disponível em <http://www.cartadaterrabrasil.org/prt/index.html> Acesso em: 31 jan. 2009.

LEITE, Carlos Henrique Bezerra. *Ação civil pública na perspectiva dos direitos humanos.* 2. ed. São Paulo: LTr, 2008.

LENZA, Pedro. *Teoria geral da ação civil pública.* São Paulo: Revista dos Tribunais, 2003.

LYCURGO, Tassos. *Inclusão social e direito*: por uma democracia constitucional. Disponível em: <http://www.amatra21.org.br/hotsite/artigos/Tassos%20Lycurgo.doc> Acesso em: 19 nov. 2008.

MAIOR, Jorge Luiz Souto. *Direito processual do trabalho:* efetividade, acesso à justiça e procedimento oral. São Paulo: LTr, 1998.

MANCUSO, Rodolfo de Camargo. *Interesses difusos*: conceito e legitimação para agir. 5. ed. São Paulo: Revista dos Tribunais, 2000.

MARINONI, Luiz Guilherme; ARENHART, Sérgio Cruz. *Curso de processo civil.* v. 2. Processo de conhecimento. 6. ed. rev., atual. e ampl. 2007. p. 425.

MASI, Domenico de (org.). *A sociedade pós-industrial.* Tradução de Anna Maria Capovila e outros. 3. ed. São Paulo: Senac, 2000.

PAULA, Jônatas Luiz Moreira de. *A jurisdição como elemento de inclusão social*: revitalizando as regras do jogo. São Paulo: Manole, 2002.

PIMENTA, José Roberto Freire. *Tutelas de urgência no processo do trabalho*: o potencial transformador das relações trabalhistas das reformas do CPC brasileiro. In: PIMENTA, José Roberto Freire *et al* (coord.). *Direito do Trabalho:* evolução, crise, perspectivas. São Paulo: LTr, 2004.

_____. *A tutela antecipatória e específica das obrigações de fazer e não fazer e a efetividade da jurisdição:* aspectos constitucionais, cíveis e trabalhistas. Tese de doutorado em Direito Constitucional da Universidade Federal de Minas Gerais. Inédita. Belo Horizonte, 2001.

PIMENTA, José Roberto Freire; FERNANDES. Nádia Soraggi. A importância da coletivização do processo trabalhista. *Revista do Tribunal Regional do Trabalho da 3ª Região,* Belo Horizonte, v. 46, n. 76, jul./dez. 2007.

SPADONI, Joaquim Felipe. *Ação inibitória*: a ação preventiva prevista no art. 461 do CPC. 2 ed. São Paulo: Editora Revista dos Tribunais, 2007. (Coleção estudos de direito de processo. Enrico Túlio Liebmam, v. 49)

TALAMINI, Eduardo. *Tutela relativa dos deveres de fazer e não fazer*: e sua extensão aos deveres de entrega de coisa (CPC, arts. 461 e 461-A; CDC, art. 84). 2. ed. rev., atual. e ampl. São Paulo: Revista dos Tribunais, 2003.

VENTURI, Elton. *Processo civil coletivo*: a tutela jurisdicional dos direitos difusos, coletivos e individuais homogêneos no Brasil. Perspectivas de um código brasileiro de processos coletivos. São Paulo: Malheiros, 2007.

ZAVASCKI, Teori Albino. *Processo coletivo*: tutela de direitos coletivos e tutela coletiva de direitos. 2. ed. rev. e atual. São Paulo: Revista dos Tribunais, 2007.

DO PROCEDIMENTO NA EXECUÇÃO FISCAL TRABALHISTA

Cleber Lúcio de Almeida[*]

1. As normas que disciplinam a relação de emprego são criadas para produzir efeitos concretos. Por esta razão, ao lado de editar tais normas (art. 1º da CLT) e permitir a sua criação por meio da negociação coletiva (arts. 611 da CLT e 7º, XXI, da Constituição Federal), o Estado fiscaliza seu cumprimento e, constatando o seu descumprimento, aplica as penalidades previamente estabelecidas em lei para a hipótese respectiva (art. 21, XXIV, da Constituição Federal).

A fiscalização e a aplicação de penalidades, no caso de sua não observância, reforçam a efetividade das normas que disciplinam a relação de emprego, o mesmo ocorrendo com a execução dos créditos correspondentes àquelas penalidades.

2. A Emenda Constitucional n. 45/2004 atribuiu à Justiça do Trabalho a competência para a execução de certidão de dívida ativa correspondente a crédito resultante de penalidade administrativa imposta aos empregadores pelos órgãos de fiscalização das relações de trabalho (art. 114, VII, da Constituição Federal de 1988).

De início, cumpre observar que a hipótese é de penalidades administrativas impostas aos empregadores pelos órgãos de fiscalização das relações de trabalho, ou seja, de penalidades aplicadas por força do descumprimento das normas regentes da relação de emprego. Destarte, não compete à Justiça do Trabalho processar e julgar as ações que envolvem penalidades aplicadas por conselhos fiscalizadores de atividades profissionais. Neste sentido, prevê a Súmula n. 66 do STJ que: "Compete à justiça federal processar e julgar execução fiscal promovida por conselho de fiscalização profissional". Tal ponto de vista não merece reparos, uma vez que a hipótese não é de ação relativa a penalidades administrativas impostas a empregador por órgão de fiscalização das relações de trabalho.[1]

---

[*] Juiz do Trabalho, titular da 11ª Vara do Trabalho de Belo Horizonte. Mestre em Direito do Trabalho pela Pontifícia Universidade Católica de São Paulo e doutorando em Direito Processual Civil na Universidade Federal de Minas Gerais.
[1] Examinando a questão na vigência da Emenda Constitucional n. 45/2004, o STJ decidiu que: "Na hipótese vertente, discute-se a competência para processamento e julgamento

Na interpretação e aplicação do art. 7º, 114, VII, da Constituição Federal não pode ser olvidado que a relação de emprego não é regida apenas por normas ditadas pelo Estado (o Estado não detém o monopólio da criação de normas regentes da relação de emprego, como se infere, por exemplo, dos arts. 444 da CLT e 7º, XXVI, da Constituição Federal). A penalidade pode ser aplicada em razão do descumprimento da lei, acordos e convenções coletivos de trabalho e, ainda, dos acordos, tratados e convenções internacionais dos quais o Brasil seja signatário, como resulta expresso no art. 11 da Lei n. 10.593/2002.

3. Com foi visto, à Justiça do Trabalho compete processar e julgar as ações relativas às penalidades administrativas impostas aos empregadores pelos órgãos de fiscalização das relações de trabalho.

Entre as *ações* aludidas no art. 114, VII, da Constituição Federal de 1988 está a execução de certidão de dívida ativa correspondente a crédito resultante de penalidade administrativa imposta aos empregadores pelos órgãos de fiscalização das relações de trabalho.

O presente ensaio tem por objetivo a definição do procedimento a ser adotado, pela Justiça do Trabalho, na execução de certidão de dívida ativa correspondente a crédito resultante de penalidade administrativa imposta aos empregadores pelos órgãos de fiscalização das relações de trabalho.

A questão suscitada parece encontrar tranquila solução no art. 642 da CLT, que dispõe, *in verbis*:

---

de execução fiscal ajuizada por conselho profissional, tendo em vista crédito decorrente de multa aplicada, durante a fiscalização, por infração ao disposto no art. 54 da Lei n. 3.857/60. Permanece incólume a Súmula n. 66/STJ ('Compete à justiça federal processar e julgar execução fiscal promovida por conselho de fiscalização profissional'), embora a Emenda Constitucional 45/2004, ao dar nova redação ao art. 114 da Constituição Federal, tenha ampliado a competência da Justiça do Trabalho, de maneira expressiva, passando a estabelecer, inclusive, nos incisos I e VII do citado dispositivo, que compete à Justiça do Trabalho processar e julgar 'as ações oriundas da relação de trabalho, abrangidos os entes de direito público externo e da administração pública direta e indireta da União, dos Estados, do Distrito Federal e dos Municípios' e 'as ações relativas às penalidades administrativas impostas aos empregadores pelos órgãos de fiscalização das relações de trabalho'. A Primeira Seção desta Corte de Justiça orienta-se no sentido de que a atividade fiscalizatória exercida pelos conselhos profissionais, decorrente de delegação do poder de polícia, está inserido no âmbito administrativo, não podendo ser considerada relação de trabalho, e, de consequência, não está incluída na esfera de competência da Justiça do Trabalho. O Supremo Tribunal Federal, ao declarar a inconstitucionalidade do art. 58, §§ 1º, 2º, 3º, 4º, 5º, 7º, e 8º, da Lei n. 9.649/98, no julgamento da ADI 1.717/DF (pleno, Rel. Min. Sydney Sanches, DJ 28.3.2003), entendeu que os serviços de fiscalização de profissões regulamentadas constituem atividade típica do Estado, preservando, assim, a natureza de autarquias federais dos conselhos de fiscalização profissional. Destarte, 'mantida a condição de autarquias federais dos Conselhos de Fiscalização Profissional, permanece inalterada a competência da Justiça Federal para os casos a eles referentes' (CC 72.703, Rel. Min. Castro Meira, DJ 4.12.2006)" (STJ, AgRg no CC n. 80.665, Rel. Min. Denise Arruda).

A cobrança judicial das multas administrativas impostas pelas autoridades administrativas do trabalho obedecerá ao disposto na legislação aplicável à cobrança da dívida ativa da União.

Na doutrina, tem-se o ponto de vista de Mauro Schiavi, no sentido de que:

> Após a EC n. 45/04, a certidão da dívida ativa da União decorrente de infrações aplicadas ao empregador pelos Órgãos de Fiscalização do Trabalho constitui um novo título executivo extrajudicial que será executada na Justiça do Trabalho, segundo a Lei n. 6.830/80. Por se tratar de ação de rito especial, o Juiz do Trabalho não aplicará a CLT. [2]

No mesmo compasso, afirma Carlos Henrique Bezerra Leite que:

> A ação (especial) de execução para cobrança das multas impostas pelos órgãos de fiscalização deve observar prioritariamente o procedimento previsto na Lei n. 6.830/80, restando à CLT e ao CPC, no que couber, o papel de fontes subsidiárias. Invertem-se, assim, as regras previstas nos arts. 769 e 889 da CLT (...). Em síntese, o procedimento da ação de execução fiscal das multas impostas aos empregadores pelos órgãos de fiscalização das relações de trabalho, deve observar as regras previstas na Lei n. 6.830/80.[3]

Em que pese os pontos de vista em contrário, a nosso juízo, na execução de certidão de dívida ativa correspondente ao crédito resultante de penalidade administrativa imposta aos empregadores pelos órgãos de fiscalização das relações de trabalho, deve ser observado o procedimento estabelecido pelo direito processual do trabalho, que é definido no Título X, Capítulo V, da CLT, aplicando-se a Lei n. 6.830/80 apenas na hipótese de omissão do direito processual do trabalho e de compatibilidade da regra estabelecida por aquela lei com as suas regras e princípios (arts. 769 e 889 da CLT).

Primeiro, porque, consoante o art. 643 da CLT, os dissídios sob jurisdição da Justiça do Trabalho serão dirimidos de acordo com os procedimentos estabelecidos pelo direito processual do trabalho. Por força do art. 643 da CLT, a execução, pela Justiça do Trabalho, de certidão de dívida ativa correspondente ao crédito resultante de penalidade administrativa imposta aos empregadores pelos órgãos de fiscalização das relações de trabalho seguirá o procedimento executivo estabelecido pelo direito processual do trabalho.

Segundo, porque o art. 889 da CLT atribui à Lei de Executivos Fiscais a condição de fonte subsidiária do direito processual do trabalho. À fonte subsidiária do direito processual do trabalho somente é possível recorrer depois de esgotadas

---

(2) SCHIAVI, Mauro. *Manual de direito processual do trabalho*. 2. ed. São Paulo: LTr, 2009. p. 224.
(3) LEITE, Carlos Henrique Bezerra. *Curso de direito processual do trabalho*. 7. ed. São Paulo: LTr, 2009. p. 949-950.

as possibilidades de solucionar o caso concreto à luz das suas regras e princípios. A aplicação de uma fonte subsidiária pressupõe a omissão da fonte principal, como prevê, inclusive, o art. 769 da CLT.

Terceiro, porque o art. 642 da CLT veio à luz quando a Justiça do Trabalho não tinha competência para a execução de dívida ativa correspondente a crédito resultante de penalidade administrativa aplicada aos empregados pelos órgãos de fiscalização das relações de trabalho (a competência da Justiça do Trabalho somente foi reconhecida pela Emenda Constitucional n. 45/2004). Como a Justiça do Trabalho não era competente para a execução, como resulta, por exemplo, dos art. 652 e 876 da CLT[4], o art. 642 consolidado somente pode ser interpretado no sentido de que definia o procedimento a ser observado no juízo competente para promovê-la. Tanto isto é verdade, que já no artigo seguinte (art. 643), a CLT estabelece que os dissídios sob jurisdição da Justiça do Trabalho serão dirimidos de acordo com os procedimentos estabelecidos pelo direito processual do trabalho, deixando claro que, no art. 642, não tratou de procedimento a ser observado nos dissídios sob jurisdição da Justiça do Trabalho.

Note-se que, em relação às penalidades cuja cobrança cabia à Justiça do Trabalho, a CLT era expressa em relação ao procedimento a ser adotado, dispondo, no art. 763, que "O processo da Justiça do Trabalho, no que concerne aos dissídios individuais e coletivos e à aplicação de penalidades, reger-se-á em todo o território nacional, pelas normas estabelecidas neste Título". Tal previsão reforça o entendimento de que o art. 642 da CLT define o procedimento executivo a ser observado no juízo que era competente para a execução das penalidades administrativas aplicadas aos empregadores por órgão de fiscalização da relação de trabalho.

Quarto, porque a competência da Justiça do Trabalho foi elastecida, pela Emenda Constitucional n. 45/2004, no pressuposto de que o direito processual do trabalho conta com técnicas mais apropriadas para a solução dos conflitos de interesses oriundos da relação de trabalho, o que autoriza concluir que tais conflitos devem ser solucionados à luz das regras e princípios que constituem este ramo do direito processual.

Abre-se um parêntese para esclarecer que várias técnicas adotadas pelo direito processual do trabalho podem contribuir para a mais rápida e completa satisfação do crédito correspondente à multa administrativa aplicada aos empregadores pelos órgãos de fiscalização das relações de trabalho. Vale lembrar, neste sentido, da maior liberdade do juiz na execução, decorrente do fato de ser a ele conferida a legitimidade para promover a execução de ofício. A maior liberdade

---

[4] O art. 876 CLT não inclui a certidão de dívida ativa entre os títulos executivos trabalhistas, autorizando concluir que o art. 642 da CLT não trata de execução promovida pela Justiça do Trabalho.

do juiz na execução tem contribuído para a mais rápida e completa satisfação dos créditos objeto da execução e também pode contribuir para a satisfação de créditos que têm estreita relação com a efetividade do direito do trabalho. As técnicas adotadas pelo direito processual do trabalho operam em favor da efetividade do direito do trabalho e em favor dela devem ser utilizadas.

Cumpre registrar, por fim, que a Instrução Normativa n. 27/2005 do TST não trata da questão, uma vez que, no seu art. 1º, somente faz alusão aos procedimentos ordinário e sumaríssimo, que são próprios do processo de conhecimento.

O que se propõe, em suma, é a adoção de procedimento único — definido pelo direito processual do trabalho — nas execuções processadas pela Justiça do Trabalho, com o intuito, inclusive, de evitar debates que somente prejudicariam a mais rápida solução do conflito, podendo ser citado, como exemplo, a definição do prazo para pagamento do crédito executado (na execução fiscal, o prazo é de cinco dias, consoante prevê o art. 8º da Lei n. 6.830/1980, enquanto, no processo do trabalho, é de 48 horas, como estabelece o art. 880 da CLT).

Cumpre esclarecer que não se trata de uma solução inovadora, na medida em que, na execução, pela Justiça do Trabalho, de crédito previdenciário, o procedimento é o mesmo aplicado à execução dos créditos trabalhistas em geral, o mesmo podendo ser dito em relação à execução das custas processuais. Em relação às custas, vale chamar a atenção para o fato de que a CLT é expressa quanto ao procedimento a ser adotado na sua execução, que é aquele nela definido para a execução em geral (art. 790, § 2º). Assim, apesar da natureza tributária das custas, a sua execução, que é uma típica execução fiscal, se dará nos moldes definidos na CLT. Mas, qual é, então, a razão para a previsão constante do art. 642 da CLT? A razão, como já foi dito, está na competência para a execução: o art. 642 da CLT trata de execução cuja competência não era originalmente da Justiça do Trabalho.

4. À guisa de conclusão, é afirmado que, na execução da certidão de dívida ativa concernente à penalidade administrativa imposta aos empregadores pelos órgãos de fiscalização das relações de trabalho, deve ser observado o procedimento executivo estabelecido pelo direito processual do trabalho, aplicando-se a Lei n. 6.830/1980 apenas na hipótese de omissão do direito processual do trabalho e da compatibilidade da regra estabelecida pela Lei de Executivos Fiscais com as suas regras e princípios.

A NOVA EXECUÇÃO DE TÍTULOS EXTRAJUDICIAIS E SEU IMPACTO NO PROCESSO DO TRABALHO

Marina Nogueira de Araújo Siqueira[*]

INTRODUÇÃO

Desde 2005, quando começou a terceira fase de mudanças no Código de Processo Civil Brasileiro, estabeleceu-se entre os processualistas um imenso debate sobre as possíveis implicações dessas alterações no processo do trabalho.

As regras de aplicação subsidiária do processo comum ao processo do trabalho estão previstas nos arts. 769 e 889 da CLT.

O art. 769 estabelece que o direito processual civil poderá ser utilizado como fonte subsidiária do processo laboral desde que haja omissão da lei trabalhista e compatibilidade ideológica entre as normas processuais.

No que se refere ao processo de execução, o art. 889 da CLT prevê a aplicação subsidiária dos preceitos que regem o processo dos executivos fiscais para a cobrança judicial da dívida ativa da Fazenda Pública Federal e, somente no caso de lacuna de ambas as leis, seria possível a aplicação das normas processuais comuns.

Essas regras foram elaboradas num contexto em que o processo do trabalho era considerado mais célere e efetivo que o processo civil.

> Essas normas (CLT, arts. 769 e 889) foram constituídas com o fito de se evitar a aplicação do formalismo inerente ao direito processual civil, mediante a fixação de barreiras protetoras dos regramentos mais flexíveis e dinâmicos do direito processual do trabalho.[1]

Nas últimas décadas, entretanto, o processo laboral não sofreu modificações significativas, diferentemente do que ocorreu com o processo comum, o qual vem sofrendo enorme e profunda reformulação em seu texto.

(*) Servidora do Ministério do Trabalho e Emprego. Especialista em Direito Processual pela PUC/MG e em Direito do Trabalho e Processo do Trabalho pela FDMC/MG. Membro do Instituto Mineiro de Ciências Jurídicas e Sociais.
(1) CORDEIRO, Wolney de Macedo. Da releitura do método de aplicação subsidiária das normas de direito processual comum ao processo do trabalho. In: CHAVES, Luciano Athayde (org). *Direito processual do trabalho:* reforma e efetividade. São Paulo: LTr, 2007. p. 34.

Os papéis se inverteram e o processo civil passou a ser considerado dinâmico, flexível e apto a oferecer uma prestação jurisdicional célere e efetiva, enquanto o processo do trabalho tornou-se rígido, demorado e ultrapassado em alguns pontos.

Diante dessa mudança, é necessária uma releitura dos arts. 769 e 889 da CLT.

O intérprete não deve optar pela aplicação literal desses dispositivos, pois dessa forma iria de encontro ao objetivo perseguido pelo processo laboral, que é a criação de um sistema eficaz e dinâmico.

Ademais, o texto constitucional, a partir da Emenda Constitucional 45, de 2004, passou a ostentar, como direito fundamental, a celeridade processual:

> **Art. 5º** Todos são iguais perante a lei, sem distinção de qualquer natureza, garantindo-se aos brasileiros e aos estrangeiros residentes no País a inviolabilidade do direito à vida, à liberdade, à igualdade, à segurança e à propriedade, nos termos seguintes: (...)
>
> **LXXVIII** — a todos, no âmbito judicial e administrativo, são assegurados a razoável duração do processo e os meios que garantam a celeridade de sua tramitação.

A celeridade passou a ser, então, diretriz obrigatória a ser seguida pelo intérprete em qualquer área processual, não havendo justificativa para a recusa do magistrado trabalhista em aplicar normas do processo do comum, mais céleres e eficazes que as do processo do trabalho.

Dessa forma, é possível admitir a aplicação subsidiária do processo civil ao processo do trabalho, mesmo que haja previsão expressa na CLT sobre o tema, desde que aquela se apresente apta a promover uma jurisdição mais dinâmica e eficaz e que haja uma adequação ideológica entre as normas processuais.

Há quem diga que admitir a aplicação subsidiária, no caso de haver norma expressa, representaria uma descaracterização do processo do trabalho. Entretanto, cabe aos princípios do direito processual do trabalho preservar as características basilares do processo laboral, em qualquer circunstância.

> As bases principiológicas e doutrinárias do direito processual, portanto, apresentam relevância na formação conceitual do direito processual do trabalho. Nesse ramo, especialmente, o manuseio com os princípios revela-se como essencial para a interpretação e aplicação das normas que, como já afirmamos anteriormente, apresentam um nítido caráter protecionista.
>
> Essas bases principiológicas e doutrinárias são responsáveis pela construção de uma verdadeira blindagem da autonomia do direito processual do trabalho.[2]

Atendidos os princípios, cabe ao magistrado a aplicação de norma processual em subsídio ao processo do trabalho, não só nos casos de omissão e compatibilidade normativa, mas também nos casos de enrijecimento da legislação processual trabalhista, que venha a inibir ou impedir a efetivação concreta do direito e garantia fundamental da razoável duração do processo, por excessivo apego a aspectos formais e procedimentais hoje ultrapassados.

---

(2) *Ibidem*, p. 40.

Este trabalho tem como propósito a análise da possibilidade de aplicação das novas regras de execução de título extrajudicial, introduzidas pela Lei n. 11.382, de 2006, ao processo do trabalho, levando-se em conta a releitura feita dos arts. 769 e 889 da CLT.

Imperioso ressaltar, ainda, que escapa aos objetivos deste artigo o esgotamento da matéria.

1. EXECUÇÃO DOS TÍTULOS EXECUTIVOS EXTRAJUDICIAIS E SEU IMPACTO NO PROCESSO DO TRABALHO

1.1. Título executivo extrajudicial

O art. 585 do CPC, que enumera os títulos executivos extrajudiciais, sofreu pequenas alterações com a Lei n. 11.382, de 2006, as quais consistiram basicamente na mudança da redação dos incisos III e VII, no acréscimo do inciso VIII e na exclusão do contrato de seguro de acidentes pessoais.

O inciso III passou a considerar, como título executivo extrajudicial, o contrato garantido por hipoteca, penhor, anticrese e caução e não mais a garantia.

O inciso VII apenas repete com pequenas alterações o que estava previsto no antigo inciso VI, que trata da certidão de dívida ativa da Fazenda Pública da União, dos Estados, do Distrito Federal, dos Territórios e dos Municípios.

Já o inciso VIII passou a prever, como títulos extrajudiciais, todos os demais títulos que, por disposição expressa, a lei atribuir força executiva.

Antes da Emenda Constitucional n. 45 havia uma discussão acerca da possibilidade dos títulos executivos extrajudiciais serem executados na seara trabalhista.

O fim da controvérsia veio em 2004, com a edição da referida Emenda, a qual estabeleceu, no art. 114 da Constituição Federal, a competência da Justiça do Trabalho para julgar os conflitos decorrentes das relações de trabalho.

> O advento da Emenda Constitucional n. 45, de 8 de dezembro de 2004, no entanto, pôs fim a toda controvérsia. Ao estabelecer o constituinte derivado a competência da Justiça do Trabalho para julgar os conflitos decorrentes da "relação de trabalho" (Constituição Federal, art. 114, I), abandonou-se a limitação contida na antiga redação do art. 114 da Carta Política. Ou seja, os litígios não se circunscrevem aos limites internos da relação de emprego, envolvendo questões geradas, mesmo que de forma indireta, por aquela relação. Nesse sentido, é admissível que as relações de crédito decorrentes dos liames jurídicos submetidos à competência da Justiça do Trabalho, desde que representados por documentos dotados de eficácia executiva, sejam cobradas neste órgão do poder judiciário.[3]

---

(3) *Idem.*

A CLT, com o advento da Lei n. 9.958/2000, passou a prever, expressamente, dois títulos executivos extrajudiciais: o Termo de Ajustamento de Conduta firmado com o Ministério Público do Trabalho e o Termo de Conciliação celebrado perante a Comissão de Conciliação Prévia, conforme art. 876.

Uma nova controvérsia, entretanto, surgiu na doutrina e na jurisprudência trabalhistas acerca da possibilidade de aplicação subsidiária do rol previsto no art. 585 da CPC na seara laboral.

A primeira corrente sustenta, com propriedade, que o art. 876 da CLT é meramente exemplificativo e que, em virtude disso, seria possível a aplicação subsidiária do art. 585 da CPC, mas desde que os títulos fossem conexos à relação de trabalho.

> Considerando-se pela Emenda Constitucional n. 45, de 2004, que atribuiu um aumento da competência em razão da matéria da Justiça do Trabalho, esta passou a ter competência para promover a execução de títulos executivos extrajudiciais das questões conexas com a sua nova missão.[4]

Antes da modificação introduzida no art. 876 da CLT pela Lei n. 9.958/2000, já era possível reconhecer, com fundamento no art. 585 do CPC, os títulos executivos trabalhistas extrajudiciais, tais como: o documento público ou particular assinado pelo devedor e subscrito por duas testemunhas, o instrumento de transação referendado pelo Ministério Público, pela Defensoria ou pelos advogados das partes e, por fim, o laudo arbitral.[5]

Admitindo a aplicação subsidiária do art. 585 do CPC na seara trabalhista, seguem as decisões da 10ª e da 11ª Turmas do TRT de São Paulo:

> AGRAVO DE PETIÇÃO. COMPETÊNCIA DA JUSTIÇA DO TRABALHO. AMPLIAÇÃO TRAZIDA PELA EMENDA CONSTITUCIONAL 45/2004. ACORDO FIRMADO ENTRE SINDICATO DE TRABALHADORES E EMPRESA, PARA PAGAMENTO DE MENSALIDADE RETRIBUTIVA. EXECUÇÃO DE TÍTULO EXTRAJUDICIAL, CONFORME ART. 876 DA CLT E APLICAÇÃO SUBSIDIÁRIA DO ART. 585 DO CPC. **É competente a Justiça do Trabalho para processar ação de execução, baseada em título extrajudicial elencado no art. 585 do CPC, de aplicabilidade subsidiária (art. 769 da CLT), e não somente aqueles previstos no art. 876 da CLT, diante da ampliação da competência desta Especializada trazida pela Emenda Constitucional n. 45/2004.** Não se trata de hipótese de extinção do feito sem julgamento do mérito, nos termos do art. 267 do CPC. Dou provimento, para determinar o prosseguimento da execução. (TRT 2ª Região, 10ª Turma, Relatora: Marta Casadei Momezzo, 01831-2007-018-02-00-0, publicado no DJ de 15.4.2008, grifo nosso)
>
> **EMENTA:** HONORÁRIOS DE ADVOGADO DATIVO — **TÍTULO EXECUTIVO EXTRAJUDICIAL — COMPETÊNCIA DA JUSTIÇA DO TRABALHO** — Com a ampliação da competência trazida pela Emenda Constitucional n. 45/2004, a relação estabelecida entre o advogado dativo e o Estado é uma relação de trabalho típica, que se insere no inciso I, do art. 114 da Constituição da República, atraindo a competência da Justiça do Trabalho para o exame e julgamento da matéria. As certidões expedidas pelo Poder Judiciário do Estado, que dizem respeito aos créditos do advogado dativo, advindos dos honorários arbitrados e aprovados nas decisões judiciais, **são títulos executivos extrajudiciais, enquadrando-se na expressão do art.**

---

(4) MEIRELES, Edilton; BORGES, Leonardo Dias. *A nova reforma processual e seu impacto no processo do trabalho*. 2. ed. São Paulo: LTr, 2007. p. 114.
(5) NASCIMENTO, Amauri Mascaro. *Curso de direito processual do trabalho*. 23. ed. São Paulo: Saraiva, 2008. p. 689-690.

585 do CPC, inciso V, "crédito de serventuário de justiça, perito, de intérprete, ou de tradutor, quando as custas, emolumentos ou honorários forem aprovados por decisão judicial. (TRT 3ª Região, 9ª Turma, Relator: Antônio Fernando Guimarães, 00659-2008-081-03-00-0 RO, publicado no DJ de 11.12.2008, grifo nosso)

E os acórdãos da 5ª e 8ª Turmas do TST: (...)

Este processo iniciou-se com uma ação de execução fiscal de dívida ativa ajuizada pela União Federal contra a agravante. A execução fiscal baseou-se em crédito referente à multa por infração do art. 23, § 1º, I, da Lei n. 8.036/90, imposta à agravante pelo órgão de fiscalização das relações de trabalho, que constatou não ter havido os depósitos mensais do FGTS nos meses de novembro e dezembro de 1997, na conta vinculada de seus empregados (f. 90/91).

Assim, ao contrário do que sustenta a agravante, a certidão de dívida ativa é documento hábil e comprova o débito, reveste-se da qualidade de título jurídico extrajudicial em decorrência de imposição legal, conforme estabelecido no inciso VI do art. 585 do CPC. (TST, 5ª Turma, Relator: Ministro João Batista Brito Pereira, AIRR n. 566/2006-013-03-40, publicado no DJ de 05.9.2008, grifo nosso)

(...) **Creio que alguns títulos executivos extrajudiciais, previstos no art. 585, do CPC, que resultem de relação de trabalho, podem ser cobrados na Justiça do Trabalho, uma vez que sobre a legislação ordinária deve prevalecer o preceito constitucional, quanto à competência para solucionar o eventual litígio.**

Não resta dúvida que a reflexão acerca do tema passa pelo estudo sobre direitos pessoais e direitos reais, na medida em que, perante a Justiça do Trabalho, podem ser pleiteados basicamente os primeiros, quando oriundos da relação de trabalho de qualquer natureza." (TST, 8ª Turma, Relator: Ministro Márcio Eurico Vitral Amaro, AIRR n. 948/2006-120-08-40, publicado no DJ de 5.12.2008, grifo nosso)

Carlos Henrique Bezerra Leite, porém, defende que não é possível a aplicação subsidiária do dispositivo em questão ao processo do trabalho, em virtude da inexistência de lacuna normativa, em face do art. 876 da CLT.

> Em relação aos títulos executivos extrajudiciais, o processo do trabalho passou a reconhecer, com o advento da EC n. 45/2004, os seguintes:
>
> 1. Os termos de compromisso de ajustamento de conduta (TAC) firmados perante o MPT — Ministério Público do Trabalho com conteúdo obrigacional;
>
> 2. Os termos de conciliação celebrados perante a CCP — Comissão de Conciliação Prévia com conteúdo obrigacional;
>
> 3. As certidões de dívida ativa (CDA) — decorrentes das multas aplicadas aos empregadores pelos órgãos de fiscalização do trabalho. [6]

O autor ainda afirma que os demais títulos extrajudiciais previstos no CPC (art. 585) ainda carecem de força executiva no âmbito da Justiça do Trabalho, embora possam, não obstante, constituir documentos aptos para propositura de ação monitória, desde que oriundos de relação empregatícia.

---

[6] LEITE, Carlos Henrique Bezerra. *Curso de direito processual do trabalho.* 7. ed. São Paulo: LTr, 2009. p. 809-810.

Defendendo a taxatividade do art. 876 da CLT e consequentemente a inaplicabilidade, na Justiça do Trabalho, do art. 585 do CPC, seguem a 2ª e a 6ª Turmas do TST:

> Como se constata do supratranscrito, o Colegiado examinou, em profundidade e extensão, toda a matéria que lhe foi devolvida, e fundamentou sua decisão, deixando claro que entendeu **não violado o art. 114, incisos I, III, V, VIII e IX, da Constituição Federal, tendo em vista que o Tribunal Regional entendeu que a competência para dirimir a controvérsia dos autos — execução de acordo extrajudicial para quitação de contribuições assistenciais — não é da Justiça do Trabalho, uma vez que — o art. 876 da CLT tem rol taxativo dos títulos executáveis nesta Justiça Especializada, não incluindo o acordo extrajudicial para quitação de contribuições assistenciais —, e afirmou que —a alteração do art. 114 da Constituição Federal não alcançou o conteúdo da norma regulamentadora desse procedimento (sic) específico —.** Concluiu no sentido de que o Tribunal *a quo* decidiu em consonância com o disposto no art. 876 da Consolidação das Leis do Trabalho, segundo o qual — As decisões passadas em julgado ou das quais não tenha havido recurso com efeito suspensivo; os acordos, quando não cumpridos; os termos de ajuste de conduta firmados perante o Ministério Público do Trabalho e os termos de conciliação firmados perante as Comissões de Conciliação Prévia serão executados pela forma estabelecida neste Capítulo. (TST, 2ª Turma, Relator: Ministro Renato de Lacerda Paiva, Proc. n. TST-ED-AIRR n. 1.046/2006-015-02-40.2, publicado no DJ de 22.4.2009, grifo nosso) (...)
>
> O Sindicato assevera que a decisão do Egrégio Tribunal Regional violou o art. 114, inciso III, da Constituição Federal, ao declarar a incompetência desta Justiça Especializada para dirimir a questão relativa à execução de título executivo extrajudicial. Alega que essa Justiça é competente para julgar ações envolvendo contribuição assistencial. Traz arestos a confronto de teses.
>
> De início, cumpre registrar que arestos oriundos do mesmo Tribunal prolator da decisão recorrida não se presta para a comprovação de divergência jurisprudencial, nos exatos termos da alínea "a" do art. 896 da CLT.
>
> **Infere-se da r. decisão recorrida não estar inserido no art. 876 da CLT, como título executivo extrajudicial, o título que se pretende executar, pois este preceito relaciona de forma taxativa os título passíveis de serem executados na Justiça do Trabalho.**
>
> **Desse modo, não se percebe afronta ao item III do art. 114 da Constituição Federal, direcionado às ações sobre representação sindical, o que não é o caso, efetivamente, em que se discute a competência da Justiça do Trabalho para promover execução de título executivo extrajudicial na qual se postula o pagamento de acordo, não cumprido, relativo às contribuições assistenciais, entre sindicato dos trabalhadores e empregador.** (TST, 6ª T., Relator: Ministro Aloysio Corrêa da Veiga, TST, AIRR n. 1401/2006-079-02-40.2, publicado no DJ de 18.2.2009, grifo nosso)

Manoel Antonio Teixeira Filho sustenta que o art. 585 do CPC, em princípio, não é aplicável ao processo do trabalho em razão da incompetência *ratione materiae* da Justiça Trabalhista, mas quebra a taxatividade defendida ao ressalvar os incisos VI, VII e VIII.[7]

O inciso VI trata da execução de cobrança de honorários periciais, de tradutor ou de intérprete, e a cobrança desses honorários na Justiça do Trabalho somente seria possível, para o ilustre doutrinador, se, além de terem sido prestados em causa de competência trabalhista, houvesse a aprovação judicial do crédito.

O inciso VII seria aplicável ao processo trabalhista, uma vez que o art. 114, inciso VII, da Constituição Federal prevê que a Justiça do Trabalho tem competência

---

(7) TEIXEIRA FILHO, Manoel Antonio. *Execução de título extrajudicial:* breves apontamentos à Lei n. 11.382/06, sob a perspectiva do processo do trabalho. São Paulo: LTr, 2007. p. 46.

para processar e julgar as ações relativas às penalidades administrativas impostas aos empregadores pelo órgão de fiscalização das relações de trabalho. Dessa forma, a Superintendência Regional do Trabalho e Emprego, ao impor uma multa a determinado empregador, efetivará a sua cobrança por meio de execução judicial da dívida ativa da Fazenda Pública, conforme dispõe a Lei n. 6.830/1980.

Por fim, o autor afirma que o inciso VIII está em perfeita harmonia com o *caput* do art. 876 da CLT, quanto aos títulos extrajudiciais mencionados, isto é, com o Termo de Ajustamento de Conduta firmado com o Ministério Público do Trabalho e o Termo de Conciliação celebrado com a Comissão de Conciliação Prévia.

Esse é o posicionamento da 8ª Turma do TST:

> (...) **Creio que alguns títulos executivos extrajudiciais, previstos no art. 585, do CPC, que resultem de relação de trabalho, podem ser cobrados na Justiça do Trabalho, uma vez que sobre a legislação ordinária deve prevalecer o preceito constitucional, quanto à competência para solucionar o eventual litígio.**
>
> Não resta dúvida que a reflexão acerca do tema passa pelo estudo sobre direitos pessoais e direitos reais, na medida em que, perante a Justiça do Trabalho, podem ser pleiteados basicamente os primeiros, quando oriundos da relação de trabalho de qualquer natureza. (TST, 8ª Turma, Relator: Ministro Márcio Eurico Vitral Amaro, AIRR n. 948/2006-120-08-40, 5.12.2008, grifo nosso)

Data maxima venia, ouso discordar dos ilustres doutrinadores e dos ministros do TST que não admitem a utilização subsidiária do art. 585 do CPC na seara laboral.

O rol do art. 876 da CLT é meramente exemplificativo, sendo, assim, possível a aplicação do disposto no CPC, quando o título for conexo a uma relação de trabalho.

A Emenda Constitucional n. 45, de 2004, aumentou significativamente a competência em razão da matéria da Justiça do Trabalho, que passou a ter competência para promover a execução de todos os títulos executivos extrajudiciais decorrentes da relação de trabalho.

Ademais, não há por que impedir que os títulos extrajudiciais ligados à relação de trabalho sejam executados no processo do trabalho, apenas por existir na CLT artigo que trata do assunto, pois estaríamos limitando substancialmente a celeridade e a efetividade das lides que envolvem tais títulos.

É o caso do inciso I, do art. 585, do CPC, que trata da letra de câmbio, da nota promissória, da duplicata, da debênture e do cheque destinados a quitar débitos trabalhistas. A execução desses títulos na seara trabalhista está de acordo com os princípios basilares da Constituição, posto que assegura uma justiça efetiva e rápida, ao contrário da ação monitória. Cumpre ressalvar que nesse caso cabe ao autor o ônus de provar a origem da dívida, caso o réu negue a sua origem trabalhista.

2. MULTAS CABÍVEIS NO PROCESSO DE EXECUÇÃO

Visando desestimular o uso de medidas protelatórias por parte do devedor, a Lei n. 11.382/2006 estabeleceu uma série de multas a serem aplicadas na execução de títulos extrajudiciais.

O inciso IV do art. 600 do CPC trata do ato atentatório à dignidade da justiça, o qual se configura quando o executado, intimado, não indica ao juiz, em 5 (cinco) dias, quais são e onde se encontram os bens sujeitos à penhora e seus respectivos valores.

Antes da reforma, a norma era, segundo Humberto Theodoro Júnior, de escassa utilidade para a efetividade do processo executivo, uma vez que o executado não ficava, por ela, obrigado a relacionar seus bens passíveis de penhora, e a sanção prevista só atingia situações de conduta comissiva, com a intencional ocultação de bens.[8]

O novo dispositivo torna mais incisiva a repressão à fraude do executado, posto que, se deixar de indicar, em 5 (cinco) dias, os bens penhoráveis, bem como sua localização, restará configurado o atentatório à dignidade da justiça. Podendo ainda essa conduta ser punida com a multa de até 20% (vinte por cento) do valor atualizado da execução, a favor do exequente, como consta no art. 601 do CPC.

A aplicação desse dispositivo no processo do trabalho é defendida por parte da doutrina e jurisprudência trabalhistas, integrada pelos autores Edilton Meireles e Leonardo Dias Borges, os quais acrescentam ainda que o juiz trabalhista pode e deve aplicá-lo de ofício, posto que tem o dever de manter o decoro no Poder Judiciário, impedindo que este sirva de "palco à velhacaria, nem de picadeiro aos que procedem irrefletidamente, aviltando e atentando contra a seriedade do Judiciário"[9].

Nesse sentido, o julgado da 3ª Turma do TRT de Minas Gerais:

EMENTA: *CONTEMPT OF COURT.* **EXECUTADO QUE CONFESSADAMENTE POSSUI BENS E NÃO OS OFERECE, COMETE ATO ATENTATÓRIO À DIGNIDADE DA JUSTIÇA** — O conceito de prestação jurisdicional compreende não só o julgamento da controvérsia, mas também a efetiva entrega da tutela solicitada. O juízo cumpriu a primeira parte de seu ofício, não podendo ficar à mercê da parte para a consecução de seu final desiderato. **A conduta desidiosa da parte que, mesmo possuindo patrimônio e o ostentando, não o oferece ao juízo da execução, sujeita-se à aposição da multa por ato atentatório à dignidade da justiça, porquanto a resistência injustificada à ordem do juiz caracteriza o** *contempt of court.* (TRT da 3ª Região, 3ª Turma, Relator Convocado: Vitor Salino de Moura Eça, AP n. 00998-2002-080-03-00-4, 21.9.2009, grifo nosso)

Também a 3ª Turma do TST:

AGRAVO DE INSTRUMENTO. RECURSO DE REVISTA — DESCABIMENTO. DESERÇÃO DO AGRAVO DE PETIÇÃO. O agravo de petição do Exequente não está condicionado à garantia do Juízo, não havendo, portanto, que se cogitar de deserção. Ausentes as violações constitucionais indicadas, não prospera o apelo. 2. MULTA DO ART. 601 DO CPC. **Concluindo o Regional que restaram caracterizadas as hipóteses previstas nos incisos II e IV do art. 600 do CPC, cabível a penalidade aplicada.** Agravo de instrumento conhecido e desprovido. (TST, 3ª Turma, Relator: Ministro Alberto Bresciani, AIRR n. 1294/1997-521-05-40.8, 16.4.2008, grifo nosso)

Nota-se que, se não existirem bens para garantir a execução, o executado não deverá ser punido, mas deverá, no prazo de 5 (cinco) dias, esclarecer a sua situação.

---

(8) THEORORO JÚNIOR, Humberto. *A reforma da execução do título extrajudicial:* Lei n. 11.382, de 06 de dezembro de 2006. Rio de Janeiro: Forense, 2007. p. 29/30.
(9) MEIRELES, Edilton; BORGES, Leonardo Dias. *Op. cit.,* p. 126.

Cumpre ressaltar, por fim, que a aplicação desse dispositivo deverá receber um abrandamento quando a parte estiver fazendo uso do *ius postulandi*.[10]

Outro dispositivo que passou a prever penalidade pecuniária foi o parágrafo único do art. 740 do CPC, o qual determina que, sendo manifestamente protelatórios os embargos do executado, o juiz, ao rejeitá-los, poderá aplicar, em favor do exequente, multa não superior a 20% (vinte por cento) do valor em execução.

A multa tem o objetivo de impedir o uso de ardis e meios maliciosos na execução; bem como o mau uso de medidas processuais com o fim de retardar a execução.

Teixeira Filho sustenta que o art. 740 pode ser aplicado ao processo do trabalho, pois seria insensato não permitir punir quem desrespeitou o conteúdo ético do processo. Entretanto, faz uma advertência:

> Os embargos do devedor somente deverão ser considerados protelatórios, para os efeitos da sobredita norma legal, quando o intuito de retardar o curso da execução, por meio deles, for manifesto. (...). Presente esse requisito, a imposição da multa se justifica como medida sancionadora do devedor que malferiu o conteúdo ético do processo, ao fazer mau uso de uma das medidas integrantes deste método estatal de solução de conflitos de interesses.[11]

Essa penalidade já era aplicada por alguns magistrados no processo do trabalho, todavia, era invocada, como fundamento, a norma genérica do inciso II do art. 600 do CPC.

Reforçando essa posição, o Desembargador Luiz Ronan Neves Koury[12] entende que não há nada que impeça a aplicação do dispositivo no processo do trabalho, uma vez que preenchidos os pressupostos do art. 769 da CLT.

Neste sentido, segue a decisão do Tribunal Regional do Trabalho de São Paulo:

> AGRAVO DE PETIÇÃO. LITIGÂNCIA DE MÁ-FÉ. MULTA DE 20% DO VALOR DA EXECUÇÃO. **Evidenciada nos autos, a intenção manifestamente protelatória na interposição do recurso, com intento de prolongar o desenvolvimento da execução, revela-se o propósito ilícito do recorrente a ensejar a condenação pela litigância de má-fé, nos termos do parágrafo único do art. 740, do CPC, criação da Lei n. 11.382/2006, devendo arcar com a multa de 20% sobre o valor da execução, em benefício do exequente. O objetivo do referido parágrafo foi fortalecer a execução, desejando moralizá-la, impondo pesada multa ao executado que se aventure a opor embargos com intuito protelatório**. Agravo de Petição não provido. (TRT da 2ª R., 12ª T., Relator: Davi Furtado Meirelles, AP n. 00043-2008-201-02-00-2, 17.12.2008. grifo nosso)

Por fim, o § 3º do art. 746 do CPC passou a dispor que, sendo manifestamente protelatórios os embargos à adjudicação, alienação ou arrematação, o juiz imporá multa ao embargante, não superior a 20% (vinte por cento) do valor da execução, em favor de quem desistiu da aquisição.

---

(10) TEIXEIRA FILHO, Manoel Antonio. *Op. cit.*, p. 51.
(11) *Idem*, p. 130.
(12) KOURY, Luiz Ronan Neves. A Lei n. 11.382, de 6 de dezembro de 2006, e o processo do trabalho. *Revista do Tribunal Superior do Trabalho*, São Paulo, v. 73, n. 1, p. 96, jan./mar. 2007.

As normas processuais que regulamentam os embargos à adjudicação, alienação ou arrematação sempre foram admitidas na seara trabalhista; assim, esse dispositivo, com todas as suas alterações, continua sendo aplicável ao processo do trabalho, principalmente, a multa, pois visa desestimular atos processuais procrastinatórios das partes.

Nessa perspectiva, seguem as decisões dos Tribunais Regionais do Trabalho:

EMENTA: EMBARGOS À ADJUDICAÇÃO. CABIMENTO. **Nos termos do art. 746 do CPC, de aplicação subsidiária na esfera trabalhista, por força do art. 769 Consolidado, "é lícito ao devedor oferecer embargos à arrematação ou à adjudicação, fundados em nulidade da execução, pagamento, novação, transação ou prescrição, desde que supervenientes à penhora".** Assim, não tratando os embargos à adjudicação de matéria superveniente à penhora, mas sim, de questionamento da legitimidade do agravante para figurar no polo passivo da execução, tema que deveria ter sido discutido através de embargos à penhora, deve ser mantida a sentença de origem. Agravo a que se nega provimento. (TRT da 3ª Região, 2ª Turma, Relator: Anemar Pereira Amaral, AP n. 01424-2004-081-03-00-1 1.10.2008, grifo nosso)

EMENTA: EMBARGOS À ARREMATAÇÃO. PRAZO. **A teor do art. 746 do CPC, aplicado subsidiariamente ao processo do trabalho, "É lícito ao executado, no prazo de 5 (cinco) dias, contados da adjudicação, alienação ou arrematação, oferecer embargos fundados em nulidade da execução, ou em causa extintiva da obrigação, desde que superveniente à penhora, aplicando-se, no que couber, o disposto neste Capítulo**. (Redação dada pela Lei n. 11.382, de 2006). Oferecidos os referido embargos após o decurso do quinquídio legal, caracteriza-se a intempestividade da medida. (TRT da 5ª Região, 2ª Turma, Relator: Juiz Convocado Het Jones Rios, AP n. 00532-2005-196-05-00-4, 4.12.2008, grifo nosso)

E a do Tribunal Superior do Trabalho (TST):

AGRAVO DE INSTRUMENTO. RECURSO DE REVISTA. EXECUÇÃO DE SENTENÇA. EMBARGOS À ARREMATAÇÃO. INTEMPESTIVIDADE. **Hipótese em que o Tribunal Regional manteve a decisão do Juízo da Execução, que não conheceu dos embargos à arrematação da Executada, considerando o termo inicial para sua contagem a assinatura do auto de arrematação, nos termos do art. 746 do CPC, aplicado subsidiariamente à trabalhista.** O não conhecimento do recurso, por inobservância de pressuposto de recorribilidade, não configura afronta ao devido processo legal nem cerceamento do direito de defesa, consoante é pacífica a jurisprudência do STF e do TST sobre a matéria, que não é de índole constitucional, haja vista que as condições de admissibilidade de recurso são estabelecidas na legislação processual ordinária. Ileso, portanto, o art. 5º, LV, da Constituição Federal. Agravo de instrumento a que se nega provimento. (TST, 1ª Turma, Relator: Ministro Walmir Oliveira da Costa, AIRR n. 763/2004-067-03-40, 15.8.2008, grifo nosso)

Não há por que negar a aplicação das multas inseridas pela Lei n. 11.382 de 2006 na seara trabalhista, posto que as partes têm o dever de cooperar na prestação jurisdicional, inclusive na execução de títulos extrajudiciais. Ademais, o processo do trabalho impõe, com maior rigor, a repressão às atitudes de desrespeito e de protelação no cumprimento dos provimentos judiciais.

3. MEIOS DE EXPROPRIAÇÃO

Outra alteração significativa na execução de títulos extrajudiciais foi o predomínio da adjudicação em relação aos demais meios de expropriação dos bens penhorados.

O art. 647 do CPC, que trata da ordem dos atos expropriatórios, foi modificado na reforma de 2006. Hoje a preferência legal passou a ser:

1) Adjudicação em favor do exequente ou das seguintes pessoas: credor com garantia real, credores concorrentes que hajam penhorado o mesmo bem, cônjuge, descendentes ou ascendentes do executado;

2) Alienação por iniciativa particular;

3) Alienação em hasta pública;

4) Usufruto de bem móvel ou imóvel.

O conceito de adjudicação também foi modificado, uma vez que teve o seu rol de legitimados ampliado. Antes, a adjudicação era conceituada como o ato executório pelo qual a propriedade dos bens penhorados era transferida para o próprio credor. Hoje, é a transferência da propriedade não só para o exequente, mas também em favor do credor com garantia real, dos credores concorrentes que hajam penhorado o mesmo bem, do cônjuge, dos descendentes ou dos ascendentes do executado. Essa alteração ocasionou a revogação do art. 787 do CPC.

A alienação foi dividida em dois incisos. O inciso I prevê a alienação por iniciativa particular, ou seja, a venda e a compra dos bens do devedor para satisfação do crédito do exequente. O inciso II traz a alienação em hasta pública, que significa a expropriação levada a efeito pelos porteiros dos auditórios ou pelos oficiais de justiça.

O usufruto, por sua vez, consiste no direito de usar uma coisa pertencente a outrem e de perceber os frutos e utilidades que ela produz, sem, contudo, alterar-lhe a substância. A reforma substituiu o usufruto de imóveis ou de empresas pelo usufruto de bens ou imóveis, o que deu maior abrangência ao instituto.

No processo do trabalho, encontramos algumas posições diversas na doutrina e jurisprudência com relação à aplicação desse dispositivo.

Edilton Meireles e Leonardo Dias afirmam que é cabível no processo do trabalho a utilização das formas de expropriação previstas no CPC, tanto para as ações da nova competência como para as antigas.[13]

Nessa linha, segue a decisão do TRT da 3ª Região:

EMENTA: EXECUÇÃO — ADJUDICAÇÃO DE BENS — VALOR INFERIOR AO DE AVALIAÇÃO — POSSIBILIDADE — **A recente reforma do Código de Processo Civil privilegiou a adjudicação de bens pelo exequente, ao colocá-la como primeira opção de satisfação da obrigação do crédito nas expropriações (art. 647, I, do CPC, Lei n. 11.382/06), regra que também pode ser observada na nova redação do *caput* do art. 686.** No tocante ao valor, o art. 714 do CPC, que determinava a adjudicação do bem em montante não inferior ao que consta do edital, quando finda a praça sem lançador, foi revogado no bojo da reforma. A esse respeito, porém, a

---

(13) MEIRELES, Edilton; BORGES, Leonardo Dias. *Op. cit.*, p. 142.

doutrina e jurisprudência majoritárias já vinham se posicionando no sentido de que o lanço ofertado tanto nas arrematações realizadas pelo próprio exequente como nas adjudicações não tem de alcançar, necessariamente, o valor da avaliação, afastando a configuração de preço vil quando alcançado, no mínimo, 20% daquele valor. No caso concreto, se o valor atribuído à adjudicação representa 60% do valor da avaliação dos bens constritos, não se pode considerar vil o lanço ofertado, em consonância com os princípios da efetividade da execução e da razoabilidade. Ademais, a regra contida no revogado art. 714 do CPC era incompatível com o processo do trabalho, regido, no aspecto, pelo art. 888, §§ 1º e 3º, da CLT. (TRT/MG, 3ª Região, Relator: Desembargador Mauricio José Godinho Delgado, AP n. 00507-2005-093-03-00-4, 20.4.2007, grifo nosso)

Em sentido contrário, Luiz Ronan Neves Koury defende que, em função da incompatibilidade procedimental, o dispositivo em questão não tem aplicação no processo trabalhista. O CPC não exige mais a praça ou o leilão como pressuposto da adjudicação, podendo, assim, recair sobre os bens penhorados e avaliados. Entretanto, a CLT, no § 3º do art. 888, condiciona a adjudicação à inexistência de licitante, o que pressupõe a praça. Dessa forma, o art. 647 do CPC somente poderia ser aplicado na seara trabalhista se o § 3º fosse revogado.[14]

A decisão da 3ª Turma do TRT de São Paulo segue nessa linha:

ADJUDICAÇÃO ANTES DA HASTA PÚBLICA. **Não são aplicáveis os arts. 685-A e 647, do CPC, uma vez que a legislação trabalhista não é omissa quanto à adjudicação de bens, conforme se constata do art. 888, da CLT**. (TRT da 2ª Região, 3ª Turma, Relatora: Ana Maria Contrucci Brito Silva, 00711-2005-049-02-00-2, 16.12.2008, grifo nosso)

Data maxima venia, o art. 647 do CPC é aplicável ao processo do trabalho, desde que observadas algumas ressalvas.

A adjudicação dos bens penhorados pelo credor está prevista tanto na CLT quanto na Lei n. 6.830/1980 e, mesmo que não haja previsão dos demais legitimados, não haveria obstáculos legais ou incompatibilidades para a sua aplicação na seara trabalhista, desde que mantido o direito de preferência do credor, conforme estipula o § 1º do art. 888 da CLT.

Em relação ao usufruto de bens móveis e imóveis, não há nada que impeça a sua aplicação ao processo do trabalho, visto que a legislação trabalhista é omissa em relação ao tema.

A principal ressalva refere-se à alienação, uma vez que o Direito do Trabalho não admite a alienação por iniciativa particular. A alienação deve ser feita em hasta pública ou por leiloeiros nomeados pelo juiz, conforme o § 3º do art. 888 da CLT.[15]

4. PARCELAMENTO DO DÉBITO

Cabe comentar, por fim, a inserção do art. 745-A do CPC, cujo objetivo foi o de facilitar o pagamento da dívida pelo executado. O dispositivo criou uma modalidade de incidente da execução do título extrajudicial por quantia certa, garantindo ao executado a possibilidade de parcelamento do débito.

---

(14) KOURY, Luiz Ronan Neves. *Op. cit.*, p. 93.
(15) TEIXEIRA FILHO, Manoel Antonio. *Op. cit.*, p. 58-59.

O devedor, se preferir não prosseguir com a execução, poderá depositar o equivalente a 30% (trinta por cento) do valor em execução, inclusive custas e honorários de advogado. O restante da dívida poderá ser pago, a requerimento do executado, em até seis vezes, com juros de 1% (um por cento).

O juiz verificará a observância das exigências do *caput* do art. 745-A e, sendo a proposta deferida, o exequente levantará a quantia depositada e serão os atos executivos suspensos; caso indeferida, seguir-se-ão os atos executivos, mantido o depósito.

O § 2º estabelece que o não pagamento de qualquer das prestações implicará, de pleno direito, o vencimento das subsequentes e o prosseguimento do processo, com o imediato início dos atos executivos. Além disso, será imposta ao executado multa de 10% (dez por cento) sobre o valor das prestações não pagas, sendo vedada a oposição de embargos.

No processo do trabalho, há quem sustente a inaplicabilidade do art. 745-A do CPC. Dois são os argumentos apresentados. O primeiro consiste na inconstitucionalidade do dispositivo, por impedir o contraditório.

> Impedir que o executado se defenda, todavia, ofende, de forma manifesta, a garantia constitucional de ação. Pense-se, apenas a título de exemplo, em inadimplemento decorrente de motivo de força maior ou de causa superveniente extintiva da obrigação. Suscitado o inadimplemento pelo exequente, não há como impedir que se defenda o executado. Assim, o § 2º do art. 745-A, interpretado em conformidade com a Constituição, como tem de ser, obsta, apenas, o oferecimento de embargos fundados em matéria antecedente ao reconhecimento do crédito, não em matéria superveniente.[16]

O segundo é a ausência de omissão, por parte do legislador trabalhista, sobre o tema.

> EXECUÇÃO. PROCESSO DO TRABALHO. **INAPLICABILIDADE DO ART. 745-A DO CPC. A faculdade permitida ao executado de parcelar a dívida, conforme o art. 745-A do CPC, somente é aplicável no caso de execução por título extrajudicial, e no processo do trabalho os arts. 880 a 882 disciplinam a matéria na CLT.** (TRT da 12ª Região, 2ª Turma, Relator: Edson Mendes de Oliveira, AP n. 00878-2006-049-12-85-2, 3.11.2008, grifo nosso)

> AGRAVO DE PETIÇÃO — EXCESSO DE PENHORA — Matéria incabível de apreciação em sede de Embargos à Execução e Agravo de Petição. **ART. 745-A DO CPC — Inaplicabilidade — Requisitos para referida aplicação subsidiária são ausência de disposição na CLT e a compatibilidade da norma supletiva com o ordenamento trabalhista.** AGRAVO NÃO PROVIDO. (TRT da 2ª Região, 12ª Turma, Relatora: Sonia Maria Prince Franzini, 01034-2006-482-02-00-8, 11.4.2008, grifo nosso)

Apesar dos relevantes argumentos apresentados, a aplicação subsidiária do dispositivo na seara trabalhista deve ser admitida, pois, com o parcelamento legal, busca-se abreviar, e não procrastinar, a satisfação do direito do credor que ingressar em juízo.

---

(16) MALLET, Estêvão. *Op. cit.,* p. 77.

Ademais, a Lei n. 6.830/1980, de aplicação subsidiária na execução trabalhista, dispõe, no § 6º, do art. 9º, que o executado poderá pagar parcela da dívida que julgar incontroversa e garantir a execução do saldo devedor, porém, nada menciona sobre o parcelamento do débito, existindo, assim, clara omissão legislativa.

A jurisprudência também vem admitindo a aplicação subsidiária do dispositivo em questão:

> TÍTULO JUDICIAL. EXECUÇÃO. PARCELAMENTO DA DÍVIDA. NÃO APLICAÇÃO DA FACULDADE AO DEVEDOR PREVISTA NO ART. 745-A do CPC. **A inovação trazida pela Lei n. 11.382/2006, que permite ao executado requerer o parcelamento da dívida, quando reconhecer o crédito do exequente e não pretender oferecer embargos à execução (Art. 745-A do CPC), somente se aplica à execução fundada em título extrajudicial, mormente em razão da execução judicial já se encontrar disciplinada no Art. 475-I e 475-O do CPC** (TRT da 18ª Região, 1ª Turma, Relatora: Kathia Maria Bomtempo de Albuquerque, 00432-2007-082-18-00-8, 8.1.2008, grifo nosso)

Cumpre, por fim, ressaltar que, no processo do trabalho, o parcelamento deve ser condicionado à concordância do autor, embora isso não conste do dispositivo processual, pois possibilitará ao credor fornecer ao juiz elementos suficientes para fundamentar o deferimento ou indeferimento do requerimento. Além de ser uma forma de garantir o contraditório, garantia constitucional que deve ser sempre observada.[17]

CONCLUSÃO

Conforme exposto ao longo deste artigo, as recentes reformas processuais, em especial as do processo de execução de títulos executivos extrajudiciais, trouxeram um verdadeiro rejuvenescimento dos institutos processuais.

A aplicação subsidiária do processo civil no processo trabalhista deve ser admitida não apenas quando há omissão legislativa, mas também nos casos em que, além da compatibilidade ideológica existente entre as regras processuais, a norma seja apta a promover uma jurisdição mais efetiva e célere, pois não é razoável impedir a aplicação das normas processuais comuns apenas porque há norma trabalhista expressa tratando daquela matéria.

Não se trata de defender a inserção desenfreada do processo civil no processo do trabalho, mas da busca de um dos principais fundamentos do processo trabalhista, que consiste na garantia de um processo dinâmico, diferenciado e que permita, ao mesmo tempo, um pronunciamento rápido, justo e efetivo acerca da pretensão levada a juízo pelas partes.

Significa, ainda, a obediência ao direito fundamental à celeridade processual que, a partir da Emenda Constitucional n. 45 de 2004, passou a ser diretriz obrigatória para o intérprete da lei.

---

(17) TEIXEIRA FILHO, Manoel Antonio. *Op. cit.,* p. 133.

É certo que só as reformas não são suficientes, é necessário viabilidade prática e condições de aplicabilidade dessas novas normas, bem como um aumento proporcional à população e à quantidade de processos, do número de juízes e de pessoal treinado e qualificado.

Além de uma mudança de mentalidade por parte dos magistrados, pois novas leis exigem do processualista um modo de pensar distinto das premissas dogmáticas antigas, não sendo possível analisar um problema novo valendo-se de uma metodologia antiga.

Assim, as mudanças perpetradas pela Lei n. 11.382, de 2006, como já visto, são de grande importância não só para o direito processual civil, mas também para o direito processual do trabalho, pois as normas procedimentais trabalhistas que tratam da execução são escassas e ultrapassadas, indo, assim, de encontro à tão sonhada efetividade e celeridade processual.

REFERÊNCIAS BIBLIOGRÁFICAS

CHAVES, Luciano Athayde. *A recente reforma no processo civil:* reflexos no direito judiciário do trabalho. 3. ed. São Paulo: LTr, 2007.

CORDEIRO, Wolney de Macedo. Da releitura do método de aplicação subsidiária das normas de direito processual comum ao processo do trabalho. In: CHAVES, Luciano Athayde (org.). *Direito processual do trabalho:* reforma e efetividade. São Paulo: LTr, 2007.

KOURY, Luiz Ronan Neves. A Lei n. 11.382, de 6 de dezembro de 2006, e o processo do trabalho. *Revista do Tribunal Superior do Trabalho*, São Paulo, v. 73, n. 1, jan./mar. 2007.

LEITE, Carlos Henrique Bezerra. *Curso de direito processual do trabalho*. 7. ed. São Paulo: LTr, 2009.

MALLET, Estêvão. Anotação à Lei n. 11.382, de 6 de dezembro de 2006. *Revista do Tribunal Superior do Trabalho*, São Paulo, v. 73, n. 1, jan./mar. 2007.

MEIRELES, Edilton; BORGES, Leonardo Dias. *A nova reforma processual e seu impacto no processo do trabalho*. 2. ed. São Paulo: LTr, 2007.

NASCIMENTO, Amauri Mascaro. *Curso de direito processual do trabalho*. 23. ed. São Paulo: Saraiva, 2008. p. 689-690.

TEIXEIRA FILHO, Manoel Antonio. *Execução de título extrajudicial:* breves apontamentos à Lei n. 11.382/06, sob a perspectiva do processo do trabalho. São Paulo: LTr, 2007.

THEORORO JÚNIOR, Humberto. *A reforma da execução do título extrajudicial:* Lei n. 11.382, de 6 de dezembro de 2006. Rio de Janeiro: Forense, 2007.